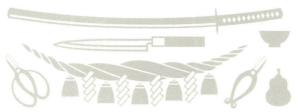

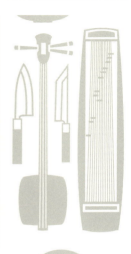

日本伝統文化の英語表現事典

亀田尚己・三宮優子・中道キャサリン 著
【編集協力】WANOBI 和の美

The Quick Guide to Traditional Japanese Arts and Handicrafts

丸善出版

まえがき

　日本にはユネスコ世界遺産委員会に登録されている有形また無形の文化遺産が数多くあります。この世界遺産効果により我が国を訪れる観光客は年々増加していて、観光庁の発表（2018年1月）によれば、2017年の訪日外国人客数は前年比19.3％増の2,869万人となり過去最高を記録したそうです。このように我が国を訪問する観光客は年々増加の一途をたどっていますが、2020年には東京オリンピックが開催されることもありその数はさらに増えるものと予測されます。

　そのような状況を迎えている我が国ですが、政府だけではなく多くの日本人が外国からの訪問客には日本文化の素晴らしさを堪能し、良い印象をもって帰って欲しいと願っています。その願いを実現するためには外国人に日本の伝統文化を正しく理解してもらい、その魅力を十分に味わってもらう必要があります。

　世界に類を見ないほど長い建国の歴史を有する我が国には、有形無形の数多くの伝統文化が存在します。各地には訪れる客を魅了してやまない伝統芸能や伝統工芸品が多種多様にあります。外国人訪問客にその一つひとつを正しく、そして容易に理解してもらうためにはそれを可能にする案内人が必要になります。

　本事典『日本伝統文化の英語表現事典』はその案内人となる人々の役に立ちたいという思いから企画されたものです。外国人に日本の伝統文化を正しく理解してもらうためには、まず自分自身がそのものの実態をよく知ることが大事です。そのような基本的な考え方から、本事典は取り上げている伝統工芸品や芸能などすべての項目に、

・その起源と由来について
・そのつくり方と職人芸
・日本文化との関わり
・わかりやすい英語で説明すると

という小見出しをつけその各々について詳しく説明をしています。特に2点目の「つくり方と職人技」は類書には見られない本事典の特色ともいうべ

きものといえます。「つくり方」について言葉だけでは足りないと思うものには、随所でイラストをつけてあります。「理解するということは絵に描くことである。伝えられたものを絵に描くことができなければそのものを理解したことにはならない」という名言があります。それと同じように、伝統工芸品や伝統芸能などを正しく理解するためには、そのものがどのようにしてつくられるのかという仕組みを知り、完成したもののイメージをイラストで理解することが大切だと思います。

本事典で取り上げた項目は分野別また用途別に整理分類し、次のような章立てで構成されています。

プロローグ　日本文化の魅力を理解し英語で伝える
第Ⅰ部　衣・食・住にまつわる日本文化と伝統工芸品
　1.　衣服にまつわる伝統工芸品を理解し英語で伝える
　2.　食事にまつわる伝統文化と関連する工芸品を理解し英語で伝える
　3.　住居と生活にまつわる伝統工芸品を理解し英語で伝える
第Ⅱ部　芸能・美術工芸・武芸にまつわる日本文化と伝統工芸品
　1.　芸能にまつわる伝統工芸品を理解し英語で伝える
　2.　美術工芸にまつわる伝統工芸品を理解し英語で伝える
　3.　芸道にまつわる伝統工芸品を理解し英語で伝える
　4.　武芸にまつわる伝統工芸品を理解し英語で伝える
第Ⅲ部　宗教・祭り事にまつわる日本文化と伝統工芸品
　1.　宗教にまつわる伝統工芸品を理解し英語で伝える
　2.　祭り事にまつわる伝統工芸品を理解し英語で伝える
付　録

本事典は著者たち3人の特色を活かして分担執筆しました。一般社団法人 WANOBI 和の美の代表理事を務める三宮が第Ⅰ部のうち「日本の衣服の文化と歴史」と「職人芸から見る和食の文化と歴史」、第Ⅱ部のうち「日本の美術工芸と歴史」のほとんど、そして「書道・華道・茶道とその歴史」のすべてを担当しました。

京都の地に長く、同地の神社仏閣と武道に明るい亀田は第Ⅰ部のうち「住居と生活にまつわる伝統工芸品」と第Ⅱ部のうち「日本の芸能文化と歴史」のすべて、「日本の美術工芸と歴史」の一部、「日本の武芸と関連する武具の文化と歴史」、そして第Ⅲ部「宗教・祭り事にまつわる日本文化と伝統工芸品」のすべてを執筆しました。

在日経験が長く高度な日本語能力を有し、日本文化に造詣の深いNakamichiが、三宮と亀田が執筆した解説文の要所を余すところなく正確でわかりやすい平易な英語でまとめました。各項目の英語説明とキーワードの英語表現を担当したNakamichiと三宮・亀田両名との間で日英語間の表記に関して問題がありそうなものは相談を重ね、外国人にわかりやすい表現になるように努めました。

　本事典では、英語をわかりやすくするようにしただけではなく、日本語の部分においても中学生にもわかるような表記となるよう工夫をこらしました。本事典は「日本の伝統文化」を日本語で正しく理解した上で、英語でそれをどのように説明したら良いかがわかる構成になっていますが、その性質上から日本の文化や歴史を紹介するにあたり漢字を多用しています。

　項目解説の中には難しい人名・品名・場所の名前が出てきます。植物類や獣・鳥・魚類の名前なども昨今の傾向であるカタカナ表記にせず、あえて漢字を用いています。しかし、そのことで内容の理解が難しくなっては本末転倒です。そのため読者が理解しやすいようにと、多くの漢字にルビを振りました。ふりがなを多くしたのは、最近日本語を勉強している、あるいは話せる外国人が増えている状況も考慮し、外国人にも本事典を日本語で読んでもらえるようにという意図もあってのことです。

　冒頭に述べたように、まさに時宜を得た出版企画が今回このような形あるものとなり著者一同喜んでいる次第です。これもひとえに丸善出版(株)企画・編集第二部長の小林秀一郎氏のおかげです。予定された刊行時期に遅れご迷惑をおかけしましたが、同氏には原稿執筆の期間中に助言や励ましをいただき、何度となく助けていただきました。著者一同、小林氏の協力がなければ本事典は世に出なかったと思っています。この場を借りて同氏に対し心から感謝の意を表する次第です。

2018年5月　　　　　　　　　著者を代表して　亀田尚己

Foreword

Japan has many examples of tangible and intangible cultural heritage registered with UNESCO. The Japan Tourism Agency figures show that the number of visitors to Japan is increasing year on year. In addition to sightseeing, we hope that visitors will take a step further to knowledge and understanding of Japan during their stay.

This book aims to assist Japanese people in explaining their cultural heritage in simple English. It also aims to be an initial stop for people to learn about Japan and its cultural heritage. The Japanese provides an accurate introduction to the history, process, and cultural significance of each art. The English provides a brief summary of the most important points in short sentences using basic structure.

The three authors are: Dr. Kameda, who lived in Kyoto for many years and is an expert on shrines and temples as well as martial arts; WANOBI Director Ms. Sangu, who devotes her time to promoting Japanese artisans to the world; and long-term Japan resident Ms. Nakamichi—a translator fluent in Japanese and thoroughly immersed in the cultural aspects of life in Japan.

目　　次

プロローグ　日本文化の魅力を理解し英語で伝える　　1
- ■日本文化を代表する伝統工芸品とは……………………………3
- ■日本文化の担い手である匠と職人技……………………………4
- ■伝統工芸品の歴史からみた日本文化……………………………7

第Ⅰ部　衣・食・住にまつわる日本文化と伝統工芸品
Traditional Arts and Handicrafts for Daily Necessities　11

1. 衣服にまつわる伝統工芸品を理解し英語で伝える
   Traditional Arts and Handicrafts Related to Apparel…………… 12

【総論】日本の衣服の文化と歴史………………………………… 12
　　Section Introduction: Apparel……………………………… 15
（1）染め物による分類：Dyeing……………………………… 16
　　友禅：Paste-resist fabric dyeing method ………………… 16
　　型染め：Stencil dyeing ……………………………………… 17
　　江戸小紋：*Edokomon*, Edo-dyed pattern ………………… 18
　　伊勢型紙：*Ise Katagami,* stencil paper for *kimono* ……… 19
　　紅型：*Bingata*, resist-dyed fabric ………………………… 22
　　藍染め：Indigo dye ………………………………………… 23
　　更紗：Japanese chintz ……………………………………… 24
　　絞り：*Shibori*, tie-dyeing ………………………………… 25
（2）織物による分類：Weaving ……………………………… 28
　　有職織物：*Yusoku* fabric ………………………………… 28
　　西陣織：*Nishijin-ori* weaving …………………………… 29
　　絣織：*Kasuri-ori*, splashed pattern cloth ……………… 30
　　久留米絣：*Kurume-kasuri* fabric ………………………… 31
　　紬織り：*Tsumugi*, woven raw silk pongee fabric ……… 32
　　佐賀錦：*Saga-nishiki* brocade …………………………… 36
　　小千谷縮：*Ojiya* crepe …………………………………… 37

綴織：Tapestry ……………………………………………………… 38
　　　博多織：*Hakata* fabric ……………………………………………… 39
　　　芭蕉布：*Bashofu*, Banana-fiber (Abaca) cloth ………………… 40
　　　宮古上布：*Miyakojima* hemp fabric …………………………… 41
　（3）用途による分類：By Purpose …………………………………… 42
　①日常生活衣服：Daily wear ………………………………………… 42
　　　半纏（半天）と法被、作務衣：*Hanten*, *happi*, monks working robes
　　　 ………………………………………………………………………… 42
　②礼装用衣服：Formal wear ………………………………………… 44
　　　男性用紋付・羽織・袴：Men's formal *kimono*, *haori* jacket and *hakama* …… 44
　　　女性用留袖・振袖・訪問着：Women's *kimono* ………………… 46
　③宗教用衣服：Religious wear ……………………………………… 48
　　　神職の装束：*Shinto* priest robes ………………………………… 48
　　　僧衣（法衣）：Monk's robes ……………………………………… 50
　④伝統芸能衣装：Performing arts costume ……………………… 51
　　　能装束：*Noh* costumes …………………………………………… 51
　　　狂言装束：*Kyogen* costumes ……………………………………… 52
　　　歌舞伎衣装：*Kabuki* costumes …………………………………… 53
　⑤帯・被り物・履物：Belts, headwear, footwear ………………… 54
　　　帯－礼装用丸帯と袋帯：*Maru-obi* and *fukuro-obi* …………… 54
　　　帯－なごや帯：*Nagoya-obi* belts ………………………………… 56
　　　帯揚げ・帯締め・帯留め：Accessories; *Obi* sash, *obi* cord, sash clip …… 57
　　　被り物：Headwear …………………………………………………… 58
　　　履物：Footwear ……………………………………………………… 60
2．食事にまつわる伝統文化と関連する工芸品を理解し英語で伝える
　　Traditional Arts and Handicrafts Related to Food ……………… 63
　【総論】職人芸から見る和食の文化と歴史 ………………………… 63
　　　Section Introduction: Food ……………………………………… 66
　（1）用途による分類：By Purpose …………………………………… 67
　①調理器具：Utensils ………………………………………………… 67
　　　鍋：Cooking pots …………………………………………………… 67
　　　包丁：Knives ………………………………………………………… 71
　　　木・竹製品：Wood and bamboo items ………………………… 75
　②食器類：Crockery …………………………………………………… 79
　　　わん：Bowls ………………………………………………………… 79

皿：Plates ……………………………………………………………… 81
　鉢：Deep bowls ………………………………………………………… 85
　鉄瓶：Cast iron kettles ……………………………………………… 86
　急須と土瓶：*Kyusu* and *dobin* teapots ………………………… 87
　箸：Chopsticks ………………………………………………………… 88
　酒器：*Sake* utensils ………………………………………………… 89
③周辺の器具：Other items …………………………………………… 91
　盆：Trays ……………………………………………………………… 91
　重箱：Japanese stacked food boxes ……………………………… 92
　弁当箱：*Bento* lunch boxes ……………………………………… 93
3．住居と生活にまつわる伝統工芸品を理解し英語で伝える
　Traditional Arts and Handicrafts Related to Housing ……… 94
【総論】日本の住居と生活の文化と歴史 …………………………… 94
　Section Introduction: Housing …………………………………… 95
(1) 建築物と庭園：Architecture and gardens …………………… 96
　寺院：Buddhist temples …………………………………………… 96
　神社：*Shinto* shrines ……………………………………………… 98
　城郭：Castles ………………………………………………………… 99
　和式住宅：Japanese houses ……………………………………… 100
　日本庭園：Japanese gardens …………………………………… 101
(2) 様式による分類：By Style ……………………………………… 103
　寝殿造：*Shinden-zukuri*, palatial architecture ……………… 103
　武家造：*Buke-zukuri*, *samurai* house-style ………………… 104
　書院造：*Shoin-zukuri* style ……………………………………… 105
　数寄屋造：*Sukiya*-style house ………………………………… 106
　町屋造：*Machiya-zukuri*, townhouse style ………………… 107
　茶室：Tea room, tea house ……………………………………… 108
(3) 材料・用途による分類：By Element ………………………… 109
　山門：Gates ………………………………………………………… 109
　鳥居：*Torii*, archway to a *Shinto* shrine …………………… 110
　茅葺屋根：Thatched roofs ……………………………………… 111
　瓦：Tiles …………………………………………………………… 112
　桧皮葺：*Hinoki* bark thatch …………………………………… 113
　桐箪笥：Paulownia chest of drawers ………………………… 114
　大黒柱：Central pillar of a house ……………………………… 115

床の間：*Tokonoma*, alcove ··· 116
障子：*Shoji* screen, sliding paper door ······························ 117
欄間：*Ranma*, decorative transom ······································ 118
違い棚：Staggered alcove shelves ··· 119
土壁（京壁）：Mud walls ·· 120
畳：*Tatami* mat, straw matting ··· 122
火鉢：*Hibachi*, brazier ··· 123
囲炉裏：Sunken hearth ··· 124
桧風呂：*Hinoki* cypress baths ·· 125

第II部　芸能・美術工芸・武芸にまつわる日本文化と伝統工芸品
Traditional Arts and Handicrafts for Performance　127

1. 芸能にまつわる伝統工芸品を理解し英語で伝える
Traditional Arts and Handicrafts Related to Music and Performance ··· 128
【総論】日本の芸能文化と歴史 ·· 128
　Section Introduction: Entertainment ····································· 129
【総論】舞台芸術 ·· 130
　Section Introduction: Stage performance ······························ 131
（1）舞台芸術：Stage Arts ·· 130
　歌舞伎：*Kabuki* ··· 132
　能・狂言：*Noh* drama and *Kyogen Noh* comedy ················ 133
　日本舞踊：*Nihon-buyo*, Japanese dance ······························ 134
　文楽：*Bunraku*, puppet show ·· 135
　落語：*Rakugo*, comic story telling ······································ 136
　講談：*Koudan*, traditional storytelling ································ 137
（2）楽器：Instruments ··· 138
　箏（琴）：*Koto*, Japanese harp ·· 138
　笛：*Fue*, Japanese flute or piccolo ······································ 139
　笙：*Shou*, Japanese reed instrument ···································· 140
　琵琶：*Biwa*, Japanese lute ·· 141
　三味線：*Shamisen* ·· 142
　蛇皮線：*Jabisen*, sanshin ·· 143
　太鼓：*Taiko*, drum ·· 144
　小鼓：*Kotsuzumi*, hand drum ·· 145
（3）遊戯具：Toys and games ··· 146

囲碁石：*Go* stones …… 146
将棋駒：*Shogi* piece, man …… 147
碁盤と将棋盤：*Go* and *shogi* boards …… 148
羽子板と羽：Battledore and shuttlecock …… 149
凧：Kites …… 150
かるた：*Karuta* playing cards …… 151
花札：*Hanafuda*, floral playing cards …… 152
独楽：Spinning top …… 153

2. 美術工芸にまつわる伝統工芸品を理解し英語で伝える
  Traditional Arts and Handicrafts Related to Fine Art …… 154
  【総論】日本の美術工芸と歴史 …… 154
  Section Introduction: Traditional Japanese Arts …… 157
  (1) 陶芸：Ceramics …… 158
    鉄絵：*Tetsu-e,* iron underglaze …… 158
    染付：*Sometsuke* blue and white ceramics …… 159
    色絵：Over-glazed enamels …… 160
    青白磁：Bluish white porcelain …… 161
    象嵌：Damascening …… 162
    練上手：*Neriagede*, marbling technique …… 163
    産地による分類：Categories according to production area …… 164
      ■九州・四国・沖縄地方のやきもの：Kyushu, Shikoku, and Okinawa
        …… 164
      ■中国・近畿地方のやきもの Chugoku and Kinki …… 164
      ■中部地方のやきもの Chubu …… 165
  (2) 漆芸：Lacquer …… 168
    蒔絵：Gold lacquer …… 168
    螺鈿：*Raden* inlay …… 169
    彫漆・沈金・平文：*Choshitsu* carved lacquerware, *chinkin* gold inlay, *hyomon* applique …… 170
    鎌倉彫：*Kamakurabori* carving …… 172
    産地による分類：Categories by area …… 173
  (3) 金工：Metal working …… 176
    鋳金：Metal casting …… 176
    鍛金：*Tankin* metalwork …… 178
    彫金：*Chokin* metal engraving …… 179

- (4) 木工：Woodworking ……………………………………………… 181
  - 指物（さしもの）：Cabinet work ……………………………………… 181
  - 刳物（くりもの）：*Kurimono*, hollowing ……………………………… 182
  - 曲物（まげもの）：Circular boxes ………………………………………… 183
  - 挽物（ひきもの）：Turnery ……………………………………………… 184
  - 寄木細工（よせぎ）：Parquetry ……………………………………… 185
- (5) 竹工芸：Bamboo craft …………………………………………… 186
  - 駿河竹千筋細工（するがたけせんすじざいく）：Suruga bamboo basketry ………………………… 186
  - 別府竹細工：Beppu bamboo basketry ……………………………… 186
  - 和弓：Japanese archery bow ………………………………………… 186
  - 勝山竹細工：Katsuyama bamboo basketry ………………………… 187
  - 高山茶筅：Takayama tea whisk …………………………………… 187
  - 簾（すだれ）：Bamboo screen ……………………………………… 187
- (6) 人形：Dolls ………………………………………………………… 188
  - 人形①：Dolls ………………………………………………………… 188
    - 木彫人形（もくちょう）：Carved wooden dolls ………………… 189
    - 桐塑人形（とうそ）：*Touso* clay dolls ………………………… 189
    - 張抜人形（はりぬき）：Papier-mâché dolls ……………………… 189
    - 陶胎人形（とうたい）：*Toutai* ceramic dolls …………………… 189
    - いろいろな仕上げ方：Others …………………………………… 189
  - 人形②：Dolls ………………………………………………………… 191
    - 節句人形（雛人形・五月人形）：Festival dolls ………………… 192
    - 京人形（御所人形・嵯峨人形・賀茂川人形）：Kyoto dolls ……… 192
    - 博多人形：Hakata dolls ………………………………………… 192
    - こけし：*Kokeshi* dolls ………………………………………… 193
- (7) 諸工芸：Other crafts …………………………………………… 194
  - 硝子（がらす）：Glass …………………………………………… 194
  - 七宝：*Shippo* cloisonné ………………………………………… 196
  - 和紙：*Washi,* Japanese paper ………………………………… 198
  - 玨：*Gyoku*, semi-precious stones ……………………………… 200
  - 截金（きりかね）：*Kirikane*, decorative precious metal ……… 201
  - 象牙：*Zouge*, ivory ……………………………………………… 202
  - 江戸鼈甲（べっこう）：*Edobekko, Edo* tortoiseshell ………… 203
  - 江戸小物細工：*Edo* miniatures ………………………………… 204
  - 甲州印伝：*Koshu-inden*, lacquered deerskin ………………… 205

目　次　xi

根付：*Netsuke* ·· 206
組紐：Braided cord ·· 207
刺繡：Embroidery ·· 208
和傘：Japanese umbrella ································· 209
扇子：Folding fan ··· 210
団扇：Round fan ·· 211
印鑑：Seals ··· 212
(8) 絵画：Pictorial arts ·· 213
日本画：Japanese-style painting ······················· 213
仏画：Buddhist painting ·································· 214
神道絵画：*Shinto* painting ······························ 215
浮世絵：*Ukiyoe* ·· 216
3. 芸道にまつわる伝統工芸品を理解し英語で伝える
Traditional Arts and Handicrafts Related to Artistic Accomplishments ····· 217
【総論】書道・華道・茶道とその歴史 ····························· 217
Section Introduction: Calligraphy, Flower Arrangement and
The Way of Tea ··· 218
(1) 書道：Calligraphy ·· 219
硯：Inkstone ·· 219
筆：Brush ·· 220
墨：Inkstick ··· 221
(2) 華道：Flower arrangement ······························ 222
花器：Flower vase ·· 222
剣山：*Kenzan*, pinholder ································ 223
花鋏：*Hanabasami*, florist's scissors ················· 224
(3) 茶道：The way of tea ······································ 225
茶釜：*Chagama,* tea kettle ······························ 225
茶碗：Tea bowl ··· 226
茶杓：Tea scoop ·· 227
茶筅と柄杓：Tea whisk and ladle ······················ 228
薄茶器：Caddy for thin tea powder ···················· 229
茶入と仕覆：Tea caddy and bag ························ 230
その他の道具：Other utensils ··························· 231
香合：Incense container ·································· 233
花入：Vase ··· 234

掛物：Hanging scroll ………………………………………………… 235
　　菓子器：Sweet dish ……………………………………………………… 236
　4. 武芸にまつわる伝統工芸品を理解し英語で伝える
　　Traditional Arts and Handicrafts Related to Martial Arts ……… 238
【総論】日本の武芸と関連する武具の文化と歴史 ……………………… 238
　　Section Introduction: Martial Arts ………………………………… 239
　(1) 鍛冶：Blacksmithing ………………………………………………… 240
　　刀剣：Sword …………………………………………………………… 240
　　日本刀：Japanese sword ……………………………………………… 242
　　小刀：Short sword …………………………………………………… 243
　　槍：Spears ……………………………………………………………… 244
　　薙刀：Japanese halberd ……………………………………………… 245
　　鉄砲：Firearms ………………………………………………………… 246
　　懐剣：Daggers ………………………………………………………… 247
　　手裏剣その他：Throwing stars and other weapons …………… 248
　(2) 甲冑（鎧・兜）・拵え：Helmet and armor mounting ……………… 249
　　甲冑：Helmet and armor …………………………………………… 249
　　拵え：Sword fittings ………………………………………………… 252
　(3) 剣道具：*Kendo* equipment ………………………………………… 254
　　面：Face guard ………………………………………………………… 254
　　籠手：Gauntlet ………………………………………………………… 254
　　胴：Breast plate ……………………………………………………… 254
　　垂れ：Waist-groin protector ……………………………………… 255
　　竹刀：Bamboo sword ………………………………………………… 255
　(4) 弓道具：Japanese archery equipment …………………………… 256
　　弓：Bow ………………………………………………………………… 256
　　矢：Arrow ……………………………………………………………… 257
　　弽：Archer's glove …………………………………………………… 258
　　矢筒：Quiver …………………………………………………………… 259

第Ⅲ部　宗教・祭り事にまつわる日本文化と伝統工芸品
Traditional Arts and Handicrafts for Religion　　261

　1. 宗教にまつわる伝統工芸品を理解し英語で伝える
　　Traditional Arts and Handicrafts Related to Religious Practice … 262
【総論】日本の宗教と関連する工芸品の文化と歴史 …………………… 262

Section Introduction: Religion ·· 263
神棚：*Kamidana*, a *Shinto* home altar ································ 264
仏壇：Buddhist altar ··· 265
仏像：Buddhist figures ··· 266
石仏：Stone Buddhist images ·· 267
鐘楼：Bell towers ·· 268
灯籠：Lanterns ·· 269
仁王像：Two Deva Kings ·· 270
狛犬：Guardian dogs ·· 271
絵馬：Wooden votive tablets ··· 272
賽銭箱：Offertory boxs ··· 273
仏具：Buddhist altar fittings ·· 274
数珠：Buddhist rosary ·· 275
鈴：Standing bells ·· 276
蝋燭：Candles ··· 277
線香：Incense sticks ··· 278
笏：Wooden scepters ·· 279
注連縄：Straw talismans ··· 280

2. 祭り事にまつわる伝統工芸品を理解し英語で伝える
 Traditional Arts and Handicrafts Related to Festivals ············· 281
【総論】工芸品から見た日本の祭り文化と歴史 ······················· 281
Section Introduction: Festivals ··· 282
花火：Fireworks ·· 283
水引：*Mizuhiki*, decorative paper strings ······························· 284
熨斗袋：Gift envelopes ··· 285
門松：*Kadomatsu*, New Year pine decorations ······················ 286
鏡餅：*Kagamimochi*, mirror-shaped rice cakes ······················ 287
三方：*Sambo*, small offering stands ·· 288
お守り：*Omamori*, amulets ·· 289
お札：*Ofuda*, paper talismans ·· 290
神輿：*Mikoshi*, portable shrines ·· 291
山車：*Dashi*, festival floats ·· 292
枡：*Masu*, measuring cup ·· 293

エピローグ　自分だけの日本文化を見つける　　　　　　**294**

和の美ウェブサイトで紹介する 10 人の匠たち ……………………………… 299
参考文献………………………………………………………………………… 310
和文索引／英文索引…………………………………………………………… 314

プロローグ

日本文化の魅力を理解し英語で伝える

　日本文化の魅力を語るには、まず「日本文化とは何か」を明らかにしなければならないわけですが、これは難しい仕事です。数ページで説明できるようなものではありません。そのため見方を変えて、いったい外国人たちは日本の文化をどう見ているのだろうかという観点からこの問題を探っていこうと思います。数年前に「なぜ世界最高の知性はこの国に魅了されるのか」という副題のついた『ハーバードでいちばん人気の国・日本』(2016年) という本がベストセラーになりました。その中で紹介されているハーバード大学の学生と教授陣が語っていることの多くは、筆者 (亀田) が10数年にわたり毎年多くのアメリカ人の大学生や教授たちから耳にしてきた日本への高い評価と重なります。いったい彼らを魅了する日本の文化とは何なのか、次の3点から考えていきたいと思います。

・日本文化を代表する伝統工芸品とは
・日本文化の担い手である匠と職人技
・伝統工芸品の歴史からみた日本文化

　マンガをはじめとするポップカルチャーは世界によく知られ、若者たちに根強い人気があります。しかし、対象年代をもう少し上げて考えてみましょう。数十年あるいは数世紀にわたって世界に広く知られ、外国人を魅了してきた日本のものといえば、世界最古の長編小説といわれる紫式部の『源氏物語』、葛飾北斎の『富嶽三十六景』、そして李参平が始祖とされている有田焼の3点あたりがその代表といえるかと思います。

　平安時代に書かれた『源氏物語』は、英国人のアーサー・ウェイリー (Arthur Waley, 1889–1966) により1925年から1933年まで8年をかけて翻訳され、その英語版が出版されるやすぐに多くの欧米人を魅了することになりました。『富嶽三十六景』はジャポニスムの代表的な作品として19世紀後半のフランスで大変な人気を呼びます。その中でも「神奈川沖浪裏」は The Wave と呼ばれ、今日に至っても多くの外国人に親しまれています。自然が人間を守る、自然信仰というものを初めて西洋世界に伝えた『富嶽三十六景』

をはじめとする浮世絵の多くは、ゴッホ、ゴーギャン、セザンヌなどを魅了し、彼らの作品にも多大な影響を与えたことがよく知られています。磁器の有田焼は、17世紀後半にその芸術性の高さが評判となり東インド会社を通して西欧へ大量に輸出され、海外で高い評価を受けるようになりました。有田焼は伊万里の港から輸出していたため昔も今も欧米では「伊万里（焼）」と呼ばれます。

　目を伝統工芸品に転じてみると、最近の和食ブームを反映して日本製の包丁は外国人に大変人気があり、京都や堺の専門店には行列ができるほどです。少し変わったところでは、日本の伝統的な筆づくりから生まれた高級化粧筆をあげることができます。この化粧筆は世界で高いマーケットシェアを誇り、日本だけではなく、海外のメークアップアーティストやセレブに愛用者が多くいます。「マーケットシェア」といえば、我が国には品質もマーケットシェアも世界一という製品をつくる中小企業が300社を超えていて、その数は世界に類を見ません。例えば、世界で最大サイズの船舶用プロペラのメーカーや世界最小サイズの歯車のメーカーなどがあり、そのうちトップ20社の製品は、世界市場でのマーケットシェアが100％に達します。これらのほとんどすべてが日本の伝統工芸品をつくり出してきた技術すなわち匠の技がもとになってつくり上げられたものです。

　外国人を魅了する日本文化とは、何も文学、美術、工芸品の3つに限られるものではありません。舞台芸術としての歌舞伎、能、文楽、日本舞踊、落語や、芸道としての茶道、書道などのほかにも寺社仏閣、日本庭園、琵琶や琴などの楽器類、武道や武具、さらには祭りと和太鼓、神輿、山車に至るまで実に多くのものをあげることができます。これらの形あるもののほかにも、生活様式やものの考え方なども当然に文化といえるものです。我が国の伝統文化とは、「日本という国や地方という特定の地域社会の中で、その構成員としての人々が共有しながら受け継いできた生活様式や各種の習慣や価値観」と定義することができるでしょう。伝統文化は、そのような習慣や価値観がそれそれぞれ有形また無形のものとして今日にも存在しているものです。

　特に地域社会の場合には、その地域の特性が生み出した祭り、神事、仏事などの宗教行事、さらには固有の慣習、生活様式、生活に根づいた芸能などをあげることができます。数百年から数千年という長い歴史の中で、変化はあったにしても、伝統として受け継がれてきたものが伝統文化です。その中でも、かつては日常生活の道具として使用されたものが、ただ単にそれを使うだけのものから発展し、それに見た目の美しさを追求して得られた美術的価値や、機能性を追求して得られた工芸品的価値という一段高い価値を付加

して今日に至っているものが伝統工芸品です。そのような価値を高める技術と技法が匠の技として何代にもわたり継承また伝承されて今日に至っています。

■日本文化を代表する伝統工芸品とは

　日本の伝統工芸品は、自然の恵みに感謝しつつ木、竹、土、石、綿、絹などといった天然素材を活かし切ることを主眼に発展してきた世界でも他に類を見ない芸術品である、という考え方があります。伝統工芸品の歴史を考えてみると、次のようなことがわかってきます。原始時代の人々は、生活の用具としての道具をただ使うためのものとしてしか考えていませんでした。その後人々は自分たちの日々の暮らしに彩りを添える美しいものを欲しいと思うようになり、それをつくり出したいと思うようになっていきます。古代の人々は、日本の風土と生活文化に合わせ、かつ木や石や土や布などの自然のものを使ってその美しいものをつくりました。そのようなものが、時代の推移とともに時代環境の変化にもうまく対応し、良き「つくり手」を得て、その時代に合った技術と原材料を活かしたより良いものへと変わってきて、今日につながっています。その良きつくり手を匠といい、匠の手によってつくられるものが伝統工芸品です。

　簡単にいえば、伝統工芸品とは生活用具または節句や季節行事の道具として、日本人の生活様式と深く関わり伝承されてきたもので、その形態、意匠、品質を継承する工程が手づくりであり、特定地域で取れる自然を生かした素材や原料を使い、伝統的技術や技法で生産され発展してきたものであると定義することができると思います。

　ところで、冒頭に紹介した『源氏物語』、『富嶽三十六景』、有田焼は、文学、美術、陶磁器という一見バラバラのようなものに見えますが、実はそのすべてが伝統工芸品として互いに密接な関係にあります。この３つの「もの」はそれらを「書く・描く・彫る・刷る・つくる」ための道具がなければ、そしてその道具をつくる人と使う人がいなければ、決して生み出されはしなかったものです。

　「文房四宝」といわれる筆、墨、硯、紙の４点がなければ、『源氏物語』は生まれてこなかったことでしょう。『富嶽三十六景』をはじめとする浮世絵は下絵を書く筆と紙や絵具が、また版画を彫る鑿や小刀が、でき上がった版画を刷る馬連がなければ完成しません。陶磁器は轆轤、ヘラ、絵付け用の絵の具、筆がなければ形あるものにはなりません。さらに、有田焼に限らず楽茶碗などのやきもの（焼き物）を使う茶の湯は茶を点てる茶筅がなければ茶

会にはなりません。それでは、必要な原材料とものをつくる人が揃っていれば、これらの作品を制作するための道具やその作品はつくれるのでしょうか。当然のことですが、単に材料があって人がいるだけでは「使える道具」もまた作品もつくれません。重要なことは、きちんとしたモノをつくり出す職人技であり、その技を身につけるために必要となる職人の長年にわたる経験と、その経験から修得した勘であり、その優れた職人技を次世代に伝承するしきたりです。

このように考えると、匠がいればこそ日本文化があるといっても過言ではありません。それでは、そのような匠、すなわち日本の職人は、実際に外国人の目にはどのように映っていたのでしょうか。幕末から明治時代にはすでに諸外国からたくさんの外交官、政治家、事業家、研究者、教員など各層にわたる人々が日本にやってきていましたが、その多くは日本の美術品や工芸品に魅了され、それらを見たり買ったりしているうちに、食べることも飲むことも忘れてしまったそうです（1885年と1900年の2回にわたり日本を訪れたフランスの小説家ピエール・ロティの言葉）。諸史料から拾ったその当時の外国人による日本の伝統工芸品と職人についての感想には次のようなものが見られます。「日本の職人はその仕事が儲かろうが儲かるまいが、すべてのものを美しくつくる。それは彼らが、本能的に美意識を強くもっているからだ」「日本ほどに道具の種類が豊富で、また高価な国は見たことがない。その道具類はそれぞれ専門の職人によって手づくりされるが、誰もがその価値を高く評価している」「日本の職人たちは皆自分の道具を大事にし、1日につき約1時間を道具の手入れに費やしている」。このように日本の職人たちやその仕事、そしてその作品は外国人から高い評価を得ていました。

■日本文化の担い手である匠と職人技

前項でも見てきたように、匠やその手によってつくられた工芸品に対して外国人たちは目を見張るほどに驚き、高い評価を与えていたわけですが、それはいったいなぜだったのでしょうか。その理由は匠の職人気質、優れた才能を尊重し匠を大事にする日本の風土、父子相伝による匠の技の伝承という3点ではないだろうかと思います。以下、その3点を詳しく見ていくことにしましょう。

1. 匠の職人気質

当時も、またそれ以前も、そして現代でも、匠は次のような職人気質と能力をもっていたに違いありません。

(1) 恥の文化

「恥の文化（shame culture）」は米国の文化人類学者 R. ベネディクトが『菊と刀』（*The Chrysanthemum and the Sword: Patterns of Japanese Culture*, 1946）の中で使った用語です。きっと匠と呼ばれる職人たちの誰もが、「ちゃんとしたものをつくらないと、恩義ある師に顔向けできないし、弟子に恥ずかしいところは見せられない」と思い、なおそれ以上に、「これまで精進してきた自分自身に対して恥ずかしい真似はできない」と思う「恥」の意識を人一倍強くもっていたのだろうと思います。

(2) 心意気

「心意気」とは積極的に取り組もうとする気持ちであり、細かな点にまで気を使って価値を追求することです。前述した職人が自分の使う道具を毎日1時間もかけて手入れをするのもその心意気の表れです。匠たちは例外なく、自分のつくるものに対して思い入れをもち、たとえ表からは見えない部分すらも徹底して良いものに仕上げようとする強い気持ちをもっています。自分が使う道具そのものまでをつくってしまうという点も完璧なものを追求しようとする匠の意地といえるでしょう。

(3) 鋭い眼力

夏目漱石の小説『夢十夜』に、運慶が護国寺の山門で仁王像を刻んでいるので、自分もそれを見に行ったという夢の話があります。運慶の彫刻刀、鑿、槌の使い方があまりに見事なことに感嘆した漱石が「よくまあ無造作に鑿を使って、思うような眉や鼻ができるものだな」と独り言を言うと、そばにいた若い男が「なに、あれは眉や鼻を鑿で作るんじゃない。あの通りの眉や鼻が木の中に埋まっているのを鑿と槌の力で掘り出すまでだ。まるで土の中から石を掘り出すようなものだからけっして間違うはずはない」と言います。それを聞いた漱石は急に仁王を彫りたくなって自宅へ帰り、鑿と金槌で薪にするつもりであった樫の木を掘り始めるのですが、どの木にも仁王は埋まっていなかった、という話です。

この話は、匠がもっているに違いない鋭い眼力に通じるものであると思います。自分がこれからつくるものを「つくる」のではなくて、最初からその中に埋まっているものを掘り出す、あるいは空中にすでに漂っているその形に合わせてものをつくっていくのではないでしょうか。それが匠の仕事のような気がします。

2. 優れた才能を尊重し、匠を大事にする日本の風土

優れた才能をもつ職人を時の権力者や裕福な商人たちが大事にし、優遇するという考えや風土が日本には昔からありました。「天下一」や「三国一」という今でも使う言葉がありますが、前者は世界や一国全体の中で一番、後

者は日本、唐、天竺で一番、という意味です（唐、天竺とは今の中国とインドのこと）。天下一とは、その名の通り、天下に比べるものがないほど優れていること、またはそのもののことです。

この「天下一」という言葉は、桃山時代から能面師、仏師、筆師、鏡師、細工師、彫物師、陶工、鋳物工などそれぞれの分野で特に優れた匠に与えられた称号で、看板や銘に使用することが許されていました。冒頭に紹介した世界的に高い評価を受け、盛んに世界へ輸出された有田焼の始祖は李参平という朝鮮人で、豊臣秀吉による朝鮮出兵（文禄・慶長の役）の際に日本に連れてこられた多くの優れた陶工のうちの1人でした。秀吉が亡くなり、徳川家康の時代になると日本は朝鮮と国交を回復します。それを機に朝鮮側はそのような陶工たちを本国へ連れ戻そうとしたのですが、李参平をはじめ何人かは朝鮮へ帰ることを拒否し、日本に住み続けることを選びました。彼らが帰国を望まず、日本に永住することを希望した大きな理由は、上記のように日本ではものづくりをする職人に、その技術が高ければ天下一という称号を与え、優遇していたからだといわれます。

3. 父子相伝による匠の技の継承

父子相伝とは、父から子へ、芸能や武術、学問などの奥義を何代にもわたって伝えていくことです。初代が優れたものをつくり、それが代々にわたり伝え受け継がれていく。その間に時代の変化に合わせて、本質的なところは変わらないにせよ、それらの作品も変わり、良くなっていくというのが父子相伝の狙いです。伝統工芸品の世界ではすべてとはいわないまでも、父子相伝によりその技術が何代にもわたり伝承されていく事例が多くあります。

伝統工芸品と父子相伝の例として楽焼の正統である樂家の場合を見てみましょう。樂焼は、轆轤を使わずに手とへらで成形する「手捏ね」と呼ばれる方法でつくる陶の茶器で、16世紀後半に千利休の指示で初代長次郎が始めたとされます。京都で約450年続くこの樂家で、2019年春に15代当主の樂吉左衛門が当主の座を長男の篤人氏に譲り、同氏が16代吉左衛門を襲名することが明らかになりました。その報道があった2018年2月には、茶道三千家の1つである表千家で15代目の家元襲名の儀式が執り行われています。こうした父子相伝が何代にもわたって行われているという国は珍しいといえますが、我が国ではそれが当然と考えられていました。伝統文化の継承と父子相伝を考える場合に、昔の日本の社会制度に目を向ける必要があると思います。

日本の近代化に寄与するところが大きかった福沢諭吉は、「天は人の上に人を造らず人の下に人を造らずと言えり。」という言葉で始まる『学問のすゝ

め』で有名ですが、この言葉は地方藩の下級武士として生きてきた福沢が1860年に咸臨丸で渡航した折に味わったある衝撃的な経験がもとになっています。福沢が1899年に著した『福翁自伝』(1899年)の中で彼は、次のような話を紹介しています。1860年に咸臨丸でサンフランシスコに到着した福沢がある人に今ワシントンの子孫はどうしているかと聞いたところ、そのようなことは知らないという冷淡な答えに接して不思議に思ったというのです。福沢はワシントンの子孫といえば、源義朝や徳川家康の子孫ぐらいに思っていたのにもかかわらず、一国の大統領にもなり、しかも亡くなってからまだ100年も経っていない人物の子孫がどこにいるかも知られていないという社会のあり方が彼には理解できなかったといいます。

　福沢の困惑ぶりはよくわかりますが、少なくとも優れた技能や芸能の維持と発展という観点からするとこの話には別の見方ができるかもしれません。すなわち、日本には福沢が嫌った士農工商制度があったからこそ、父子伝来の技術伝承がごく当たり前のこととして実行されていたという点です。かつて世界から注目を浴び、賛美されることも多かった「日本的経営」の中心であった終身雇用制や年功序列のもとは、士農工商にあったのかもしれません。そのことを証明するように、中国の新聞に次のような記事が載ったことがありました。「日本には終身雇用制によって一生に一つのことを極めるという環境があった。一通りの技術を身に付けると次々に転職していく中国では、匠の精神は育たない。2014年の報告では、中国人が一つの職場で仕事をする期間は平均で34カ月と3年にも満たなかったが、日本では一昔前まで一つの会社で定年まで勤めるのが当たり前だった」。

　この記事を読んで思い出すのは「転石苔を生ぜず」という諺です。英語でA rolling stone gathers no moss. といいますが、この諺の解釈は日米間で大きな違いがあります。この諺のもとの意味は「いつも旅をしている人は、1つのところに根付けない」なのですが、日米ともにjob hopping（転職）にたとえられることが多く、日本では「転がる石のように転職を繰り返していては仕事も覚えず、成功しない」という意味になり、米国では「いつも新しい仕事に移ろうとする人は自分を向上させられ成功する」という意味になります。苔（moss）を良い意味でとらえるか、悪い意味でとらえるかの違いなのですが、おもしろいことに英国では一般的に日本と同じような意味でとらえます。

■伝統工芸品の歴史からみた日本文化

　我が国の伝統工芸品は、すべてとはいわないまでも、そのほとんどは中国

や朝鮮から伝来したものがもとになっています。各種の伝統工芸品に関わりの深い宗教に関しても、仏教と儒教は中国からきたものです。工芸品をつくり出す技術も技芸も渡来人たちに教えてもらったものでした。いくつか例をあげて考えて見ましょう。

　日本最古の歴史書である『日本書紀』（720年）には百済国から瓦窯、生瓦、瓦焼き、瓦葺き専門の4人の瓦博士が、飛鳥時代の588年に仏舎利（釈迦の遺骨）塔建設のためにほかの渡来人とともにやってきたことが記されています。この4人の瓦工の指導で瓦がつくられ、日本初の本格的伽藍である飛鳥寺法興寺（飛鳥寺）の屋根が瓦で葺かれました。

　瓦の伝来より10年前の578年には聖徳太子の命を受けて、やはり百済国から3人の工匠が招かれて来日し、我が国で初の官寺である四天王寺の建立に携わりました。官寺とは私寺（貴族や豪族の建立による寺）に対する言葉で、寺を維持していく費用のすべてが官から支給され、かつ監督された寺のことです。時代は下り、豊臣秀吉による朝鮮出兵の折に鍋島藩の家臣多久安順に連れてこられた李参平は朝鮮王朝の陶工でしたが、現在の佐賀県で白磁鉱を発見し、それが契機となり有田焼の陶業が始まりました。

　その他の工芸品である墨、硯、紙や蝋燭、線香、仏具などはすべて、もとは中国から伝来したものでした。ただ大事なことは、日本の伝統工芸や芸能文化のもとがたとえ中国や朝鮮にあったにせよ、それらの工芸品や文化は、日本という風土の中で高度なものに姿を変え、新しいものとして生まれ変わり、独自の輝きを発して今日に至っているという事実です。有田焼を例に取るならば、李参平がつくった白磁がそのまま有田焼になったのではありません。朝鮮から伝わった技術をもとに、酒井田柿右衛門の赤絵という技術を加えることで日本独自の進化をして、世界に評価される「有田焼」が生まれたのです。皮肉なことに、素晴らしい技能や芸能を我が国に伝えてくれた中国や朝鮮（韓国）ではそのような伝統工芸の多くは継承されませんでした。なぜ今日世界で高く評価される伝統工芸品が数多く日本に存在し、それを伝えてくれた中国や朝鮮（韓国）には少ないのかその主な理由は次のようなものであろうと思います。

　上述した聖徳太子の命で百済国から招かれた工匠の1人は四天王寺が一応の完成を見た後も日本に留まり、四天王寺を守るようにとの勅命を受け、同寺を守る大工の役として「正大工職」という称号を与えられました。その人物が現代に残る寺社建築の専門企業株式会社金剛組初代の金剛重光です。金剛組は社歴が1400年を超える、現存する世界最古また世界最長寿の企業です。我が国には金剛組のほかにも、創業以来1300年になる北陸の旅館、

1200年以上の京都の和菓子屋、1100年以上の京都の仏具店、1000年を超える薬局など、創業1000年を超える長寿企業が7社存在しています。ある調査会社の記録には、我が国には創業100年以上の企業が約2万8000社あるとされていますが、調査対象となっていない個人商店や小企業を含むとその数は10万以上と推定されます。日本は世界に類を見ない長寿企業国家なのです。

　それに対して、韓国には「三代続く店はない」といわれる通り、100年以上続いている店舗や企業は1つもありません。韓国の新聞は、上記の日本の金剛組に関する記事の中で、韓国では数社がわずか80年の歴史を有しているに過ぎないと報道しています。中国には、100年以上続いている老舗が何軒かありますが、古くてもその創業が清朝初期の1669年という「六味地黄丸」で知られた北京同仁堂が長寿企業の代表とされます。

　日本の伝統文化や伝統工芸品のいくつかが少なくとも10数世紀にわたり脈々と続いてきたことと、日本に世界最古とされる企業が存在していること、そして数多くの長寿企業が現存していることとは決して無縁ではありません。長寿の秘訣は伝統的な家制度と職人を尊ぶ風土にあるのは間違いありませんが、そのもとにあるのは日本文化の歴史の底に流れる和の精神であろうと想像できます。外国文化の担い手を招来することに熱心であった聖徳太子の憲法十七条（604年）の冒頭には「和を以て貴しとなす」とありますが、それが日本の伝統文化と伝統工芸品の継承に寄与してきたのであると思います。

　ここで説明した日本の優れた伝統文化と伝統工芸品を正しく世界に紹介していくためには、冒頭の文学、美術、工芸品を「つくる」道具の例にも述べたように、それを紹介するための道具がなければなりません。その道具が世界の共通語といってもよい英語、特にネイティブ以外の外国人たちにも等しく、正しく理解してもらうための正確で、かつ平易な英語です。本文の各章では、日本文化と伝統文化品の数々を取り上げてそれを詳しく説明した上で、上に述べたようなわかりやすい英語による説明を加えました。

Introduction

To talk about the appeal of Japanese culture one must first define what Japanese culture is. This is not an easy task. It cannot be done in a few sentences or a few pages.

The outside world has held a fascination for Japan for hundreds of years. The Japonsim movement in Europe in the 19th century is one example. Japanese concepts and icons were incorporated liberally into European art and design. Wood-block prints and *objet d'art* were imported from Japan in large quantities and collectors prized Japanese items.

In the 20th century, the focus of fascination was on the business culture and the incredible recovery Japan made after World War II.

Currently, it is pop culture—the world of *anime*, *manga* comics and games that attracts people's attention to the country. There is also a great deal of interest in Japanese cuisine and the tools and utensils used to create meals; pots, knives, and crockery. Make-up brushes made in Japan are preferred by the world's top make-up artists. The maker of the largest ship propeller in the world and the maker of the world's smallest gear are both Japanese and highly-acclaimed for the precision of their work.

All of these items are created based on the technology and constant drive for improvement that crafts traditional Japanese crafts. Of course, not all Japanese cultural heritage is tangible. There is performance art, martial art, the Way of Tea, and the numerous festivals held around the country each year. None of which would be possible without the artisans.

Many of the crafts and art in Japan were introduced to the country by way of China and Korea. Most notable is the introduction of Buddhism and the crafts required to build temples, make Buddhist images, create ritual utensils and perform ceremonies. Japanese artisans have always managed to take this knowledge and make something unique to themselves.

第Ⅰ部

衣・食・住にまつわる
日本文化と伝統工芸品

Traditional Arts and Handicrafts
for Daily Necessities

1. 衣服にまつわる伝統工芸品を理解し英語で伝える
Traditional Arts and Handicrafts Related to Apparel

【総論】日本の衣服の文化と歴史

　日本人の衣服の歴史は1万5000年ほどになり、その様式の変化は大きく7つの時期に分類することができます。第1期は縄文時代から弥生時代までの1万年ほどで、毛皮に始まり簡単な平織りの布でつくられた衣服が生まれるまでです。第2期は古墳時代から飛鳥時代を経て白鳳時代まで（3世紀中頃から7世紀）で、中国から朝鮮半島にかけて勢力を誇った民族の服装（胡服）の時期です。第3期は奈良時代から平安時代前期（8世紀から9世紀後半）の、唐風文化の時期です。第4期は唐風文化を変化させた国風化の時期で、平安時代中期から後期（9世紀後半から11世紀後半）にあたります。第5期は武士が誕生した鎌倉・室町時代（12世紀から15世紀）で、狩衣や烏帽子、甲冑が武家社会で用いられました。第6期にようやく庶民の服飾が充実し、室町後期から江戸時代にわたる300年ほどの間（16世紀から18世紀）に現代の着物の原型である小袖や帯が生まれました。第7期は明治維新（19世紀）から大正時代までの西洋服の着用が定着した時代です。そして昭和に入り第二次世界大戦を経て日本人の衣生活はほぼ洋装化し、和服は一般の人にとって冠婚葬祭や式典など特別な機会だけに着るものとなりました。

■縄文・弥生時代

　愛媛県や佐賀県、長崎県、熊本県など九州各地の遺跡内の貝塚から出土した平織りの布の断片から、縄文時代の後期（紀元前2000年～紀元前300年頃）には日本で織布がつくられていたと推測され、機がこの頃すでに存在したことがわかります。弥生時代に稲作を中心とする農耕社会が成立すると人口が増え、大規模な集落が形成されて3世紀には邪馬台国を女王卑弥呼が統治していたといわれます。当時の日本の様子を記録した「魏志倭人伝」によると、男性の衣服は腰巻布と肩からかけた巻衣、女性は2つに合わせた長い布の中心に穴をあけて頭からかぶる貫頭衣を身につけていたとあります。戦闘の際には金属製の兜や鎧なども身につけました。

■古墳時代から飛鳥時代を経て白鳳時代

　巨大な前方後円墳がつくられた古墳時代（5世紀）には大和政権が誕生し、大陸北方系（胡族）の服装に変化します。身分の高い男性は細い袖の上着にゆったりしたズボン（衣袴）、女性はそれに似た上着にスカートのような裳（衣裳）という姿でした。日本神話のイザナギ・イザナミといった神々の服装がそれにあたり、勾玉の装飾品も身につけていました。庶民は弥生時代か

ら引き続き麻布でできた貫頭衣を着ていたようです。飛鳥時代（6世紀）には中国大陸を統一した隋から仏教が伝来し、遣隋使とともに中国から新しい技術が取り入られ、経糸に幾何文様を機で織った経錦や綾といった高級織物が西日本を中心とする各地で多く生産されました。603年には冠の色によって位を表す冠位十二階が聖徳太子によって定められますが、服装はまだ胡服中心で40年後の天武天皇の改革までこの傾向は続きました。

■ 奈良時代から平安前期

奈良時代には服装も唐風に変化し、天武天皇により冠位十二階は廃止されて代わりに身分によって服装が規定されます。最高位のものは礼服と呼ばれ、冠、小袖に白袴、五色の飾り帯、太刀、金銀の金具に象牙の笏というきらびやかな衣裳でした。朝廷に仕える人々の正装は朝服で、男性は頭巾という絹の冠をかぶり、詰襟の上着を腰帯で結んで白袴を身につけ、革製の沓をはきました。女性は衣と呼ばれる広袖や筒袖の上着に引きずるほどの長い布（領巾）を肩にかけ、細い帯を締めてスカートのような裳を下に重ねて着ました。奈良時代に始まったこの服装規定は平安時代に入っても続き、冠や衣服の生地、色、文様は身分によってよりいっそう細分化されます。桓武天皇が京都に平安京を造営する頃（794年）には漢文学・儒学が盛んに学ばれるようになり、日常の制服や礼服もすべて唐風になっていきます。一方庶民の衣服にはあまり大きな変化は見られませんでした。

■ 平安中期から後期

桓武天皇の平安京遷都後、礼服の着用停止、女性の服装の簡素化、遣唐使の廃止など、相次ぐ財政の建て直し政策が実施されます。10世紀には、唐からの影響が弱まって国風文化の風潮が色濃くなり、朝服から日本独自の服装へと変化していきます。朝服は束帯へと変化して天皇や上級官の礼装となり、これは明治時代以降も宮中の特別な儀礼に用いられることとなります。平安時代中期以降（9世紀末～10世紀初め）には、上流階級女性の正装として十二単が誕生します。これは長袴に袿を何枚も重ねた上に唐衣を羽織り、裳を後ろに引いたもので、季節感を色の重ねで表現しました。公家の男性は狩衣姿が定着し、就寝時でさえ烏帽子をかぶっていました。こうした高級織物は京に設けられた織部司工房で生産されるとともに、各地方から納められていました。後期になると財を成した地方豪族の中に染織工房を所有する者が現れて高級織物の生産を引き受けるようになり、宮中に仕える役人たちも副業として注文生産によって製織技術を磨いていきました。庶民は短い丈の着物を着るようになりますが、多くは裸足でした。

■ 鎌倉時代から室町時代

1. 衣服にまつわる伝統工芸品を理解し英語で伝える

　平安時代末期には、作業着だった水干（衿や袖付けを組紐で綴じた狩衣の一種）に絹など高級な生地を用いて、水干袴、烏帽子とともに着装した姿が武士たちの礼装として取り入れられるようになります。日常着としては、庶民が着用していた直垂姿（烏帽子に袖の細い上着と裾が短い袴）がその動きやすさから武士に好まれ普及しました。女性が着用した裳は袴となり、小袖の上に丈の長い打掛を着た姿が武家女性の礼装として室町中期に現れます。庶民はそれまでと同様に男性は着物に短い袴、女性は小袖と腰布を着用し、縄や細い布でできた帯を締めるようになります。この頃、染色技術が急速に発達し、衣類だけでなく調度品などのさまざまな生地に凝った模様が施されるようになりました。室町時代には足利幕府の貿易政策の結果、明、ポルトガル、スペイン、オランダなどから茶人に珍重され名物裂と呼ばれた高価な染織品や、インドの更紗、ヨーロッパのビロードなども伝えられました。これらの技術が京都の西陣などで広まって新しい高級織物が生産されるようになったのです。

■ 安土桃山時代から江戸時代

　武将たちが天下統一を目指して全国各地で戦闘が絶えなかった戦国時代には、新しく使われるようになった鉄砲から身を守るための甲冑が発達しました。武将は思い思いに趣向を凝らした陣羽織や兜を身につけ、革製の足袋をはきました。日常着では、下衣だった小袖があらゆる階級を通じて外衣となりました。始めのうち主流の衣服は首回りや裾部分に模様を入れた「肩裾小袖」でしたが、武家女性はこれに豪華な打掛を重ねるようになりました。この頃には木綿が普及しましたが、農民は冬も麻布で過ごしていました。桃山時代の染織技法はますます絢爛豪華になり、刺繍や金銀の箔、絞り模様、辻が花染めなどを豊臣秀吉や徳川家康などの武将も愛用しました。江戸時代に入ると天下泰平の世が到来し、女性の衣裳は繻子や綸子の生地に鹿の子絞りや刺繍、摺箔を施して華美を極めるようになります。初期（17世紀前半）には細かな文様を施した豪華な「慶長小袖」が武家女性に盛んに着用され、続く寛文期（1661年〜1673年頃）には、右肩から裾にかけて大胆な構図の文様を多彩な技法で表現した「寛文小袖」が現れます。元禄期には、歌舞伎役者が使った漢字やひらがなと具象的なモチーフを組み合わせた判じ模様や役者模様など遊び心に溢れた意匠が流行しました。自由に絵画を描くような友禅染が考案されたのもこの頃です。

■ 明治時代から大正時代

　江戸末期からは、それまでの華美な風潮が薄れて緊縮質実な風潮になっていましたが、幕府が倒れて明治に入ると新政府によって1872年に直垂、狩衣、

袴が廃止されました。西欧文明を取り入れることで近代化を目指した明治政府は洋装化を奨励したので、男性には制服としての洋装が定着する一方で日常着には和服が一般的でした。女性は鹿鳴館スタイルと呼ばれる上流階級の洋装以外は小袖姿の和装が多く、それまで男性用だった羽織が用いられるようになりました。好景気の大正時代に男性の洋装化は急速に進み、山高帽にフロックコートが人気となります。皇族や華族の女性も洋装を正装とするようになりますが、一般女性は依然として和装が中心でした。1923年の関東大震災をきっかけにようやく一般庶民の日常着は動きやすい洋装へと少しずつ移行を始めます。

■ 昭和から平成へ

昭和の初めにはモダンボーイ（モボ）・モダンガール（モガ）と呼ばれた西洋文化の影響を受けたファッションが流行します。特に若い女性が長いスカートやワンピースを着るようになり、髪を短く切って帽子をかぶって西洋風の化粧をし始めたのは画期的でした。しかしそれも都会の一部に限られており、男性では過半数が日常的に洋服を着るようになったのとは対照的に、女性では和服がほとんどでした。1930年代以降には戦時体制の国民服が男性用に制定され、女性は東北地方の農村の仕事着だったモンペと呼ばれるズボンをはきました。第二次世界大戦が終わると、物資不足から着物を洋服に仕立て直すようになり、洋裁ブームとなります。その後の経済成長とともに欧米の高級ブランドも取り入れられ、男女とも洋装化が急激に進んで和服は日常からほとんど姿を消すことになりました。1970年代頃からは日本発のブランドが生まれて日本人デザイナーの活躍が世界で注目を浴びるようになります。現代では個性を生かしたさまざまなファッションが混在し、日本人の衣生活はますます多様化しつつあります。

Section Introduction: Apparel

Apparel in Japan has a history of 15,000 years. Over that time there have been several major changes. From furs and plain weaves of prehistoric times, Chinese-style robes, *kariginu* garments, to the *kimono* of the 17th century which are very similar to those worn today, and of course western-style clothing. As with so many everyday items in Japan, specialists developed in each area to create the materials required for items of apparel appropriate to the climate in that area. Weavers, dyers, embroiderers, and shoe-makers each refined their craft to create a product uniquely suited to Japan. The impetus usually lay with the aristocratic class who dictated as to who may wear what style. Formal dress had strict rules and the materials the common folk could use were limited to the less luxurious fabrics and items.

(1) 染め物による分類：Dyeing

友禅：Paste-resist fabric dyeing method

■その起源と由来について

　日本の代表的な染色法である友禅という呼び名は、元禄時代に京都で活躍した扇絵師、宮崎友禅斎(ゆうぜんさい)に由来します。彼が扇に描く絵が人気となり小袖などの衣装にも描くこととなったのです。もち米を使った糊を用いた防染技法が発達していくにつれ、色のにじみがなくなり繊細で多彩な色使いが可能になりました。色鮮やかな模様が特徴の京友禅、自然の草花など四季の描写が特徴の加賀友禅、型紙を使う型友禅などがあります。友禅斎が後年に京都から移り住んだ金沢にもち込まれ独自の発展を遂げたものが、加賀友禅です。

■つくり方と職人技

　本友禅の代表的な技法では、まず下絵を描き、漏斗(ろうと)状の筒に入れた糊を絞り出して模様の輪郭を線で縁取ります。糊の輪郭の内側に模様の「色挿し」をしてから、蒸して蒸気による加熱で色を定着させます（蒸し）。その模様の上全体に糊置き（伏せ糊）をし、模様と地色が混ざらないように防染してから地色を染めます（地染め）。再び蒸してから余分な糊を洗い落とし（友禅あらい）、手描き模様や刺繍、箔を施して完成となります。これらの工程は作家が1人で行う場合と、職人が分業する場合とがあります。

■日本文化との関わり

　古来よりあった紋を絞る、刺繍する、金箔を貼りつけるなどの技術を継承しつつ、色彩を自由に駆使してこれまでになかった四季折々の風景や草花などの複雑な図柄を絵画のように表現するのが友禅です。この防染剤を使う新しい染織技法によって、日本独特ともいえる着物を中心とした江戸時代の服飾はまったく新しいものにつくり変えられたのです。

■わかりやすい英語で説明すると

　The name *yuzen* dates back to the late 17th century to a painter of fans called Miyazaki Yuzensai. He developed the technique of paste-resist so he could create fine details in his pictures. Styles of *yuzen* include *Kyo-yuzen* with bright designs, *Kaga-yuzen* which often depicts flowers and plants, and *Kata-yuzen* which uses stencils. The process involves first sketching the design on the fabric, then going over the sketch with a paste made from rice to stop the dye from spreading. The fabric is steamed to set the color. The next step is to cover the dyed areas with another paste before adding the background color. The fabric is steamed again, the paste is washed off, and the design is completed after hand-painting, embroidery and gilding details.

第Ⅰ部　衣・食・住にまつわる日本文化と伝統工芸品

型染め：Stencil dyeing

■その起源と由来について

　型染めとは、木、紙、金属などの型を使って模様を染め出す技法です。盛んに行われたのは江戸時代ですが、型染めの歴史自体はさらに古く、平安末期から鎌倉初期には型染技法は完成していたと考えられ、室町時代に入ると武士が公家のように格の高い装いをするための型染めは重要な位置を占めるようになります。江戸時代には幕府の保護のもと、型紙産業は全国に普及しました。明治時代には、輸入が始まった化学染料がさらに型染めを発展させ、着物業界にも大量生産・流通につながる経済の仕組みが生まれました。

■つくり方と職人技

　型の材質、染色の素材、防染の方法によって、染め上がりは変わります。大きく分けると、型の上から防染糊を置いたのちに染める方法（捺染）と、型を重ねた布に染料を直接刷り込む方法があります。捺染では型を切り抜いた部分に色が染まることになります。型の上から布に防染糊をのばし、その糊が乾いたのち、染料で染める方法が糊置き染めです。1色につき1枚の型紙が必要なため、振袖などには700枚もの型紙が使われることもあります。

■日本文化との関わり

　明治時代になって近代化が進むようになると、安価なプリント生地が大量に海外から輸入されるようになります。日本伝統の手作業による型染めは手間がかかりすぎるため、職人の仕事が減って廃業者が続出しました。そうした職人たちが所有していた不要になった大量の型紙が、日本在住の外国人の手を経てヨーロッパに流出しました。産業革命後（19世紀後半）のヨーロッパで日本の型紙は大人気となり、浮世絵とともにジャポニズムブームの中でヨーロッパのデザインに大きな影響を与えたのです。

■わかりやすい英語で説明すると

　Stencil dyeing uses paper, wood and metal stencils to dye a pattern on fabric. The oldest example of stencil dyeing was made in the 12th century. In the 14th century, as warriors began to dress like the nobles, they used stencil dyeing to show status. Imports of dyes in the 19th century meant that mass production became possible. There are two main methods of stencil dyeing. The first is to apply a paste over a stencil and then add dye (printing). The second is to place the stencil on the fabric and apply dye over the stencil. Some kimono designs use over 700 stencils. Japanese stencil designs influenced art in Europe during the Japonism movement.

江戸小紋：*Edokomon, Edo*-dyed pattern

■ その起源と由来について

江戸時代、武士の裃には江戸小紋と呼ばれる細かな模様が用いられました。江戸詰の武士を抱える各藩が、一目でどこの藩の武士であるかがわかるように自分たちの藩だけの柄を定めたものです。一色染めで遠目では無地のように見えますが、模様が細かいほど価値があります。代表的な模様には、鮫、行儀、万筋、あられなど武士のものと、江戸中期に始まった町民好みの「いわれ小紋」と呼ばれるものがあります。「いわれ小紋」には、菊、梅、桜、竹など草花、また宝尽くしや鶴亀といった吉祥模様などがあります。

■ つくり方と職人技

柿渋紙で型をつくり（伊勢型紙）、型を彫り、型送りという手法でヘラ染めをします。次に生地を蒸して発色を定着させ、糊を水で洗い流し、大きなアイロンのような機械でしわを伸ばし（湯のし）、筆と小刷毛で仕上げます。一反を染めるには 20〜30cm 幅の型紙を数十回も型送りし、継ぎ目がずれないようにしなくてはなりません。極小の孔による模様を単色で染めていくには、型彫り師、染め職人、地直し師の熟練の技が必要とされます。

■ 日本文化との関わり

江戸中期になり、格式が高かった江戸小紋が町人や女性にも広まると、贅沢を禁止するための奢侈禁止令が発令されます。この禁令により、布地の種類は紬、木綿、麻に限られ、茶色、鼠色以外の派手な色合いは禁止されました。そこで、一見無地に見える細かい柄を追求する職人の技が発達し、都市としての江戸の発展とともに浮世絵にも見られる「粋」な美意識につながっていくこととなったのです。

■ わかりやすい英語で説明すると

The name *edokomon* comes from the fine patterns used on samurai costumes of the Edo period (1603-1868). At the time, samurai *kimonos* were decorated with the crest of clans in order to immediately identify the different clans that were based in Edo. At a distance, the fabric seems to be one color but close up there is a fine pattern. The patterns are made using *Ise katagami* paper, which is carved and then used to dye the fabric. The 20 to 30cm stencil is used several times to dye one length of fabric. The fabric is then steamed to set the color and any paste is washed away before ironing. The final step is to directly make corrections with a brush. All the craftspeople from the stencil, to the dyeing, and the corrections must be highly skilled to ensure that the pattern is perfect and uniform.

伊勢型紙：*Ise Katagami*, stencil paper for *kimono*

■ その起源と由来について

着物の染めに使われる型紙は、文様を染めるために使われるものです。現在流通している伊勢型紙の9割は三重県鈴鹿市白子町と寺家町を中心として製作されています。型紙そのものの始まりについては諸説ありはっきりしませんが、中世末にはすでに日本国内に広まっていたものと考えられます。これは、室町時代に狩野吉信という絵師が描いた「紙本着色職人尽絵」（川越大師・喜多院所蔵）の中に、型紙を使って着物を染めている形置き師の姿が見られるためです。また、寺家村一帯に「かたや町」が形成されていたことが伊勢神宮の文書（1599年）に残っています。こういった資料から、応仁の乱から逃れた京都の型紙職人が白子に流れてきたとも考えられます。港があった白子は、商人たちが伊勢湾における物流の拠点とするとともに伊勢参宮の街道宿場町としても栄えていたため、伊勢型紙の生産が発達しました。当時、武家の礼装である袴に江戸小紋の柄が使われるようになり、優れた伊勢型紙は藩の特産品として飛躍的な発展を遂げました。明治時代に入ると「白子町立型紙工業徒弟学校」が開設され、1920年代の最盛期には型紙職人は当時の教員の10倍以上の給料をもらうほど優遇されていました。

■ つくり方と職人技

型紙の地は美濃紙に柿の渋を塗り、紙の繊維を縦横交互に貼り合わせてさらに柿渋を塗り重ねます。柿渋は3年以上寝かせた古渋が使われますが、これは長く寝かせるほど柿渋の粒子が細かくなり、粘着力が増すためです。次に地紙を天日に干して乾燥させ、燻煙室へ入れて1週間ほど燻します。この工程を繰り返して型地紙ができ上がります。次に下絵を描き、そこに彫り師が自ら制作した彫刻刀で文様や図柄を彫り抜いていきます。伊勢型紙の代表的な型彫りには、突き彫り、錐彫り、道具彫り、引き彫りの4種があり、大きな柄を彫る場合には突き彫り、小紋のような細かい柄を彫る場合には道具彫りや錐彫りを用います。錐彫りは、丸だけで柄を表現して非常に細かい柄を彫ります。道具彫りは柄に合わせた彫刻刀を使い分けて均整のとれた柄をつくります。

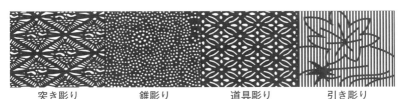

突き彫り　　　錐彫り　　　道具彫り　　　引き彫り

縞柄のように文様が離れているものを彫る際の引き彫りには、柄が歪まないように糸入れが施されます。型紙彫刻の手仕事にはたいへんな忍耐と精巧さが要求されます。道具の扱い、基礎技術、そしてデザインの技術を習得して一人前になるには最低 5 年はかかるといわれています。優れた彫りの型紙とそれをムラなく染める染屋の技術により、機械によるものかと思うほどの緻密さでありながら手仕事のぬくもりが感じられる素晴らしい技が生まれるのです。

・突彫り

5 ～ 8 枚の型地紙を重ねて隅をとじたものを台に置き、鋭く尖った小刃で垂直に上から突くようにして前に彫り進みます。この技法は最も技術を必要とするもので、今日では専門家が減ったため貴重な存在です。

・錐彫り

刃先が半円状の彫刻刃を型地紙に垂直に立て、錐を回転させながら小さな円い孔を彫っていきます。3cm 四方に 1000 個ほどの穴が彫られることもあります。鮫、行儀、あられなどが代表的ですが、単調な柄だけに難しい技法とされています。

・道具彫り

刃自体が、花、扇、菱などの形につくられた彫刻刃を使っていろいろな文様を彫り抜きます。この技法は道具づくりの修行から始まり、注文の模様に合わせてつくる突き道具の出来栄えが作品を大きく左右します。複雑な模様が均一に仕上がることが特徴です。

・引き彫り

小刃を引いて切っていくもので、さまざまな柄に使える応用範囲の広い技法です。縞を彫るには定規を使用します。単純な作業のようですが、1 本の縞を彫るのに同じ場所を 3 度続けて小刃でなぞるため、極めて正確な技術が必要です。

■ 日本文化との関わり

型紙彫刻という仕事は、同じ模様を好んだ庶民の希望により量産できる型染めが江戸時代中頃に始まったことから発展しました。江戸小紋に使われる精緻な単色の模様から、進んで明治時代に入ると大きく多彩な柄を友禅模様に染めるようになりました。これを型友禅と呼びます。どちらにも「型彫り」という伊勢型紙が使用され、草花や鳥、風景や名所、吉祥模様、幾何学模様など実にさまざまな図柄があります。明治時代までの図案は、古くからある生地の伝統的な模様を再生することが多くなっていました。当時の人々は流行に左右されることなく、良いものを長く大切に使いたいと考えたからです。

過去に制作した図案を集めた図案帳から少しずつアレンジして新柄を決めると、型紙を彫る職人（型屋）が古い型紙を修正して彫り直しました。

　明治時代に庶民も絹の着物を許されるようになると、手描き友禅よりも入手しやすい型友禅が流行しました。友禅模様を型染めで行う技法は江戸時代後期にすでに始まっていましたが、広瀬治助などにより明治12年〜14年に糊に海外から輸入した化学染料を混ぜる技法が完成すると、明治後期から大正初期には、画家の絵を起用した多彩な型友禅は目覚しい発展を遂げました。こうした多色の型染めには色の数だけ型紙を彫ることとなり、特に色数の多いものでは一色の濃淡で型紙を分ける場合もあるため、1枚の着物に100枚以上の型紙が必要になることもあります。

■ わかりやすい英語で説明すると

　The stencils for dyeing *kimono* are used to dye on patterns. Most of the stencils in use today are made in Suzuka City, Mie Prefecture. The origin of stencils is unknown but there is evidence that stencils were used at the end of the Middle Ages.

　The base of the stencils is Mino paper painted several times with aged persimmon juice. The paper is dried in the sun and then in a smoking room for a week. There are four main types of *Ise Katagami*: stab-cut stencils, which are cut vertically with a very fine knife, this technique requires the most skill; circle-cut stencils, which are cut by turning a semi-circular blade; tool-cut stencils, which are cut using tools with dual blades shaped to make patterns; and ruler-cut stencils, which are made by pulling a fine blade along a special ruler to give a stripe pattern.

　Stencil carving developed as an occupation during the 17th century when there was high demand for similar patterns on *kimono*. *Katagami* stencils meant that fabric could be dyed in large volumes. Fine, monochrome patterns led to multicolor diverse designs including flowers and birds, landscapes and landmarks, auspicious designs, and geometric patterns. The people of the time did not follow trends and the same designs were used over many years. Multicolored designs required as many stencils as there were colors. One *kimono* may use over 100 stencils to complete the pattern.

紅型：*Bingata*, resist-dyed fabric

■ その起源と由来について

沖縄県那覇市、宜野湾、糸満市などが紅型の主要産地です。中国、朝鮮など各地の染織と深いつながりをもつ王朝時代の琉球で、15世紀頃発生したといわれ、17世紀には友禅染や型染めの影響を受けるようになりました。中国皇帝からの使者を歓待する宮廷舞踊の衣装として発達した紅型は、王家の一門やごく限られた上位身分の人だけが着用するもので、黄金色、薄紅色、浅葱色、白色など身分によって地色も模様も決まっていました。

■ つくり方と職人技

紅型は花鳥風月を小紋のように多色染めにしたものと藍染があり、技法としては型染めと筒描きの2種類があります。沖縄のほかの染織と違い、紅型は唯一の後染めです。多色染めでは赤、黄、青、紫、緑が基本の、沖縄の太陽と海を思わせる鮮やかな色合いが特徴で、文様に色を置いてから隈摺りといわれる濃い色のぼかしを入れて立体感を出します。藍染は現在も周辺の島々の伝統祭祀に着用される正装に使われています。筒描きは、木綿でできた糊袋の筒先から糊を押し出して模様を手描きします。

■ 日本文化との関わり

1429年に琉球王国が誕生した当時から島民は深い信仰による祭祀体系をもち、芸能や芸術に長けていました。琉球の古典舞踊衣裳には、能装束や歌舞伎衣裳に近いものも多く見られます。1609年に薩摩藩の統治となった後、琉球は独立王国であると同時に日中両方に属する体制に置かれました。このため沖縄には独自の伝統文化が発達し、現在は数多くの人間国宝、重要無形文化財が存在する染織王国ともいわれます。

■ わかりやすい英語で説明すると

The main production areas of *Bingata* are Naha, Ginowan and Itoman cities in Okinawa. The Ryukyu region of Okinawa had strong ties with the dyeing and weaving regions of China, the Korean Peninsula and South East Asia. *Bingata* is thought to have first appeared in the 15th century and developed as court dress for welcoming emissaries from the Chinese emperor. Styles and colors showed the status of the wearer with only the royal family wearing yellow and nobility wearing pale blue. Only three families had royal permission to produce *Bingata*. Patterns include nature themes such as flowers, birds, rivers and clouds depicted in bright colors. *Bingata* is the only overdyed style in Okinawa. The *Bingata kimono* are still used for formal and celebratory occasions in Okinawa.

第Ⅰ部　衣・食・住にまつわる日本文化と伝統工芸品

藍染め：Indigo dye

■ その起源と由来について

　ジャパン・ブルーとも呼ばれる藍の染色技術は中国から伝わったと考えられ、飛鳥時代に朝廷に仕える人々の衣服に初めて藍が用いられたようです。江戸時代には庶民の間にも広まり、木綿の栽培が盛んになって普及するとともに藍染めは発達していきました。藍には防虫効果や殺菌効果があるとされて戸外での作業にも重宝され、また生地の耐久性が増すため職人の作業着などにも好まれました。

■ つくり方と職人技

　日本一の藍の産地である徳島県吉野川流域では、春に種まきをして7月に藍の葉を刈り取り、秋から冬にかけて天日に干して乾燥させ、およそ100日間発酵させます。藍の色素が溶け出しスクモと呼ばれる染料になります。発酵した藍からは湯気が上がり、水面にコバルト色の「藍の華」と呼ばれる泡が浮かび出ます。完成した染料に浸した布や糸を空気に触れさせて酸化させ、また染液に浸すという作業を繰り返すことで深みのある色合いとなります。藍染めの技法には型染めや絞り染め、筒描き染めなどがあり、木綿の上での発色が特に美しいことから庶民の染織品として発達しました。

■ 日本文化との関わり

　徳島県での藍の栽培は、江戸時代には全国的に阿波藍として知られるようになりました。この頃には濃淡40以上もの藍色を庶民から将軍まで愛用するようになり、格子や絣、縞、幾何文様などが現在にまで伝わっています。明治後期に安価な化学染料の輸入により衰退しましたが、伝統を守り抜いた地域の人たちにより、愛知県の有松・鳴海絞、刺し子の青森県の津軽こぎん、福岡県の久留米絣など、紺色と白色のコントラストが洗うほどに深みを増す藍染めは、現在も広く人々に愛用されています。

■ わかりやすい英語で説明すると

　Indigo dye or Japan Blue is thought to have been introduced from China. It was first used in Japan in the 600s for costumes for people serving the Imperial Court. The main production area of indigo in Japan is the Yoshino River basin in Tokushima Prefecture. Harvested leaves are fermented for 100 days to leach the dye. Items are dyed using stencil, tie-dyeing, and resist dyeing techniques. In the 1700s there were more than 40 shades of indigo used by everyone from the common people to the *shogun*. The contrast between the deep blue color and white deepens as items are washed and indigo's popularity continues today.

更紗：Japanese chintz

■ その起源と由来について

更紗の名はインドの「サラーサ」が転じたものという説がありますが日本人が名づけたもので、木綿地にさまざまな模様を手描きや型染めによって染めます。中国・明との貿易により日本にもたらされたインドやジャワの更紗は、南蛮船によって桃山から江戸時代、大量に日本へ渡ってきました。室町時代後期には和更紗と呼ばれる日本独自の更紗が長崎、堺、京で生まれました。型紙染めと木綿栽培の本格化により江戸初期に和更紗は発展を遂げ、大名や富裕な町人に人気となります。

■ つくり方と職人技

江戸時代にはインド、ジャワ、タイ、中国やヨーロッパ諸国から輸入されたものを渡り更紗と呼び、日本で制作された和更紗と区別していました。産地によって特色があり、長崎更紗は長崎で制作されたもので、輸入染料を使用した異国情緒あふれる図柄の風呂敷などに多く見られます。朝鮮から伝わったと伝えられる鍋島更紗は、佐賀県鍋島藩の保護を受けて発展したもので、精緻な模様の輪郭線に木版を使い型紙と併用するのが特徴です。いずれも引き彫りで彫られた伊勢型紙による多色染めが終わったら蒸し、水洗いして仕上げます。

■ 日本文化との関わり

渡り更紗は、伊万里焼き、琉球紅型、京友禅にも影響を及ぼしました。経済力をつけた町人が異国的な文様に憧れて和更紗は江戸時代に人気になり、武士も陣羽織に愛用しました。明治以降は型紙の枚数が 300 枚にも及ぶ超絶技法になり昭和には後継者が激減しました。いったん消滅した鍋島更紗は昭和 40 年代に復活したものの型紙職人も途絶える寸前となっています。

■ わかりやすい英語で説明すると

Japanese chintz is a cotton fabric that is hand-painted or stencil dyed. It first arrived in Japan with the trading ships in the early 15th century. Later, Japan began developing its own chintz fabric and each production area has its own style. Nagasaki chintz has exotic designs made with imported dyes due to the overseas influence of the active trading port, and Nabeshima chintz from Saga, has elaborate, finely detailed designs made with a wooden stencil. The chintz introduced by the Dutch East India Company also influenced Japanese arts such as Imari ceramics and *Kyo-yuzen* fabrics. The exotic designs appealed to prosperous townspeople. In the first half of the 20th century the art of Nabeshima chintz died out, but was revived in the 1960s, however, there are very few stencil artisans left.

絞り：*Shibori*, tie-dyeing

■その起源と由来について

　生地を糸で縛ったり縫い縮めたり板ではさんだりして防染してから染色を行うと、染め残しの白い部分に模様ができます。こうした技法の総称が絞り染めです。一説にはインドが発祥の地ともいわれていますが、アフリカや中央アジア、南米など世界各地で古代から存在しました。日本にはインドから中国または南方経由で伝わったとされていますが、自然発生的に行われた可能性もあります。古くは日本書紀に絞り染めについての記述が見られ、また法隆寺宝物館（東京国立博物館内）には献納宝物の中に絞り染めの生地が見られることから、奈良時代には技術がある程度発達したと思われます。在原業平の有名な歌にも言及があることから、平安時代にはすでに絞り染めが歌に詠まれるほど流通しており、目結い、括り染めなどと呼ばれて盛んに行われました。安土桃山時代には慶長小袖に精巧な絞りの技術が見られますし、江戸時代の寛文小袖には生地の染め分けや鹿の子絞りなどの精緻な模様を施した絹の着物が流行しました。超絶技巧の絞り染めの中でも特に総絞り鹿の子は贅沢品として江戸時代には禁止令が出されたほどです。江戸時代、庶民の間に木綿が普及するようになると、有松・鳴海を始めとする木綿絞りが各地に起こり、博多、豊後などの九州北部でも生産されました。その技法は現代に残っているものだけでも100を超えるといわれています。

■つくり方と職人技

　デザインと椎図づくり、型彫り、図案刷り、括り（絞り加工）、染色、糸解きが主な工程で、通常は分業となっています。絹に施す絞りの代表が京鹿の子絞り、木綿の絞りの代表は有松・鳴海絞りで、いずれも江戸時代に全盛を極めました。絞りの工程には、種類によってさまざまな手法があります。指で布地をたたみ込んで絹糸で括る鹿の子、器具を使って木綿糸で括る京極、面を表す帽子絞り、桶絞り、縫い締めて染める平縫絞、折縫絞などがあります。染める際には焚き染めという技法を用いて、薄い色から順に低温度で染めていきます。1つの染色が終わると括った糸を丁寧に手作業でほどき（糸解き）、色数の分だけこの工程を繰り返していきます。すべて同じシボで無地のように染めたものは一見地味に見えるかもしれませんが、同じ絞りの技法を使っても糸の巻き方により染め具合が異なるため、計算ではできない偶然性による違いが生じます。そこに幾何学的でありながらにじみ感や色合いがまったく同じものは2点と存在しない、独特の絞りの魅力があります。また、染めた後に糸を解いてできる皺の立体感と柔らかな質感も絞りの特徴です。

- 京極絞り

　京都の京極に染め屋が集まっていたことからこの名がついたといわれています。器具を使って木綿糸で括るもので、1粒ずつ絞ったものを人目（または一目）絞りと呼びます。布をつまんで4つに折りたたみ、糸を2回だけ巻いて粒状に括り、絞り目を連ねて、線描で図柄を表現します。

- 鹿の子絞り

　染め上がった模様が小鹿の斑点に似ているところから鹿の子と呼ばれるようになりました。江戸時代の流行の特徴の1つとして「点」へのこだわりがあり、桃山時代から鹿の子絞りの技法は一般化していました。指先で布地をつまんで4つに折りたたみ、絹糸で7回括って粒状に絞ったものを特に「本鹿の子」と呼びます。本鹿の子は非常に高度な技術を要するもので、わずか2 mmの絞り目を斜め45度方向に連ねることで模様を表現します。1枚の振袖に15万個の絞りが施されていることもあり、熟練した職人でも1時間に100個の絞りができればいいほうだといいます。全面を絞って極小の4角形を連ねる総疋田は、京都でつくられる京鹿の子絞りの中でも最も格が高いものです。一見すると無地のように見えるほど粒が揃った絞りが1反に30万粒ほどもあり、残念ながら現在は手仕事の生産は困難になっています。

- 有松・鳴海絞り

　愛知県名古屋市有松町、鳴海町で生産される木綿絞りの総称で、浴衣や手ぬぐいに用いられ100種類以上あるといわれます。江戸時代の初めに三河木綿に豆絞りを染めた手ぬぐいから始まり、尾張藩によって有松絞りは藩の特産品として保護されるようになりました。東海道五十三次を往来する旅人の土産品として人気になり、浮世絵にも描かれています。代表的なものには三浦絞り、巻上げ絞り、竜巻絞り、柳絞り、蜘蛛絞りなど多様な模様画があります。絞りの技法により加工方法や道具が異なりますが、型彫りから絵刷り、括り、染め、糸抜きから仕上げまでの工程はすべて分業で行われます。

■ 日本文化との関わり

　布に模様を染めるための絞り染めの技法は、アジア、アフリカ、中南米など世界各地で古来より発達してきました。その中で日本の絞り染めの水準の高さは際立っており、現在では国際表記で "shibori" と日本語がそのまま使われているほどです。奈良時代に始まったと見られている、生地を糸で括って浸し染めにするという素朴な技法は庶民の生活で用いられることが多く、室町時代以前はさして注目されることもありませんでした。室町中期の応仁の乱の後に、辻ヶ花と呼ばれる新しい形の絞り染めが登場して桃山時代に人気を博しましたが、江戸時代には姿を消しました。江戸中期に入ると小袖に

第Ⅰ部　衣・食・住にまつわる日本文化と伝統工芸品　27

豪華に施された京鹿の子が大流行する一方で、庶民には木綿に藍染の絞りが人気となります。その後、大分県の三浦絞りや新潟県の白根絞り、秋田県の浅舞絞りなど地方にも絞りの産地が多く出ましたが、2度の大戦と洋装化を経て衰退してしまい、現在では主として京都と愛知の有松・鳴海が絞り染めの技法を守り続けています。1977年に有松・鳴海絞り、京鹿の子絞りは1978年、ともに伝統工芸品の指定を受け、新商品の開発と海外進出による新たな市場の開拓による伝統技術の存続と継承を図っています。

■ わかりやすい英語で説明すると

Shibori is the art of tying fabric with thread or sandwiching fabric between boards to prevent the flow of dye and leave an undyed section. It may have come to Japan from India via China, but there is also evidence that *shibori* may have begun naturally in Japan. There are mentions of *shibori* in the ancient Chronicles of Japan and a *shibori*-dyed fabric that dates from the eighth century in the Tokyo National Museum Horyuji Treasures Hall. Very fine patterned *shibori* were even banned in 1683 because they were too luxurious.

It is common for design, composition, stencil carving, printing, tying, dyeing and thread removal to each be done by different artisans. Fabric is plucked with the fingers or a hook and pleated or folded and then bound with thread or stitched. The fabric is then dyed and the binding threads removed by hand to reveal the pattern. Threads may be removed in stages to add color gradients or even different colors to the process. No *shibori* fabric is ever exactly the same as another. The direction the binding thread is wound in, the folds placed in the fabric, the number of times the binding thread is wound or, if stitching, the type and size of stitch used, all combine to make each fabric unique even before it is dyed. A skilled artisan can form around 100 ties an hour and a design for a *kimono* may require 1.5 million ties.

The art and techniques of tie-dyeing fabrics developed cross the globe in Asia, Africa and South America. Japanese *shibori* is known for its high level of technique, pattern and range of colors. What began in the 8th century as a simple method of tying fabric with thread and then dyeing, was paid little attention until the Onin War in 1467 when it became more popular. These days, most *shibori* is produced in Kyoto and the Arimatsu-Narumi area of Aichi.

(2) 織物による分類：Weaving

有職織物：*Yusoku* fabric

■ その起源と由来について

　有職の語源については、博識という意味をもつ有識の「識」を官職の「職」に変えたものであるという説が有力です。平安時代中頃には、官職にまつわる儀式典礼などに用いられる織物の材質、色彩、文様などを公家様式に沿うように定めるようになり、これらに使われたものを総称して有職織物と呼ぶようになりました。技法を大別すると平織、斜文織、捩り織、錦の４種類があり、元来は奈良時代に唐から伝来したものが平安時代に入って和様化されたものです。明治時代以降は宮中や神社で用いられる服飾品や建物、調度品、また能装束にもよく見られます。

■ つくり方と職人技

　４種類の技法では、平織は経糸と緯糸を交互に織ったもの（平絹、紡など）、斜文織は比率を変えて斜めの文様を織り出したもの（綾、浮織物、二陪織物など）、捩り織は経糸を捩って織ることで透け感を出したもの（紗、羅）、錦は２本以上の色糸を用いて文様を織ったものです。文様としては、奈良時代に中国から伝来した龍や鳳凰、鶴亀など吉祥模様が和様化されたもの、草花蝶鳥などを様式化してまとめ上げた丸文や菱文、端正に繰り返す唐草、立涌、亀甲、七宝、青海波、鱗などが代表的なものです。

■ 日本文化との関わり

　有職織物の技術は、抑えられた色数と繰り返す単位文様によって織物の特色を示す形式美を表すもので、宮廷を中心に今日まで長く受け継がれてきました。公家の衣裳に始まり、宮中の儀式用衣裳や神宮の式服として有職織物は今なお日本の織物美の原点としてさまざまな分野で用いられています。

■ わかりやすい英語で説明すると

Yusoku woven garments were used as formal clothing in ancient Japan. They were worn for imperial ceremonies, priest's ceremonial costumes and for covering sacred treasures. Techniques include *nishiki* (brocade), twill weaving, float weaving, and silk gauze. The style came from China in the 700s and was gradually adapted to become a more Japanese style. *Yusoku* patterns were only used for imperial and religious purposes, but in recent years they are used for *nishijin-obi* belts and other Japanese clothing. Patterns include; dragons, phoenixes, cranes and tortoises as well as flowers, birds and butterflies, diamonds, arabesque, tortoise shell, linked circles and waves. *Yusoku* weaving techniques display the beauty of form by repeating simple patterns with minimal colors.

西陣織 : *Nishijin-ori* weaving

■ その起源と由来について

1467年から11年続いた応仁の乱で京都を離れた織物職人たちは、戦乱が収まると応仁の乱で西の陣があった場所で織物業を再開しました。それが西陣織という名の由来です。その起源は、渡来人から伝えられた養蚕の知識と絹織の技術が基になっています。代表的なものは立体感のある多色の織が特徴の豪華な帯で、西陣織の帯の生産量は全国の約6割を占めています。

■ つくり方と職人技

江戸時代初期に分業が始まった西陣織では、図案から仕上げまでを5段階、20工程以上が独立した技術となっています。明治時代にジャカードという機械がフランスから輸入され、手機で織る複雑な模様の図案を読み取ることができるようになりました。まず図案家が描いたデザインを設計図ともいえる紋意匠図におこし、何万枚もの厚紙（紋紙）にジャカード機が読み取るための穴をあけ（紋彫り）すべての紋紙を整理して紋編み機にかけ編み、それをジャカードにかけます。それから織りの工程に入ります。

■ 日本文化との関わり

西陣織の長い歴史の中には、江戸時代の大火や着物人口の減少など危機的な状況が何度もありました。そのたびに西陣織の職人たちは時代に合ったデザインと製品をつくり上げることにより、500年以上の伝統を守りながら生き延びてきたのです。現在は和装用製品ばかりでなく洋服用小物も生産されていますが、高度に進んだ分業のため各工程における高度な経験と知識をもつ職人の後継者不足は、業界全体の存続にとって深刻な問題となっています。

■ わかりやすい英語で説明すると

The area of Kyoto to which weavers returned after the Onin War, which lasted 11 years from 1467, was called Nishijin after the encampment of the West Troops that had been located there. The name of the area was then given to the textiles produced there. Around 60% of obi belts produced in Japan today are *Nishijin-ori*. There are five stages and twenty steps to producing *Nishijin-ori*. After jacquard looms were introduced from France, it became easier to reproduce a design on pattern cards, yet still required several thousand sheets. *Nishijin-ori* fabric is sumptuous with multiple colors and incredible three-dimensional texture. *Nishijin* weavers have always been very sensitive to changing times and have managed to protect their craft for over 500 years.

絣織：*Kasuri-ori*, splashed pattern cloth

■ その起源と由来について

　絣とは、文様の図案に従ってあらかじめ染めた糸を織って図柄を表現するものです。16世紀に近畿・瀬戸内を中心として盛んになった木綿栽培は庶民の衣料素材として普及し、当初は縞模様を自家用に地機で織っていました。その後インドネシアで生まれた絣の手法が中国を経て日本へ伝わり、木綿の産地を中心に各地で独自の技法が発達したのです。1740年に誕生した薩摩絣に始まり、1800年頃までに佐々絣（名古屋）、久留米絣（福岡）、伊予絣（愛媛）、備後絣（広島）、弓浜絣（鳥取）、琉球絣（沖縄）などが次々に生まれました。

■ つくり方と職人技

　絣の種類は大きく経絣と緯絣、経緯絣に分かれ、代表的な模様には矢絣、麻の葉、亀甲、十字、井桁、蜻蛉などがあります。まず図柄をもとに綿密に計算し、何十本も束ねた種糸の必要な部分を括った後、藍で染めます。括った部分は染まらないため白い模様となり、それを織る際の経横の糸の重なりによる立体感とかすれが、手仕事の風合い豊かな生地となります。現在では、古来の技法を用いた素朴な温かみが織物として再評価されています。

■ 日本文化との関わり

　農家では生活上の必需品としてまた家計の足しに換金されたため、織ることは女性の重要な仕事でした。貧しい生活の中で綿作という重労働に耐え、自分たちの創意工夫による織りの技を生み出しながら、家族のために布団や着物を織った女性たちの忍耐の賜物が日本の絣織であるともいえます。

■ わかりやすい英語で説明すると

　Kasuri-ori is made by following a weaving pattern using pre-dyed thread. It was very popular in the inland sea and Kinki area of Japan in the 16th century when cotton was produced as material for clothes for ordinary people. Striped patterns were for home use. New techniques entered Japan from Indonesia via China and each area developed their own methods such as Kurume-kasuri from Fukuoka and Bingo-kasuri from Hiroshima.

　Types of *Kasuri-ori* can be divided into *tate* (dyed warp threads), *yoko* (dyed weft) and *tateyoko* (both dyed). There are many patterns including arrows, tortoise shell and dragonflies. *Kasuri-ori* was a necessity for farming households and was important work for the women. Their patience when dyeing and weaving the threads is the basis of Japanese *kasuri-ori*.

久留米絣：*Kurume-kasuri* fabric

■その起源と由来について

　生活必需品として江戸時代後期から昭和初期まで盛んに生産された絣の中でも久留米絣は日本の絣の代表といわれ、幾何学文様や積木型に構成される絵柄が特徴です。福岡県久留米南部で主に生産されています。1800年頃に、13歳の少女が古着を洗っていた時に白い斑点を見つけ、そこから白糸を括って藍染めする技法を思いついたのが始まりと伝えられています。白い部分は文様がかすれているように見えることから、「加寿利」と名づけられ、これが久留米絣の始まりといわれています。

■つくり方と職人技

　木綿絣の最高級品といわれる久留米絣には、手括りによる絣の糸を使うこと、天然の藍で染めること、手織機で織ることの3つの条件が求められます。糸を絣柄に染めるには、柄になる部分を別の糸で括って防染し、何度も繰り返し藍の釜に浸けた後、引き上げては固く絞って地面で叩くという作業を繰り返します。根元まで染まったら括り糸を解けば絣糸ができます。

■日本文化との関わり

　西南戦争（1877年）では全国の兵隊が土産として持ち帰るほど、家内工業による久留米絣の生産は発達しました。昭和初期には機械生産の導入が始まり、戦後に生産高のピークを迎えました。以前は日常着として広く使われていましたが、戦後は需要が減少して生産量も少なくなったため、通気性が良い綿素材を生かして洋服や雑貨など新商品の開発に力を注いでいます。

■わかりやすい英語で説明すると

　Kurume-kasuri or splashed pattern textile is the leading style produced at the end of the 19th century until the start of the 20th century. It is well known for its geometric and block patterns. It is mainly produced in Kurume, Fukuoka Prefecture. It is said to have begun in about 1800 when a 13-year-old girl was washing an old *kimono* to find white spots appearing. She then thought of tying with string and dyeing with indigo. The highest quality *kasuri* is hand-tied and uses natural indigo. By 1877, the industry had grown so much that fighting soldiers would take the fabric home as presents, extending its popularity around the country. Machine production was introduced in the early 20th century and production reached a peak in 1957. After the war, the demand for *kasuri* dropped. The fabric is now used for western-style clothes and furnishings.

紬織り：*Tsumugi*, woven raw silk pongee fabric

■ その起源と由来について

　日本では気候の違いによって全国各地に特色をもつ織物が発達しましたが、中でも絹織物の歴史は古く、奈良時代から原料である絹の生産のために養蚕が盛んに行われていました。関東以北の石川県、新潟県、茨城県などの養蚕農家では、商品にならない不良の繭（屑繭）をほぐして糸を紡ぎ取り、撚りをかけて丈夫な真綿にして農閑期の農民が自分たちで着る衣類を織っていました。また、それで反物を織り農家の現金収入としました。そうした糸を手で紡いで平織りにした絹織物のことを総称して紬と呼びます。江戸時代まで絹を着ることが禁じられていた庶民や農民も、一見して絹とは思えないような地味な色合いの紬は例外として着用できました。沖縄の久米島が紬のルーツといわれていますが、総じて亀甲、十字の単純な縞や格子といった柄が多くなっています。今でもその控えめで渋い味わいは通好みの趣味の着物として大変人気があります。

■ つくり方と職人技

　糸の紡ぎ方、図案、織り方などの製法は地方によってさまざまですが、養蚕で出た屑繭を紡いで糸にして機で織る点は共通です。糸の種類でいうと、大島紬は生糸、結城紬は真綿、生糸と真綿を混ぜて使うのが塩沢紬です。昭和初期に機械製品が流通する以前の手織りは、日本全国の農家で過酷な農作業と家事育児の合間に女性たちによって行われていました。製法についていうと、紬は糸を染めてから織る先染めですから、糸を紡ぎ、図案を作成してから糸を染め、糊をつけて手織機で織ります。次に湯通しをして糊を抜いて仕上げます。織機は、床に座って織る地機か、椅子に座って織る高機かを使います。最高級品とされる結城紬、大島紬は非常に高価なもので歴史も古く、日本の古典的な幾何学模様などが多く制作されています。塩沢紬や信州紬には日常着的な格子や縞模様が多く見られます。

・大島紬

　鹿児島県奄美大島で古くから継承されてきた絹織物を大島紬と呼びます。図案の作成から絣締め、染め、織りまで何人もの職人の手を経て、大変な年月を経て完成するものです。中でも古代からの技術である泥染めを使ったものが代表的です。テーチ木（車輪梅）の煮汁で絣締めされた糸は20～30回染められ乾かした後に、染めるためにつくった田んぼの泥に糸を浸けて泥染めします。この工程を3、4回繰り返すことでテーチ木のタンニンと泥の鉄分が化合して艶のある黒色が生まれます。古典的な幾何学模様だけでなく花鳥や山水も製作されており、衣擦れの音と滑らかな肌触りが特徴です。本

場奄美大島では7世紀頃から手織物がつくられていましたが養蚕はされておらず、江戸初期までは真綿から紡いだ糸が使われていました。薩摩藩の統治下に置かれる頃には南方中国系の品種や琉球多蚕繭を原料とする生糸が使われ、幕末までは献上用だったため、一般庶民が入手できるようになったのは明治に入ってからです。大島紬には泥大島、泥藍大島、草木染大島、白大島などの種類があり、最近は訪問着も織られるようになっています。

・結城紬

茨城県結城市と栃木県小山市の県境一帯の越後地方で生産されるものが結城紬です。その原型といわれる正倉院保管の「あしぎぬ」の制作時期は古く奈良時代にさかのぼり、朝廷に上納されたものです。その後室町幕府に献上されていた常陸紬が江戸時代初期に発展し、城下町として栄えた結城地方の名を取って結城紬と呼ばれるようになりました。手で紡いだ真綿の糸を手織りした生地は、軽く柔らかく皺になりにくく、また身体になじむ着心地の良さが特徴とされます。真綿の表面の小さな節も素朴な味わいとなり冬に暖かく、「三代着て味が出る」といわれるほど丈夫です。通常、糸には強く撚りをかけて補強しますが、結城紬の糸は世界でも珍しい無撚糸で、空気をたくさん含む細い糸を切れないように手で紡ぐ技術の習得には4、5年かかるといわれます。この地方に古くからあった十字と亀甲の精巧な模様は、織り手の腰に経糸を巻きつけて織る居坐機(いざりばた)で手間をかけてつくられるものです。糸紡ぎと絣括(かすりくく)り、機織の3つの技術は、昭和31年に重要無形文化財に指定され、また2010年にはユネスコ無形文化遺産に登録されました。

・塩沢紬

新潟県塩沢・湯沢一帯は麻織物の古い歴史をもち、奈良の正倉院にも越後上布の原型が保存されています。越後地方で養蚕や絹織物の生産が始まったのは江戸時代で、1200年の伝統を誇る麻織物の技術を絹に応用した紬も織られ始めました。真綿と生糸を混ぜ合わせて織る塩沢紬、生糸のみを使う本塩沢、夏物に改良した夏塩沢とがあります。繊細な十字絣と細かなしぼ（皺）が特徴で、肌に貼りつかないさらりとした感触やシャリ感があります。髪の毛ほどに細く紡いだ緯糸に強い撚りをかけて織り上げ、湯もみによってしぼを立たせるのが特徴です。

・牛首紬(うしくびつむぎ)

明治初期まで牛首村と呼ばれた、石川県白山の麓で生産される紬です。玉繭から直接手引きをする糸で織られるもので、元禄時代に商品化され人気が出たといわれています。玉繭とは2匹の蚕が一緒につくったもので、小さな節(ふし)がある大きな丸い繭です。昔は屑繭とされていましたが、その味わいが

人気となって玉繭は珍重されるようになりました。昭和30年代に絶滅の危機に瀕しましたが、加賀友禅を白生地に染めたことで人気が復活しました。引っ掛けても破れない丈夫さも特徴です。

・久米島紬

久米島紬は日本の紬発祥の地といわれる沖縄県久米島で生産されます。15世紀中頃に中国から伝わったとの説もありますが、薩摩藩の献上品として琉球紬として珍重されました。他地方の紬や絣に多大な影響を与えたといわれています。島の植物を使った草木染と泥染めを併用した基本五色の色調と、鳥や亀甲、花形などの琉球王朝時代の伝統的な文様が久米島紬の特徴です。分業体制ではなく、絣括り、糸染め、折、砧打ちまでの全工程を1人が行います。

・信州紬

長野県内で生産される上田紬、山繭紬、飯田紬、伊那紬などの紬の総称が信州紬で、それぞれの産地ごとに特徴があります。養蚕が古くから盛んだった信州では、奈良時代から織物が生産されていました。江戸時代には藩の保護を受けて上質のものが生産されるようになり、京都や大阪でも評判になりました。信州紬は真綿の手つむぎ糸を用いた縞や格子などのカジュアルな柄が多く現在ではおしゃれな街着として人気があります。

■日本文化との関わり

紬は製作に非常な手間と時間がかかるため高価なのですが、日常着の範疇を出ず式典や茶席などの正式な場には相応しくないとされてきました。一般的に着物と帯は「染め」のものと「織り」のものに分類されます。簡単にいうと染めとは「後染め」つまり先に織ってから糸に色をつけたものを指し、織りとは「先染め」のことで、染めた糸を織ることを指します。格が高い着物には抜き紋（家紋の部分の色を抜いたもの）を入れますから、そういう意味でも紋が入れられない先染めの「織り」の着物は格が下という扱いになります。また、紬は正繭ではない繭を余すことなく使うための自家用に織られたものであったこと、絹とはいえ色も柄も単調であったことも、作業着と扱われた理由かと思われます。しかし近年は白の結城紬を手描きの友禅や更紗で染めた染紬が登場し、紬織が訪問着としても使われるようになっています。

■わかりやすい英語で説明すると

Each region of Japan has developed its own fabric due to varying climates. The oldest is silk weaving. Silkworm culturing was active from the 8th century. Farmers during the down season would hand spin the silk to make clothes. This handspun silk with its imperfections was called *tsumugi* and was the only silk the common people were permitted to wear. Each region had its own spinning, design, and weaving techniques.

Oshima-tsumugi originates in Amami Oshima, an island in the south of Japan. Craftspeople specialize in each step of the process from design to dyeing and weaving, taking many months to complete. The thread is dyed many times in Yedda hawthorn before being soaked in muddy water rich in ferric oxide.

Yuki-tsumugi is produced in the region bordering Yuki City, Ibaraki Prefecture and Oyama City, Tochigi Prefecture. The oldest example, which is one of the *Shosoin* treasures, dates to the 8th century when it was presented to the Imperial Court as a tax payment. The handspun and handwoven floss silk fabric is soft, light, and wrinkle-resistant.

The Shiozawa and Yuzawa region of Niigata Prefecture has a long history of making hemp fabric and in the 17th century, silk worm culture and silk weaving became active. *Shiozawa-tsumugi* combines raw silk and floss silk.

Ushikubi-tsumugi is made at the foot of Mt. Hakusan in Ishikawa Prefecture. The thread is pulled directly from the cocoon and woven. It is very strong and doesn't rip easily.

Kumejima is said to be the origin of *tsumugi* in Japan. It is dyed using plant dyes and mud dyes found on the island giving five basic colors. Designs include birds, flowers and traditional geometric patterns. One artisan carries out all processes.

Nagano Prefecture is called silkworm country due to its long history of sericulture. The fabric produced in the region is called *Shinshu-tsumugi* with each area creating its own style. Stripes and lattice designs are popular.

Tsumugi is expensive due to the time and effort required to make it. However, it is considered everyday wear and not suitable for formal occasions or tea ceremonies. It is considered casual or work wear as the silk is dyed before wearing and not after, as for *Nishijin*, and because it has a history of being made using thread from damaged cocoons.

佐賀錦：*Saga-nishiki* brocade

■ その起源と由来について

佐賀錦は、江戸時代末期に肥前（佐賀県）鹿島藩鍋島家で創案されたといわれており、当時は鹿島錦と呼ばれていました。金、銀、漆を漆で貼った特製の和紙を細く裁断したものを経糸とし、絹の撚糸を染色したものを緯糸として丹念に織り上げられるのが特徴です。幕末期に入ると生産は一時中断されますが、佐賀県出身の大隈重信が再興させ、明治43年にロンドンで日英大博覧会が開催された時に出品されます。それを機に佐賀錦と名付けられ、大正期には上流階級の女性たちの間で大流行となりました。

■ つくり方と職人技

佐賀錦の紋様は伝統的な網代、紗綾型、菱文などの幾何文様が数百もあります。長さ45cm、幅30cmくらいの木製の組台の上に、0.5mmほどに裁った和紙を経糸に、絹糸を緯糸に用いて、下に置いた図柄に従って竹べらで経糸をすくって杼を通し、柄を織り出していきます。材料が高価で織台の大きさにも制約があるため、用途としては袋物や帯締め、羽織紐などの小物、草履用が中心です。非常に根気のいる手仕事で精緻な技術を要するため、熟練した職人でも1日にわずかしか織ることができません。

■ 日本文化との関わり

元来は手工芸品として代々、鍋島家の夫人たちが工夫を重ねてきた裂地でしたが、日英大博覧会を機に人気を博して佐賀錦の名が広まると、京都の西陣がこれを帯地として開発しました。経糸に箔を使うため上品で美しい輝きの中に古典文様が浮かび上がり、和紙のもつ温もりと絢爛豪華さを兼ね備えた美術工芸品として称賛されています。

■ わかりやすい英語で説明すると

The original idea for *Saga-nishiki* brocade came from Hizen in Saga prefecture in the 1800s. It is unique because finely cut Japanese paper coated in gold, silver or lacquer is used as the warp for dyed-silk weft threads. Production ceased at the end of the Tokugawa shogunate but was revived by former prime minister of Japan, Shigenobu Okuma, and exhibited in London in 1910. There are several hundred *Saga-nishiki* patterns such as *ajiro* (wickerwork), *sayagata* (key pattern), and *hishimon* (diamonds). *Saga-nishiki* is woven on a hand loom. The techniques are very sophisticated and even an artisan can only produce a few inches in one day. *Saga-nishiki* brocade is used for *obi* belts, bags and straps for *kimono* sandals.

小千谷縮：*Ojiya* crepe

■その起源と由来について

　しなやかな麻と絣模様、シボと呼ばれる細かい縮みじわが特徴の小地谷縮は、新潟県小地谷市周辺で生産されている麻織物で、越後布をもととする柔らかな紬の一種です。越後上布とともに1955年に国の重要無形文化財に指定されました。その歴史は古く、奈良時代には正倉院に越布として保存されたものが見られ、10世紀初期の文献にも皇室に献上された記載があります。

■つくり方と職人技

　苧麻という植物を積んで糸を取り（苧積み）、撚りをかけてから糸を縛って防染した後に染めて（手くびり）絣模様をつけます。それをいざり機で織り上げていきます。糸の段階で緯糸に強い撚りをかけてあるので、織り上がった布を湯につけて何度も強くもむと独特のシボが生まれてきます。こうして冬の間に織り上げた布の仕上げには「雪さらし」という工程が待っています。3月頃の晴天のもと、少し解け始めた雪の上に布を広げて繰り返し漂白すると、雪に紫外線が反応して白い部分はより白く柄の部分はより鮮やかな色に仕上がります。雪国越後の厳しい冬によって生まれる美しさですが、今ではその技を継承する職人が激減しています。

■日本文化との関わり

　麻のさらっとした質感がシボによって肌にべたつかず、また絹と違って水で押し洗いができるので、夏に最適な着物として小千谷縮は現在も人気があります。最近では、和服だけでなく暖簾やタペストリーなどインテリア製品、クールビズにも適したジャケット、シャツ、ワンピースなど洋服も開発製造するとともに、体験学習を通じて後継者の育成に力を入れています。

■わかりやすい英語で説明すると

　Ojiya crepe is woven from hemp thread and has splashed (*kasuri*) patterns. The cloth has wrinkles called *shibo* made by twisting the weft threads tightly. *Ojiya* crepe is produced in the Ojiya area of Nigata Prefecture and was designated an Important Intangible Cultural Asset in 1955. The cloth has a long history with documents recording hemp cloth from Echigo at the beginning of the 10th century. Making *Ojiya* crepe takes a lot of time due to the process of making and twisting the thread as well as the snow bleaching technique where the crepe is spread on snow and left to bleach in the sunlight. The final wrinkled crepe cloth is soft and gentle to the skin making it perfect for summer kimono or more recently, summer jackets, shirts, and dresses.

綴織：Tapestry

■その起源と由来について

平織の一種で緯糸だけで模様を表現する綴織は、模様を織り出す方法としては最も古く、古代エジプトや南米アンデス、中国など世界各地に見られます。ヨーロッパでは王侯貴族用にゴブラン織りが完成しています。日本では奈良の東大寺正倉院に中国のものが見られますが、国内で綴織が行われるようになったのは江戸時代に入ってから、京都西陣において中国の明や清の技法を取り入れたのが始まりでした。当時は幕府大奥や諸大名に愛用され、江戸時代中頃には京都祇園祭の鉾にも綴織が用いられています。

■つくり方と職人技

西陣の綴織の中で最も特徴的な「爪搔き本綴れ」は、専用の小さな手機で織ります。実物大の下絵の上に強く張った経糸を置き、図柄に沿って緯糸で模様を織り返してからノコギリの歯のようにギザギザに切った爪で搔き寄せながら織っていきます。模様部分は色が変わる2色の境界でそれぞれ折り返して織るため、経糸に沿ってすき間（ハツリ孔）ができるのが、爪搔き綴織の大きな特徴です。西陣織の中でも高度な技術と根気が必要とされ、熟練の職人でも細かい柄になると1日に2cmほどしか織ることができないといわれます。

■日本文化との関わり

機械を使わず完全な手仕事による爪搔き本綴れと、柄の部分にジャカードを使って手機で織る紋綴れ、いずれも気が遠くなるような根気と長年の経験による熟練の技が必要とされます。西陣の中で最も古い歴史をもつ爪搔き本綴れは爪で織る芸術品と呼ばれ、日本の美術織物の最高峰と称賛されます。

■わかりやすい英語で説明すると

Tsuzure-ori is a type of weaving where the pattern is made with only the weft thread. It is the oldest type and can be seen around the world in Ancient Egypt, the Andes and China. Nishijin in Kyoto was the first area in Japan to incorporate *tsuzure-ori* techniques from China. In Nishijin each step of the process has a specialist artisan. Warp threads are stretched tightly over a full-scale design and the weft threads are woven in to create the design. The artisans sweep the threads into place using their fingernails which have been filed to look like the teeth of a saw. The process requires a great deal of skill and patience. Even seasoned veterans can only weave two centimeters a day. *Tsuzure-ori* is considered the ultimate in Japanese textiles.

第Ⅰ部　衣・食・住にまつわる日本文化と伝統工芸品

博多織：*Hakata* fabric

■その起源と由来について

　福岡市を中心に生産されている博多織は、鎌倉時代に宋へ渡った博多商人と禅僧が織物技術を持ち帰って伝えたのが始まりとされています。江戸時代に筑前藩主の黒田長政が幕府へ博多織を献上したことから「献上博多」と呼ばれるようになりました。明治18年にはジャカード機が導入されて200を超える博多織屋が存在しましたが、日露戦争を境に生産量は激減していきます。第二次世界大戦後の昭和30年頃から経済復興の中で徐々に生産数が増えて、昭和50年のピーク時には帯で約200万本の生産数を誇り、昭和51年に伝統的工芸品に指定されました。

■つくり方と職人技

　先染めの絹織物である博多織の主な工程には、意匠図案、撚糸、染色、機仕掛け、糸繰り、整経、製織の7つがあります。染色の際は絹糸に光沢などを出すため石けん水などで洗い、釜につくった液で糸を染めます。織の種類は、伝統的な献上博多と現代的な紋織博多に大別されます。献上博多は、密に配列した経糸を浮かせて緯糸を強く打ち込むことで文様を織り出します。紋織博多は、ジャカード機により複雑で華やかな文様を織り出します。

■日本文化との関わり

　博多織の生地は厚みと張りがあり固いのが特徴で、結びやすく緩まないということから、古くは重い刀を腰に差す武士の帯として重用されました。現在は伝統的な帯の生産だけでなく、ギフト製品やネクタイ、舞台ホールの緞帳などの製品も、その特徴を活かして多く製造されています。今日の博多織はほとんどの製品が機械織で製造され、コンピュータなどの電子機器の発達によってどんどん新しい織物が開発されています。

■わかりやすい英語で説明すると

　Hakata fabric is thought to have begun in Fukuoka city in the 13th century when merchants and priests travelled to China and returned bringing weaving techniques. Local ingenuity gradually created the current methods. Jacquard looms were introduced in 1885. *Hakata* fabric was designated an authentic traditional craft in 1976. Thread is dyed before weaving for *Hakata* fabric. The thread is washed with soap and water to bring out its sheen. There are seven processes to production. *Hakata* fabric is known for being thick and stiff. It is used for *obi* belts and was well-suited to supporting a sword for samurai. It is also used for stage curtains.

芭蕉布：*Bashofu*, Banana-fiber (Abaca) cloth

■ その起源と由来について

芭蕉布は沖縄本島北部国頭郡大宜味村が主要産地で、夏の着物の最高級品です。柔らかい中にも張りがあり涼しい織りは、琉球王室への献上布として発展してきた沖縄の織物の中でも最も古く、13世紀頃に始まったと考えられています。琉球王朝時代には、与那国から奄美までの琉球全域で織られていました。第二次世界大戦下の沖縄戦により生産は中止を強いられましたが、戦火を免れた喜如嘉では戦後すぐに芭蕉布を復活させました。2000年には同会代表の平良敏子が人間国宝に認定されました。

■ つくり方と職人技

原材料となる糸芭蕉はバナナの仲間で、その畑は喜如嘉にしか残っていません。絹糸のように細く光沢がある繊維は糸芭蕉の幹の中央部からとる最高級品で、婚礼や宮中、神事の衣装にもなります。広大な畑で育つ糸芭蕉の茎を剥ぎ、釜茹でにした繊維を1日蒸らしてから不純物を取り除き、残った繊維を裂いて根と先を結んでつないで地糸を積んでいきます。この糸を藍や車輪梅で染めて絣糸にするまでに21もの工程があります。芭蕉布は、古代から変わらぬ技法により手積みの糸で織られた世界でも希少な布なのです。

■ 日本文化との関わり

喜如嘉出身の平良敏子は、戦時中に女子挺身隊として倉敷に赴き、倉敷紡績社長の大原聰一郎や倉敷民藝館館長外村吉之助から織りの指導を受けました。終戦後、焦土と化した沖縄へ戻った平良は絶滅寸前だった芭蕉布を復興させたのです。沖縄の風土気候によって独自の発達を遂げた芭蕉布は、染織技法として歴史的にも芸術的にも価値が高いものです。

■ わかりやすい英語で説明すると

Abaca cloth is a traditional textile from Okinawa. The fabric is cool, light and also durable. It is the oldest textile in the islands dating from the 13th century and was presented as a gift to the Ryukyu Kingdom. Production was forced to stop during the Second World War but resumed soon after. The raw material is from a plant related to the banana. It is only grown in Kijoka, Okinawa. The fibers have a sheen similar to silk. The fabric is of the highest quality and is used for weddings and other rituals. Toshiko Taira, originally from Kijoka, was mobilized to Kurashiki with the Women's Volunteer Corps during the war. When she returned to Okinawa after the war she decided to resurrect *Bashofu*. Ms. Taira was recognized as a Living National Treasure in 2000.

宮古上布：*Miyakojima* hemp fabric

■その起源と由来について

上布とは幕府に献上した高級な麻織物を総称する言葉です。数多い沖縄織物の原点ともいわれる宮古上布は、沖縄県宮古島市が主要産地です。紺地の絣や縞の薄く滑らかな麻織物で、薩摩上布とも呼ばれます。600年の長い歴史をもち、琉球王朝時代には王府御用布とされていました。ごく細い麻糸を藍で染めた、独特の光沢と絹のようなしなやかさが特徴の高級品です。

■つくり方と職人技

原料となるイラクサ科の植物チョマは、成長が早く年に4〜7回刈り取ることができます。髪の毛ほどの細さに爪で裂いた苧麻をより合わせて一本にし、糸車で撚ります。経糸と緯糸で積み方が異なり、一反分の糸をつくるのに経糸を1200本以上も使うので、製糸だけで半年かかることもあります。そうしてできた極細の麻糸を琉球藍で染めてから機織りに入ります。切れやすい細い糸の桐を合わせながら織っていくという神経を使う技なので、熟練者でも1日に20cm織るのがやっとだといいます。次に湯洗い、陰干ししてサツマイモの澱粉糊を入れ、乾燥後に重さ4kgの木槌で4〜6時間ぐらい砧打ちをして仕上げます。

■日本文化との関わり

1600年代初頭に琉球王国が崩壊し薩摩藩に制圧されると、宮古上布は納税のための過酷な製織を強いられましたが、明治に入ると自由生産が可能になりました。大正から昭和にかけての隆盛期には年間生産量は1万反を越えていましたが、第二次世界大戦後には生産量は減り続け、21世紀に入る頃には絶滅寸前となりました。努力の結果、現在では息を吹き返しつつありますが、最大の課題である原材料の確保や熟練技術者の高齢化など、この貴重な技術を継承していくには更なる努力と援助が必要とされています。

■わかりやすい英語で説明すると

Miyakojima hemp fabric is said to be the origin of all the woven fabrics in Okinawa. The weave is very fine and the fabric has elaborate splashed patterns. The fabric is of such high-quality it was used as an imperial tribute to the Chinese emperor. It can take six months to prepare enough thread as the warp requires around 1,200 threads. Dyed with Ryukyu indigo, the thread is easy to break and it takes a lot of concentration to weave and match colors to the pattern. A veteran artisan can only weave 20 cm in one day. These days the raw materials are hard to find and experienced artisans are aging.

（3）用途による分類：By Purpose
①日常生活衣服：Daily wear

半纏（半天）と法被、作務衣：*Hanten, happi,* monks working robes

■ その起源と由来について

いわゆる和服を日常着とする日本人は減ってしまいましたが、日常着や祭りの衣裳として現在も各地で半纏、法被、作務衣は用いられています。近年「ハンテン」と「ハッピ」の明確な区別はなくなりましたが、元来は江戸時代後期の武家社会において小袖の上に着る羽織から変化したものです。胸紐つきの単衣仕立てで襟を折り返した法被は下級武士が着たもので、商人や職人が着たものは半纏でした。これ

半纏

は、羽織の着用が許されなかった町人が、法被を真似て襟の返しがない半纏をつくったためといわれています。法被は半纏より格が高いものだったのですが、明治時代以降その区別がなくなり、現在ハッピと呼ばれているものは正確には「印半纏」と呼ばれるべきものです。半纏が最初に現れたのは江戸時代初期の女性の日常着や防寒着としてのものでしたが、後期には火消しや植木職人、鳶職などの仕事着として使われるようになりました。紐がないので、手拭いを腰に結んで帯代わりにして着用します。一方、法被は胸に共布で胸紐があり、家の印を背と裾まわりにつけ武家では家僕の上衣として着せました。ハンテンの漢字は半纏、半天、袢天などと書き、丈が短いので「半服」の意味であるという説や、一反の半分で仕立てたので「半反」から来たという説などがあります。一方、ハッピの語源には禅寺で高僧用の椅子にかける布「はふひ」（法被）から転じた、または平安時代に公家の下着だった「はんぴ」（半臂）をもととするという2つの説があるようです。

作務衣とは、禅宗の僧侶たちが掃除などの作業（作務）をする際に着るもので、現在では上下が分かれた二部式のものが主流ですが、決まった形はありませんでした。

■ つくり方と職人技

印半纏は背中に背紋と呼ばれる屋号などを白く染め抜き、肩と腰に柄を入れ、背割れと呼ばれる背の中心で小巾の生地を継ぐ仕立て方が最も本式です。生地は丈夫な木綿や紬に縦縞模様が一般的で、本格的なものには捺染や引き染め、藍染めなどの伝統技法が多く用いられます。また、刺し子を施して防寒とともに布地の強度を保つこともあります。

作務衣の生地は木綿が基本ですが、春秋には綿と麻の混紡、夏には涼しい

麻、寒い季節には刺し子・起毛を施して綿を入れたものやスエード、フリースなどもあります。久留米絣、小千谷縮、しじら織、藍染など伝統工芸の染めや織りが生かされています。色は藍が最もスタンダードですが現代的なものには色に制約はなく、また女性用には縞や絣のような伝統的な模様のほかに花柄のプリントのものもつくられています。袖は手首が見えるくらいの長さの筒袖で、上衣は右脇で紐を結んで打ち合わせをとめ、下衣はズボン型で裾を紐で縛るつくりになっています。

■ 日本文化との関わり

　江戸時代末期に消防に使われた火消し半纏の裏地には極彩色の大胆な絵柄を刺し、それを表にして江戸の町を闊歩した火消しの姿が浮世絵にも描かれています。背中や衿に屋号や家紋を入れた印半纏は制服の意味合いがあり、雇い主が支給して職人たちに着せた「お仕着せ」と呼ばれました。半纏は現在でも消防団の出初め式で見ることができるほか、各地の祭り、和太鼓、郷土芸能、催事などに団体で半纏（ハッピと呼ばれることもある）を誂えることも今なお人気があります。

　作務衣は本来、寺院の修行僧のためのものでしたが、二部式で着やすいこともあってか現在は一般の人にも広く部屋着や仕事着、また外出着として使われています。年配の男性専用と思いがちですが、簡略化した和服として近年は若い世代や女性、子どもにも愛用されています。

■ わかりやすい英語で説明すると

There are very few people these days who wear Japanese-style clothes every day. *Hanten* and *happi* jackets are worn for festivals. Low-level samurai used to wear *happi* with small-sleeved kimono and merchants used to wear *hanten*. This means *happi* had a higher rank than *hanten* however that distinction has now disappeared. By the 1800s, *hanten* were used as work wear by fire fighters, steeplejacks and lumberjacks. *Happi* used today are more correctly called "marked *hanten*" as they often have a symbol for a group or business on the back and sleeves. *Samue* or monks working robes can be seen when monks are cleaning around the temple or shrine. *Happi*, *hanten* and *samue* are usually made of cotton or linen and for cold weather have *sashiko* embroidery patterns for extra warmth and reinforcement of the material. Modern *samue* may be made of fleece or suede and are often worn for relaxing in the home as they are very comfortable. Firefighters still wear the *happi*/*hanten* for new year ceremonies and many local festivals use *happi*/*hanten* as a uniform.

②礼装用衣服：Formal wear

男性用紋付・羽織・袴：Men's formal *kimono*, *haori* jacket and *hakama*

■その起源と由来について

　着物の上に五つ紋がついた黒羽織を着て、縞模様の袴を身につける姿が礼装として見られるのは、現在では日本の国技である相撲ぐらいになりました。実は、明治から大正にかけての近代日本で男性の礼装とされたのは、この和装ではなく洋服でした。もともと武家男性の礼装だったものが庶民にも広がって羽織袴の形が定型化したのは江戸時代中～後期です。明治5年に布告された礼服の規定により公的な場での直垂、狩衣、裃が廃止され、洋服の軍服と、大礼服として皇族や華族、高級官吏に現在の燕尾服、フロックコート、シルクハットのような洋服が定められました。これは、明治維新の名のもとに西欧諸国の文化を取り入れて近代国家へ生まれ変わろうとする政府の方針でした。一方、現在は式服として扱われる紋付羽織袴は、高価な洋装を調達できない庶民の代用的な礼服という扱いでした。そこで、明治30年代後半から政府の礼服規定に異議を唱える声が多く出始め、それまで色など自由だった羽織を五つ紋黒無地羽織という形に整えることにしました。それでも公式には、燕尾服以外は礼装として認められませんでした。しかし、国民の経済状態や、燕尾服やフロックコートが西欧ですでに流行遅れになっていた事実から、大正時代に紋付羽織袴が新たに一般礼服として規定に加えられました。宮中における叙勲式典の際に黒紋付羽織袴での参内が許可されたのは、昭和10年の服装規定の改正からで、昭和12年に始まった文化勲章では紋付羽織袴が正式に認可されました。このような経過に、宮中が定める礼服の定義と、一般国民の衣生活の実態とのギャップを顕著に見ることができます。

■つくり方と職人技

　江戸時代まで小袖の裾を長く引きずっていた女性の着物と違って、男性の着物は江戸時代から現在に至るまで「対丈」で仕立てることになっています。対丈というのは、できあがりが身丈（首から足首までの長さ）と同じサイズに仕立てるという意味です。着物の上に着る羽織はひざ丈に仕立て、房がついた羽織紐で前をとめます。家紋を背中、両胸、両袖の5か所に白く染め抜いた黒無地五つ紋が礼装として最も格が高いもので、足袋と羽織紐は白を用います。黒紋付には、糸に撚りを掛けないで横糸を水に濡らして織る羽二重という種類の正絹の生地を使います。また略礼装として背中に一つ紋をつけた羽織袴がありますが、色は自由です。色紋付の場合にも白い足袋を用いますが、羽織紐の色は決まっていません。袴には、ズボンのように着物の上

第Ⅰ部　衣・食・住にまつわる日本文化と伝統工芸品　45

からはく馬乗り袴と筒状の行燈袴とがありますが、動きやすさや見た目から馬乗り袴が好まれています。礼装には灰色に黒の縞模様の仙台平がよく用いられましたが、現在の袴の生産量の90％は山形県の米沢が代表産地である米沢平です。重要無形文化財に指定されている仙台平は宮城県仙台市で江戸時代から生産されており、袴地の最高級品として幕府に献上されていましたが、現在は織り手が少なくなりわずかしか生産されていません。

■日本文化との関わり

　男性用の羽織袴は、洋装の現代社会において女性用の着物以上に需要が少なく、茶道、書道、仕舞、相撲、弓道、剣道などの関係者が着用するぐらいになってしまいました。黒五つ紋付羽織袴となると、結婚式の新郎用貸衣装、歌舞伎、能、日本舞踊などの伝統芸能や相撲の襲名披露などに用途が限られているため、一般の人があつらえたり購入したりする機会が極端に減りました。結果として市場が縮小し、新規の販路開拓と後継者難が大きな課題となっています。一方でここ数年、若い世代を中心に婚礼衣装や成人式服に和装が徐々に復活するようになり、男性の紋付羽織袴を見直す動きとして注目されています。

■わかりやすい英語で説明すると

　It is rare now to see men's formal wear of a black *haori* jacket with five crests over striped *hakama* except for weddings and *sumo* ceremonies. This style was considered samurai wear and did not become formal wear until the early 1900s. Previously, formal wear was stipulated by the government to be a Western-style frockcoat or tailcoat and silk hat. Men's *kimonos* have always been body length, unlike women's, which are longer. The *haori* worn over the top is knee length and closed with a tasseled rope. Family crests are placed on the center back as well as both the front and rear of both sleeves. A less formal outfit would have a single crest in the center back of a colored *haori*. The *hakama* divided skirt is worn over the top of the *kimono*. In modern society there is even less demand for men's formal *kimono* than there is for women's *kimono*. Formal *kimono* these days are mainly worn by men who lead traditional performances such as tea, calligraphy, dance, *sumo*, archery and fencing, or by some young men for their coming-of-age ceremony.

女性用留袖・振袖・訪問着：Women's *kimono*

■ その起源と由来について

　文明開化の動きに伴い、明治5年に政府は男性の礼服の規定を布告しましたが、女性に関してはそれほど明確な通達はありませんでした。そのため、宮内省が明治中頃に宮中の婦人の洋装化を奨励しても、男性用と違って一般女性の礼装に洋服は普及しませんでした。洋装礼服であるドレスは、大正時代になっても着用は皇族女性に限られており、日本人の男女の礼装の形態はこの頃から洋服と和服に分かれることになったのです。明治20年代には白い襟の襦袢の上に紋がついた無地の着物を着る「白襟紋付」が、さまざまな国家行事の礼装として上流階級の婦人たちにも採用されるようになります。さらに明治30年代に黒色が多用されるようになると、喪服と区別するために華やかな裾模様が施されました。大正4年には皇室令によってこの黒留袖が既婚女性の正装と定められました。

　未婚女性の盛装である振袖は、元来は室町時代頃に体温が高い子どもに脇を大きく開けた着物を着せたのが始まりといわれています。男子は17歳で元服の際に、女子は19歳で袖を切って短くして脇をふさぎました。江戸時代になると踊り子が長い袖の着物を着るようになり、若い女性がそれを真似たことから、振袖が未婚女性のものとして定着したといわれています。また当時の武家社会では、黒地に友禅や刺繍を施した五つ紋付の婚礼衣装が主流となり、後に袖を短く切って留袖としていましたので、振袖と留袖は同じものでした。礼装よりもカジュアルな訪問着は、文字通り訪問用の社交着という位置づけの着物で、大正末期に始まった準礼装です。留袖と違い、胸、肩、袖にも模様がついています。

■ つくり方と職人技

　洋服が立体裁断であるのに対し、日本の着物は直線裁断で平面となっています。そこに絵を描くように模様を入れたり、刺繍や縫い箔で装飾を施したりします。黒留袖は、背中、両袖、両胸の五つ紋で裾模様以外は正絹の黒無地で仕立てます。色留袖は五つ紋または三つ紋で、色が自由である以外の柄などは黒留袖に準じます。振袖は厳密にいうと袖丈によって、大振袖、中振袖、小振袖の3種類があります。訪問着は、留袖と同じように仕立てたときに縫い目で途切れないように柄を入れた絵羽模様になっています。紋はあっても背中に1つ、なくてもかまいません。江戸時代初期には絞り染めと刺繍が主だった染物は、宮崎友禅斎による扇絵から発展した友禅染によって「手描き」によって多彩な図柄を表現することが可能になります。江戸後期にかけて、鹿の子絞り、摺箔、金銀の刺繍、型染などが装飾として施され

るようになり、織物では金襴織、唐織、錦織などの技法が発達していきました。

■その種類と特徴

礼装でも日常着でも、季節によって着物の仕立て方は袷、単衣、薄物の3種類に大きく分けることができます。10月から5月までに着る袷は裏地がついており、中間の季節である6月と9月に着る単衣は裏地なしの1枚仕立て、7月と8月の絽や紗は透け感のある薄い生地1枚です。また着物に合わせて帯や長襦袢、小物も袷用と単衣用とを使い分けます。素材別では、絹、木綿、麻、羊毛の天然素材のうち、礼装用には絹を使います。

■日本文化との関わり

季節感を大事にする着物には、衣替えという風習が昔からあり、生地や仕立て方だけでなく柄や色で四季の移り変わりを表現します。同じ単衣でも6月の春単衣と9月の秋単衣では色や柄が違っていたりします。また、先取りをおしゃれとする感覚が着物では特に強く、例えば桜柄の着物を満開が過ぎて散り始めの頃に着るのは野暮とされます。着物と帯の格を合わせることもよくいわれ、紋付礼装の留袖や訪問着であれば帯も格調高い古典的な模様の帯を合わせます。通常、着物は「染め」が「織り」より格が高く、帯はその反対に織りのものが染め帯より格が高いとされています。文様にも格があり、鶴亀、松竹梅などおめでたい柄の吉祥文様、古くから伝わる伝統的な正倉院文様、公家が用いた有職文様などの古典模様が、格上となります。

■わかりやすい英語で説明すると

In 1872, the government issued a regulation stipulating formal dress for men. There was no such regulation issued for women's clothing. The Imperial Household Agency encouraged the use of western clothing to promote the westernization of Japan but women did not adopt western formal clothing as quickly as men. In the 1880s, a single colored *kimono* over an under *kimono* with a white collar was considered formal wear for women. In 1915, the Imperial Household Agency issued an ordinance stating that formal wear for married women was a *kurotomesode* (black background with a colorful pattern on the skirt), *furisode*, a colorful long-sleeved *kimono* was for unmarried women, and *houmongi* was a semi-formal *kimono* for less formal social occasions. In contrast to western clothes, *kimono* are made with vertical straight seams. *Kimono*, *obi* and accessories are all chosen carefully to be appropriate to the season and occasion.

③宗教用衣服：Religious wear

神職の装束：*Shinto* priest robes

■ その起源と由来について

明治時代以前には神職は宮中の役人と同じ扱いであったため、その服装は公家の衣裳から派生しています。その後、宮中で用いられる礼服が洋装になったため、皇族を除いて公家衣裳は神職専用のものとなりました。神事で着用する装束は大祭、中祭、小祭の神事の種類や、神官の身分に応じてさまざまですが、これは昭和 21 年に神社本庁が定めた服装規定によるものです。大祭とは年に一度の例祭や祈念祭、式年祭などの特別に重要な祭祀で、中祭は元始祭や歳旦祭など、小祭はそれ以外の祭祀です。神職の服装は、大祭には正装、中祭には礼装、小祭には常装という決まりがあります。身分は色でいうと位の高いものから順に袍では黒、赤、緑、袴は白が最高位で紫、薄い青と続きます。女性の神職の場合は、正装、礼装ともに身分による色の規定は一定ではありません。

■ その種類と特徴

大祭に着用する男性神職の正装は、もとは平安時代の貴族の正装だった「衣冠」と呼ばれるものです。冠をかぶり、位によって色が決まっている上着の袍と、裾を絞った袴を身につけ、黒く塗った木製の浅沓をはき、右手に笏を持ちます。中祭に用いる礼服を「斎服」といい、冠をかぶって袍、袴とも身分にかかわらず白地を身につけます。日常の仕事に着る常装には、文様や色は自由な狩衣と、

衣冠

白狩衣に白差袴の浄衣の 2 種類があり、いずれの場合も烏帽子をかぶります。神事の際に着用される浄衣の形状は狩衣とまったく同じですが、身分に関係なく上下とも白の無地で紋も模様もありません。一方狩衣の色柄や文様は変化に富んでおり、特に制限はありません。女性の神職の場合、頭に釵子という飾りをつけ、唐衣、表着、単を重ね着する女房装束姿のいわゆる十二単が正装です。十二単といっても実際に 12 枚を重ねているわけではありませんが、これは平安時代の公家女性の服装を代表する礼装でした。現代では、長く引きずる裳の代わりに短い切袴を着用します。唐衣なしで文様のない白地の表着と袴が斎服、色柄が自由な表着と袴が常装で、いずれも手には扇を持ちます。常装では、頭に釵子はつけずに黒の額当てと呼ばれるものをつけま

す。ちなみに葬儀の際には、凶服と呼ばれる全身鈍色(グレー)の喪に服する衣裳を着用し、鈍色の冠を用います。

巫女は神職の補助職であり、その服装は神社によってさまざまで具体的な規定はありません。一般的には、通常の業務には白い小袖(白衣)に緋色の袴を用いることが多くなっています。神事において神楽、舞を奉納する際には千早と呼ばれる薄い白に鶴亀や松の模様のある上着を羽織って、花かんざしの髪飾りをつけます。

■ 日本文化との関わり

平安時代に登場した公家の日常衣裳であった狩衣は、中国から伝わった上着が原型であり、本来は狩りの際に用いられていました。当初は麻が主であった生地が絹に代わり礼装に用いられるようになって、現代の神職の常装に引き継がれています。正装である衣冠は、元来は公家の公服として夜間に用いられたもので、平安時代当時の礼装であった束帯を簡素化したものです。女性神職の正装も同じく、平安時代の公家女性の礼装であった女房装束(十二単)の袴を短くしただけのものです。束帯はというと、現代もなお最高礼装として伊勢神宮遷宮の際の勅使や、三大勅使でのごく限られた神事に最高位の神官が着用するほか、皇室での最も重い大礼の折に天皇の衣裳として使われます。

■ わかりやすい英語で説明すると

Shinto priests used to have a similar rank to that of imperial household officials. Their robes are derived from the costumes of court nobles. When the western mourning suit was designated formal clothing, the robes were only worn by *Shinto* priests. There are different robes depending on the importance of the ceremony and the rank of the priest. The designations were prescribed by the Association of *Shinto* Shrines in 1946. The highest rank gown is black, followed by red and green. The highest rank *hakama* (divided skirt) is white followed by purple and light blue. These designations do not apply to women. It is most common to see the women in white robes with scarlet *hakama* and a special hair decoration. The basis of the robes for nobles of the Heian Court (794-1185) came from China. They were originally used for hunting. The first robes were linen. Later, silk was used for formal dress and is still used today. The most formal robes are only seen now for the most important *Shinto* and imperial ceremonies.

僧衣（法衣）：Monk's robes

■ その起源と由来について

　仏教の僧や尼が着用する衣服を僧衣または法衣といいますが、袈裟の下に着る衣のみを指す場合も、袈裟を含める場合もあります。奈良時代に麻でできた褊衫と呼ばれる上着が、スカート状の裳とセットで用いられるようになり、平安時代には身分や宗派によって異なる僧衣が現れます。鎌倉時代には禅宗の影響を受けて法衣は簡素になり、上下を縫い合わせた墨染めの直綴が多くの宗派で用いられ、これが現代の僧衣の基本となりました。

■ その種類と特徴

　飛鳥時代、仏教の信者は三衣という長方形の布3枚でできた衣を身につけており、これが僧侶の袈裟の原型となりました。袈裟は、衣の上からかけて身体の前後と左肩を覆うもので、複数の布を長方形に継ぎ合わせてあり、布の枚数から五条、七条、九条などの種類があります。法要の際には錦や金襴の多様な装飾を施した袈裟を衣の上に着用します。袍裳は身分の高い公家の僧衣で、束帯に似た構成で大きな三角形の立ち襟（僧編襟）が特徴です。素絹とは袈裟以外には模様のない生地を用いたもので、本来は白でしたが実際には黒や緋、紫、白などが使われます。

■ 日本文化との関わり

　僧侶の位によって異なる法衣の色は、歴史と深い関わりがあります。律令制度においては身分によって着用できる色が決まっており、天皇や皇族のみに許された7色は臣下には禁じられた色（禁色）でした。ところが白川法皇の院政時代に寺院が勢力をもつようになると、高い地位の僧には天皇が紫や緋などの禁色を許すようになります。そこで、緋衣または紫衣が最高位である大僧正の礼装となり、宮中への参内などに用いられました。

■ わかりやすい英語で説明すると

　Monk robes refer to the clothing as well as the surplice worn over the shoulder. In the 700s a long linen shirt worn with a skirt was common. Later, the robes began to be a way to distinguish between rank and sect. With the influence of Zen Buddhism, the robes became more simplified to a style similar to that used by most sects today called *jikitotsu*. The *kesa*, or surplice, is worn draped over the left shoulder and under the right armpit. It is made of many pieces of the same cloth formed into a rectangle shape. For memorial services an elaborate *kesa* is worn. The color of robes a monk or priest may wear depends on their rank. Certain colors, such as purple, could only be worn with the permission of the Emperor.

第Ⅰ部　衣・食・住にまつわる日本文化と伝統工芸品　51

④伝統芸能衣装：Performing arts costume

能装束：*Noh* costumes

■ その起源と由来について

　能のもとは奈良時代に中国から伝わった散楽という曲芸や手品などに日本の歌や踊りがまじりあったものです。その後、室町時代に活躍した観阿弥・世阿弥が、能の芸術性を高めて現在のような形につくり上げました。当初は武家の日常着に近い簡素な衣装でした。その後将軍や公家に愛好され、褒美として与えられた金襴や緞子の立派な衣服を舞台で着用するようになってから、能装束は豪華なものに発展していきます。衣裳としての様式が技術的に完成されたのは江戸時代中期で、同時に染織の技術も確立されました。

■ その種類と特徴

　女性の役に用いる唐織は能装束の中でも最も豪華なもので、刺繍に金銀の箔を用いて草花など和風の文様を表す小袖形式です。男役の装束には、唐風の幾何学模様や竜、有職文様を綾織で織り出したものが多く見られます。舞衣は絽や紗の透けた織りのもの、武士の役に使う直垂、公家の貴人や天狗・鬼に使う狩衣には錦、金襴、平絹があります。同じ装束でも着付けの仕方や色柄で、役柄の性別、年齢や職業、また物語の内容までをも表すことができます。例えば、紅入は赤い色が入った衣裳のことで若い女性のもの、紅無は年配の女性の渋い色合いの装束になります。

■ 日本文化との関わり

　日本の織物技術のすべてが結集した能装束はそのほとんどが西陣織でつくられています。「西陣織1000年の歴史は、能装束によって技術が保存された」という、西陣で能装束の復元、製作に生涯をかけた山口安次郎の言葉通り、江戸時代にはすでに日本の染織技術は最高レベルに達していたのです。

■ わかりやすい英語で説明すると

　The roots of Noh theater are said to be in the Chinese circus that came to Japan in the 700s. Kan'ami and Ze'ami then further developed the performance into what we know as Noh theater today. The first costumes were simple like everyday clothing worn by *samurai*. Gradually, performers began to wear brocade and silk given to them by appreciative audiences and the costumes became more elaborate. The costumes worn by female characters are heavy with silver and gold embroidery in patterns of flora, fauna and Japanese scenery. The costumes worn by male characters have geometrical, dragon and arabesque patterns. How the costumes and colors are combined shows the age, gender, status, and occupation of the character.

狂言装束：*Kyogen* costumes

■その起源と由来について

　平安時代に中国から伝わった芸能である猿楽は、鎌倉時代には歌と舞を中心とした悲劇的な能と、喜劇的な台詞劇の狂言とに分かれていきます。室町時代に能が確立されると、狂言も冗談や洒落が洗練されるようになりました。能と狂言の装束の共通点として、上衣、小袖、袴の類を着用すること、装束によって役柄を表すことがあげられます。能の多くは過去の歴史的人物や出来事を題材に豪華な装束と能面が用いられるのに対し、狂言は中世庶民の笑いを表現し、鬼や動物以外は面をつけずに演じます。

■つくり方と職人技

　狂言の代表ともいえる太郎冠者と次郎冠者の装束は、肩衣という袖なしの上着に裾が短い狂言袴を合わせる召使のものです。肩衣の下に縞模様の熨斗目という小袖を着ますが、いずれも麻の染物で能装束と比べると簡素なものです。肩衣の背中にはカタツムリ、鬼瓦、こうもりなどの大胆な図柄が描かれたものが多く、黄色い足袋を合わせます。大名や太郎冠者の主人は、長裃や素袍（長い裾の袴に大きな袖の上下を同じ生地と柄で仕立てたもの）を身につけます。女性の役では、縫い箔という金箔の縫い取りをした小袖に女帯を締める仕事着が一般的です。猿、犬、馬、狐、狸など動物に用いる着ぐるみはモンパと呼ばれます。

■日本文化との関わり

　狂言装束は能の貴族的で豪華絢爛なものとは違って庶民的で写実的なものが多く、奇抜でおどけた意匠のものもあります。能が幽玄の美を追求するのに対し、狂言は庶民の日常生活の中にある普遍的なおかしさを表現します。

■わかりやすい英語で説明すると

In the 12th century, the circus-like entertainment that had been introduced from China separated into the tragic theater of *Noh* and the comedic theater of *Kyogen*. The costumes show the age, gender, status and occupation of the character in both *Kyogen* and *Noh*. *Noh* costumes and masks depict historical figures and events. *Kyogen* however, depicts the funny aspects of middle class life and only uses masks for animals and demons. A common character in *Kyogen* plays is the apprentice Taro Kaja. His costume has a broad-shouldered vest with a large humorous design on the back, striped *hakama* divided skirt and yellow *tabi* socks. It is very simple in comparison to the elaborate *Noh* costumes. Animal costumes used for monkey, dog, horse, or fox are called *Monpa*.

歌舞伎衣装：*Kabuki* costumes

■ その起源と由来について

　江戸時代初期、出雲大社の巫女を自称するお国という女性の「かぶき踊り」が人気となり、全国に広まったのが歌舞伎の始まりです。当初は遊女歌舞伎や若衆歌舞伎のように、大勢の若者が揃って踊る客寄せのためのものでした。後に歌舞伎は踊りから演劇中心へと変化し、長編化して人形浄瑠璃を題材としながら上演されて人気となります。衣装は大きく善人、悪役、女形に分けることができ、いずれも舞台効果をよく考えられたものでした。

■ つくり方と職人技

　金糸で繻子(しゅす)に文様を織り込んだ繻珍(しゅちん)や、縮緬(ちりめん)に刺繍を施したもの、さまざまな文様を織りで表現した緞子(どんす)、当時は珍しかったビロードなど、ありとあらゆる技術が競うように歌舞伎衣裳に用いられました。見た目で善悪や身分など役柄がわかるようにそれぞれの役柄で衣裳は決まっており、観客を魅了するような仕掛けが歌舞伎衣装の特徴でもあります。重ね着を脱いだり着物を裏返したり片袖脱いだり、役者の動作によって衣裳の形や色を劇中で変化させることで意表を突く視覚的効果をもたらすように工夫されています。

■ 日本文化との関わり

　日本の伝統的な芸能の中でも、さまざまな工夫をこらして人々を楽しませるという点において、歌舞伎における衣装が果たす役割は能、狂言、人形浄瑠璃の中で最も大きいといえるかもしれません。天保10年（1839）に演じられた近松門左衛門作の「国性爺合戦(こくせんやがっせん)」では、衣装に千両かかったといいます。このように衣装に凝ったことで幕府の奢侈(しゃし)禁止令がたびたび出されました。優れた染織技術を集結させた絢爛豪華な能装束とは違い、江戸庶民による創意工夫と大胆な発想によって発展したのが歌舞伎の衣裳でした。

■ わかりやすい英語で説明すると

　The origin of *Kabuki* is thought to be the very popular dance of a girl who claimed to be a shrine maiden at Izumo Grand Shrine. The dance was intended to attract customers. The dance developed to include a story and became a theater performance. The costumes can be separated into good characters, bad characters, and female characters; all carefully thought out for maximum stage effect. *Kabuki* costumes are made with every technique available such as heavily embroidered satin, gold embroidered silk damask, and even velvet. Costume is very important in *Kabuki* as the costume for each role is established so that the audience can immediately tell who is who.

⑤帯・被り物・履物：Belts, headwear, footwear

帯–礼装用丸帯と袋帯：*Maru-obi* and *fukuro-obi*

■ その起源と由来について

　桃山時代に女性の袴がすたれて小袖姿になると帯が目立つようになり、縄のような細い組紐状の帯を締めるようになります。江戸時代に女性の髪形が大きくなりそれまで使われていた幅の狭い帯ではバランスが悪くなると、広幅の帯がつくられるようになりました。江戸時代末期に芸者たちが亀戸天神の太鼓橋の形に似せたお太鼓結びを考案して人気となり、この結び方が明治時代に定着しました。この頃には西陣で織り始められた豪華な唐織や錦織が広く流通するようになり、中でも最も格調高いものが丸帯で、豪華な帯地に芯を入れて仕立てました。

　この時期には身分の差、年齢や未婚、既婚の差によって帯の位置や形に違いが見られます。未婚の若い女性は帯を後ろで結び、中年以降の既婚女性は前で結んだ帯が、風俗画にも残っています。いずれにしろ丸帯は重くて締めにくかったため、大正時代に袋帯が考案されました。当初は袋状に織られましたが、次第に表と裏を別に織って袋状に仕立てるようになりました。丸帯は第二次世界大戦までは礼装用として活躍し、今でも舞妓さんや花嫁の衣裳に使われています。袋帯には留袖や振袖に使う礼装用のものと日常着用とがあり、柄の格や金銀刺繍の分量でその違いを見分けることができます。

■ つくり方と職人技

　丸帯の長さは約430cm、幅が約70cmあり、その全体に柄がある生地を2つ折りにするため、表と裏の両方に同じ柄が出ます。江戸時代には、安土桃山時代に中国から伝わった美しい金襴や緞子が多く使われました。いずれも格調高い古典模様を金銀の糸や縫い箔、刺繍を多く施した豪華なものです。袋帯の礼装用は表面にしか柄がなく裏面は無地または地紋で、幅は約31cmと丸帯の半分以下で、長さも丸帯より少し短いため軽くなります。袋帯は表と裏を分けて織り、両端が筒状になるように仕立てるのが一般的で、礼装用には錦織、唐織、綴織、佐賀錦などが代表的です。明治時代にフランスからジャカード機が輸入されると、西陣の帯の技術は飛躍的に向上しました。

■ その種類と特徴

　礼装用の帯には、錦織、唐織、綴織、佐賀錦などがあります。錦織の起源は中国で、室町時代に日本に伝わり京都の西陣で織り始められました。唐織もまた中国の明から伝わったもので、刺繍のような光沢のある模様が特徴です。江戸時代には九州の佐賀藩で経糸に金銀の箔を使った佐賀錦が考案され、それを西陣で帯地として織るようになりました。綴織が始まったのもやはり

西陣でこの頃です。季節で分けると、暑い夏（7月と8月）には総称して「薄物」と呼ばれる涼しげな絽や紗の袋帯が礼装によく使われます。また5月と9月には裏地のない単衣の着物になるので、帯も単衣用のものにします。着物姿の格を調整するのが帯の役割ですが、それは金銀の分量や古典柄かどうかによって決まります。文様の中で格が高いものは、吉祥文様、正倉院文様、有職文様で、古来より伝わる伝統的な柄を重んじるという意味合いがあり、松竹梅や唐獅子牡丹、桐竹鳳凰などがその一例です。

帯地

■ 日本文化との関わり

着物と同様に帯にも格があり、また季節によって生地や仕立て方、柄が違います。一般的に織りの帯の方が染めの帯より格が高いとされているため、紋付の留袖、訪問着、振袖の礼装用には染帯より豪華な織りの袋帯を合わせます。現在も100種類以上の結び方があるといわれていますが、礼装として最もよく見かけるのは二重太鼓結びです。その他、振袖用に変わり結びと呼ばれる文庫結びやふくら雀、立て矢などは今も人気の結び方です。

■ わかりやすい英語で説明すると

Obi belts became more prominent in the 1500s when *hakama* divided skirts for women went out of fashion. The wider *obi* balanced the larger hairstyles worn by women of the time. In the 1700s, *Geisha* developed the *Taiko* (drum) style *obi* tie which is still popular today. Around the same time in Nishijin, elaborate *kara-ori* and *nishiki-ori* weaving were gaining popularity. The highest quality was used for *maru-obi*, which are wide obi with the pattern covering the entire front and back. However, *maru-obi* were heavy and difficult to tie so the *fukuro-obi* was developed in the 1910s. *Fukuro-obi* are only patterned on the front, on the parts that show, making them lighter and easier to tie. The rank of an *obi* (more or less formal) depends on the amount of gold and silver used in the weaving or embroidery as well as the design.

帯-なごや帯：*Nagoya-obi* belts

■ その起源と由来について

昭和に入ってから広く普及したなごや帯は、大正時代に名古屋で考案されたことからその名がつきました。織りのものも染のものもあり、一般的には袋帯よりもカジュアルとされていますが、織りや柄によっては準礼装に用いることができます。袋帯との違いは、お太鼓をつくる部分以外は、半分の幅に縫い合わせて仕立ててあることです。二重に太鼓結びする袋帯に比べて、生地の節約になり軽くて締めやすいことから人気となりました。

■ つくり方と職人技

なごや帯の仕立て上がりは、お太鼓になる部分は幅30cm、手先と呼ばれる胴に巻く部分が幅15cmになる半幅仕立てで、長さは袋帯よりも約1m短くなっています。いずれも織りと染めの両方があり、織りの帯の方が格上になります。西陣織で有職文様を織り出したものは金銀の糸が使われていなくても、色無地や江戸小紋に合わせることができます。おしゃれ着に合わせる紬の帯はほとんどなごや帯に仕立てるのが一般的です。染めのものでは、友禅、型染、絞り染めなどの技法が用いられます。多くは、お太鼓の部分と前帯に模様がつけられています。

■ 日本文化との関わり

礼装用の帯と同様、なごや帯も季節によって7月、8月には麻や紗、6月、9月の単衣には絽と、素材が変わります。原則を守りながら大胆なデザインを取り入れ、各地の伝統的な織りの技術を活かすなど、より自由な発想のなごや帯は、生地や柄で訪問着にも合わせることができます。繊細な織りの紬帯には締めやすいように芯を入れて仕立て、染帯の場合は前帯の表裏に異なる模様を入れるなど、日常着としての着物が気軽に楽しめるように工夫がされているのが、なごや帯の特長といえるでしょう。

■ わかりやすい英語で説明すると

Nagoya-obi were invented in Nagoya in the 1920s. *Nagoya-obi* may be woven or dyed and are considered more casual than *fukuro-obi* (double-woven). They are considered semi-formal at the most. The difference between a *fukuro-obi* and a *nagoya-obi* is that, except for the part forming the tie at the back, the *nagoya-obi* is folded and sewn in half whereas the *fukuro-obi* is all the same width. The *nagoya-obi* is also one meter shorter than the *fukuro-obi*. The material and design of an *obi* is always selected carefully to match the season, for example, a linen or silk gauze *obi* belt would be selected for the hot summer months.

帯揚げ・帯締め・帯留め：Accessories; *Obi* sash, *obi* cord, sash clip

■ その起源と由来について

　帯揚げとは、帯を結ぶ時に帯枕の上にかぶせ、前で帯の上端を飾る小布のことです。太鼓結びが考案された江戸時代には帯枕を使っておらず、帯を背負い上げて形をつくる細長い別布が必要でした。これが帯揚げの起源で、現在も色合わせを楽しむ装飾品として愛用されています。帯締めは、帯を締めて形をつくるとともに前方の中央を飾る役割もあり、実用と装飾の両方を兼ね備えています。帯締めの中央に飾るブローチのような役割をするのが帯留めです。明治時代の廃刀令によって仕事がなくなった職人たちが、武具の組紐から帯締めへ、刀の鍔から帯留めへと転向したことが始まりです。

■ その種類と特徴

　帯揚げの素材は薄地の縮緬、綸子、夏物の絽や紗があります。礼装用には白地や薄色の絞り染めやぼかしが用いられますが、おしゃれ着には色柄に制約はありません。帯締めには、丸ぐけ、組紐、打紐があります。組紐には、平たく組んだ「平打」と丸く組んだ「丸組」などがあり、素材や色が豊富です。振袖には太めの丸組がよく使われ、留袖や訪問着には白に金銀の平打や丸組を用います。職人の技により精緻な細工が施される帯留めには、金銀、珊瑚、べっ甲、七宝や、真珠やルビーなど宝石をあしらったもの、陶磁器やガラス製のものもあります。

■ 日本文化との関わり

　和装の際には特に、小物にはセンスが現れるといいます。脇や帯の上からのぞく帯揚げや正面の帯中央を飾る帯締めは、着物姿全体からすれば分量はごくわずかですが、全体の印象を左右する大切な役割を担っています。

■ わかりやすい英語で説明すると

Accessories used when tying an *obi* include: the *obi* sash, which covers the *obi* pad and then ties in front at the top of the *obi*; the *obi* cord, which ties the *obi* all together to form the shape; and the sash clip or brooch-like ornament, which is placed front and center. *Obi* sashes are made from thin material such as silk crepe or satin. *Obi* cords are sewn, woven or braided and may be round or flat in shape. Sash clips may be any material including gold, silver, coral, tortoise shell, and may include precious and semi-precious gems. When wearing *kimono*, the accessories show the sense of style of the wearer. As always, the accessories are carefully selected not only to match the *kimono* but also the season and occasion.

被り物：Headwear

■冠：Crown

■ その起源と由来について

　世界各国で地位の象徴として頭部を飾った冠は、日本では古墳時代より金属製で王冠のようにかぶるものと額に当てるものの2種類があったようです。奈良時代には身分によって形が異なる礼服用の金属冠と、制服用の頭巾とが存在しました。平安時代以降には金属製は姿を消し、布製の頭巾がさまざまな種類に発展していきます。当初は羅という柔らかい生地製でしたが、平安後期には漆で固めて形が崩れないようにしたものが通常となります。鎌倉時代には大きくなっていく冠を懸緒という紐であごの下に固定することが始まりました。近代以降は、神職と宮中や一部伝統芸能関係者に着用が限られています。

■ その種類と特徴

　奈良時代には、東アジアの皇帝、天皇、国王が用いたすだれ状の五色の玉飾りがついた冕冠が冠位十二階制によって天皇の冠と定められます。平安時代に入って頭巾が変化した布製の冠になってから色は黒に統一されます。礼装である束帯には、纓と呼ばれる2本の紐を後ろに垂らした垂纓冠（文官用）と、内側に巻き上げる巻纓冠（武官）がありました。天皇は纓がまっすぐ立った立纓冠を着用します。

■ 日本文化との関わり

　平安時代の国風文化の影響で日本独自の柔らかい布製が発展して以来、文様や形状に多少の変化はあるもののほぼ原形に近い形を保ったまま、冠は現代に至っています。これは次に述べる烏帽子が服装の変化とともにさまざまな形を経てきた点と比較すると、興味深いことです。

■ わかりやすい英語で説明すると

　Crowns have been used in Japan and throughout the world as a symbol of status for 1,700 years. In Japan there were two types, a crown or diadem and a cloth wimple-like headdress. In the 10th century, metal crowns disappeared, and the headdress then developed from a soft cloth to a hard-lacquered hat to ensure it held its shape. The lacquered hat tied under the chin is now only worn by priests, court members and performers of traditional arts. The style, pattern and shape has not changed since it was developed in the time of *kokufu-bunka* or Heian nationalism, around 1000 years ago. The Emperor wears a black hard-lacquered headdress with a standing tail.

第Ⅰ部　衣・食・住にまつわる日本文化と伝統工芸品　59

■烏帽子：*Eboshi* hat
■その起源と由来について

　冠位十二階の制定により、成人男子の最も正式な被り物は冠、日常には烏帽子を用いることが定められました。烏帽子は中国の圭冠という冠が変化したもので、上部が円形で下部が方形の袋状です。色は黒で材質はさまざまなものがあります。平安時代以降は、公家から庶民に至るまで誰もがこれをかぶっていました。室町時代には武家の礼装に取り入れられましたが、戦国時代以降には髪形の変化により日常は烏帽子を着用しないことが通常となりました。

■その種類と特徴

　形で分けると、立烏帽子が位の高い公家の正式なもので、平礼烏帽子はその略式で身分が低い人がかぶりました。風折烏帽子は、頂が風に折られた形から名前がつき、狩衣とともに用いられました。侍烏帽子は小さく折りたたんで漆で固めたもので、動きが楽なため武士が好んで身につけました。揉烏帽子または梨子打烏帽子と呼ばれる兜の下につけた柔らかいものもありました。時代とともに烏帽子は漆で塗り固めたものに変化します。

■日本文化との関わり

　平安時代には日常のかぶり物であった烏帽子は鎌倉時代には礼装の一部とされて直垂に立烏帽子が用いられ、次に風折烏帽子が武家の礼装に取り入れられます。江戸時代には素襖に侍烏帽子と服装の変化に伴って烏帽子の形も変化します。室町以前には頭部を露出することが非礼とされたものが、髪形が変わるにつれて烏帽子は小さくなり、江戸時代には頭に何もかぶらないことが平常となっていきます。明治初期の公家は大きな烏帽子を復活させてかぶりましたが、現在では神職の装束に立烏帽子が用いられます。

■わかりやすい英語で説明すると

　The twelve cap and rank system states that adult men should wear the hard-lacquered hat for ceremonies and the *eboshi* hat for daily use. The *eboshi* hat is said to have originated from the Chinese *keikan* cap. The *eboshi* hat is sack-like, round on top and square on the bottom. It is usually black and is made from various materials. There were many styles of *eboshi* hats. The highest rank is the standing *eboshi,* it was worn by the aristocrats. A smaller, flatter style was worn by commoners. The *kazaori-eboshi* hat, which looks like the wind has blown in the front, was worn for hunting. People chose a style that suited their lifestyle. As hairstyles changed people began to wear hats less. *Shinto* priests still use the standing *eboshi*.

履物:Footwear

■縄文時代から平安時代の履物
■その起源と由来について

出土品や資料がほとんど存在しないため、日本にいつから履物が存在したかについては諸説あります。弥生時代の遺跡から発掘された2点の木製品が履物として日本最古の木沓だと考えられています。これは紐を通す穴があいていて足首を縛って使う形式でした。飛鳥時代から奈良時代にかけて隋や唐から皮製の履物が導入され、身分によって形、色、材質の規定がありました。平安時代になると、麻や藁でできた現在のわらじ(草鞋)の原型が登場し、わらじを簡略化したぞうり(草履)も出現して一般庶民に広がっていきました。

■その種類と特徴

平安時代に公家や武家の装束に用いられた履物には、浅い靴(浅沓)と深いブーツのような靴(深沓)があり、どちらも黒色の革製で下には足袋の原型である布の袋を紐でくくって履きました。一方、わらじとぞうりは、その履きやすさから身分に関係なく広い範囲で用いられました。わらじは2本の緒で足首を縛って使い、ぞうりは鼻緒でつっかけて履くもので、現在とほぼ同型のものがすでに平安時代には存在していました。

■日本文化との関わり

日本古来の履物は、足を台状のものに乗せて親指と人差し指の間に鼻緒をはさんで履くつくりになっています。足を覆い踵があるつくりの西洋風の靴と比較すると、開放性、通気性が特徴であるといえるでしょう。奈良時代に祭祀に用いられたと考えられている木沓は、公家社会以外に広まることはありませんでした。代わりに裸足で履くわらじやぞうりが普及していくのは、木沓が日本の風土気候に合わなかったことが一因ではないかと考えられます。

■わかりやすい英語で説明すると

There are many theories as to when footwear was first worn in Japan. There are very few artifacts or documents from prehistoric times. The oldest confirmed footwear are wooden items recovered from a site dating back to the 300s. Japanese *zori* sandals first appeared between 794 and 1185 as a simplified version of *waraji* straw sandals which tied around the ankle. *Waraji*, *zori* and *geta* sandals are all worn by pushing a string tied to a base between the big and second toes. They were easy to get on and off and quickly gained popularity. The *kigutsu* clogs that were worn for ceremonies, however, never gained popularity and were only worn by

court nobles.
■室町時代から江戸時代〜下駄(げた)の登場
■ その起源と由来について

　下駄は、江戸時代初期までは足駄(あしだ)と呼ばれていました。足の下に履くところから名前がつけられたとされますが、その後は下用に履くというので「下駄」になったようです。その原型は4世紀頃の中国に出現したといわれ、日本では静岡県や滋賀県の遺跡から5世紀頃の木製下駄が出土しています。同時期に出土の下駄の中には古墳に埋葬された石製のものもあり、これは祭器としてつくられた模造品ではないかと考えられています。平安時代中頃まで下駄は高貴な履物で、下級貴族はぞうりやわらじしか用いませんでした。商人を中心とする都市部から庶民に普及していったのは鎌倉時代以降のことで、悪天候でも衣服が汚れずに移動ができる下駄が重宝されたのではないかと推察されます。江戸時代には、歌舞伎役者や芸者が浴衣に下駄を履いた姿が浮世絵にも多く描かれました。

■ その種類と特徴

　日本の遺跡から出土する下駄には、2本歯のものと歯をもたないもののほかに、水田での作業に使う「田下駄」があります。田下駄は農作業の際に身体が水田に沈まないように使った足を乗せる板として使ったものです。室町時代の絵巻物には多くの下駄を履いた人の姿が描かれていますが、その種類は豊富で高下駄、塗りの下駄、天狗(てんぐ)の1本歯の下駄が見られます。江戸時代の後期には駒下駄と呼ばれる台の中央部をくりぬいたものが出現し、ポックリという名で女児が晴れ着の履物として履くようになりました。また遊女の最高位である花魁(おいらん)は黒塗り3本歯の下駄と現在に至るまで決まっています。下駄の素材には桐、杉、栗、松などが使われていましたが、現在は桐がよく使われます。

■ わかりやすい英語で説明すると

　Japanese wooden clogs or *geta*, which were worn by the common people, were called *ashida* in the 16th century. The term comes from the words for foot and load. The name later changed to *geta*, which comes from the words for under and load. Wooden *geta*-like clogs have been excavated from archeological sites dating back to the 5th century. The first use was in flooded rice fields so that farm workers would not sink into the mud. Many different types of *geta* were made depending on the rank of the wearer and the purpose of the shoe. There are even very high platform *geta* worn by courtesans.

■明治時代以降〜和装用の履物
■その種類と特徴

江戸時代に登場して庶民に普及した下駄と、平安時代から使われてきた草履は、現在も和装の履物として欠かせないものです。ほかには、茶席用に千利休が考案したとされる竹皮の草履の裏に皮を貼った雪駄がありますが、これも広義には草履に含まれます。

■つくり方と職人技

代表的なものには、江戸時代から続く駿河塗の下駄（静岡県）、津軽桐下駄（青森県）、志度桐下駄（香川県）や栃木・会津桐下駄、焼杉下駄（大分県）などがあります。1年間天日で乾燥させた桐材を成形し、鼻緒を通すための穴をあけ、磨いて仕上げるまでに約40の工程があります。台に金蒔絵を施した下駄や、鼻緒の素材の印伝、ビロード、錦織の帯地などにも職人技が見られます。本格的な草履では台の素材にコルクを使い、底面には革が手縫いで固定されます。

■日本文化との関わり

江戸後期になっても庶民は裸足での生活が珍しくなかったため、明治時代中頃に政府は「裸足禁止令」を出しました。これは、裸足は野蛮で未開の地である証拠という西洋式の価値観を反映するものでもありました。洋装化とともに靴の着用が奨励されましたが、それまでの開放的な下駄や草履に慣れた生活から、紐で縛る固い皮の洋靴に泣かされた人は男女を問わず多かったようです。逆に洋装が一般的になった昭和以降は、和装が急速にすたれたために草履や下駄の需要も落ち込みました。最近では若い世代に人気の浴衣に合わせた下駄などに工夫がこらされています。

■わかりやすい英語で説明すると

Japanese sandals or *zori* have been worn in Japan since the 9th century. They are an essential item when wearing *kimono* even today. There are also leathers-soled sandals called *setta*, which are most often worn by men in kimono. *Zori* are made from paulownia wood. To make a pair of *zori* sandals there is a long set of steps starting with drying the wood to making holes for the straps and final polishing. In the 19th century the Meiji government issued an order banning bare feet. The supposed reason was to prevent the spread of plague, however, the other reason was Western thinking that going bare foot was a sign of a barbarian.

2. 食事にまつわる伝統文化と関連する工芸品を理解し英語で伝える
Traditional Arts and Handicrafts Related to Food

【総論】職人芸かう見る和食の文化と歴史
■ 食事にまつわる伝統文化

　我が国で現在も使用されている調理器具と食器類は、その種類の多さと特徴において外国には例を見ないほど、質量ともに優れたものであるといわれます。日本の調理器具や食器類全体が、いったいなぜそのように高い評価を得るようになったのかを探って行くと、ユネスコの無形文化遺産として登録された和食そのものと日本人の精神にたどり着きます。

　我が国は2013年に「和食：日本人の伝統的な食文化」を、(1)多様で新鮮な食材とそのもち味の尊重、(2)栄養バランスに優れた健康的な食生活、(3)自然の美しさや季節の移ろいの表現、(4)年中行事との密接な関わり、という4点から、自然の尊重という日本人の精神を体現するものとして提案し、それが認められ登録されました。その和食は調理器具や食器類とそれらを使って料理する職人がいればこそ、その真価を発揮できるのです。

　和食を生み、育んできた日本は四季の変化が明瞭で、温暖かつ多湿な気候を特徴とし、豊かな水源、河川、湖沼にも恵まれています。それらの特徴は夏場の高温や水を必要とする稲作に適し、かつ自生する豊かな植物の定着を可能にしました。山地が多く、地形が複雑な我が国には、その地形や気象条件などにより異なる、多種多彩な山菜や根菜が生まれ育ちました。日本列島は、暖流系の黒潮やその支流の対馬海流、北から流れる寒流系の親潮などに囲まれ、多種多様な魚介類が生息し回遊する、世界でも屈指の好漁場を抱えます。日本と並ぶ漁業大国であるノルウエーの総漁獲高の90％が8魚種で占められるのに対し、日本ではそれが28魚種にも上るといわれます。

　このように、四季が明確で雨が多い温帯に属する我が国では、その気候を活かして収穫される稲、多種多彩な野菜、自然発生や人工栽培される山菜や茸類など、一年を通して手に入る食材が豊富にあります。その上豊かな漁場の海に囲まれ、淡水魚の供給源となる多くの河川や湖沼にも恵まれ、豊かな魚食文化が生まれ育つ環境が揃っています。このように、水を豊富に使える環境から発達した魚をさばく技術や、蒸す・茹でる・煮るなどの調理法、さらに野菜や魚介中心の食事を美味しく食べるために工夫された旨味、調理した料理を味わうための口当たりの良い椀（碗）やきれいに盛りつける皿などの食器、さらには客を大事にする「もてなし」の精神など諸要素のすべてが、和食を価値の高い食事文化に仕上げたのです。

■調理器具から見る和食の特徴

　和食の調理器具にはさまざまなものがありますが、焼く・揚げるという調理法に向いたものが少なく、蒸す・茹でる・煮るための道具として発達してきたものが多いようです。我が国で調理器具が使われ始めたのは旧石器時代ですが、人々は捕獲した動物や魚を黒曜石など硬い石の破片でさばき、焼き串で焼いて食べていたと推測されます。その後旧石器時代から縄文時代にかけて大きな気候変動があり、それまで狩の対象であった大型動物がいなくなりました。人々は、小、中型動物、魚介類を捕獲し、木の実を保管しそれを茹でて食料とするようになり、そのための道具として縄文土器が生まれました。殻を取った果実を潰し、磨って粉にして、それを団子にして食べるなど食事方法も変わり、調理器具も徐々に変化していきます。

　弥生時代になると中国大陸から朝鮮半島を通って水田農耕だけではなく、鉄や青銅器が伝来し、食事の内容もそれを調理するための器具や技術も大きく変わりました。本章でも取り上げている蒸籠のもとになったといわれる米を蒸すための甑や、餅を搗くための臼と杵、そして金属の調理器具も出現し始めます。弥生時代中期には鋳物づくりが始まり、さらに鉄が普及し、現代の小刀の原型である刀子も生まれます。貯蔵用具としての壺などの土器も増え、土器は食材によって使い分けられるようになっていきます。

　原始的であった古代の調理器具が現代あるような形へ近づいてきたのは奈良・平安時代になってからです。まな板は奈良時代に、食材により使い分ける包丁は平安時代に、それぞれの原型がつくられ、銅を用いた調理器具も現れます。米を炊く時に使う羽釜もこの頃に生まれたものです。羽釜とは胴部分の縁全体に帽子のツバのようなものがついている釜で、その部分がカマドの開口部に引っかかり米の煮炊きを可能にするものです。

　鎌倉時代には、現代の和包丁の原型である鉄製の刃物をはじめ、食材を加工するための土器あるいは陶磁器製の卸金、捏鉢、擂鉢などの調理補助具もつくられ、穀類、根菜類、味噌、魚肉、茶などを加工していたようです。住居の中央に囲炉裏が設けられるようになる平安時代後期には鉄製の鍋が普及し、現在に近い形で食事がされるようになっていきました。

　鍋や釜と同様に和食の調理には欠かせない道具が包丁です。本章でも詳しく説明していますが、和包丁は食材の調理法に応じて刃の長さや形が異なり、細かく分ければ、その種類はおよそ50種類にも上るといわれます。刺身などの切り口の美しさや、口にした時の舌触りはそれを調理する職人の包丁さばき次第といわれますが、繊細な和食には欠かすことができない調理器具が和包丁です。魚や野菜などを切る和包丁の多くは片刃構造が基本で刃の断面

は「レ」の字のようになっていて、刃全体を使って滑らせながら引いて切る引き切りがその特徴です。それに対して洋包丁は主に肉を切るために使われ両刃構造になっています。刃の断面は左右対称の「V」の字をしていて、包丁の重さを利用して前方へ押し出す押し切りを特徴とします。

　刃物としての包丁をつくる上で日本刀の製造技術である鍛治が重要な役割を果たしています。日本刀は折れず、曲がらず、よく切れて、その上に美しいことで世界的に評価されていますが、日本刀と同じ鍛治の技術により製作される包丁は、魚や野菜を主とする日本の食生活に合った独自の刃物文化を生み出してきました。獣肉やその骨に比べて魚肉やその骨は柔らかく、包丁の硬度を高めても刃こぼれの心配が不要です。その上、砥石を使い研ぎ直しを重ねることで長く使用でき、かつ切れ味を向上させることもできます。

■ 和食器類から見る和食の特徴

　和食が文化的に諸外国の食事と大きく異なるのは、飯碗や汁椀を手に持って食べたり飲んだりするという点です。この世界的にも珍しい食文化がもとになり我が国独自の和食器を生んできました。以下では和食器は洋食器に比べてどこが、どのように違っているのかを見ていくことにしましょう。

　まずあげられるのは材質の違いです。両方ともに同じ焼き物ですが、和食器は主に粘土を材料とする陶器でつくられ、洋食器は陶石という石の粉と粘土を合わせたものを材料とする磁器でつくられているものが多いのです。碗（椀）を手に持ち箸を使って食べる食文化には、手にも口にもやさしい柔らかな質感のある陶器や漆器が合い、ナイフとフォークで食事をする食文化には器が傷つきにくい磁器が合います。両者は重さの点でも異なります。和食器は、手に持つということから疲れないように軽くつくられています。また動かさないのが基本の洋食器は重厚感を出すため重くつくられます。和食器は口に直接つけることもあり、口触りの良さも考えてつくられます。

　和食の醍醐味は四季それぞれの美しさを五感で味わえることです。食材だけではなく、調理の仕方、また調理したものを盛りつける食器類、さらにはあしらい（取り合わせ）やしつらい（調度類）までもが四季折々によって変わります。その中でも食器は季節と彩りを表現する大事な役割を担っています。見た目の美しさを誇る多彩な和食器はまさに主役といっても良いほどの存在感があります。この点は、白色が多く、模様付きであっても料理の邪魔をしないあっさりとしたデザインが主流の洋食器とは大きく異なるところです。

　和食では、一品ずつ出てくる西洋料理とは異なり、食卓上に一度に（あるいは数度に分けて）料理が並べられます。このために料理の品、あしらい、使う食器などの全体的な彩りや微妙なバランスを考えることが大切になりま

す。和食器はお互いに引き立て合わなければなりません。このように料理全体の調和を重んじる和の精神を体現しているものが和食器といえます。

■ 和食の伝統工芸品と職人芸

　和食で主に使われる食器は粘土を原料とし、磁器より柔らかく素朴な味わいのある陶器製ですが、おもてなし用の食器として明るく澄んだ色彩で目を楽しませる磁器製もあります。前者では益子焼、越前焼、美濃焼、備前焼などが、また後者では伊万里焼、有田焼、九谷焼、砥部焼が有名です。これらの陶磁器製の食器のほかにも、その性質上から「割れない」「欠けない」ために古くから祝いの席で使われてきた漆器も、美しい伝統工芸品です。和食器の特徴は、それらが日常の食卓で使用されるだけではなく、陶芸家や漆芸家による芸術作品として高く評価されている点です。日常に使用される食器をとって見ても鮮やかな絵柄やその意匠に目を見張ることがあります。

　我が国には「重要文化財保護法により文化庁が指定した重要無形文化財の技能を持つ人」と定義される人間国宝が多くいますが、その分野は調理器や食器にも及び、陶芸、漆芸、金工、木竹工、刀鍛冶などの職人が、その優れた作品のゆえに認定を受けて今日に至っています。このように日常の生活用具にも美を求め、精巧なモノをつくる年季の入った職人が存在し、そうした美を鑑賞する審美眼をもった者が、支配階級だけではなく庶民層にも、古代から多く存在してきたという社会は世界には珍しいといえるでしょう。

Section Introduction: Food

　Japan is well known for the variety and quality of utensils used in cooking and eating a meal. In order to understand the value placed on utensils and crockery, one only has to consider that Japanese cuisine is recognized as Intangible Cultural Heritage by UNESCO and explore a bit into the spirit of the Japanese people. Japanese cuisine places emphasis on variety, freshness, and nutritional balance as well as form, presentation, the seasons, and annual events. Specialized utensils and specifically designed crockery assist the cook to achieve the desired effect. Japanese meals are not served one dish at a time but all plates are served at once. The aesthetics of the meal as a whole are taken into account for not only the food but each and every dish it is served on. Many dishes are ceramic but earthenware, lacquerware, bamboo, and even baskets may be used. Many artisans of crockery and cooking ware are designated as Important Intangible Cultural Property by the Japanese government.

第Ⅰ部　衣・食・住にまつわる日本文化と伝統工芸品　67

(1) 用途による分類：By Purpose
① 調理器具：Utersils

鍋：Cooking pots

■その起源と由来について

　日本で最初に使われた鍋は「肴瓮(なべ)」と呼ばれた土焼きのもので、おかずの意味である肴(さかな)を煮炊きした素焼きの瓮(かめ)のことです。これは7世紀後半に朝鮮からもち込まれたと考えられています。弥生時代に中国大陸から鉄が伝わると鋳物技術が発達し、金属製の鍋が遺跡からも多数出土していますが、当時のものは釜とも鍋とも区別がつきかねない形でした。奈良時代には銅の鍋がつくられ始め、平安時代になると鉄鍋の製造も始まって全国に普及していきます。この頃には、土製のものと金属製のもので字を「堝」「鍋」と分けるようになりました。米は当時まだ主食となっておらず、主に食べられていたのは麦、稗(ひえ)、粟(あわ)などの雑穀やイモ類、木の実などで、囲炉裏に鍋を吊るして調理していました。江戸時代にはかまどで米を炊くことが始まりましたが、農山村では近代になっても囲炉裏で調理する鍋で炊事を行っていました。明治時代にはブリキ、ほうろう、アルミなど多様な素材の鍋が出回ります。現代では欧米からの輸入鍋も種類が豊富です。

■そのつくり方と職人技
■アルミ鍋—姫野作（大阪府八尾市）

　アルミ鍋の代表は雪平鍋ですが、その表面をおおう模様にも見える凹凸は、金属を強く丈夫にするために厚さ約3mmのアルミ板を金槌で叩き締めた跡で、表面積が大きくなるので熱伝導も良くなります。近年は機械でプレス加工をしたものがほとんどです。

■土鍋—萬古焼(ばんこ)（三重県四日市市）

　土鍋の国内生産高の90％近くを占める萬古焼きの発祥は江戸時代の中期で、現在は四日市市を中心に窯元数は100社以上あります。明治時代後期に陶土と陶磁器を合わせた強度が大きい半磁器の製造技術を開発して売り出し、近代産業として発展させました。水漏れしにくく、臭いがつきにくいという点が特徴で値段も手ごろです。

■土鍋—伊賀焼（三重県伊賀市）

　ごつごつした土の手触りが魅力の伊賀焼の始まりは、7世紀後半から8世紀に遡ります。茶の湯が盛んになった安土桃山時代に、伊賀上野の藩主が茶の湯の陶器として登用してその名は全国に広まりました。耐火性、蓄熱性が強いので、とろ火にかける土鍋に適しています。

■銅鍋―鎚起銅器（新潟県・燕市）

　熱伝導が良く、火のあたりが柔らかいといわれる銅は、卵焼き鍋、雪平鍋、しゃぶしゃぶ鍋などによく使われます。新潟県燕市では、間瀬銅山から採れる良質な銅を使います。「鎚起」とは「『鎚』で打ち『起』こす」という意味で、一枚の銅板を金鎚で叩いて継ぎ目なく成形するのが特徴です。

　上段左から雪平鍋、やっとこ鍋、親子鍋、すきやき鍋、しゃぶしゃぶ鍋、卵焼き鍋、中華鍋、おでん鍋、ジンギスカン鍋

■その種類と特徴

・雪平鍋

　行平とも書きますが名前の由来ははっきりせず、粥を炊くと米が雪のように見えることからついたという説が有力です。煮物や汁物の調理に使うのはもちろん、出し汁をとったり野菜や麺を茹でたりするのにも使い、日本の台所には欠かせない鍋です。一般的にはアルミや銅を打ち出して成形されたものに木製の柄がついており、注ぎ口が左右どちらかまたは両方にあります。表面にある凹凸が熱伝導を良くするため、鍋の中で早く味が行き渡ります。

・やっとこ鍋

　雪平鍋の取っ手と注ぎ口をなくしたもので、柄の代わりにやっとこで挟んで持ちます。業務用として調理場のスペースを節約できることや、取っ手の木が劣化することがないため衛生的で長もちするという利点があります。

・土鍋

　現在のように鍋料理に使う土鍋が一般家庭に普及したのは、昭和30年代

です。金属製の鍋に比べて熱伝導率が低いため熱しにくいが冷めにくく、煮込み料理に適しています。代表的なものに萬古焼、伊賀焼、信楽焼などがあります。最近では炊飯専用のものやパン焼き器として使えるもの、蒸し料理用のものも人気があります。

・親子鍋

　丼ものを 1 人前ずつつくるとき専用の鍋で、直径 16 cm の円形が標準です。素材には銅、アルミ、ステンレスのものがあり、熱伝導率が最も高いのは銅製となります。複数を同時に調理する場合にぶつからないよう、柄が垂直についています。近年は、フッ素樹脂加工やテフロン加工が施されて卵がくっつきにくい工夫がされているものも多く出回っています。

・すきやき鍋

　すきやきをする際に使用する平底で浅めの鍋で、明治時代に普及しました。熱伝導、油なじみがよい鋳物でできていて 2 つの弦（つる）の取っ手がついているものがよく見られます。

・しゃぶしゃぶ鍋

　中国で羊料理に使った火鍋子（ほうこうず）が原型といわれており、真ん中に突き出た穴があるドーナツ状の鍋です。穴の分だけ底面積が小さくなるため熱伝導がよくなり、冷たい肉を漬けてもスープが冷めにくいよう工夫されています。

・卵焼き鍋

　卵焼きをつくるときに使う、浅い正方形または長方形の鍋です。地域によって形が違い、関東では正方形、関西では縦長の長方形、名古屋では横長の長方形を使うようです。これは地域によって卵焼きの調理法が違うため、一気に卵液を入れて 2 つに折りたたむ関東型と、卵液を何度かに分けて流し入れて手前から折りたたんで厚みを出していく関西型、それを横から折りたたむ名古屋型があります。

・中華鍋

　中国料理に使う中華鍋には取っ手が片手の北京鍋、両手の広東（四川）鍋があり、どちらも丸底で、素材は鋼です。日本で利用されるようになったのは明治以降です。

・その他

　複数の具種が中で混じらないように仕切りがついた四角いおでん鍋、中央部分がカブトのように盛り上がって表面には溝が刻まれているジンギスカン鍋など、ある種の料理専用の鍋もあります。

■ 日本文化との関わり

　本来は調理器具を指す「鍋」ですが、「鍋料理」を連想する人も多く、そ

れだけ日本人にとって家族や仲間が火にかけた鍋をつつきながら食べるという食事の形態が一般的となっています。これは欧米ではあまり見られず、欧米の食卓では調理し終わった品を1人ずつに取り分けて食べるのが基本となります。一方でアジアの国々には、日本と似た風習が多く見られます。タイ、韓国、ベトナムでは鍋料理はごく一般的ですし、中国・香港の火鍋、モンゴルでは羊肉の鍋料理、マレーシアやネパールにもしゃぶしゃぶに似た鍋料理があります。これは、住環境や家族制度と関係があるのではないかと考えられます。アジアの農村地帯では囲炉裏が家の中心部にあり、鍋料理は暖を取りながら調理もできて食器も少なくてすむため、燃料や時間の節約になります。また大家族を中心とする共同体が稲作を中心とする農業を営むことが多いのもアジアの国々に共通する点で、一度に調理と食事が済む鍋料理は合理的ともいえます。

■ わかりやすい英語で説明すると

The first cooking pots used in Japan were unglazed earthenware. When iron was brought from China, metalwork developed and metal pots have been found in several archaeological sites. In the 700s, copper pot production began. Prior to the 1600s, the population's main food was grains such as wheat and barley which were cooked in a pot suspended over a fire. When rice cultivation increased, people began to cook in a pot on a *kamado* stove.

Different areas of Japan are famous for different types of pots. For example, Yao City, Osaka is known for strong, light, aluminum pots. Yokkaichi City, Mie is where 90% of domestic earthenware pots are made. Tsubame City in Niigata is famous for Tsuiki copperware.

In Japanese, the word *nabe* refers not only to a pot but also to the food cooked in the pot. Japanese often eat a meal with family and friends seated around one pot placed on a burner and everyone eats from the same pot as it cooks. This style is not common in European or American countries but can be seen throughout Asia. Chinese hotpot is common in China and Hong Kong, in Mongolia lamb is favored, and in Malaysia the favorite hotpot is pork. Lifestyle is the reason for this. In Asia, the place for cooking and the place for eating was not separate. The fireplace was in the center of the dwelling. Eating around the fire made it easy to cook, eat and keep warm at the same time. It also saved fuel and time.

第Ⅰ部　衣・食・住にまつわる日本文化と伝統工芸品　71

包丁 : Knives

■ その起源と由来について

　包丁のルーツは、石器時代に先のとがった石や動物の骨でつくったものです。「包丁」はもともと「庖丁」と書き、庖は厨（調理場）、丁は男という意味で、魏（ぎ）の時代の中国に伝わる伝説の料理人の名前からきたようです。日本最古の包丁は奈良の正倉院に10本収蔵されており、また平城京の遺跡からは、刃の長さ15cm、幅2cmほどの刀子（とうす）が出土しています。刀子にはいろいろな種類があったとみられ、10世紀始めの書には、牡蠣（かき）用刀子、鮑（あわび）用刀子という記述が見られます。室町時代に発展した日本料理とともに調理器具も次第に工夫されるようになり、包丁という言葉もこの頃に使われ始めました。鳥や魚に使う包丁と豆腐や野菜に使う包丁とを分けて使う様子が、当時の絵巻物に描かれています。戦国時代には多数いた刀鍛冶ですが、江戸時代に入ると戦乱がなくなったため刀の需要が減って仕事がなくなり、刃物全般を手掛けるようになりました。その後の廃刀令によって刀鍛冶のほとんどは家庭用刃物の生産に転向し、和泉（いずみ）の堺（大阪府）、播磨（はりま）の三木（兵庫県）、越前（えちぜん）の武生（たけお）（福井県）などが全国に販路を広げ、競い合って品質を向上させていきます。そして出刃（でば）、菜切り、柳葉（やなぎば）など用途に応じた各種の包丁がつくられるようになり、和包丁に現在見られる形のほとんどが完成していきます。明治時代になると食にも西洋化が取り入れられて、これまで魚と野菜中心だった食生活に牛肉や豚肉が取り入れられるようになります。そこで肉を切るための洋包丁（牛刀包丁）が登場しました。和包丁のように繊細な仕事をするためではなく肉の繊維を切断するための洋包丁は、ほとんどが切れ味を重視する鋼製のものでした。その後、昭和には伝統的な日本食と西洋料理が一般家庭にも混在するようになったため、牛刀包丁と菜切り包丁の両方の利点をもちあわせた文化包丁（三徳包丁）が生まれます。現在ではこの三徳包丁が日本の家庭で最も一般的に使われるものとなっています。最近はステンレスやセラミックなどの新素材を用いた包丁が次々に開発され、その手軽さから若い世代を中心に人気があります。

■ そのつくり方と職人技

　700年の歴史をもつ日本古来の刀鍛冶（かじ）の技法を使う包丁づくりは、鍛冶、刃付け、柄（え）付けの分業で行われます。刃物の素材である鋼（はがね）は非常に硬くまた同時にもろくもなるので、鋼だけで包丁をつくると折れてしまいます。そこで、炉で熱した地金に鋼を叩いて合わせ（鍛接）、それを約1000度の炉で熱し、取り出して手早く大型の機械ハンマーで叩いて包丁の平らな部分を形づくります。研磨して叩き、型に合わせて余分な部分を切り落とし、また

800度に加熱した後、自然放冷します（なまし）。付着物を取り除き（泥おとし）表面を研磨してなめらかにします。次に泥を塗って800度に熱し、水で急速に冷やして焼きを入れます。それを最後に180度ほどの炉に入れて約30分熱し、室温で徐々に冷やした後に叩いて歪みを直します。このように繰り返し炉に入れる複雑な工程ですが、高温で加熱してから急冷する「焼き入れ」で硬さが、低温で再加熱する「焼き戻し」で粘り強さが出ます。型などは使わずすべて手作業で行われるため、炉の温度は鉄の色で見分け、ハンマーで叩く強さや角度など、長年の経験に培われたカンが頼りとなります。次は研ぎ師の仕事です。何種類もの砥石を使い分け、何度も包丁の刃先を研いで刃を付けて（刃引き）、最後に錆止めの油引きをし、柄をつけて仕上げます。昭和の後期に入るとステンレスの製造技術が発展し、板から型抜きして大量生産する「抜き刃物」の製法による包丁が普及しました。

■日本文化との関わり

伝統的な打ち刃物は、岐阜県関市、新潟県三条市、福井県越前市、大阪府堺市、島根県安来市、高知県香美市などが主要な産地です。鎌倉時代に京都から戦乱を逃れてきた刀匠が移り住んでその技術を伝えたのが岐阜県の関で、現在は国内の包丁生産高の半数を占めています。また新潟や福井の豪雪地帯では、農作業が行えない冬季の手工業として、鎌や包丁などの刃物づくりが栄えました。江戸時代に千利休の屋敷があった堺では、茶席で供される懐石料理を調理する包丁の需要が多く、また港を有していたため漁業が盛んで、魚をさばくための包丁が開発されました。料理人用の包丁では全国シェアの9割を堺が占めています。高知県ではクジラ漁に使う鯨切り包丁や斧、鎌が盛んにつくられました。これらの産地がつくり出す刃物の多くは伝統工芸品として指定されて、和食への興味と人気の高まりとともに世界に紹介され、そのこだわりの品質が高く評価されてその切れ味が海外の料理人の注目を集めています。ただし和包丁は鋼でできているため錆びやすく、こまめに研いで手入れをすることが必要です。そのせいか日本の一般家庭ではステンレス製で両刃の洋包丁がよく使われており、プロの料理人の間でも和包丁は需要が減っているため、生産高は減少し続けています。

■和包丁の種類と特徴

日本刀にルーツがある和包丁は、はじめ刀を短くしたような形でした。包丁には片刃と両刃がありますが、日本料理に使われる和包丁は片刃です。食材を切った時に断面の組織が壊れにくく、切った食材が包丁についてこないという特長があります。

第Ⅰ部　衣・食・住にまつわる日本文化と伝統工芸品　73

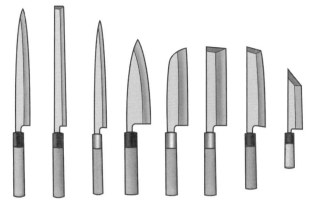

さまざまな包丁
左から順に柳刃、蛸引、ふぐ引、出刃、鎌形薄刃、菜切、鱧切、鰻裂(江戸裂)

・出刃包丁

　魚をさばくのに使う出刃包丁ですが、その呼び名が初めて文献に登場するのは、1683年です。そこには、出歯の鍛冶職人がつくったから出歯包丁という名がついたと記載があります。片刃の包丁なので頑丈に見えますが刃のつくりは薄く、固い骨などを無理に切ろうとすると刃こぼれを起こしてしまうので、峰に手をそえて押すように切るのがコツです。家庭用のものは刃渡り15 cm、料理人用では21～24 cmのものが一般的です。

・刺身包丁（柳刃包丁）

　おろした魚を切ったり刺身をつくったりするときの包丁です。刃が柳の葉のような形なので、柳刃包丁とも呼ばれます。刃渡りは21～24 cmと長く、調理師の中には30 cm以上のものを使う人もあります。

・菜切り包丁（薄刃包丁）

　名前の通り、野菜を千切りや薄切りにしたり皮をむいたりするための包丁です。関東では片刃で長方形、関西では両刃の鎌形のものが多く、家庭用には15～17 cm、料理人用は21～24 cmの刃渡りが一般的です。

・三徳包丁（文化包丁）

　肉も魚も野菜もこれ一本で切れるため、第二次世界大戦後に家庭の主婦に大人気となった、洋包丁と和包丁の両方を兼ね備えた鎌形の包丁です。

・鰻裂き包丁

　鰻職人が鰻をさばく時には専用の包丁を使います。鰻は滑りやすいので、それをまっすぐに一気にさばきやすいように、柄が短めで刃も小さくなって

います。地域によって鰻の調理法が違うため形にも差があり、関東は「江戸サキ」、大阪では「大阪サキ」、京都では「京サキ」九州では「九州サキ」中京には「名古屋サキ」など5種類もあります。

・蕎麦切り包丁

　折り重ねた蕎麦の生地を長い麺に切り出すための包丁で、柄の下まで刃が伸びているのが特徴です。ステンレス製のものと鋼のものとがあり、刃渡りは 30 〜 33 cm が主流です。

・その他

　ふぐ刺しをつくるための、柳刃より刃の幅が狭く薄いふぐ引き包丁や、鱧の骨を切る鱧切り包丁、鮪の解体に使う鮪包丁、巻き寿司を切るときの寿司切包丁など、用途に応じたさまざまな形の包丁があります。

■ わかりやすい英語で説明すると

　The knife's first beginnings were sharpened stones and animal bones in the Stone Age. Ten of the oldest knives known in Japan are stored amongst the *Shosoin* Treasures. They are shaped like *katana* swords. A dagger of 15 cm long and 2 cm wide was unearthed from the Heijo Palace archaeological site. In the 14th century, as Japanese cuisine evolved, so did the tools needed for cooking. It was around this time that different knives began to be used for fish and vegetables.

　Areas famous for knives include; Sakai in Osaka, Miki in Hyogo, and Takefu in Fukui. Competition was fierce after unification stopped the feudal wars and sword blacksmiths diversified to create blades best suited to slicing, carving, chopping and filleting food.

　The *hagane* steel used for making Japanese blades is very hard and brittle so it is forge-welded with other metals. After a process of heating, pounding to shape and welding and then cooling. The blade is polished, dipped in mud, heated again and dipped in cold water to temper the steel. The blade is then pounded again to remove distortion. This process is repeated until the blade is finished. Japanese *wabocho* knives may have a single or double-edged blade. A single-edge knife is usually made from *hagane* steel and needs constant sharpening and maintenance to keep the sharp edge. The *debabocho* carving knife was developed to fillet fish. Even though the knife looks strong the edge is fine and easy to chip. The sashimi knife is used to cut sashimi after filleting. *Nakiribocho* is used for peeling and cutting vegetables.

第Ⅰ部　衣・食・住にまつわる日本文化と伝統工芸品　75

木・竹製品：Wood and bamboo items
■桶と樽：Buckets and barrels
■その起源と由来について

　奈良時代の「をけ」は織物に使う苧（麻）を入れる容器でしたが、10世紀には水を汲む器として「桶」の名前が登場します。室町時代には現在のものと似た形の桶が多く使われるようになります。樽は本来、酒器を指す言葉で、酒が「たれる」から変化して「たる」になりました。古い樽は壺に三本脚がついた漆器や、土器、金属製もあったようです。室町時代まで桶と樽はまったく異なるものでした。江戸時代になると桶と樽の製法が似通ってきて、輸送用や食料品の貯蔵用など形も大きさも多様化しました。蓋を閉めて使うものが樽、蓋がないかまたは開けて使うものが桶とする分類方法もあります。

■そのつくり方と職人技

　木曾の山奥にある椹や吉野杉が日本で使われる桶、樽の材料となります。ごく簡単に工程をまとめると、側板をつくり、たがをつくり、たがをはめて側板をまとめ、仕上げるという順になります。竹を編んでつくるたがは、醬油や酒の醸造に使う大きな木桶に主として使います。

■日本文化との関わり

　桶には、洗い桶、風呂桶、手桶など水回りで使うものから、寿司桶、漬物桶、蓋つきのお櫃などがあり、産業用にも多方面で使われています。樽は、酒樽、醬油樽、味噌樽など主として調味料の醸造、貯蔵、販売用に多く用いられます。明治時代頃までは各家庭でも欠かせなかった桶と樽ですが、現在は木製のものはほとんど生産されていません。

■わかりやすい英語で説明すると

　In the eighth century *oke* used to refer to the container for storing hemp for weaving. Gradually, it was used for other container-like items and the word *oke*（bucket）was first used to refer to a container for carrying water in the 10th century. The word *taru*（barrel）originally referred to the container used for pouring sake into a cup because the verb *tareru* referred to the trickle of sake. *Taru* were urns with three feet and were made from ceramic, metal or lacquerware. In the 16th century the shape and size of buckets and barrels began to vary as they were used for different purposes including shallow buckets for washing and large, deep buckets for bathing. Japanese buckets and barrels are made from cypress or cedar in a series of precise steps. The binding to hold the barrel or bucket in shape is made from plaited bamboo.

■せいろ：Basket steamers
■その起源と由来について

せいろの漢字は蒸籠と書きますが、縄文時代には土器の蒸し器が使われていました。その後に木器に代わり、江戸時代に角型のものができてこれをセイロウと呼ぶようになりました。せいろは中世まで主にコメなどの穀物を蒸す道具として使われていましたが、江戸時代には魚や野菜、餅などいろいろな調理に使うようになり、家庭用にも普及しました。現在は、中華料理に使うせいろと和せいろの2種類があります。

■その種類と特徴

和せいろは木の板を輪にした本体の中にすのこをセットして、下駄をさかさまにしたような形の厚く重い木の蓋(ふた)をかぶせて使います。胴体は国産の杉や桧といった天然木の曲げもので形づくり、伸縮性のある山桜の皮で綴じ、蓋は杉の厚板でつくります。中華せいろより深くなっていて、木の蓋で密封するため、天然木が余分な水分を吸い取りながら熱をまんべんなく食材にいきわたらせることができます。丸型のものと角型のものがあり、丸型は鍋に乗せて使い、角形は和菓子づくりなど業務用がほとんどで、釜に乗せて使います。

■日本文化との関わり

日本の年中行事には、餅や赤飯(こわめし)が供え物や祝い膳に欠かせないものでした。蒸し器の原型は甑(こしき)と呼ばれる底に穴のあいた深い鉢に取っ手がついたものです。地方によっては今も甑という名称をそのまま使っている所もあります。それまでの鍋で煮る調理法に加えて蒸す方法が始まったことは、一大進歩でした。大量の糯米(もちごめ)を鍋で調理すると、底が焦げて上は生煮えになってしまうので、うまく調理するために蒸す方法が考え出されたものと思われます。

■わかりやすい英語で説明すると

Ceramic basket steamers were used in prehistoric times to steam rice and other grains. In the 16th century wooden and bamboo baskets were used to steam vegetables and fish as well. Japanese steamers have a wooden ring into which a slatted base is set and a thick wooden lid to cover. The ring is made from Japanese cypress or cedar which is curved and closed with flexible mountain cherry bark. The natural materials allow the steam to cook the food evenly. Annual events in Japan often require offerings of rice cakes or rice and red beans, basket steamers are needed to prepare the offerings because cooking a large amount of rice in a pot often means that the bottom is burnt but the top is not cooked properly.

第Ⅰ部　衣・食・住にまつわる日本文化と伝統工芸品

■まな板：**Chopping board**
■その起源と由来について

　「まないた」という言葉は平安時代始めの文献に見られますが、実際にはそれより前から使われていたと思われます。平安時代の絵巻に描かれているまな板は、4本の足がついたものと足なしのものがあり、平らなものとかまぼこ型のものとがあります。長さは約90 cm前後、幅60 cmとかなり大きく、魚や鳥獣の肉に手が触れないように、左手に持った箸で押さえて右手の包丁でさばいていました。室町時代には、礼装の包丁師がまないたの前に正座して魚や鳥をさばいて客人に見せる儀式が、宮中から武家にも伝わって盛んに行われました。鎌倉時代以降になると、禅宗と茶の湯の影響で料理の内容がすっかり変わり、食器や盛りつけに工夫が凝らされるようになります。そこで料理人は厨房から出ないようになり、まないたは次第に小さくなって現在のサイズに近くなっていきました。

■そのつくり方と職人技

　天然木は水はけがよく復元力があり、抗菌効果が高く、腐食にも強いため、萱、朴、銀杏、桧、桐が使われます。まず反りや割れを防ぐために木材をしっかり自然乾燥させ、機械で切り分けて仕上げます。一枚板でつくるには大きな樹齢150年以上のものが必要ですが、入手しにくいため小さい板材を接着した集成材が使われることも多くなっています。

■日本文化との関わり

　包丁のあたりが柔らかく手が疲れない、また木の素材が柔らかいため包丁の傷がつきにくく、食材の臭いや汚れがうつりにくいなどが木製のまな板の利点です。最近では、手入れが簡単、色やデザインが豊富などの理由から、プラスチックなどの樹脂製も人気があります。

■わかりやすい英語で説明すると

　Chopping boards are thought to have been used in Japan for over 1,300 years. Examples of chopping boards, both with legs and without, can be seen in picture scrolls dating from the 8th century. The first chopping boards are thought to have been quite large at about 90 x 60 cm. Fish or meat was held down with chopsticks in the left hand and cut up with a knife held in the right hand to ensure that hands never touched the food. In the 14th century, cooks would hold cutting and trimming demonstrations as part of formal ceremonies. Chopping boards need to drain liquid quickly, be hygienic, and resistant to wear. Woods used include willow, gingko, and cypress.

2. 食事にまつわる伝統文化と関連する工芸品を理解し英語で伝える

■ざると籠：Strainers and baskets

■その起源と由来について

　竹を使った道具は縄文時代の遺跡からも出土しており、ざるや籠を竹で編む技術は古くから日本に発達していました。水を切るためのものがざるで、籠はものを入れるためのもの、と大きく分けることができます。ざるの語は室町時代に伝わった中国語の「そうり」に由来するものと考えられています。籠の語源は室町時代に「こ」が「かご」に変化したものです。

■そのつくり方と職人技

　竹を細く薄く裂いたものを網状に編んだのがざるで、編み方によってさまざまな模様をつくります。梅干しや野菜を広げて干すのに使う干しざる、底が丈夫に編んである竹丸ざる、編み目が大きく湯切りに便利な目ざるなどがあります。籠には、野良仕事に使う背負い籠、台所で食器を入れる茶碗籠のほかに地方色豊かな林檎（りんご）籠、帆立（ほたて）籠、鰯（いわし）籠、花売り籠などさまざまな用途のものがあります。竹以外にも山ぶどうやあけびの蔓（つる）や籐（とう）、柳で編んだものもあります。ざると籠は生活に密着した道具としてつくられてきたので、地方によって特色があります。特に竹が豊富に採れる九州や沖縄では、編み方、形、デザインなど独創的な美しいものが現在もつくられています。

■日本文化との関わり

　ざるそばは、江戸時代中期に東京深川の蕎麦屋で使ったのが始まりといわれ、その頃から麺の湯切り用のざるが普及しました。昭和に入ってプラスチック製が出回った時期もありましたが、最近はまた竹のざるの人気が復活しています。籠は、古来より農具や運搬道具として広く使われてきましたが、台所用品として発達するのは食生活が豊かになる近世に入ってからです。

■わかりやすい英語で説明すると

Tools made from bamboo have been excavated from prehistoric archaeological sites. Weaving strainers and baskets from bamboo were developed in Japan thousands of years ago. Strainers are used for draining off water and liquid, baskets are used for carrying items. The shape, size, and strength of strainers were adjusted according to purpose. For example, a large, almost flat strainer is used for drying sour plums. Baskets were used for work in the field to carry tools and harvested produce and to store food stuffs in the kitchen of the house. The shape and size of baskets are also varied according to purpose. The methods used to weave have developed to make not only practical but also beautiful and artistic designs.

②食器類：Crockery

わん：Bowls

■ その起源と由来について

「わん」という漢字には2種類あり、木製のものが「椀」陶磁器のものを「碗」と書き分けます。木製のものには木地に塗りを施していない木地椀と、漆を重ねた塗り物椀とがあります。万葉集の時代には笥と呼ばれる木の葉でできた葉椀が使われていました。天皇や貴族には銀製も使われましたが、主流は土器の大鉢の飯碗で、そこから手づかみで食べていたようです。奈良時代から小鉢に取り分ける方式が始まり、鎌倉時代になると初めて中国製の陶磁器が輸入されます。室町時代には精進料理などの膳組に用いられた漆椀が主流となりますが、やきものの碗も併用されました。さらに安土桃山時代には金縁や蒔絵などの豪華な漆器が盛んに使われますが、庶民は塗り物の椀と皿の簡素な一汁一菜の食事が長く続きます。江戸時代には磁器が初めて有田（佐賀県）で生産され、膳組にも磁器の碗が用いられるようになります。

■ そのつくり方と職人技

椀づくりは、欅、楢、桧、杉などの材料を成形して荒木地をつくることから始まります。やきものと同じようにろくろで仕上げ、椀の内側を型にかぶせて底を削って高台をつくります。漆器の場合はそれに下地塗り、本塗りと漆を重ねて仕上げます。さらに絵付けや蒔絵が施される場合もあります。磁器の碗は、瀬戸（愛知県）産のものが19世紀初めから日常使いの器として全国に広まり、「せともの」と呼ばれるようになりました。

■ その種類と特徴

・飯碗

始めのうち飯茶碗は塗りのものが使われており、祝箸などと一緒にハレの食器として普及しました。その後、豊臣秀吉による朝鮮出兵の頃から磁器の生産が始まると茶碗は現在のような形になりました。

・抹茶茶碗

茶の湯で茶道具として用いる茶碗の形状は碗形のほかに、筒形や平形、半筒、端反、沓形などがあります。和ものと呼ばれる日本のやきものでは、楽、萩、唐津、織部、志野などがよく知られており、ほかに中国から輸入された唐物、朝鮮から輸入された高麗茶碗が珍重されています。

・煎茶碗

煎茶をいれる碗は、筒形の湯呑みと高さが低く口径が大きい汲み出しの2種類があります。白磁などの汲み出しは来客用に使われることが多いため、茶托（受け皿）とともに供され蓋がついています。

・汁椀

　正式なものは蓋つきの天然木の漆器で色は黒か朱が多く、吸い物や味噌汁、雑煮などをいれます。最近ではプラスチック製品に漆を塗ったものも出回っており、色柄も多様です。

・平椀

　蓋つきの平たい漆器の椀で懐石料理では主に煮物の盛り合わせに使います。

・壺椀

　小鉢状の蓋つき漆器の椀で、膳の中央に置き和え物や酢の物を盛ります。

■日本文化との関わり

　木製の椀には日常使いとしてのものと、宴席や茶席など改まった席でお膳に組むものがあり、どちらも漆器が多くなります。室町時代中期に始まった膳組みは、四椀（飯・汁・平・壺）と一杯（高杯(たかつき)）で構成され、当初はすべて漆器でした。炊いた米を茶碗に盛りおかずや汁とともにお膳に乗せて箸で食べますが、畳の上のお膳が低いために食器は手に持って持ち上げて食べなくてはなりません。そこで、江戸時代に磁器の製造が盛んになると、軽くて口当たりの良い磁器を組み入れるようになりました。懐石料理や会席料理においては、熱いままで供される汁椀だけは現代でも漆器しか使いません。日常使いには九州地方のように汁物にもやきものの碗を使うところもあり、陶磁器産業が発達した西日本では碗が、東日本では漆器を中心とする椀が多い傾向があります。

■わかりやすい英語で説明すると

　Japanese uses two characters for *wan* or bowls. One is for wooden bowls. The other is for ceramic bowls. In the 8th century, bowls made from leaves were used. The aristocrats used silver bowls. The most commonly used bowls were large earthenware bowls which everybody ate from together by hand. In the 12th century, porcelain was imported from China. Porcelain production in Japan began in the 18th century in Arita, Saga.

　Japan's staple food is rice. There is of course a type of bowl used exclusively for rice—the *meshiwan*. Another type of bowl is used only for *matcha* green tea—the *chawan*. Wooden bowls are for everyday use and lacquered bowls are used for more formal occasions. Formal meals served on individual trays include four different types of bowls and one cup. Originally, these were all lacquered bowls as they are light and easy to hold. Even today, soup is usually served in a lacquered bowl.

Ⅲ：Plates

■ その起源と由来について

「さら」という語の語源は、中国語で大皿を指す「盤」の字でした。皿という漢字が使われ出したのは室町時代ですが、始まりはもっと古く平城京跡からは多数の皿が出土しています。正倉院には儀式用と思われる金属や漆器の皿が多数存在しています。平安時代には皿の種類が増え金属製の皿が珍重されていたようです。現在日常の食卓で使われている皿の多くは陶磁器ですが、その生産が発展したのは鎌倉時代後期からでした。当初は中国から染付や青磁のものが輸入されますが、瀬戸、常滑、越前、信楽、丹波、備前ではその頃から陶器の生産が始まっており、日本の産地で最も長い歴史をもつ六古窯と呼ばれています。ただ、これらのやきものは釉薬を用いない素朴なつくりの土器で、皿よりも壺や水がめなどが多くつくられており、一般には木器（漆器）の皿が使われていました。室町時代に入ると日本でも陶器の製造が始まります。同時期に茶の湯が富裕層の間に流行し、商品の流通が活発化したために美濃、志野、織部、楽焼など茶席で用いる道具（茶陶）をつくる窯元が生まれましたが、この頃は茶碗や水差しが主な商品でした。

やきものの歴史を変えたといわれる磁器の生産は、朝鮮から連れてこられた陶工によって江戸時代に有田（佐賀県）で始まり、美術工芸品としての皿の重要性が一気に高まります。従来の漆器では不可能だった4角形やひし形もつくられるようになり、1600年代には色絵磁器の生産が始まって、青、黄、緑などを基調とした絵画的な文様の作品がつくられました。絵画的な文様を描いた柿右衛門を始めとする有田や伊万里の上絵付は、ヨーロッパにも多く輸出されて人気を博します。しかし陶器と違って磁器は、その原料となる陶石の調達が難しくまた高度な焼成技術が必要だったため、産地が広がらず全国に普及するまでには時間がかかりました。ようやく全国に磁器が普及する江戸時代の後期には、九谷焼（石川県）砥部焼（愛媛県）や京焼（京都府）といった磁器の製造が始まりました。

明治時代に入ると江戸の好景気は続かず、次々と窯元は経営不振に陥ります。そこで明治政府の輸出振興政策により欧米の万国博覧会にも日本の陶磁器が盛んに出展されるようになり、優れた技術と東洋的なモチーフなどにより高い評価を得ました。特に有田では、1870年頃に外国人技術者を有田に招いて絵付けの改良の指導を受け、近代的な陶器産業へと発展させました。さらには西洋陶磁器を取り入れた新製品を開発するようになり、日本産の洋食器の生産を始めました。1900年代には日本陶器（ノリタケ）、東洋陶器、大倉陶園といった日本を代表とする洋食器メーカーが次々と設立されました。

82   2. 食事にまつわる伝統文化と関連する工芸品を理解し英語で伝える

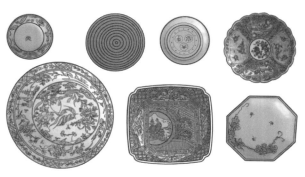

皿のいろいろ

御膳の配置

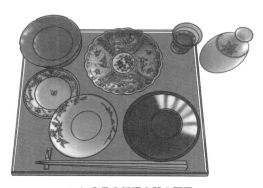

ハレの日の料理の器の配置

■そのつくり方と職人技

やきものの皿の場合、陶器と磁器の違いはその原料にあります。陶器は粘土を用い、磁器は陶石と呼ばれる岩石を砕いてその粉粒を練ったものを焼いてつくるので、陶器は「土もの」磁器は「石もの」と呼ばれることもあります。磁器には、白磁、青磁のように素焼きのあとすぐ釉薬をかけるものと、絵付けをしてから釉薬をかけるもの（染付）があります。そして1400度の窯で本焼きをしますが、色絵磁器の場合はその後に金や赤、緑などで上絵付を施します。磁器は素地が白いため模様の色柄が美しく映えること、耐久性に優れていることなどから、美術工芸品としても日用品としても現在も人気が高くなっています。漆器の皿は、木地師がつくった木地に下塗り、上塗りと漆を何度も塗り重ねていきます。さらに金銀で絵柄を加えたり、蒔絵を施したりする場合もあります。

■その種類と特徴

和食器の大きさはcmではなく寸で表すことが多く、大中小のほかに4寸、6寸、7寸で呼び名がつくこともあります。（1寸は約3cm）

・小皿

直径が4寸以下のもので、大皿や大鉢に盛った料理を取り分けるのに使います。豆皿より大きく銘々皿より小さいものです。長方形のものは海苔皿と呼ばれることもあります。

・豆皿

小皿の中でもとりわけ小さいもの（3寸以下）で古くは手に塩を置いて食べ物をつけたことから、手塩皿とも呼ばれます。塩や醤油などの調味料、また漬物などを入れるために使われています。

・中皿

直径が4寸以上7寸（約21cm）までのもので、大きさも用途もさまざまです。料理を1人分ずつ盛りつけるのに使います。

・大皿

直径7寸以上のもので、2尺（約60cm）の大きいものもあり、盛り皿以外に飾り皿として観賞用にも使われます。

・長皿

横が5寸、縦3寸の長方形が標準で、焼き魚や揚げ物などを盛りつけます。楕円形のものや丸形のものなど種類が多彩です。

・突き出し皿

最初に出す料理を盛る皿で、横長のものが多く、海のものと山のものを3種盛にすることが基本です。

・八寸皿

茶懐石料理においての八寸とは、酒の肴(さかな)として出す季節の山海の幸を2～3品盛り合わせるときに使うもので、8寸四方の杉の盆に人数分を盛り合わせて出します。茶席以外では前菜を八寸と呼ぶこともあり、それを盛り合わせる直径約24cmの大皿を八寸皿と呼ぶようになりました。

・銘々皿

めいめいに菓子などを盛りつけるために使ったことからその名がつきました。約4寸のものが標準の大きさです。

■日本文化との関わり

日本人ほど多種多様な皿を所有している国民は、あまり類を見ないかもしれません。世界各国の料理を取り入れてきた食文化の変化に伴い、料理を盛りつける皿の数も増える一方のように見えます。陶器、そして磁器の皿が登場した江戸時代以来それまで使われていた漆器に加えて、洋食皿も一般化しました。一方で平安の昔から伝わる塗り物の皿は需要が減っているものの、正月や祝いの席、来客用などに今も受け継がれています。

■わかりやすい英語で説明すると

Plates have been found in archaeological sites dating back over 1400 years. There are many metal and lacquered ceremonial plates amongst the *Shosoin* treasures. In the 10th century, metal plates were highly prized. The origins of ceramic plates, which are most commonly used today, began in the 13th century. The six oldest kilns in Japan, Seto, Tokoname, Bizen, Tamba, Echizen, and Shigaraki all started around this time. In the beginning, the kilns mainly produced simple unglazed earthenware in the form of urns and water jugs. Plates used were wooden or lacquerware. Potters were brought over from the Korean Peninsula and production of porcelain plates as art began in Arita, Shiga, in the 17th century. Items that could not be made from lacquerware such as square and diamond shapes as well as plates with blue, yellow and green colors were very popular. However, it was difficult to obtain the materials to make porcelain and it took time for porcelain production to expand. At the end of the 19th century, increased interest in exotic Japan due to the Japonism movement gave impetus to porcelain innovation in Japan. Japanese cuisine uses many different sizes and shapes of plates. Each size and shape has a particular use such as tiny plates for salt.

鉢：Deep bowls

■その起源と由来について

　鉢の語源は、僧が托鉢に使った容器を鉢多羅（パートラ）と呼んだものが一般化したとされています。素材には漆器と陶磁器とがありますが日常使いには陶磁器が多く、漆器は主に改まった席で使われます。木地の大鉢は、もともとそば粉やうどん粉を練るこね鉢として主として材料となる樹木が豊富な東北地方で使われました。一方、西日本では製陶業が発達したため鉢も陶磁器が多く、瀬戸焼や信楽焼が広く使われています。皿鉢は直径 30 cm ほどの色絵のものが多く、新鮮な刺身やたたきが盛られた土佐や志摩の皿鉢料理は有名です。

■そのつくり方と職人技

　盛鉢、大鉢、煮物鉢、麺鉢、丼鉢、小鉢など大きさや用途がさまざまな鉢があります。形は丸、四角、片口、深いものから浅いものまで、平らな皿と深い碗の中間で色も柄もまさに自由自在です。やきものの産地として代表的なものに、南から薩摩、有田、唐津（九州）、砥部（四国）、萩、備前（中国）、出石、丹波、赤膚（関西）、京、信楽、万古（近畿）、常滑、瀬戸、美濃（東海）、越前、大樋、九谷（北陸）、益子、会津（東北）などがあります。

■日本文化との関わり

　木器の鉢では白生地と塗りがあり、中鉢程度の菓子鉢や漬物鉢が多く見られます。陶磁器の鉢は大きさも形もさまざまで、酢の物や煮物など汁の出る料理を盛りつけることが多くなります。丼にも鉢が使われますが、これは飯茶碗と同じように手にとって口へ運ぶため、軽くて口当たりの良い磁器が好まれます。このように食器としての鉢の形状はその中に盛る食品と深いつながりがあります。

■わかりやすい英語で説明すると

　The word *hachi* or deep bowl is thought to have come from the Sanskrit word used for receiving alms—*patra*. There are lacquer and ceramic deep bowls but lacquer ones are only used for formal occasions. Wide, deep bowls called *sawachi* are often decorated and used to display food such as sashimi. *Hachi* vary from small deep bowls to large, wide, edged plate-like bowls. *Hachi* may also be round, square, oval, or even hexagonal in shape. They are used for many different purposes such as laying out sweets or pickles for people to choose from or for serving simmered dishes. The *hachi* bowls play a large part in setting the table for a Japanese meal.

鉄瓶：Cast iron kettles

■ その起源と由来について

　茶釜から発展した鉄瓶にはよく知られる南部鉄器と京鉄瓶があります。京鉄瓶は蓋が銅製で梅の形をした摘と底には小鉄片がつけられており、お湯が沸くと音が出ます。南部鉄瓶は色が黒く鉄製の蓋がついています。東北地方で製鉄が始まった7世紀頃、岩手県盛岡では良質な砂鉄が豊富に採れたため鋳物づくりが盛んでした。江戸時代初期には茶釜をつくっていましたが、煎茶を飲む習慣とともに小型で使いやすい鉄瓶が考案されました。

■ そのつくり方と職人技

　鋳物の代表である南部鉄器の鉄瓶は、江戸時代から旧南部藩の盛岡と旧伊達藩の水沢でつくられ続けています。伝統的な手づくりの焼き型（鋳型）に砂を詰め、溶かした真っ赤な鉄が入った柄杓を持って次々と流していきます。型からあふれた余分な鉄を取り、錆止めをして仕上げます。南部鉄器の特徴の1つである、あられと呼ばれる表面の細かな文様は、細い金属の棒を鋳型に押してつくります。取っ手の弦は鋳物ではなく、専用の弦鍛冶職人が焼いた鉄を叩きのばしてつくり出します。

■ 日本文化との関わり

　日本の鉄瓶づくりには400年余りの歴史がありますが、茶道に使う茶釜から始まったこともあり当初は主に茶人が使ったものでした。一般に普及したのは江戸時代後期以降のことです。これは製鉄用原料の生産総量が乏しかったためで、貴重な鉄は刀剣にまず使われ、次に農具の材料となりました。最近では、鉄瓶で湯を沸かすと鉄分を補うと同時に高血圧の予防にもなる、また湯の口当たりが良くなるといわれ、その価値が見直され始めています。

■ わかりやすい英語で説明すると

There are two types of cast iron kettles the *nanbu-tetsubin* and the *kyo-tetsubin*. A *tetsubin* kettle is intended only for boiling water. The *kyo-tetsubin* is characterized by a round, plum-shaped knob on the lid and *narigane* iron pieces in the bottom that make a sound when the water is boiling. The *nanbu-tetsubin* are black and have an iron lid. Iron manufacturing began in the Tohoku area in the 7th century. Handmade molds are packed with sand and molten iron is poured inside. Any extra iron is knocked off the cast piece and a rust inhibitor is applied. Cast iron kettles have been used in Japan for over 400 years. They were originally used by tea masters. *Tetsubin* are now favored as water boiled in them provides iron and prevents high blood pressure.

第Ⅰ部　衣・食・住にまつわる日本文化と伝統工芸品

急須と土瓶：*Kyusu* and *dobin* teapots

■その起源と由来について

　初めて中国からお茶が入ってきたのは奈良時代ですが、緑茶の栽培が広まったのは鎌倉時代でした。当時は茶の葉をすりつぶして粉にしたものを使う茶の湯が流行し、千利休が侘び茶を確立すると一般の人々にも茶を飲む習慣が普及しました。続いて江戸時代に煎茶が中国から伝わり、抹茶より簡単に飲めることから急速に人気となります。そこで煎茶をいれる道具が必要になり、中国から伝わった急須と湯を沸かすやかんが国内で生産されるようになりました。急須より大きな土瓶は、日本では平安時代より薬草を煎じたりするのに使われていたものです。

■そのつくり方と職人技

　注ぎ口と反対側の真横に取っ手がついているものが急須で、比較的大きく取っ手が蓋の上についているものが土瓶です。金属製もありますが、一般には陶磁器が広く使われます。どちらも本体をろくろで成形し注ぎ口と取っ手は別につくって取りつけてから焼き上げます。急須の取っ手は本体と同じ素材でつくりますが、土瓶の取っ手は通常、籐を巻いたものや竹製のものを使います。陶製の急須と土瓶の産地は、益子焼（栃木県）、常滑焼（愛知県）、萬古焼（三重県）、信楽焼（滋賀県）、有田焼（佐賀県）などがあります。

■日本文化との関わり

　近年、海外で抹茶や緑茶の「お茶」の人気が高くなっていますが、日本では若い世代を中心にペットボトル入りのお茶が普及したために、ある調査結果では20代、30代の3割強が「急須をもっていない」と答えています。緑茶を飲むのは好きだけれど急須を使うのは面倒だと考える人が多くなっているのは残念なことです。

■わかりやすい英語で説明すると

　Tea first came to Japan from China in the 8th century, but *ryokucha* green tea wasn't cultivated until the 12th century. At the time, tea leaves were ground into a powder to use for the newly fashionable tea ceremony. *Sencha* tea was introduced from China in the 17th century and gained quick popularity because it is easy to drink. It was around this time that tools such as teapots and kettles began to be produced in Japan. A *kyusu* teapot is small with a spout and a handle on the opposite side. The larger *dobin* teapot has a handle over the top. These days many people drink tea from plastic bottles and don't own a teapot.

箸：Chopsticks

■ その起源と由来について

　日本人の食に欠かせない箸は7世紀ごろから使われ始め、当時は匙と併用していました。初めて食事に箸を用いることを制度化したのは聖徳太子であるといわれ、奈良の正倉院には銀製の箸と金属製の匙が残っています。平安時代の貴族は、銀や銅の金属製のものや象牙の箸も使っていました。それ以外の者は木製の箸、一般庶民は木の枝を折って箸としていました。

■ その種類と特徴

　用途で分けると、料理を取り分ける取り箸、調理に使う菜箸、揚げ物用には揚げ箸、祝儀用に祝箸、茶席に利休箸などさまざまです。東南アジアの他国でも箸を使いますが、これほど多様な種類を使い分ける国はありません。形には8角形、3角形、5角形、7角形があり、素材では、木（杉・黒檀・竹・桧・南天）、象牙、金属（金・銀・銅・鉄・ステンレス・アルミ）、プラスチックなどがあります。

■ 日本文化との関わり

　日本人の一生は箸に始まり（お食い初め）箸に終わる（お骨上げ）ともいわれ、箸の使い方については作法がいろいろあります。「ねぶり箸（箸をなめる）」「にぎり箸」「刺し箸」「迷い箸（箸を持って料理の上をあちこち迷う）」などは忌み箸や禁じ箸と呼ばれてきました。割り箸は江戸時代に始まり明治時代から廃物利用として本格的に生産されますが、1970年代には消費量が激増し、現在では95％以上が中国などからの輸入品となっています。

■ わかりやすい英語で説明すると

　Chopsticks have been used in Japan since the 7th century. They were originally used with a spoon. Prince Shotoku is said to be the first one to have insisted on chopsticks as an essential part of etiquette. There are several silver sets of chopsticks and spoons stored amongst the *Shosoin* treasures. In the 9th century, aristocrats used silver, copper and even ivory chopsticks. The poorer ranks used broken twigs as chopsticks. Japan is the only country to have different types of chopsticks for different purposes such as eating, serving, frying and cooking chopsticks. Chopsticks are so vital to a Japanese person's life that it is said life begins and ends with chopsticks. The weaning ceremony at 100 days old is the first use and ashes are gathered by chopsticks after cremation. There is an etiquette for use of chopsticks that prohibits poking food with the chopsticks, standing chopsticks in food and licking chopsticks.

第Ⅰ部　衣・食・住にまつわる日本文化と伝統工芸品　89

酒器：*Sake* utensils

■その起源と由来について

　日本での酒づくりの歴史は、縄文時代の遺跡から土瓶型の酒入れが出土していることから、その頃には始まっていたと考えられます。酒器の代表である徳利が出現するのは室町時代後期のことで、初期には酒だけでなく調味料も入れていたようです。酒を呑むための杯で最も古いものは土器の平盃（カワラケ）で、続いて木製のものに代わり、次第に塗りが施されるようになります。猪口（ちょこ）は、飲酒が一般庶民に普及した江戸時代中期に居酒屋や料理屋で使われ始めました。ぐい呑みは猪口より大きく深いものが多く、ぐいっと飲み干すところからそう呼ばれるようになりました。

■その種類と特徴

　酒器の代表的なものとしては、酒を入れるための徳利、呑むための盃、猪口、ぐい呑みがあります。ぐい呑み以外はいずれも江戸時代中期から明治時代にかけて普及しました。

・徳利

　ガラスが高級品だった明治時代には酒類も瓶詰めではなく、酒屋が小売り用に徳利を貸し出していたため、貸し徳利や貧乏徳利と呼ばれたものが広く流通しました。それは白無地に酒屋名、地名、番号、酒名などが書かれた大衆向けのもので、大正時代まで多用されました。美濃焼（岐阜県）、立杭焼（たちくい）（兵庫県）、波佐見焼（はさみ）（長崎県）のものがよく見られます。日本酒を温めるのに使う燗徳利は大半が陶磁器で、有田焼や波佐見焼（はさみ）（佐賀県）のものが明治中期以降、清酒が流通するようになった頃に全国に普及しました。江戸の居酒屋などで使われたチロリと呼ばれる銅や真鍮でできた筒形の容器は、片口で取っ手がついていたため、燗をするのに便利で人気が出ました。

・盃

　中心がくぼんだ皿状の盃は杯とも書き、高台と呼ばれる小さな台が底についています。素材は漆器が多く、ほかにガラス、金銀銅の金属、陶磁器などがあり、漆器のものは神事や式典などでよく使われます。「杯を交わす」といえば、人間関係を強固にするための契約ともいえる儀式を指します。もとは宮中の儀式であった三々九度（三献の儀）（さんこん）はその一例で、神前結婚式や正月、式典などにその形が今も継承されています。

・猪口

　掌に収まるぐらいの大きさで、2口分ほどの酒が入るものが猪口です。朝鮮で壺状の小鉢をチョングと呼ぶことに由来すると思われます。江戸時代に有田でつくられ始め、皿とともに最も古い国内生産の磁器といえます。

・ぐい呑み

その歴史は古く、室町時代末期から茶の湯の流行に伴って出てきました。元来は茶事の際の懐石料理で向付として珍味などを盛った器でしたが、珍味を食した後に酒を注いで呑んだところから、酒器に転用されていきました。始めから酒器としてつくられていたわけではないので、小ぶりの抹茶茶碗という鑑賞の仕方もあります。古い瀬戸焼（古瀬戸）の黄瀬戸はつやがあって透き通っており、「ぐい呑み手」と呼ばれて珍重されます。唐津焼、薩摩焼、備前焼などの陶器、白磁に色絵や金箔を施した有田焼や九谷焼など、ぐい呑みは単に酒を呑むための酒器よりも奥が深いものです。

■ 日本文化との関わり

酒器の発達は酒の歴史と重なります。室町時代頃までは冷酒が主で、温める時には鍋に入れた酒を直火にかけていました。同時期に茶の湯が発達したために茶席で使用する酒器の需要が高まり、さまざまなぐい呑みが各地の窯でつくられるようになって陶芸の発展にもつながりました。江戸時代中頃に濁り酒に代わって清酒が全国に流通するようになると、かつては神事に備えられた酒が一般庶民にも入手できるようになります。酒を温めて飲むことが多くなり、燗をするための徳利が登場し、結果として盃も小型になり、酒の飲み方によって酒器の素材や形も変化していきました。

■ わかりやすい英語で説明すると

Evidence from archaeological sites shows that liquor, or sake rice wine, has been made in Japan since prehistoric times. Earthenware *tokkuri* bottles appear from the early 16th century and were used not only for liquor but also for seasonings. The oldest utensil used for drinking sake is a wide, flat cup. The small *choko* cups most commonly seen today date from the eighteenth century. Sake utensils used today include the *tokkuri* bottle, small *choko* cups, wide, flat *sakazuki* cups, and large *guinomi* cups. In the late 19th century, liquor shops would lend out earthenware *tokkuri* bottles as glass was a luxury item. The *tokkuri* were marked with the shop's name and were numbered. Tokkuri used for warming sake were ceramic. Some were made in famous kilns such as Mino and Arita. *Sakazuki* cups are used for ceremonies and look like deep plates with a raised base. *Choko* cups are made to hold two mouthfuls of sake. *Guinomi* are larger cups which are not only used for sake. They have a long history as they were originally used as small tea bowls.

Until the 16th century, sake was mainly drunk cold. In the 17th century, refined sake became more popular and began to be drunk by common people at times other than religious ceremonies. Warmed sake became popular and *tokkuri* and smaller cups were used.

③周辺の器具：Other items
盆：Trays
■その起源と由来について

　盆という語の由来は室町時代に日本で使われるようになった中国語です。それ以前は、丸いものを盤、四角いものを折敷と呼んでいました。正倉院には3角形や円形、底に高台のついたものなどさまざまな形の盤があります。宮中で使われた盤に対し、折り敷くという意味の4角形の白木づくりの折敷は広く庶民に使われていました。鎌倉時代に入ると塗りの折敷が登場し、室町時代には丸い盤が茶会に用いられるようになって盆という呼び方に代わります。

■その種類と特徴

　漆器の盆の代表的なものに和歌山県の寺で創作されていた根来塗があります。室町時代に上流階級の間で使われ始め、朱塗りの下地に塗った黒色が所々にかすれて見えて年月とともに味わいを増すことから人気となりました。白木の折敷の汚れを防ぐために、木地に朱、黄を塗ってから透明の漆を重ねる春慶塗も施されるようになりました。各地の特産品として藩が産業振興のために技術を開発した江戸時代には、会津塗（福島県）、日野塗（滋賀県）、吉野塗（奈良県）、城端塗（富山県）などの盆が多くつくられました。

■日本文化との関わり

　折敷も含めて広義の盆は、古代から現代まで基本の形が継承されています。神道では白木の折敷に台をつけた三方に神への供え物を盛りますが、この形は正月の鏡餅などを飾りつけるのに今も全国的に残っています。料理や茶を運ぶのに欠かせない漆器の盆には、丸盆、角盆、半月盆、隅切盆（長方形の四隅を切り落とした形）、切手盆（祝儀袋などを載せる）があり、料理屋や茶席だけでなく一般家庭やオフィスでも日常的に使われます。

■わかりやすい英語で説明すると

　The word for tray in Japanese—*bon*—comes from Chinese. There are several different types of trays included among the *Shosoin* treasures. It wasn't until the 14th century that the word *bon* was used when round trays became popular utensils for the tea ceremony. Lacquerware trays are common, especially Negoroware made in Wakayama. The black lacquer painted over with red and rubbed back in places to reveal the black underneath deepens in character as it is used. Trays play an important part in Buddhism. Offerings to the gods are stacked on trays and of course they are important for carrying food and other items. There are various sizes and shapes of trays according to their purpose.

重箱:Japanese stacked food boxes

■ その起源と由来について

正月におせち料理を詰めるために今も広く使われている重箱ですが、めでたいことが何重にも重なるようにとの願いがこめられているといわれます。重ねる数は2段〜7段まであり、奇数の方が縁起が良いとされています。平安時代の宮中での宴会(節会(せちえ))で出された料理に端を発した御節料理が江戸時代に庶民にも広まって重箱に詰めるようになったようです。重箱を使えばごちそうのつくりおきができ、蓋があるので衛生的でもあり、また持ち運ぶこともできることから、明治時代以降に一般家庭にも定着しました。

■ その種類と特徴

ハレの日に用いられることが多い重箱は漆塗りのものが多く、ほかに陶器のものもあります。形は正方形の箱を重ねて蓋をしたものが標準ですが、中には小判型、丸型、隅切り型、変わったところでは6角形や8角形のものもあります。大きさは、6寸(約18cm)から最大で1尺(約30cm)程度のものが一般的です。塗りのものでは福島県の会津塗、石川県の山中塗、輪島塗、福井県の越前塗などが代表的です。色は黒か朱が多く、内側と外側で黒と朱を塗り分けたものもよく見られます。漆塗りの上にさらに蒔絵や沈金(ちんきん)、螺鈿(らでん)を施したものも祝いの席によく合います。

■ 日本文化との関わり

最近はおせち料理を手づくりする家は減ったとはいえ、重箱はまだまだ正月には健在です。それ以外にも、結婚、出産、新築、進学卒業など家族の祝い事の折に、重箱に赤飯や餅を詰めて近隣に配る風習はかなり残っています。その際にはスギの薄い板(片木(へぎ))でつくった折箱が使われることもあります。

■ わかりやすい英語で説明すると

Stacked food boxes are used at New Year to store and display the special delicacies made for the occasion. There may be two to seven layers to the box with odd numbers being considered auspicious. Food can be stored in the stacked boxes and the lid keeps everything hygienic. The boxes are also easy to transport. Many boxes are lacquered in red and black and lavishly decorated. Some may be ceramic. Stacked boxes are available in many shapes, not only square.

Even though many households no longer make New Year food, it is still common to use a stacked box at New Year. Stacked boxes are also used for celebrations such as weddings, births, new houses and graduations.

弁当箱：*Bento* lunch boxes

■その起源と由来について

　弁当という語の由来には、便利であること（便当）からきているという説、また曲げ物の器を指す面桶（めんとう）がなまったものだという説などがあります。江戸時代に庶民が各地を旅するようになり、食べ物を携行する必要が生じたことから弁当という語が広まったようです。江戸時代中期以降には、花見や芝居見物のための豪華な弁当箱もありました。現在のような蓋つき箱形の弁当箱は、明治時代以降によく使われるようになりました。これは日本人の食生活が1日3食になった時期と重なり、昼食を仕事場に持参するようになったからだと考えられます。

■その種類と特徴

　古代には、弁当を入れる容器として柏（かしわ）や朴（ほお）の木の葉や竹の皮が使われていました。続いて竹や柳で編んだものと、曲物（曲げわっぱ）と呼ばれる薄くそいだ板を曲げてつくったものが登場します。公家や富裕商人は宴席を戸外で楽しむために、塗りの重箱と酒器を収納できる手提げ型の豪華な手提げ式のものを用いました。それらには漆塗りに蒔絵（まきえ）や螺鈿（らでん）で華やかな装飾が施されており、四季折々の花鳥風月が描かれていました。

■日本文化との関わり

　春は花見、夏は蛍狩り、秋は紅葉狩り、冬は雪見と四季の移ろいを戸外で楽しむ風習は、日本文化の特徴の1つです。西洋諸国にもピクニックの伝統がありますが、季節のお料理をつめて外出先で酒とともに楽しむための美しい弁当箱は、特別なハレの日のごちそうを演出するための、古くから日本に受け継がれてきた大切な道具でもあるのです。

■わかりやすい英語で説明すると

　The word for *bento* boxes is said to have come from the word for convenience in Japanese. In the 17th century, common Japanese people began to travel more and needed to carry food. The *bento* lunch boxes used by everyone today were first seen in the late 19th century. Before *bento* boxes, people would carry food wrapped in leaves or bamboo bark tied with willow or bamboo string. The first box was made by bending a wooden board. Aristocrats, who enjoyed picnics, would pack their lacquerware and sake bottles into boxes which were elaborately decorated with scenes from nature. Japanese people have always taken the time to enjoy the seasons outdoors such as cherry blossom viewing in spring and moon viewing in winter.

3. 住居と生活にまつわる伝統工芸品を理解し英語で伝える
Traditional Arts and Handicrafts Related to Housing

【総論】日本の住居と生活の文化と歴史

■ 日本の住居の特徴

　日本の住居を「伝統的な和風の家」として考えてみましょう。和風の家には日本独特の風土に合わせたいろいろな工夫や手法が取り入れられています。木や土などの自然素材をふんだんに使うことで、四季折々の変化を感じられるように工夫した開放感あふれる家が日本の住居です。和風家屋は、木と紙と土でつくられているといっても過言ではありません。家を建てるための木材と和紙や土壁をつくる土は、その優れた調湿性や断熱性から、住む人の健康維持と心地よい室内環境を保証する最高の天然素材であるといえます。

　アジアモンスーン地帯に属し、雨が多く高温多湿で、四季の区別がはっきりとしている我が国ですが、冬は寒く夏は暑い地域が東西南北に広がっています。そのような環境の中で育ってきた日本人は昔から襖、障子、畳などいろいろと工夫を凝らし、厳しい冬の寒さや夏の暑さを克服してきました。

　家の外壁の部分に開け閉めが可能な建具を埋め込み、冬は閉め、夏になるとそれを取り外して通気性のよいものにつけ替えるのです。季節ごとに取り替える建具や調度品などは、それらを使用する季節がくると土蔵や納戸から取り出してつけ替え、その季節が終わるとまたしまいます。このような工夫をすることによって住まいを広く使うことができました。

■ 人々の生活と住居

　住居はもちろん雨露をしのぐところですが、そのほかに睡眠をとり、食事をし、子どもを育て、家族が集まって和み楽しみ、また一家を支えていくための経済的源泉となる作業をするところでもありました。さらに、現代とは違って、冠婚葬祭に伴う宴席を設けるところ、そして自分たちが属する共同生活体である村や町の人々が集まるところでもあったのです。

　農家では、人々は夜なべをして農作業の準備をしたり、藁を打ったりします。漁師の家では、漁民たちが漁具の修理をしたり漁網の破損部分を繕ったり、大漁を祝って酒盛りをしたりしたことでしょう。町中の商家では、住まいを兼ねる店先に各々専門の商品を並べて売り、問屋から仕入れをし、代金決済をしていました。職人たちの世界も同じであり、親方と弟子が家の内外で仕事をし、家族と同じ屋根の下で生活をともにしていました。

　さらに日本の住居は1つの座敷が、ある時には客間や食堂に、またある時には寝室に、と多目的に使われ、かつ屋内はどこも土足厳禁という清潔な

第Ⅰ部　衣・食・住にまつわる日本文化と伝統工芸品　　95

居住空間でした。
■ **日本の住居の歴史**

　日本の住居の歴史は紀元前 1 万年〜同 4 世紀の先史時代の竪穴式住居にさかのぼります。それまで洞窟などに住んでいた人々が、自分と家族、そして共同体の人たちとともに、木や草などの材料を集め、大地に穴を掘り、木で骨組みをつくり、草葺き屋根を葺いて建てたのが竪穴式住居でした。縄文時代後期に入ると農耕文化や宗教の発展とともに平地住居や高床住居が現れます。

　やがて大和朝廷（4 〜 7 世紀）から奈良（710 〜 784 年）・平安（794 〜 1185 年）時代になると、天皇や公家たちは中国伝来の木造技術により建てられた住居に住むようになります。その後さらに柱の下に礎石を置き、屋根には瓦を葺く技術も入ってきて建てられるようになったのが寝殿造です。それは政務を司る紫宸殿と天皇の日常の居所である清涼殿からなる宮殿様式の建物でした。後期には貴族住宅としての小寝殿や小御所ができます。

　日本の住居の基礎的な形ができ上がるのは鎌倉幕府が始まる 12 世紀から室町幕府が滅亡する 16 世紀にわたる中世の頃です。当時の武家住宅として一般化した書院造による建築が、現在にもつながる伝統的な和風家屋の原型です。書院造とはいわゆる床の間を備えた住宅のことで、多くの和式住宅で見かける床、違い棚、付け書院という床飾りを備えているのが特徴です。格式高い書院とは対照的に数寄屋造の原点となる草庵風茶室が侘茶とともに近世（16 〜 19 世紀）の初頭に生まれています。

　江戸時代の武家屋敷にも取り入れられるようになった書院造は、明暦の大火の後、天井絵や襖絵が少なくなり、簡素なものになっていきます。数寄屋造は格や身分を表現する要素を取り除き、座敷には蒲、葦、竹、杉皮などの天井や化粧屋根裏天井などを取り入れた自由で変化に富んだ建築様式です。

Section Introduction: Housing

Traditional Japanese housing incorporates many techniques to adjust to Japan's climate. Materials used are usually natural; wood, soil, sand, and straw. Japanese houses are often usually open plan with rooms closed off depending on the immediate purpose; all carefully constructed to provide awareness of the passing of the seasons. Straw matting on the floor, wooden corridors around the outside, inner paper doors, and outer wooden shutters allow the residents to throw everything open to catch a cool breeze in the humid summer and close everything up to keep out the freezing winter wind. All rooms are multipurpose; serving as work spaces, bedrooms, dining rooms, as well as formal and casual reception rooms.

（1）建築物と庭園：Architecture and gardens

寺院：Buddhist temples

■ その起源と由来について

　寺院とは仏像を安置し、僧が修行したり居住したりする建物や場所のことで寺ともいいます。中国における寺は役所を、院は官舎を意味しました。中国に仏教が伝わった時に西域からきた僧たちが接待所であった鴻臚寺に宿泊し、経や仏像を置いたところから、僧が住み経や仏像を安置する所を寺というようになりました。

寺院の金堂と五重塔

　日本では6世紀の仏教伝来以降遣隋使、遣唐使、留学僧、さらには百済からの渡来人を通じて大陸の仏教文化が伝わり、皇族や貴族また豪族たちが造寺への意欲を高めるようになります。奈良時代には東大寺、興福寺、法隆寺、薬師寺、唐招提寺が建立され、その後平安時代には天台宗、真言宗が、鎌倉時代には禅宗が、江戸時代には黄檗宗が、それぞれ伝えられ多くの寺院が各地に建立されていきました。

■ その種類と特徴

　仏教とともに寺の建築様式も伝えられましたが、礎石、土間、床、組物、瓦屋根などに特徴があり、その建築様式全体を指して寺院建築といっています。その様式は禅宗と縁の深い唐様、南宋から伝えられた天竺様、奈良時代に成立しその後も広く用いられた和様の3つに分けられます。

・唐様：Chinese style

　鎌倉時代に禅宗とともに中国から伝えられた宋の建築様式を模して建てられた寺院の建築様式を唐様あるいは禅宗様と呼びます。その後禅寺ばかりではなく一般の寺院や霊廟にも取り入れられましたが、和様建築に比べると間取り、構造、細部にわたる装飾的な造作に大きな違いがあります。

・天竺様：Indian style

　鎌倉時代初期に焼け落ちた東大寺再建の責任者となった真言宗の僧俊乗房重源が大仏や大仏殿を再建した際に取り入れて始めた宋代中国の南方地方の建築様式で、大仏様ともいいます。その特徴は構造美に重点をおいた力強い様式にあり、工夫を凝らした肘木や横木、木口などを用いた合理的な構造と

天井を張らずに化粧屋根裏とするところにあります。

・和様：**Japanese style**

　唐様や天竺様に対して鎌倉時代以前から日本で行われてきた寺社建築の様式を和様といいます。元々は唐の様式であったものを和風化したものを指します。装飾部分は少なく、基壇（建物の下に石、瓦を積み、または土を盛った壇）の上に建て、土間には大陸様式を残すような寺院建築も和様といいました。

■つくり方と職人技

　寺院や神社（神社仏閣）の建築や補修に携わる専門の職人を宮大工と総称し、彼らの仕事を寺社建築あるいは社寺建築といいます。一般の大工がもはや使わなくなったような大工道具を用い、親方から弟子へと伝承されてきた技術や技法で寺院を建築また必要に応じて修復しています。

■日本文化との関わり

　日本人にとって寺院は身近な存在で、特に一年の終わりと新年を迎える節目には親しさを感じるところです。人々は大晦日には除夜の鐘を撞きに、また聴きに、そして新年には初詣に寺院へ出かけます。葬式や仏事は先祖の眠る墓地に隣接した菩提寺で営むのがふつうで、祖先崇拝と自然信仰を精神の中心に置く日本人にとって寺院は神社とともに日本人の心のふるさとともいえる存在です。

■わかりやすい英語で説明すると

A temple is the building where Buddhist statues are enshrined and priests work and live. The characters 寺院 (*jiin*) in Chinese respectively represent government office and official residence. Since Buddhism first arrived in Japan in the 6th century, the Buddhist culture has thrived due to envoys to the Asian continent and visitors to Japan.

Temples that are still famous in Japan such as Todaiji, Hofukuji, and Horyuji in Nara were built in the 700s. Temples then spread throughout Japan. Temple architecture that incorporated features still seen in Japanese housing such as foundation stones, earth floors, raised floors, framework, and tiled roofs also came to Japan at the same time. There are various temple styles including Chinese (highly decorated), Indian (exposed ceiling beams), and Japanese (simple decoration, built on a raised foundation).

Temples are important to Japanese people. Especially at the end and beginning of a new year. Cemeteries are usually connected with temples.

神社：*Shinto* shrines

■その起源と由来について

日本には古代から神々は山の常緑樹を目印にして降り立つものと信じ、一定の木やその背景にある山や森を祀る習慣がありました。そこに神饌を供えるのですが、仮小屋が建てられることもあり、中には恒久的な建物として残る社もありました。この建物が社殿となっていきます。

信仰の本質は社ではなくその背景にある山や森にあることを忘れてはなりません。

神社の拝殿

■つくり方と職人技

神社は宮大工という寺社建築の専門職人の手によって建てられます。経験豊富な職人が、師弟間で伝承されてきた高度な建築技術と道具を駆使して神社をつくります。木を切る、削る、割る、木に穴を掘る、木を欠き取る、釘を使わずに組み立てる、などの作業は職人と材料が揃っていればできるというものではありません。宮大工の職人技と道具、建築技法が合わさって初めて神社をつくることが可能になるのです。

■日本文化との関わり

神社は、祭神や本尊を安置する本殿と付属の建造物をもち、多くの日本人にとって初詣や祭などの年中行事、またお宮参り、七五三、婚礼など多くの通過儀礼において訪れることが多いところです。全国に約8万5000社（2014年）ある神社は日本人の慣習に密着した文化的施設といえます。

■わかりやすい英語で説明すると

Since ancient times, the Japanese have believed that the gods come down to earth guided by evergreen trees on mountains. They would worship a particular tree with mountains and forest in the background and make offerings at the base. Soon, small sheds were built to protect the offerings and later more permanent constructions. The permanent constructions would later become the main building of *Shinto* shrines. The object of worship is not in the building but in the background and surroundings. Shrines are built by carpenters specializing in temple and shrine construction using tailored tools and techniques. Shrines include a main building where deities and icons are enshrined as well as other buildings. Many Japanese visit a shrine on the first day of the year.

第Ⅰ部 衣・食・住にまつわる日本文化と伝統工芸品

城郭：Castles

■ その起源と由来について

　城郭は城ともいい、塁、堀、柵など外敵の侵入を防ぐためにつくられた軍事的構築物のことですが、それによって防衛される地域も含みます。7世紀に朝鮮式山城に倣って、柵や石垣、濠、土塁をめぐらして築城された古代山城がその起源といわれます。中世には自然を活かした山城が、そして戦国時代以降は封建領主による領内統治、城内居住、権勢表示などをも兼ねた小高い丘に建つ平山城が発達しました。その後は、都市の近代化とともに高くそびえる櫓や天守閣を備え政治の中心となる平城へとその目的や形も変わっていきました。

■ つくり方と職人技

　室町・江戸時代に幕府、諸大名により設けられた普請奉行（土木・建築工事において主に基礎工事を担当）や作事奉行（建物の築造を担当）が、城の中心で重要な曲輪（城壁や濠などで仕切った城内の区画）となる本丸から濠（堀）に至るまでの設計をし、城大工と呼ばれる城郭建築専門の職人たちが実際に城づくりを行いました。石垣を積む作業は専門家である石垣職人の集団が当たりましたが、中でも近江の穴太衆が有名です。

■ 日本文化との関わり

　城郭といえば日本人の多くが親しみをもつ時代劇（時代物の映画、演劇、テレビ）にはなくてはならない建造物であるといえるでしょう。城下町の中心であった「お城」は日本の歴史の節目には必ずといっても良いほど登場します。城郭は多くの栄枯盛衰の夢物語、そしてロマンや悲劇の舞台として一種独特の味わいのある雰囲気をかもしだしてくれるところです。しかし、かつて2万5000以上あった城も天守閣が残るのは12城だけになりました。

■ わかりやすい英語で説明すると

　Castles may be called castles, however, they are military constructions with fortresses, moats, and fences to prevent invasion. The origin of older castles is said to be in the Korean-style of mountain castles that used the natural protection of high placement on a mountain. In feudal times, the lords began building flatland-mountain castles that included government functions and residences. Later castles were built on flatland with watchtowers and keeps for protection. Castles were built by specialist crafts persons including carpenters and stone wall builders. There are more than one hundred castles existing in Japan. There are a few in their original form but many have been rebuilt.

和式住宅：Japanese houses

■ その起源と由来について

　日本では高温多湿の気候風土から、寒さよりも蒸し暑い夏の過ごし方を考えて家を建てるというのが定説で、家全体の風通しをよくするさまざまな工夫が凝らされてきました。部屋の各々を壁で区切らずに襖や障子を使うこともその1つです。和式住宅の原型は縄文時代の草葺屋根の竪穴住宅ですが、奈良時代から平安時代にかけて木造家屋として大きく変化します。雨水を速やかに排水する勾配屋根、耐久性と美観を備えた瓦屋根、夏の日射しを遮蔽する深い軒、呼吸する漆喰壁や広い掃出し窓のほかに、通気性と採光を考えた欄間や縁側などが特徴です。

■ つくり方と職人技

　木を組んでつくり上げる木造軸組構造は在来工法とも呼ばれますが、日本古来の木工技術といわれ、現代においても和式住宅建築の基本です。日本の風土に適した調湿力に優れ、木目を活かしたむき出しの梁（見せ梁）、無垢の一本丸太を使った柱、床の間や欄間などで飾られた純和風住宅など、どれを取っても伝統的な木工技術と大工の力量が出来栄えを大きく左右します。匠の技を活かした家、それが和式住宅です。

■ 日本文化との関わり

　木造住宅の基礎的な形ができ上がったのは鎌倉時代から室町時代といわれます。その時代に武家の住居方式として一般化したのが書院造ですが、その書院造が伝統的な和式住宅の基本です。和式住宅には、家の中では土足厳禁という生活習慣や部屋を多目的に使い分けることが可能という特徴があり、この特徴は近隣のアジアや他の地域の国々にもまったくといってよいほど例を見ません。

■ わかりやすい英語で説明すると

　Japan's climate is high temperature, and high humidity. Houses were built taking into account the hot and humid summers rather than the cold winters. The houses are well ventilated. Rooms are not separated by solid walls but with moveable doors and screens. The origin of Japanese housing lies in prehistoric pit dwellings with many new innovations once construction was shifted to wood such as; sloped and tiled roofs, deep eaves to block the summer sun, and stucco walls. All rooms in a Japanese house are multipurpose; serving as bedrooms, dining rooms, and living rooms.

日本庭園：Japanese gardens

■その起源と由来について

日本庭園は、青い海、緑豊かな山や森、その中を流れる清流、など我が国独自の美しい自然風景をモチーフに、石、水、土、植物などの素材を使ってつくられます。曲線的な出入りのある浜辺や岩場など我が国の海岸風景を彷彿させるような日本庭園の様式が確立されたのは、奈良時代の後半です。

さらに貴族や将軍、大名たちの儀式や遊興の場としてさまざまな形に発展していきます。

日本庭園

■その種類と特徴

日本庭園の様式は、その鑑賞目的や方法などにおいて時代とともに変化していき、その後次のようなものが生まれていきました。

・浄土庭園

平安時代末期になると末法思想が広まり、極楽浄土を現生に再現しようと浄土庭園がつくられるようになります。西方浄土を表す阿弥陀堂や阿弥陀仏が庭内に安置され、池を挟んで東岸からそれを遥拝する形式になっています。奥州平泉にある紅葉の美しい毛越寺浄土庭園は世界遺産です。

・枯山水

室町時代から安土桃山時代には書院造建築に伴い書院造庭園も確立されますが、接客や対面の儀式に際して書院座敷から庭を鑑賞する「一点座鑑」という形式がとられました。散策を目的とせず、室内から静かに鑑賞するという目的からつくられるようになったのが枯山水で、水を一切使わず、石組みを主に、白砂、苔、刈込みなどで自然景観を象徴的に表現する庭園です。

・茶庭

枯山水と同時期に民衆の手により生まれた新しい庭園様式である茶庭は露地とも呼びます。茶庭は茶室へ至るまでの伝いの庭で、当時の都市にありながら山里の趣を醸し出すよう工夫され「市中の山居」と評されました。

・回遊式庭園

江戸時代になると、それまでの池庭、枯山水、茶庭を集大成した回遊式庭園が新しい庭園形式として生まれました。回遊式庭園は桂離宮や修学院離宮などの宮廷庭園と東京や地方に残る大名庭園に見られます。広大な敷地につ

くられた庭と池を中心とするもので、池の周辺には茶室や東屋(あずまや)が建てられ、それらを飛石などで繋ぐように構成されています。

■つくり方と職人技

庭園の作家を作庭家(さくていか)といいますが、名園を設計してきた名人への敬称です。近代では7代目小川治兵衛(おがわじへえ)や重森三玲(しげもりみれい)が有名ですが、作庭家は、実際に作業をする庭師のように現場の施工や樹木の剪定などはせず、庭園全体の設計を手がけます。

実際に日本庭園をつくり、手入れをしてその維持管理をするのは庭師と呼ばれる職人で、正確には造園技能士や造園施工管理技士といいます。植木についてのみの仕事をする昔からの植木職人がいますが、庭師は単に枝や葉を切るだけでなく、土に肥料を足す、接ぎ木をする、石を動かす、樹木の病気を確認する、などいろいろな仕事をする造園職人です。

■日本文化との関わり

日本文化といえば誰もが、まず「侘びさび」という言葉を思い浮かべることでしょう。日本庭園は、まさにこの侘びさびを具現化している造形物であるといえます。西洋式庭園が雲1つない真っ青な空、形良く剪定された潅木、色鮮やかに咲き誇る花々などを必要とするのに対して、日本庭園は、薄暮に浮かぶ自然の景色を墨と筆で描く墨絵のように、幽玄の美を醸し出すことを大事にします。

■わかりやすい英語で説明すると

Japanese gardens use rocks and stones, water, soil, and plants to create a landscape that reflects the natural landscape of Japan with its rugged coasts, blue ocean, and deep green foliage. The first Japanese style gardens were created in the 700s. The gardens then developed as they were used for ceremonies and entertainment. Styles include the Jodo style, which was developed in the 1100s in times of pessimism and represents heaven or the pure land. The dry landscape style was developed in the 1300s to 1500s. It uses stones, sand, moss and manicured trees to create a landscape for observation. The teahouse garden style, developed at the same time, is made to be walked through and enjoyed. This led later to the stroll garden which combines all the previous styles. Japanese gardens are the perfect physical example of *wabi-sabi*—the concept of impermanence and imperfection. The gardens don't have lots of different trees and flowers but use simple stones and moss to induce a calm and relaxing scene.

(2) 様式による分類：By Style

寝殿造：*Shinden-zukuri*, palatial architecture

■ その起源と由来について

　寝殿とは天皇が平素起居する宮殿であり、皇族の邸宅全体における主要な建物の中央に位置し、儀式や行事を行う所です。寝殿は、日常の政務を議する紫宸殿（ししんでん）と日常の居所である清涼殿（せいりょうでん）を基本にし、各々の空間部分は御簾（みす）、几帳（きちょう）、屏風（びょうぶ）などの仮設の間仕切りで区分けしますが、その空間全体を内裏（だいり）といいます。11世紀以降に内裏が焼失と再建を繰り返す中で、上級貴族の屋敷に臨時の皇居を構えることがあり、それを里内裏（さとだいり）と呼びました。そのため貴族たちが、里内裏に適応できる屋敷を構えるようになり、そこから生まれたのが寝殿造でした。

■ つくり方と職人技

　寝殿造の原点である里内裏を実際に建築したのは、宮内省に属する木工寮（もくりょう）と呼ばれる役所に属し、主に造営や材木採集を担当する木工たちです。初期には百済や大陸からの渡来人技術者も木工に登用されていたようです。木工寮は宮殿の建築、修理、公共施設の修理、木製品の製作などを引受ける機関で、監督者の立場にある官職名を木工助（もくのすけ）といいました。

■ 日本文化との関わり

　屋内を開放感のある大きな間取りで区分けし、その内部はそれぞれの用途に応じて適宜衝立（ついたて）、屏風、襖を用いることで、空間を大きくも小さくもできるのが寝殿造に始まる和式住宅の特徴といえます。日本の風土にもよく合い、冠婚葬祭などの大きな集まりも自宅内で催すことができるところから、我が国特有のさまざまな衣食住の文化が生まれてきたのです。

■ わかりやすい英語で説明すると

　A *shinden* is a palace where the emperor lives. It is located in the center of a palace complex. The *shinden* includes the Hall for State Ceremonies and the emperor's residence. There were several instances of fire destroying the *shinden* in the 11th century so aristocratic families would build temporary imperial residences to house the emperor while the *shinden* was being rebuilt. This led to the *shinden* style of architecture where an open plan room is partitioned with portable screens. The screens would be moved to make the room smaller or larger as needed. This enables the room to be a cosy bedroom or an expansive dining room. This style is still seen in Japanese houses today.

武家造：*Buke-zukuri, samurai* house-style

■ その起源と由来について

平安時代の中頃に、それまで貴族に支配されていた武士が徐々に力をつけ政治的発言力を強め、自らの政権を打ち立てていき鎌倉幕府の誕生を迎えます。武家造とは、その頃の武家が住んでいた住宅様式のことですが、武家の住居として寝殿造から変化した建築様式をいいます。表門の横に遠侍（警護の武士の詰所）があり、正面には田の字型の間取りで上段の間、対面の間、公家の間、納戸などを配した主殿があるのが特徴です。後期にはそれも書院造に吸収されていき、特に武家造という武家特有の様式はなくなります。

■ つくり方と職人技

その頃の建築職人は、1年のうちにある日数だけ上番（勤務につくこと）して働くというところから番匠と呼ばれ、京都、奈良、鎌倉などの都市や飛騨などに居住し、座を組織し、建築の仕事を請け負っていました。彼らは鋸、鉋、錐、鑿や差し金（指矩）などの大工道具を使い、切り出し乾燥させた木材を切り、穴を穿ち、組合せ、丈夫な家をつくる建築専門の職人でした。

■ 日本文化との関わり

武家造は今日の和式住宅の原型であるという説があります。それは武家造が寝殿造とその次にくる書院造の間の過渡期のものであり、いずれの特徴も半々ぐらいにもっているからです。さらには、当時の武士たちの生活文化が貴族のものとは異なり、戦闘集団であった武士は外部からの侵入にも備えなければならず、それに応じて実用性を重視し、簡素なつくりを旨とし、それが現代の住宅にも通じるところがあるからだといわれます。

■ わかりやすい英語で説明すると

As the samurai gained power and political influence they began to increase their independence from the aristocracy eventually founding a military government or *bakufu* in the 12th century. The *buke-zukuri* style of building developed from the *shinden* style. There was an enclosure around a guardhouse and main building. The main building had a floor plan of four rooms in a square. Builders of the time lived in certain areas such as Kyoto, Nara, Kamakura, and Hida and only worked a specific number of days per year. Many consider the *buke-zukuri* style to be the origin of Japanese-style housing. In contrast to the lifestyles of the aristocracy, samurai had to protect themselves from intruders. The style lies between the *shinden* style and the later *shoin* style.

第Ⅰ部　衣・食・住にまつわる日本文化と伝統工芸品　　105

書院造：*Shoin-zukuri* style

■その起源と由来について

　平安時代に公家の住宅様式であった寝殿造が武家の台頭によって武家造に取り入れられ、それが室町時代末から桃山時代にかけて整えられた様式を書院造といいます。足利将軍家ではその邸宅に社交のための会所（かいしょ）を設け、そこに「付け書院（床の間の横に設けた出窓のような部分）」や違い棚をつくり付けて文具や茶道具を、また別に押し板をつくりつけて中国伝来の掛け軸、花瓶、香炉などを飾りました。このような座敷飾りが書院造の特徴です。

■つくり方と職人技

　建物内の座敷飾りは、その後も床（とこ）、棚、書院、帳台構（ちょうだいがまえ）などと豪華になっていきました。桃山時代の工匠伝書（こうしょうでんしょ）である『匠明（しょうめい）』によれば、書院造の標準的な大名邸宅は、御成門（おなりもん）、広間、能舞台、御殿、書院、茶室からなる接客部分と、切り妻造、平入りの門である棟門（むねかど）、玄関、遠侍（とおざむらい）、式台、対面所、御寝所（ぎょしんどころ）などからなる居住部分に分かれます。その建築を担ったのは後の江戸時代に大工と呼ばれるようになる、武家造で紹介した番匠たちでした。

■日本文化との関わり

　書院造は、広い空間を特徴とした寝殿造に比して複雑な構造をもち、屋内の空間部分を接客部分、家族の生活部分、使用人の生活部分などに細分化した住宅様式です。近世武家大名の邸宅も書院造で建てられ、座敷飾りの他に、畳敷き座敷、天井、引違い建具、角柱などが採用されるようになり、さらに豪華なものに発展していきます。書院造の豪華絢爛さを追求する中から各種の伝統工芸品も生まれていきました。

■わかりやすい英語で説明すると

　Shoin-zukuri style houses were used for military residences and temple guest halls. The style was developed from the 16th to the early 17th centuries and is the basis for the today's traditional Japanese houses. Reception room floors are covered wall-to-wall with *tatami* (straw) mats and areas are separated with sliding doors. There is a recessed alcove in the main room for displaying scrolls and flowers, as well as a space for staggered shelves. The pursuit of more and more elaborate and magnificent reception rooms drove the development of traditional arts and crafts. In contrast to the more open *shinden-zukuri*, *shoin* houses are more complex in structure with separate areas for guests, family, and servants.

数寄屋造：*Sukiya*-style house

■その起源と由来について

　数寄屋の「すき」は好きの当て字として使われ始めました。型にとらわれず、自らの趣向に合わせて好きなように、自由につくり上げるというのが本来の意味です。数寄屋は桃山時代には茶の湯に使われる室や建物のことを指す言葉でしたが、江戸時代に入ると茶室の建築手法や意匠を取り入れた住居にも用いられるようになりました。数寄屋造は、厳正な書院造に対して草庵風の丸太、土壁、面皮（柱の四隅の面にだけ樹皮を残す手法、またはその柱）などを使う建築様式ですが、観賞用の床の間と掛け軸は数寄屋造には必須の設えでした。

■つくり方と職人技

　江戸初期に徳川幕府の作事方大棟梁となった平内政信が著した『匠明』（建築の秘伝書）には数寄屋造のつくり方が詳しく述べられています。現代では吉田五十八（1894–1974）が「新興数寄屋」と呼ばれる独自の様式を生み出しました。いずれの場合も、現場で実際の建築に当たったのは木工事を専門とする職人である数寄屋大工です。建築のための木工作業に従事する職人を大工と呼ぶようになったのは江戸時代に入ってからのことでした。

■日本文化との関わり

　本来は別々の概念でありながら、今日では一まとめにして使われることが多い侘と寂ですが、日本の美意識として評価され、これに「渋み」を加えた"Wabi, Sabi and Shibui"は日本のデザインの基本的概念として海外にも知られています。数寄屋造は、簡素な意匠、自然の美そのままを活かした素材など、まさにこの侘びさびを表した建築様式であるといえます。

■わかりやすい英語で説明すると

In the 1500s, a *sukiya* was a place for conducting the tea ceremony. However, later it came to mean a style of residence that incorporates the features of a tea ceremony house. In contrast to the traditional style of Japanese housing, *sukiya*-style buildings use simple materials such as logs, clay, and bamboo. Traditional Japanese design aesthetic is based on the concept of *wabi-sabi* which accepts impermanence and imperfection. It focuses on the integrity of natural objects and processes as well as economy, modesty, and austerity. *Sukiya*-style houses are the embodiment of this concept. They have wooden columns, often with the bark still in place, earthen plaster, and simple carvings.

第Ⅰ部 衣・食・住にまつわる日本文化と伝統工芸品　107

町屋造：*Machiya-zukuri*, townhouse style

■その起源と由来について

　鎌倉時代には坐売(ざうり)という言葉がありました。坐売は、路上でものを売る立売りではなく、常設の見世(みせ)（店）で坐って売ることです。その場所を坐売舎(うりのや)、店屋(みせや)、マチヤと呼びましたが、そのような店をもった職住一体型の住まいが町屋(まちや)です。昔は、「職」に重点を置いた場合を町屋といい、「住」に重きを置く場合には町家(ちょうか)と呼びました。

・京町家（店舗）

　京町家は一般的に瓦屋根の中二階で、一階には格子がはめ込まれています。どの町家も同じようなつくり方で、街並みに調和がありますが、扱う品物により間口の広さ、庇(ひさし)の高さ、格子の意匠、内部構造に違いがあります。

・京町家（住居）

　住まいとしての町家には数寄屋風の座敷、箱階段の収納、むきだしの梁(はり)など洗練された意匠が施されています。表から裏口まで抜ける通り庭(とおにわ)、石灯籠を配した飛石のある坪庭(つぼにわ)などがあり、その内外に季節の移ろいを感じることができます。

■つくり方と職人技

　江戸時代半ばにその原型が確立した京町家ですが、その多くは幕末の大火で焼失してしまいます。現存する町家のほとんどは明治から大正時代にかけて、主に木造軸組構法で家屋を建てる町大工の手でつくられたものです。

■日本文化との関わり

　日本人は、盆栽や坪庭のほかにも季節折々の生花を飾る床の間など自然を取込み、それを眺めるという文化を育んできました。表よりも中（裏）を飾る、すなわち表は質素にし、中（裏）を飾るという文化は、家を色ペンキで塗り、窓辺の外側に向けて花や人形を飾る欧米文化と異なるものです。

■わかりやすい英語で説明すると

In the 12th century, merchants in Japan started to set up more permanent shops instead of the portable carts and stands that were used previously. The buildings included a shop front and a residence. These were *machiya*. The *machiya* had two floors; a main floor and a low-ceiling mezzanine floor, they also had a tiled roof and lattices on the front windows. The residence part had tatami reception rooms, box-storage staircases, and exposed beams. There was also a corridor from the front to the rear of the house and a small garden. The small garden allowed people to enjoy the passing of the seasons and observe nature.

茶室：Tea room, tea house

■その起源と由来について

　客を招いて抹茶を点てて、会席のもてなしをすることを茶の湯（茶会）といいますが、その茶事を行うための部屋や建物が茶室です。鎌倉時代に宋から入り公家や武士の間に広がった茶は、会所と呼ばれる部屋で主客がともに賞味するものになっていき、四畳半を基準とし、中央に炉があり、床の間やにじり口のついた茶室へと発展していきます。当初は茶の湯座敷、数寄屋、囲いともいい、それらが一般的に茶室と呼ばれるようになったのは江戸時代以降です。

■つくり方と職人技

　草庵茶室と書院茶室に大別される茶室ですが、3m四方の大きさを基本とし、それ以上を広間、それ以下を小間といいます。木造軸組工法により、簡素で自然と一体化した茶室を造る職人を数寄屋大工といいます。彼らは建物全体の設計・組み立てから、柱、床の間、室内の畳の数と敷き方、炉の切り方、出入り口の配置などに至るまでの高度な建築技術を有するだけではなく、侘びさびや花鳥風月の美にも通じていなければなりません。

■日本文化との関わり

　茶室で行われる茶道は、「茶の湯の道」という意味ですが、「ちゃどう」とも「さどう」とも読みます。茶道は、特に抹茶の茶会を催したり、参加したりする際の作法を修練するとともに、茶室、その室礼、茶道具の鑑賞をも含む総合的な審美眼を養い、また客をもてなす心も養います。華道とともに日本人の間に広く浸透している茶道ですが、その修練の場を提供している茶室は、日本の文化を体現してするものの1つといえるでしょう。

■わかりやすい英語で説明すると

　Entertaining guests by holding a tea ceremony became popular during the 12th century. The space where tea ceremonies are held is called a tea room or tea house. The space has four and a half tatami mats with a hearth in the middle and a small door to crawl through. The tea room appears simple, however, it requires great skill from the carpenters to create such simplicity not only in structure but also in atmosphere. The formal act of serving tea during a tea ceremony is an all-encompassing aesthetic experience for the guest involving; correct etiquette, knowledge of art, and appreciation of the hospitality of the host as well as tasting the tea and sweets. To experience a tea ceremony in a tea room is the embodiment of Japanese culture.

（3）材料・用途による分類：By Element

山門：Gates

■ その起源と由来について

飛鳥・奈良時代には都の平坦地に建てられるのが普通であった寺院も、平安時代に入ると比叡山や高野山に建てられるようになります。寺院に「〜山」という称号がつけられ、寺院の門も山門と呼ばれるようになりました。

■ つくり方と職人技

寺や神社は木組み工法で建てられています。その木組みの木材は加工されたものではなく、寺社建築の専門的職人である宮大工自らの手で削ってつくられます。

寺院の山門

その木材を「継手」や「仕口」と呼ばれる技術により、釘や金物をほとんど使わずに強固に繋ぎ合わせ土台から梁まで組み立てます。宮大工になるには10年以上の修行が必要といわれています。

■ 日本文化との関わり

門は、物事の出入する所、師について教えを受けることやその仲間、分類上の大別、家柄などを意味する言葉です。一方で門松にも表れているように新しい何かの始まりを意味する言葉でもあります。前者が集団主義を、後者が自然なものを神霊の代わりとする日本文化の特徴を表しています。

■ わかりやすい英語で説明すると

In the period from the mid 500s to the late 700s it was common for temples to be built on flat ground. However, later, temples began to be built on mountains such as Mt. Hiei and Mt. Koya and the character for mountain (山) was added to the temple name. Temples and shrines are built using a wooden frame. The wood is shaped by carpenters specializing in temple and shrine construction. Very few nails or metal parts are used in the construction. The term *mon* (門 gate) in Japanese has the meaning of entrance, branch of learning, division and family. It can also signify the beginning of something new as in *kadomatsu* (門松), a New Year's decoration. The former meaning indicates collectivism and the latter meaning symbolizes the representation of nature for divine spirits. Both key parts of Japanese culture.

鳥居：*Torii*, archway to a *Shinto* shrine

■ その起源と由来について

鳥居は、神社（山や滝など自然物をご神体としてお祀りする神社も含み）の内と外を分ける結界に建てられ、その内側が神域であることを示します。その起源には、天の岩屋に隠れた天照大御神を表に出すために使った鶏を止まらせた横木という説や、渡来説など多くあり、どれも確定的とはいえないようです。

鳥居

■ つくり方と職人技

最初の頃は木でつくられていた鳥居も、その後石製や鉄鋼製のものもつくられるようになりました。木製のものは丸太を4角形から8角形に荒木取りをし、その後16角形、32角形と削り、最後は丸鉋で仕上げます。鳥居はその大小に関わらず年季の入った宮師や宮大工によってつくられます。

■ 日本文化との関わり

鳥居には、上部の横柱が一直線になっている神明鳥居、横柱の両端が上向きに反っている明神鳥居、横柱上部に合掌型の破風のついた山王鳥居、朱塗りの稲荷鳥居などがあります。日本人は古来より山、滝、大岩、大木などに神々しさを感じ、そこにしめ縄を張って祀りました。やがて縄が2本の柱の間に張られるようになり、それが鳥居となったともいわれ、日本文化の原点ともいえる原始宗教とも密接に関わっています。

■ わかりやすい英語で説明すると

Torii are built at the boundary of the inner sanctum and the outside of shrines. The origin of the archway is thought to lie in Japanese mythology with the fallen log on which a bird (*tori*) was perched to draw the Sun Goddess Amaterasu out from the heavenly rock cave she had hidden in. Originally *torii* were made from wood but later *torii* began to be made from stone and steel. Wooden *torii* were cut into squares and then octagons to remove the rough bark and then gradually cut to form a circle which was finished with a circular plane.

There are *jinmei torii* with a straight top, *myojin torii* with curved ends, *sanno torii* which have a triangular attachment and *inari torii* which are painted red.

茅葺屋根：Thatched roofs

■その起源と由来について

古代人は縄文時代になると定住を始めます。その住居となった竪穴住宅の屋根は草葺で、それが茅葺屋根の原点でした。

その後草の代わりに稲藁や麦藁が使われようになり、藁葺、麦藁葺と呼ぶようになりました。

■つくり方と職人技

屋根葺きの材料には茅、葦、藁、小麦などがあり、昔は藁が使われていま

茅葺屋根の民家

したが、その後は最高の材料といわれる茅が使用されるようになりました。茅は荒地に育ったものが良いとされ、11月頃に刈り取り、一本ずつ吟味し10何通りに選別しそれぞれ一丈（約1.5～2m）の縄で縛り保管します。12月から2月頃の寒い季節に葺くのが良いとされましたが、そのわけは4月頃に茅の油が抜けるためでした。足場を組み、母屋の棟木を支えて垂木を縄で結び、竹か木の小舞を並べ、軒の方から葺き上げていきます。

■日本文化との関わり

茅葺屋根は日本の風土の原風景ともいえるもので、日本人の心に郷愁を感じさせてくれます。日本の住文化の代表的な民家であった農家では、囲炉裏や竈で薪を燃やして煙出しをしていました。その煙が茅を燻製にし、屋根裏の竹、荒縄、屋根の茅が煙の脂で丈夫になり50年ほどは十分にもちました。残念ながら近年では茅葺屋根の農家を見ることも少なくなりました。

■わかりやすい英語で説明すると

Thatched roofs have been around since ancient times. They may be made with rice straw, barley straw, grass, or reeds. Originally, the most common material was straw until it was realized that sedge grass was perfectly suited to the purpose. Grass growing on wasteland is considered the best material. The grass is cut in November, checked carefully and sorted into several categories. Thatching is done in winter to spring. Thatching begins at the eaves and the thatch is held down with bamboo or wood. Thatched roof houses are the traditional scenery of Japan. They give Japanese people a feeling of nostalgia. The thatched roofs in old farmhouses were strengthened by the smoke from the sunken fireplaces.

瓦：Tiles

■その起源と由来について

　瓦の起源は2500年前の中国の春秋戦国時代にさかのぼりますが、日本には588年に紹介されました。同年に百済(くだら)より瓦窯(がよう)作工、生瓦作工、瓦焼き作工、瓦葺き工4名の瓦博士が、仏舎利(ぶっしゃり)(釈迦の遺骨)塔建設のためにほかの渡来人とともにやってきた事実が日本書紀に記されています。この4人の瓦工の指導で瓦がつくられ、日本初の本格的伽藍(がらん)である飛鳥寺法興寺(飛鳥寺)の屋根が瓦で葺かれたのが始まりでした。

■つくり方と職人技

　瓦屋根は反りのある平瓦(女瓦)を並べ、その隙間を丸瓦(男瓦)で覆い、軒先の平瓦は模様のある軒平瓦をつけます。棟飾りとしては鴟尾、鬼板、鬼面、獅子口、鯱(しゃちほこ)などがありますが、丸瓦や軒平瓦と飾り瓦をつくる職人を鬼師といい、平瓦をつくる瓦師より上に見られていました。瓦は粘土を捏ねて型を取り、高温で焼きます。一般的な瓦は、釉薬瓦(ゆうやくがわら)または陶器瓦と呼ばれ、焼き入れの際にガラス質の釉薬をかけるものです。その他、松と松の葉を燃料に使いいぶし焼きにしてつくる、いぶし銀の色をしたふすべ瓦もあります。

■日本文化との関わり

　武士や町人たちを主役とする衣食住、芸能、美術、茶道や華道を中心とする日本文化が大きく花開いたのは江戸時代でした。徳川家康による全国統一の後ほぼ一斉に建設が始まった300を超える城下町がその中心となりました。その町づくりに大きな役割を果たしたのが瓦です。丈夫で美しい日本瓦は、天守閣を飾る堂々とした屋根瓦として権威の象徴を、武家屋敷や町家の瓦屋根は城下町の防災の役目を果たしたのです。

■わかりやすい英語で説明すると

The origin of tiles dates back 2,500 years to the Chinese Warring States period (403-221BCE). They were introduced to Japan in 588. The *Nihonshoki* (Chronicles of Japan) state that in the same year four tile artisans came from the Korean Baekje Kingdom to build a pagoda for Buddha's ashes. Tiles were made to roof the first temple in Japan; Asuka-dera Hōkō-ji in Nara. Concave tiles are lined on a roof and covered with convex tiles. The tiles at the edge of the roof are often decorative. The tiles on the crest of the roof may be decorated with curved tails, devil's faces, lions or *shachihako* (sea monsters). Tiles played a large part in development of Japan after unification. Beautiful Japanese tiles covered the roofs of most castles and houses in Japan.

桧皮葺:*Hinoki* bark thatch

■その起源と由来について

桧皮葺は桧の樹皮で葺きます。日本古来の屋根葺き方式ですが、その起源は定かではありません。古代では桧皮葺きは宮殿なども含めていろいろな建物に使われていましたが、瓦が使われ始めるにつれて格下の建物に使われるようになっていきます。しかし時代が下るにしたがって、再び格式の高い建物に使われるようになりました。

桧皮葺の屋根

■つくり方と職人技

桧皮は樹齢70～80年以上の桧の皮を、木の内側を傷めないよう慎重に剥いたものです。桧皮を剥く職人を原皮師、製品化する職人を桧皮拵え師と呼びます。桧皮葺師と呼ばれる職人たちが足場をつくり軒口から葺き始めます。厚さ1.5mmぐらいの桧皮を30cm以上もある軒口の厚みにするには200枚以上も重ねます。桧皮を少しずつずらして重ね、竹釘で固定していき最後に軒先を切り揃えて仕上げます。

■日本文化との関わり

桧皮葺きは、伊勢神宮で神宮や宇治橋などを20年に一度つくり替える式年遷宮では主役を果たします。式年遷宮は、皇室第一の重要行事です。この遷宮が千数百年にわたり行われてきたのは、唯一神明造という建築技術、昔からの装束、神宝などの調度品を次の世代に伝えていくことで、神と人と国家の繁栄を永遠に目指すという古人の熱い思いであったといわれます。

■わかりやすい英語で説明すると

Hinoki (cypress) bark thatch is a style of thatching that has been used in Japan since ancient times. It was used on the roofs of many buildings including palaces, however, once people began using tiles, thatch was only used on lower status buildings. As times changed though, people began using bark thatch on important buildings again. The bark of cypress trees older than 70 years is stripped carefully by professionals to preserve the inside of the tree. More than 200 layers of bark are needed to provide the thickness required for a roof. *Hinoki* bark thatch is very important for the shrine reconstruction conducted at preordained times at Ise Grand Shrine.

桐箪笥：Paulownia chest of drawers

■その起源と由来について

箪笥が一般的に使われ始めたのは江戸時代の初め、庶民の生活が豊かになり、増えた衣装を効率的に収納するための小袖箪笥が必要になったからといわれます。小袖とは和服のもとになった、袖口が小さく縫いつまっている衣服のことです。また、その時代に鋸や鉋、鑿などの工具が普及して複雑な工作物がつくれるようになったことや材料が手軽に入手できるようになったことも要因となりました。

■つくり方と職人技

箪笥といえば桐箪笥というほどに桐が多く使われますが、それは桐が軽量で、湿気を通しにくいこと、さらに防火の面でも優れているためです。桐箪笥は、桐箪笥本体をつくる木工職人、金具を打ち出す金具職人、仕上げをする塗装職人など伝統的工芸品の専門職人たちの分業によってつくられています。箪笥には、角を守る隅金具、引出しの取手、箪笥を運ぶための棹（棒）通しや持送り、飾り金具、鋲など数多くの金具がついています。昔は箪笥に棹を通して運んでいたので箪笥を一棹、二棹…と数えるようになりました。

■日本文化との関わり

文化は人間の生活と密着しています。衣食住の各々は文化そのものであり、そこで使われる道具の多くが伝統的工芸品ということになります。家庭用設備や機器の進歩と変化により今日では箪笥の使用割合は減少していますが、木工・金工技術の粋を凝縮した桐箪笥は、日本人が長い間に培ってきた美意識を後世に伝えていく大事な役割を担っているといえます。

■わかりやすい英語で説明すると

Chests of drawers became popular in the 1600s as the living standards of the common people rose and they needed somewhere to store their shorter-sleeved clothing. It was also at this time that tools such as saws, planes and chisels were widely available to make intricate constructions. Paulownia wood was often used to make chests as it is light, absorbs moisture, and is fire-resistant. The wood shaping, metal fittings, and painting were all done by separate artisans.

Culture is closely related to daily life; it is nested in the necessities of life such as food, clothing, and shelter. Many items used for daily life are traditional arts and crafts. Changes in daily life mean that fewer people use paulownia chests of drawers these days.

大黒柱:Central pillar of a house

■その起源と由来について

大黒柱の起源には諸説あります。例えば、平安時代後期まで天皇の御座が置かれ即位の式などが行われた朝堂院の正殿「太極殿(たいごくでん)」の柱を「太極殿柱」と呼んだため「太極柱」になったとする説、室町時代に恵比寿大黒の大黒様が富を司る神として祀られていたため大黒天にちなみ「大黒柱」となったとする説、国の中の柱という意味で「大国柱」が訛り「大黒柱」となったとする説などです。大黒柱は江戸時代以降の住宅に多く見られますが、近世の支配層の住家形式である書院造にはなく、また寝殿造にも見られません。

■つくり方と職人技

大工や棟梁が欅(けやき)や桧(ひのき)を丸太の状態で仕入れ、それを背割りして3年以上寝かせます。それを50坪(約165m²)の家であれば8寸角(24cm)の大黒柱と6寸角(18cm)の女大黒(おんなだいこく)に木取りをして、鑿(のみ)で穴をあけ、鉋(かんな)がけをして仕上げます。大黒柱を基準にして梁や棟、通し柱が組み上げられていきます。その複雑な工程をこなせるのは年季の入った腕の立つ大工だけです。

■日本文化との関わり

大黒柱の太さは技術的な意味合いのほかに一家の柱としての象徴性も兼ね備えています。大黒柱は、家の主人や主婦と同一視され、家の象徴とも考えられ、柱の下に宝物があって家の危機を救うという伝説もあります。江戸時代に大黒天信仰が庶民に広がったこともあり、柱の上部に大黒天像を祀(まつ)り、二股大根を供える行事や、柱に供物や苗を供える行事、さらには大黒柱を毎日磨くという習慣が各地に残っています。

■わかりやすい英語で説明すると

There are a few explanations for the origin of the word *daikokubashira* (main pillar). One is that the central pillar of the ceremonial hall used as a throne during the 12th century was called the *daikokudenbashira*. Another is that the origin is from the deity of agriculture Daikoku who brings a good harvest. Older houses built in the traditional style of architecture still have a central pillar used in their construction but modern residences do not.

The pillar is usually a Japanese zelkova or cypress trunk used as the main support for the frame with the rest of the house built around it. The pillar is said to represent the family, it is an important part of daily life and is polished daily. There is a legend that states there is treasure stored beneath the pillar that will save the family from hardship.

3. 住居と生活にまつわる伝統工芸品を理解し英語で伝える

床の間：*Tokonoma*, alcove

■ その起源と由来について

16世紀末に成立した日本住宅に独特の室内装置である床の間は、座敷の床を一段高くし、違い棚を設け、掛け軸、置物、花などを飾るところです。その前身は押し板と床といわれます。押し板は仏具を供える机をつくりつけにしたもので奥行きは約30～60cm程度の浅いもの、床は一段高くなった畳敷きや板敷きの床のことです。床の間はものを飾る場としての意味合いが強いものでしたが、その後主従関係を示す対面儀式の際に重要な役割を果たすことになります。一座の中で身分の最も高い人物が床の間を背にして座るというルールが確立し、それが上層農家や町屋にも普及していきました。

■ つくり方と職人技

日本住宅の多くに見られる木製建造物の建築や修理をする職人を大工といいます。その仕事は大きく分けて、木材の切断や削り上げなどの加工、その前に行う墨付け、木と木を組み合わせるための刻み、それを組み上げていく木組み、そして天井、床の間、鴨居、敷居など、家の内部造作になります。床の間は最後の作業になりますが、重要な床柱や落とし懸け（床の間の上に架けわたす横木）をそれぞれの部位にぴったりと組み合わせることができるようになるには10年以上の年季が必要といわれます。

■ 日本文化との関わり

江戸時代に庶民住宅にも広まった床の間ですが、ぜいたくを防ぐ意味からもその設置を禁じる藩もあり、その普及には地域差がありました。東北地方には床の間が少なく、あっても板床が多いのに対し、近畿地方では17世紀前半で設置が80％を超え、畳床と板床がほぼ同じくらいだったそうです。

■ わかりやすい英語で説明すると

The *tokonoma* alcove is unique to Japanese houses. It is raised one step from the floor of the formal Japanese room and is a space to display decorative scrolls, ornaments and flowers. The role of the alcove is not only to display items but it also represents the best place in the room and the person with the highest status should sit with their back to the alcove. It designates the relation of lord and retainer. The alcove is the last part of the house to be constructed and requires very high level of carpentry skills to fit it perfectly within the frame. There are areas of Japan where *tokonoma* alcoves are uncommon such as Tohoku. In the Kinki area in the 17th century more than 80% of houses had alcoves.

障子：*Shoji* screen, sliding paper door

■その起源と由来について

障子の起源は3つに分けることができます。「障子」という名前が初めて使われた8世紀の障子は木製の板に台脚をつけた衝立障子で、屏風と同じように移動して使うものでした。次に生まれたのが10世紀末の引違い形式の障子で、身体の上にかける寝具であった衾に似ていたため衾障子と呼ばれました。現在あるような外光を通すものは明障子といわれ、12世紀に貴族の屋敷や寺などで用いられるようになったものです。

■つくり方と職人技

樹齢数百年の吉野杉、木曽桧、アメリカ桧、アメリカヒバなどを直径36mmぐらいに製材し、その後数年から数十年かけて自然乾燥させて、材料に木取りします。大まかに分けると、障子は30mm角の枠（カマチ）とその中に組子（サン）部分で構成されています。次にホゾ（2つの部材を接合するとき一方の材端につくる突起）を取り、それを差し込んで骨組みをつくり、最後に障子紙を張って完成です。障子は屏風や襖などを表具する経師屋あるいは表具屋（師）という専門の職人によってつくられます。

■日本文化との関わり

鴨居と敷居の溝にはめて、左右に開閉する戸を引き戸といいますが、これは日本独特の建具で、平安時代中期に発達した鳥居障子（上部が鳥居の形をした襖障子）が初めてといわれます。最初は片引き戸でしたが、引き違い戸も現れ、格子の片面に薄い紙を張った明障子とともに、木と紙でつくる世界に類のない日本独特の建築文化から生まれたものです。

■わかりやすい英語で説明すると

There are three origins for the term *shoji*. The term *shoji* was first used in the 8th century when it referred to a partition screen on a stand. It could be moved like a folding screen. In the 10th century double sliding screens made an appearance. These were called *fusuma shoji* as they resembled the *fusuma* quilt that people slept under. The modern paper screens used today are *akari shoji* that allow light (*akari*) to pass through. Shoji are made from a variety of woods that are dried for many years before use. The doors are slotted in a groove between the sill and lintel and can slide both left and right to open or close. These doors are unique to Japan.

欄間：*Ranma*, decorative transom

■その起源と由来について

欄間とは天井と鴨居との間に採光、通風、装飾のために格子や、透し彫りあるいは丸彫彫刻の板を取りつけた部分をいいます。古くは奈良時代の寺社建築において採光を目的として始まり、平安時代には仏堂や貴族の住宅建築に、そして江戸時代以降は次第に一般の住宅にも採用されるようになっていきました。室町時代になると武家屋敷を中心に欄間彫刻が盛んになり、江戸時代に入ると豪華絢爛な元禄文化の興隆とともにその彫刻も豪華なものになっていきます。

■つくり方と職人技

欄間は障子、格子、または彫刻を施した板をはめ込んでつくります。障子の場合は欄間障子、格子であれば欄間格子、彫刻であれば欄間彫刻といい、これらの建具自体を欄間と呼ぶ場合もあります。樹齢 1000 ～ 2000 年の屋久杉など原木の丸太から切り出した角材を、叩き鑿で荒彫りし、中彫りを経て、細部を彫刻刀で掘出して仕上げます。障子や格子は木工職人の手によりつくられますが、彫刻は欄間彫刻師という専門の職人が精魂こめてつくります。

■日本文化との関わり

伝統的な和室自体が、その用途の多様性や、自然のままの素材の使用などにより、独特の雰囲気を醸し出し、日本の住宅文化を魅力あるものにしています。その和室に和の細やかな繊細美を加えているのが欄間彫刻です。まさに匠の技といえるその欄間彫刻は浮世絵にも匹敵するほどに高い芸術性を有し、日本の美そのものであると海外からも高く評価されています。

■わかりやすい英語で説明すると

Ranma are the decorative screens installed between the ceiling and doors in a Japanese room to let in light and breeze. They were used in shrine and temple construction in the 700s and were gradually adopted into aristocratic houses and then those of the common people. With greater prosperity in the 1700s, the carvings became more elaborate. *Ranma* may be paper doors, lattices or carvings. Carved *ranma* are often made from 1000-year-old Yakushima cedar boards which are carved with chisels by a master artisan.

The traditional Japanese room is used for many purposes. The materials used are not painted but left in their natural state. The *ranma* offer a sensitive beauty to the harmony of the space.

違い棚：Staggered alcove shelves

■ その起源と由来について

　違い棚は、床の間の脇の空間に上下2枚の棚板を左右食い違いに取りつけた棚です。室町時代に成立したといわれ、盃・茶壺、香炉などを飾るところです。そのうち2枚の棚部分が置かれているその空間全体を床脇棚と呼びます。当時室町幕府の要人たちの間で唐物と呼ばれる大陸伝来の美術工芸品を愛好する気運が高まる中で、座敷を飾るとともに、それらを鑑賞するための場として生まれました。

■ つくり方と職人技

　違い棚は和式建築を職業とする大工によって床の間の脇に据えつけられます。材料には堅く、また磨けば光沢の出る欅や黒檀が使われ、高い方の棚の中央部には置いた筆が転がり落ちないように工夫した形の美しい筆返しを、そして上下の板を支える海老束をつけますが、これらは技巧を要する木工装飾品です。違い棚がある床柱と本柱に挟まれた空間の上部には天袋、そして下部には地袋が設えられますが、これらは表具師がつくります。これらの設備全体も違い棚と呼ばれることがあります。

■ 日本文化との関わり

　違い棚には本来その上に置かれるものが決まっていました。高い方の棚には冠、香炉、筆が、そして低い棚には烏帽子、壺、印伴、巻物、書物や硯箱が置かれたのです。地袋も昔は武士たちの鎧を収納するところであり、そのために幅と高さにはその基準となる寸法が決まっていました。これらの品からも違い棚は公家・武家文化と密接に繋がっていたことがわかります。

■ わかりやすい英語で説明すると

　Staggered shelves are often placed to the side of the *tokonoma* alcove. There are usually two shelves offset and slightly overlapping each other. They are used to display sake cups, tea urns or incense burners. The staggered shelves are installed by carpenters trained in Japanese traditional architecture. The shelves are made of zelkova or ebony, both of which are hard woods that shine when polished. The top shelf is finished with a carved stopper and a small post is placed between the overlapping sections. The top shelf is used to display crowns, incense burners and brushes. *Eboshi* (lacquered headgear), vases, scrolls, and ink stone cases are placed on the lower shelf. In samurai homes the space below the lower shelf was used to store armor.

土壁（京壁）：Mud walls

■ その起源と由来について

　土壁の起源についての定説はなく、壁という漢字に土が用いられているところから、古代に中国から伝来した技術であったようです。それぞれの時代を写し出す絵巻物などを見ても、土壁は寺院での使用が多く、町家は板壁や竹を編んだような網代壁ばかりであったことがわかります。ところが室町時代に入ると色壁文化の始まりとともに、町家における土壁の使用割合は一挙に増加していきます。土壁は、塗壁、左官壁、日本壁などとも呼ばれますが、一般的には木舞に土を塗り重ねた壁のことをいいます。土壁は仕上げに何を塗るかによりその名が変わります。一般的に土壁といえば、土を使って仕上げたものですが、その他の塗壁には漆喰壁（消石灰と砂、糊、繊維くずなどを混ぜて練り上げた泥を使う日本独特の塗り壁）や砂壁（仕上げに砂を使うなめらかな壁）などがあります。

■ その種類と特徴

・京壁：Kyo-kabe

　京壁は京都を中心に発達し、上塗りに聚楽土などの色土に石灰や麻の繊維などを加えた泥を塗り上げる土壁です。色土に京都郊外で産出した聚楽土、九条土、稲荷土などを用い、特に聚楽土を使ったものは「聚楽壁」と呼びます。きめ細かい上質な砂状の仕上げが特徴で、耐火性に優れています。

・錆砂壁：Sabisuna-kabe

　京都の茶室に多く見られる鉄分を含む砂を塗ったもので、鉄分が錆びて点々と星状に模様が浮いてくる壁です。錆の醸し出す風合いがなんともいえない落ち着きを感じさせてくれます。

・大津壁：Ohtsu-kabe

　土にスサと少量の石灰を混ぜた材料を塗りつけ、鏝で何度も押さえることで緻密な肌に仕上げる土壁のことを大津壁といいます。スサ（寸莎）とは壁土に混ぜて亀裂を防ぐつなぎとする繊維質の材料です。

・珪藻土壁：Keisodo-kabe

　珪藻土とは、海や湖などに生息していた単細胞の植物プランクトンの死骸から堆積してできた土層から採取されるもので、保温性、断熱性に優れ、多孔質であることから遮音性、吸湿性、吸放質性も高く、内装用として用いられています。

■ つくり方と職人技

　伝統的な和風住宅の壁はその下地に竹で編んだ小舞竹を使います。それぞれに小穴をあけた柱と柱の間にやや太い竹や木材（間渡し）を30cm間隔で渡し、その間に小舞竹（割竹）を縦横3～4cmの格子状にシュロ縄で編

んでいきます。編み上げた小舞竹の上に水と藁を含んだ粘土で荒壁を塗り込みます。その後「大直し」「中塗り」などの工程を経て壁の表面が平らになるようにこねた泥を塗り重ね、仕上げ塗りをします。これら一連の作業は鏝を使って行われますが、それぞれの用途に応じて異なる形をした鏝を使います。鏝ともに大切な道具が、泥を載せる鏝板です。壁を塗る職人を左官といいますが、その語源には諸説あり、律令制度における四等官制度にさかのぼるというのが有力な説のようです。主に宮廷の建築、土木、修理を一手に引受ける木工寮（こだくみのつかさ）の官位であった守、介、塚、層のうち壁塗り職人を表す層（そうかん）が当て字でさかん（左官）となったそうですが、左官という字が定着したのは江戸時代の元禄以降といわれています。

■日本文化との関わり

土壁は本来防火や防寒の必要性から、それまで庶民の間で多く用いられていた茅壁に代わり普及したものです。土壁をつくるために必要な良質の壁土、粘土と竹は国内に豊富にありすべてが国産品です。茶室の壁も腕の立つ左官職人がそれら材料を使ってつくります。茶室は日本文化の象徴ともいわれますが、その茶室を引き立てている名脇役が京壁や錆砂壁だといえます。

■わかりやすい英語で説明すると

The origin of mud walls in Japan is unknown. The technique is thought to have come from China. Looking at picture scrolls over time it is possible to see that mud walls were used for shrines and temples. Residences usually had wooden or bamboo wickerwork walls. Mud walls for houses became more popular after the 1300s. Mud walls were called many different names but the basic structure of bamboo lathing covered with layers of mud is the same. Types of mud walls are:

- Kyo-kabe; use a fine sand-like colored mud from Kyoto to cover the lathing. Kyo-kabe have good fire resistance.
- Sabisuna-kabe; use a sand containing iron particles to cover the lathing. Can be often be found in tea rooms in Kyoto.
- Ohtsu-kabe; use mud containing fibers and lime pressed on with a trowel to give a fine surface. The fibers prevent cracking.
- Keisodo-kabe; use a mud from the ocean or a lake containing the remains of plankton and seaweed. The mud is used on internal walls as it is sound and moisture absorbent.

Mud walls were adopted for fire resistance and warmth. The mud used is all found in Japan. Mud walls provide the ambience unique to Japanese style rooms.

畳：*Tatami* mat, straw matting

■ その起源と由来について

　縄文時代に竪穴住居に住んでいた人々は、藁や草または板を敷いて暮らしていました。その後弥生時代に中国から伝わった稲作が定着するに従い、加工した稲藁、藺草、竹、蒲などを編んでつくった筵や菰を座具、寝具として使うようになります。この筵や菰からさらに発展して生まれたのが畳です。奈良時代には野生素材の敷物を畳んで重ねることを「たたみ」といっていましたが、平安時代に入ると貴人の座所、寝所に敷く部分敷きの置畳として使用され、ほぼ現在の畳の形が整えられました。

■ つくり方と職人技

　畳は、藁、藺草、布、木、紙などからつくられます。藁を重ねて麻糸を通した針で締め上げ（畳床）、藺草を編んで表（畳表）をつけ、長辺の両端に布の縁（畳縁）をつけたものです。畳屋は畳を針で刺して縫うところから畳刺しとも呼びます。畳職人も分業で、畳刺しのほかに床をつくる職人を床師、畳表の仕事をする職人をツケ師ともいいました。手づくりの畳は30年もつといい、昔の職人は1日2枚ぐらいの畳を仕上げたといいます。

■ 日本文化との関わり

　畳は我が国独特の生活様式から生まれ、長い間育まれ、時代とともに進化してきた、世界に類を見ない日本特有の床材です。室町時代から安土桃山時代にかけて盛んになった茶道は、畳の上での美しい姿勢と座り方を求めたため、膝を揃えて座る日本独特の正座が生まれました。畳は華道やその他の芸道、また柔道などの武道にもなくてはならない大切な床材です。

■ わかりやすい英語で説明すると

In prehistoric Japan, people who lived in pit-dwellings used to spread straw and grasses over the floor. After rice cultivation was introduced from China, woven mats from rice straw and bamboo were used as seating and bedding. These mats are the predecessors of *tatami* mats. *Tatami* mats as we see them now were first made around 800 years ago. *Tatami* are made from straw, rushes, cloth, wood and paper. Piles of straw are woven together and bound at the edges with cloth. Hand-made *tatami* are said to last 30 years. *Tatami* are unique to Japan. *Tatami* mats hold a unique role in traditional arts such as the tea ceremony and flower arrangement as well as martial arts such as judo.

火鉢：*Hibachi*, brazier

■その起源と由来について

　火鉢は、中に灰を入れそこに炭火を埋けて用いる日本独特の伝統的室内暖房具です。その起源は定かではありませんが、炭を燃やすことは奈良時代に始まっていました。火鉢は薪のように煙も出ず煙突の必要もなく、どこへでも移動できることから、平安時代には上流貴族や公家、僧侶などに使われるようになりました。当時は火桶、炭櫃と呼ばれ、外側が木製で中側が金属製でした。江戸時代には、木製の箱火鉢のうちでも横長の長火鉢と呼ばれるものが主流となり、陶器製のものができたのは明治に入ってからのことです。

■つくり方と職人技

　火鉢の内側は銅などの金属が張られていますが、外側は使われる材質により、陶磁器系（陶火鉢・瀬戸火鉢）、金系（金火鉢）、木系（箱火鉢・長火鉢）、そして石系の4種類に分かれます。それぞれ専門の火鉢職人によってつくられますが、異なる素材をうまく組合せて、見た目に美しくかつ炭を長もちさせるような火鉢をつくるには、年季の入った職人技が必要です。

■日本文化との関わり

　明治に入ると火鉢は庶民社会にも普及し紺色の釉薬がかかった陶火鉢がどこの家庭にも見られるようになります。手を温めたり、湯茶を沸かしたり、五徳（炭火の上に置く3脚または4脚の輪型の器具）の上に鉄瓶をかけて加湿器代わりに、また網を乗せて餅を焼くなどに使われました。手軽に持ち運べる庶民の生活必需品でしたが、部屋全体を温められない、一酸化炭素中毒や火災の危険がある、などの理由から使われなくなっていきました。

■わかりやすい英語で説明すると

　The *hibachi* is a traditional Japanese room heater. It looks like large pot (sometimes contained in a wooden box) in which charcoal is burned. A *hibachi* does not produce smoke like a fire and can be moved easily. The inside of the *hibachi* is often metal such as copper but the outside may be ceramic, metal, wood, or stone. Each are made by specialist artisans after many years of training to ensure construction, beauty and long-lasting charcoal burning. In the late 1800s, *hibachi* became popular among the common people and nearly every household had a blue-glazed ceramic *hibachi*. They were used as heaters or to boil water to act as a humidifier. They were also used with a wire net to warm rice cakes. *Hibachi* are not in use much today due to inefficiency and fears over carbon monoxide.

3. 住居と生活にまつわる伝統工芸品を理解し英語で伝える

囲炉裏：Sunken hearth

■ その起源と由来について

　囲炉裏は、縄文時代の竪穴住居の中央部に設けられた炉から発展したものといわれます。現在では農山村でも滅多に見られなくなりましたが、囲炉裏には、イロイ、ジロ、イジロ、ユルイ、ヒドコ、ヒジロなど地方によりいろいろな呼び名があります。いずれも人の居場所や火所という意味ですが、火起しが困難であった時代に火種を保存し、炊事、暖房、照明、食堂でもあり、一家団欒や夜なべ仕事の場所でもあるという多機能型設備です。

■ つくり方と職人技

　囲炉裏は農山村で民家を新築するときに大工がつくりつけます。民家の土間や床の一部を切って炉口1m前後の正方形や長方形の炉を設けますが、同時に煮炊きに使う鍋や釜を吊り下げる自在鉤(じざいかぎ)や、舞い上がった火の粉が茅葺の屋根裏に届くのを防ぐために木材を格子状に組んで上から吊るす火棚もつくります。自在鉤も竹、木筒、縄などのものは大工や男衆がつくることが多いのですが、鉄や真鍮のものは専門の職人の手によってつくられます。

■ 日本文化との関わり

　上述したように囲炉裏は台所、居間、客間でもあるという多目的空間でしたが、現代のリビング・ダイニングキッチンと少し異なる点は、囲炉裏を中心にして家族、客人の座席が決まっていることです。上手の主人が座るヨコ座、主婦のカカ座、客人の客座、雇人の下座というように家長中心の家族関係や主従関係により座る位置が明確に定まっていました。

■ わかりやすい英語で説明すると

It is said that the sunken hearth in Japanese homes developed from the central pit hearths found in Japanese prehistory dugouts. They are very rare now even in rural areas. They were used to keep the fire burning, for warmth, cooking, and light. The sunken hearth was the center of the home, family, and work. The hearth was usually a $1m^2$ hole cut into the floor of a home. At the same time, a pot-hook was suspended from a lattice frame which was suspended from the roof to prevent sparks from reaching the thatch. The seating around the hearth was determined according to status. The seat for the man of the house was first and his wife's seat next, closest to the kitchen. The other sides were for guests and for workers (in the lowest position).

桶風呂：*Hinoki* cypress baths

■その起源と由来について

　古代からあった川や滝で身を清める禊の風習と、渡来した仏教において説かれた沐浴の功徳が合わさり、入浴の習慣が始まったのではないかといわれます。長い間にわたって入浴の主流であった蒸風呂が江戸時代に入り浴槽に湯を張って浸かるという形に変わっていきました。初期には底あるいは全体が金属で下から直に火を焚くものと、木桶に風呂釜を取りつけて湯を沸かすものの2種類が主流でした。癒し効果があり保温性も高く肌触りも良いという桧が後者の木桶に使われるようになったのが桶風呂の始まりでした。

■つくり方と職人技

　丸型や小判形をした桶風呂と箱型風呂に分けられる桶風呂ですが、前者は桶やおひつ専門メーカーの木工職人の手作業でつくられます。十分に乾燥させた木材を、丸みを帯びた側板に加工し円筒状に組んで桶の原型をつくります。側板をぴったりと隙間なく組む「丸め」という作業は長年培われてきた職人技を要します。桶の内側を荒削りし、外側を箍に合わせて鉈で削り、その後箍をかけ、鉋で仕上げ、底板をはめ込み、仕上げの磨きをして完成します。

■日本文化との関わり

　火山帯に位置する我が国には温泉が豊富にあり、古代から人々は温泉の楽しみや効能を知っていました。鎌倉・室町時代には町家と呼ばれる初代銭湯が建てられ貴族などが利用し、江戸時代には庶民が銭湯を楽しむようになります。入浴という習慣が庶民の間に浸透し、温泉とあいまって世界に類を見ないほどの風呂好きな国民になりました。

■わかりやすい英語で説明すると

　Japanese have always had the custom of purification in rivers and waterfalls. It is thought that the custom of bathing arrived in Japan with Buddhism. During the 17th century, bathing shifted from steam baths to hot water in a tub. The first tubs had metal bottoms placed directly over a fire or were wooden barrels with a lid. *Hinoki* cypress was popular for the wooden baths as it holds heat well, smells wonderful and feels smooth. There are two types of *hinoki* baths; the round or oval barrel style or the box style. Japan, due to its location on a volcanic belt, is well supplied with hot springs. The first public baths were built in the 1100s for the aristocracy. Many Japanese people plan their vacations around taking a bath.

第 II 部

芸能・美術工芸・武芸にまつわる日本文化と伝統工芸品

Traditional Arts and Handicrafts for Performance

1. 芸能にまつわる伝統工芸品を理解し英語で伝える
Traditional Arts and Handicrafts Related to Music and Performance

【総論】日本の芸能文化と歴史
■日本の芸能の特徴

　芸能とは演劇、音楽、舞踊、寄席芸能（落語、講談、浪曲、漫才、手品、その他）などの演芸を意味します。芸能を歴史的発展段階の違いやその内容から伝統芸能、民俗芸能、大衆芸能などと分類することもありますが、そのように明確に分けることができない場合も多くあります。日本の芸能の特徴は、その多くが農漁村社会における収穫や漁労における神への祈願と感謝の儀式がもとになっていることです。

　昔から多くの農村や漁村では、村人たち自身や専門の芸人たちによる舞や音曲を神前で披露し、神へ奉納することが執り行われていました。その後それらの歌舞音曲がさまざまな芸能へと発展していくことになります。

■日本の芸能の分類

　日本の伝統芸能を一般的な方法で分類すると次のようになります。

- 演劇　能楽、狂言、歌舞伎、文楽など音楽と舞踊が重要な要素なもの。
- 音楽　雅楽、義太夫節、常磐津節、清元節、長唄、小唄、地唄、新内節、端唄、薩摩琵琶、筑前琵琶、三味線、箏、尺八、三曲（三味線、箏、尺八による合奏）、小鼓、大小の太鼓など、多種多様な楽器による演奏を伴う語り物や唄い物が多いところに日本の音楽の特徴があります。
- 舞踊　舞楽、日本舞踊（歌舞伎舞踊や上方舞）のほかに神楽や地域で伝承されてきた民俗芸能に見られる踊りなどです。
- 寄席芸能　落語、講談、漫才、手妻（手品）、浪曲、俗曲など寄席で行う庶民的な芸能の総称です。その起源は古代の散楽や猿楽といわれます。

■人々の生活と芸能

　各地には季節ごとの祭礼や行事が多くあり、それらを彩る郷土色豊かな芸能がたくさんあります。祭礼の日はその地域の人々にとって待ちに待った何よりも楽しみなハレ（晴れ＝非日常）の日です。氏神様や龍神様を祀る神社や祠のまわりに一時的に建てられた舞台では各種の演芸が、そして櫓の上とそのまわりでは老若男女による盆踊りが、それぞれ行われ、その楽しみや喜びを糧にして厳しいケ（褻＝日常）の日の労働や生活に励んでいたのでした。

　自然を相手にする農業や漁業には定休日はありません。人々は毎日早朝から深夜まで働かなければなりませんでした。その代わりとして「遊び日」と呼んだ盆、正月、節句、日待ちや月待ちの恒例行事がありました。田植えや

稲刈りが終わった時、あるいは大漁の後には集落の人たちが集まり、持ち寄った酒やご馳走で宴会を開くのです。宴会では村の芸達者たちが笛、太鼓、三味線などを鳴らし、民謡などを唄い、それにより疲れを癒し、気分を改め、仲間との結束を固め、日々の厳しい仕事への英気を養ったのでした。

■日本の芸能と和楽器

芸能には鳴物と呼ばれる楽器やその演奏が不可欠ですが、日本の伝統的な唄や踊りに用いられる楽器を和楽器と称し、管楽器、弦楽器、打楽器に大別されます。我が国の伝統的な管楽器を総称してフエ（笛）といいますが、中でも最古のものは今から5000年前の石笛です。石笛は人と神を結ぶ神聖な楽器として崇められていましたが、その後、宮廷の楽舞である雅楽においては龍笛、高麗笛、神楽笛の3種が、能楽では能管が、歌舞伎では能管のほかに篠笛が用いられ、雅楽ではそのほかに篳篥と笙、長さが1尺8寸（約54cm）の竹製で簧のない縦笛の尺八なども使います。

弦楽器には箏（琴）、三味線、胡弓、琵琶（薩摩琵琶、筑前琵琶など）があり、箏は雅楽用と独奏また三曲（箏、三味線、尺八）用では異なります。特に三味線は日本の伝統的で多彩な声楽のほとんどに伴奏として使われ、和楽器の代表といえるものですが、用途により太棹、中棹、細棹に分かれます。

太鼓を代表とする打楽器では、能や歌舞伎の囃子で使う紐締め式の締太鼓や木製の樽型の胴に皮を鋲でとめた鋲打太鼓などがよく知られ、民俗芸能や儀式に用いられます。小鼓、大鼓も能楽、歌舞伎、長唄に使われます。その他の打楽器には、金属製の鉦鼓、本釣鐘、銅鑼、摺鉦、鈴など、木製楽器では杓拍子、木魚、拍子木などがあります。

Section Introduction: Entertainment

Entertainment includes arts such as theater, music, dance, and vaudeville. Many forms of traditional Japanese entertainment originate in the ceremonies performed to give thanks to the gods for a good harvest, fishing catch, or hunt. The performances were conducted by both villagers and professional entertainers. Traditional entertainment in Japan can be classified as; theater such as *Noh* and *Kabuki*, music such as *gagaku* and *shamisen*, dance such as *kagura* and folk dance, and vaudeville style such as *rakugo* and *manzai*. Each region of Japan has its own festivities for annual events and changing of the seasons. Therefore, the range of entertainment is wide and unique to an area. Instruments are often used to accompany entertainment arts with traditional examples including the Japanese drum, *shamisen*, *koto*, and pipes such as the *shakuhachi*.

(1) 舞台芸術：Stage Arts

【総論】舞台芸術

　舞台芸術とは、人が舞台や空間上で一定の材料、技術、身体などを駆使して、鑑賞的価値を創出する活動ということができます。言い換えれば、前節の「芸能にまつわる伝統工芸品を理解し英語で伝える」で紹介した演劇のことであり、俳優が舞台の上で脚本に従い、言葉と動作により表現するものを観客に見せる芸術のことです。

　「舞台芸術」という用語が使われ出したのは明治時代以降のことであり、それ以前の我が国においては一般に「芝居」といわれていました。芝居は本来、猿楽、曲舞、田楽などで舞台と桟敷との間の芝生に設けた庶民の見物席や、歌舞伎など有料の興行物で大衆向けにつくられた見物席のことでした。そこから派生して舞台を使う興行物全般を芝居というようになりました。

　伝統的な我が国の舞台芸術として本節では能、狂言、歌舞伎、日本舞踊、文楽の各項目を取り上げ日本文化との関係について説明していきます。

■日本の舞台芸術の特徴

　舞台芸術は、前述したように演劇、音楽、舞踊というように分類されることが多くあります。しかし、そのような分類は、明治時代以降に西欧楽器による演奏を伴い、大掛かりな舞台装置や派手な照明装置とその効果を合わせた総合芸術としての実演芸術が導入されてからのものです。それ以前の我が国では長い間にわたり、それぞれ様式が確立した時代背景が異なり、それぞれ別々に発展してきた雅楽、能、狂言、歌舞伎、日本舞踊、文楽、邦楽などの異なる芸能が仲良く共存共栄していました。

　我が国の舞台芸術は中国や朝鮮、その他のアジア諸国に端を発したものでしたが、我が国に伝来してからは我が国独特のものに和風化されていったものが多いという点に特徴があります。それぞれの受容と定着の仕方に違いがあり、そのためもあって我が国においては実に多種多様な舞台芸術が、それぞれに様式を守りながらさらに分化し発展してきたのです。

■人々の生活と舞台芸術

　日本の舞台芸術のもう1つの特徴と思えるものが「お稽古」とその「発表会」であるといえます。お稽古と発表会という言葉からは、京都の祇園にある歌舞練場が思い起こされます。しかし、舞妓という職業的芸人ではない一般庶民も、全国が平和になった江戸時代以降お稽古ごととしてさまざまな芸能を嗜むようになっていて、規模こそ小さなものでしたが、師匠を囲む内輪での発表会のようなものが行われていたようです。

　地域の祭礼などを通して各種の民俗芸能が継承されてきたという素地があ

り、その上にそれぞれ専門分野の芸人や日本舞踊、三味線、長唄の師匠など、芸を教えることを生業(なりわい)とする人材にもこと欠きませんでした。歌舞伎など演芸は、当時すでに芝居や寄席で演じられ、歌舞伎役者や噺家(はなしか)などプロの芸を庶民が楽しむ興行の仕組みが確立していました。しかし、歌舞伎から派生した日本舞踊、長唄、常磐津節(ときわづぶし)、清元節(きよもとぶし)などの邦楽は、それらを観客として楽しむだけでなく趣味の芸能として習う人々がいて、お稽古こととしても庶民の間に浸透していきました。

当時の江戸幕府は、能楽を武家の式楽(しきがく)(公儀の儀式に用いる音楽や舞踊)として規定しており、すべての武士が稽古ことごととして能を習っていました。しかし、江戸時代が終わると能楽師は武家社会の後ろ盾を失い仕事がなくなります。そこで彼らは謡曲、仕舞、鼓、笛などを嗜む庶民たちにそれを教え生活の糧を得ることで能楽を継承していったのです。このような特殊な形においても舞台芸術は、庶民の生活の中に受け入れられていったのでした。

■舞台芸術の歴史

前言した通り、芸能の始まりは農作や漁労の文化と不可分であり、古代に豊作や大漁を神に祈り、奉納する神事や儀式などがもとになってさまざまな形態に派生していったものでした。また、大陸から楽人が渡来し、もたらされた芸能やその用具である楽器が各地に広がり、日本人向けに改作されたり、新たにつくられたりしてそれぞれ異なる舞台芸術が独自に発展していきました。地域の祭礼を通して伝承されてきた芸能、庶民の間で唄い継がれてきたローカル色豊かな民謡、仏教文化の影響を受けながら貴族や武家の庇護のもとに大成された芸能など、それらが相互に影響しあい、独自に発展しながら伝統的な様式を伴う舞台芸術が確立されていったのでした。

Section Introduction: Stage Performance

Stage performance includes all arts in front of an audience, whether on stage or in an alternative space where actors use particular skills or materials to entertain. Traditional stage performance in Japan includes *Noh*, *Kyogen*, *Kabuki*, Japanese dance and *Bunraku*. Each of these styles of stage performance developed on the basis of different historical backgrounds in different forms and have always existed in harmony with each other. Performance in Japan is the culmination of a great deal of daily practice to perfect the craft. Even today, many people will take lessons in many different areas such as folk songs, dance, and stories to produce a final exhibition performance of what was learned.

歌舞伎：*Kabuki*

■その起源と由来について

歌舞伎は自由奔放にふるまうという意味の「傾く」に由来し、室町時代末期に華麗な男装姿で踊る出雲阿国のかぶき踊りと阿国歌舞伎で重要な役割を演じた道化役「猿若」に端を発します。その後「遊女かぶき」や、美少年たちによる「若衆かぶき」を経て、今日の歌舞伎のもとになる男性による元禄歌舞伎が誕生しました。

歌舞伎

■つくり方と職人技

歌舞伎になくてはならないものが伴奏の語り物音楽である浄瑠璃ですが、それを支えるのが専門の職人たちによってつくられる三味線、笛、鼓などからなる囃子です。さらに重要なものが舞台装置で、一瞬で舞台転換が可能な回り舞台・床下の奈落から役者や道具を舞台に押し上げる迫り出し、など各種の舞台装置が大道具方という職人たちにより製作され運用されます。

■日本文化との関わり

阿国歌舞伎が始まった室町時代後期から今日に至るまで、庶民の芸能という意味で歌舞伎は日本文化に大きな影響を与えてきました。江戸の戯曲家近松門左衛門の作品を台本として竹本義太夫が語り、人形が演じた人形浄瑠璃が今日の歌舞伎のもとですが、その台本に語られ大きな人気を博したいくつもの愛憎物語の内容は日本人の精神構造をよく表すものといわれます。

■わかりやすい英語で説明すると

The word *kabuki* stems from the verb *kabuku*, which means free-spirited. *Kabuki* originated with the shrine maiden Izumo no Okuni, who began performing a new style of singing, dancing and acting wearing elaborate male costumes. After several transformations *kabuki* developed into the current art performed by men. *Kabuki* is always accompanied by a musical group that provides the music and narrative to the story. The group includes *shamisen*, Japanese flute and drums. Another vital part of the *kabuki* performance is the stage settings that provide quick changes in scene and dramatic appearances on stage. *Kabuki* is currently the most popular of the traditional Japanese-style performances and is even performed overseas.

第Ⅱ部　芸能・美術工芸・武芸にまつわる日本文化と伝統工芸品　133

能・狂言：*Noh* drama and *Kyogen Noh* comedy

■その起源と由来について

　古代中国で、軽業、曲芸、奇術、幻術、物まねなどを演じる大衆的な芸能であった散楽が日本に入り、日本独自の見世物芸となって行きます。散楽が訛って猿楽と呼ばれるようになったその大道芸と、農村の田植えを囃し立てるために生まれた田楽が1つに融合し、能、狂言へと発展していきました。

能

■つくり方と職人技

　能に用いる仮面を能面といい「おもて」と呼びます。狂言用の木彫りの仮面は狂言面と呼ばれますが、両方の製作者はほとんど共通していて、能面師や面打ち師と呼ばれます。面打ち師は、桧のほかに桐、楠、桂などを彫り、顔料で彩色し、種類によっては目や歯に銅をはめ込み、髭や眉毛などに植毛を施し、髪を結う、などの手作業を分業ではなく、すべて1人で手がけます。

■日本文化との関わり

　飛鳥・奈良時代に唐から入ってきた散楽ですが、日本文化の発展のためという理由から大いに奨励されました。寺社の祭礼で演じられ、貴族の娯楽として普及した散楽は、庶民の間でも広く人気を集め、大道芸として演じられるようになります。その後、口語調の台詞と仕草による喜劇的な物まね芝居が狂言へ、謡、囃子、舞による悲劇的な演劇が能へと発展していきました。

■わかりやすい英語で説明すると

Chinese-style entertainment that included acrobatics, magic, illusions, and mimicry was introduced to Japan and gradually developed into a uniquely Japanese spectacular in combination with the local street performance called *dengaku*. *Noh* and *Kyogen* theater use masks to identify characters. The wooden masks for both types of theater are made by the same artisans, who not only shape the mask but apply the paint and hair as well The introduction of Chinese entertainment to Japan was strongly encouraged in an effort to advance Japanese culture. It was performed at temples and shrine festivals for the enjoyment of the aristocratic class. It gained quick acceptance by the population and developed into its current form.

日本舞踊：*Nihon-buyo*, **Japanese dance**

■その起源と由来について

　日本舞踊（以下「日舞」と略称）の起源はおよそ3つに大別できます。17世紀初めに端を発するといわれる歌舞伎のうち舞踊の要素が抽出されてできたとするもの、次に15世紀頃に生まれた能の舞踊、歩行の技法、音楽要素と楽器、を取り入れ育っていったとするもの、3つめが能が生まれる前から存在していた民俗芸能の踊りを起源とするものです。

日本舞踊

■つくり方と職人技

　日舞になくてはならないものに舞扇があります。舞扇は、竹の部分の扇骨と呼ばれる扇骨加工と扇面の地紙加工など専門の職人の手によってつくられます。扇骨加工は胴切り、割竹、アク抜きをすること、また地紙加工は何枚かの和紙を貼り合わせ乾燥させてから絵付けをした地紙を折りたたむことです。その後地紙を扇の形に裁断し、最後に別々につくられた扇骨と地紙を合わせて仕上げます。

■日本文化との関わり

　日舞には、東京を中心とする江戸文化と京都、大坂を主とする上方文化という2つの流れがあります。歌舞伎舞踊を生んだ文化の中心は上方にありました。しかし江戸に文化の中心が移るに従い、歌舞伎舞踊は江戸中心になり「踊り」と呼ばれ、上方では舞台を離れて料亭の座敷や貴族の館で舞を演じ鑑賞することが盛んになり「舞」と呼ばれました。

■わかりやすい英語で説明すると

　Japanese dance may have originated with *Kabuki* performance. The dance elements being isolated from the rest of the performance in the 17th century. Or, it may have been isolated from Noh theater in the 15th century. Another theory is that the origins of Japanese dance lie in folk dancing and that it is older than *Kabuki* or Noh. One essential item for Japanese dance is the dance fan. Dance fans are made by a specialist artisan. The fans are made from bamboo sticks and washi paper leaves, which are painted. There are two styles of Japanese dance, that performed in Tokyo and that performed in Kyoto and Osaka. Tokyo region calls dance *odori*, western Japan calls it *mai*.

第Ⅱ部　芸能・美術工芸・武芸にまつわる日本文化と伝統工芸品　135

文楽：*Bunraku*, puppet show

■その起源と由来について

　江戸時代中期に大坂で生まれた浄瑠璃に合わせて演じる操り人形芝居を人形浄瑠璃といい、文楽とはその人形浄瑠璃が演じられていた劇場の名に由来します。

　三味線伴奏の語り物音楽である浄瑠璃は16世紀末に中国から入った三弦を起源とする三味線を伴奏とした義太夫節がもとになっています。

文楽

■つくり方と職人技

　文楽人形の頭部である首は、十分に乾燥した木曽桧を切り出し、下絵を描いて荒彫りし、墨で顔を描き細かい表情を彫り込みます。その首を2つに割って中身を刳り抜き、目、眉、口を動かす仕掛けをつくり、その仕掛けを操るための胴串をつけます。仕掛けが完成したら首の前後を膠で貼りつけ、下地を整えるため和紙を全体に貼ります。貝殻を粉状にした顔料である胡粉を膠で溶いて、粗い胡粉から細かいものへと10回以上も下塗りを繰り返し、首に応じた肌色をつくり上塗りをします。眉間などに赤いぼかしを入れて人形の表情に勢いを加え、唇や目に紅を挿し、ヤクの毛でつくった眉毛を貼って完成です。

■日本文化との関わり

　人形操りを人形回しともいいます。回すとは「舞わす」のことで、舞うとは元来神が人にとりついて旋回する動きを意味しました。このような神事的な人形芸能は今でもそれぞれの特徴を残しながら各地に多く残っています。

■わかりやすい英語で説明すると

In the 18th century, *joururi* or dramatic narrative accompanied by *shamisen* developed in Osaka. A puppet performance was developed to make *ningyojoururi* (lit. doll *joururi*). The term *bunraku* was taken from the theater where the puppet performance was staged. The heads of *bunraku* puppets are made from dried cypress. The design is drawn on the wood and then it is roughly carved before the facial expression is more finely carved. The head is then hollowed out and the mechanisms to move the eyes, eyebrows, and mouth are inserted. The face is then carefully painted with paints made from powdered shells. Red eyeshadow gives dynamism to the facial expressions.

落語:*Rakugo*, comic story telling

■その起源と由来について

　落語の起源にはいろいろな説があります。しかし、木戸銭（入場料）を払った聞き手に意外な結末（サゲあるいはオチ）を伴う話をする話芸を落語と呼ぶならば、元禄時代（1688〜1704年）に京都で活躍した初代露の五郎兵衛がその祖であるというのが通説です。京都や大坂を中心とする上方で、三味線、太鼓、拍子木を駆使した落語は、安永・天明・寛政の頃（1772〜1801年）に上方だけではなく江戸においても人気を博すようになります。ただし、江戸落語では上方落語のような鳴り物は入りませんでした。その後も怪談咄や人情咄などの分野で多くの名人噺家を輩出し今日に至ります。

■つくり方と職人技

　落語では扇子と手拭いを使いますが、鳴り物入りで派手な上方落語ではその他に見台、小拍子、膝隠しを使います。見台は噺家が自分の前に置く小さな木の机、小拍子は小ぶりの拍子木、膝隠しは見台の前に立てる低い衝立のようなものです。それぞれ寄席や噺家が木工所や工房に注文し、木工職人が手づくりします。小拍子は樫、黒檀、紫檀、花梨など堅い木でつくります。

■日本文化との関わり

　テレビもラジオもなかった昔の日本において落語は最高の娯楽の1つでした。侍の多かった江戸、商人が多かった上方、それぞれの地で異なる内容や形で発展した落語ですが、人々は噺家の芸を楽しむだけではなく、落語から日本の歴史や文化、そして義理人情の大切さなどまで学んだのです。扇子を煙管、刀、箸、筆、傘、お銚子に、手拭いを手紙、本、財布、煙草入れにして、1人で男女、主人と丁稚、大家と店子（借家人）、侍と職人など何役もの人物を描き分ける落語は、外国には例を見ない独特な話芸といえます。

■わかりやすい英語で説明すると

　Rakugo is verbal entertainment by a performer sitting alone on a stage telling a story usually with an unexpected ending. The first paid comic story teller in Japan is said to have been a man in Kyoto named Tsuyu no Gorobei in the years 1688 to 1704. *Rakugo* is extremely popular in the western part of Japan particularly in Osaka and Kyoto. *Rakugo* storytellers do not use pictures or sets but simple objects such as a fan, a hand towel, a small lectern, and two sticks to add extra dramatics to their tale. The fan could become a set of chopsticks, a spoon, an umbrella, or a pen depending on the scene. *Rakugo* was entertainment for the masses before television and radio.

第Ⅱ部　芸能・美術工芸・武芸にまつわる日本文化と伝統工芸品

講談：*Koudan*, traditional storytelling

■その起源と由来について

　講談の起源は、弱体化した朝廷の威光を思い出させ、民衆に勤王思想を広めようとして始まった太平記読みにあるとされます。『太平記』は南北朝時代に書かれた軍記物語です。講談が花開くのは江戸時代で、職を失い困窮生活を強いられていた浪人たちの一部が、日銭を得るため街角や盛り場で軍書の講釈や辻軍談を行うようになります。その講釈や軍談が江戸市民の日常的な娯楽として親しまれるようになり、元禄13（1700）年には町奉行公認の太平記講釈場（寄席）がつくられました。寄席では、太平記や軍談にとどまらず時代物や世話物など幅広い演目が講釈されるようになりました。

■つくり方と職人技

　講談に必要な道具は講談師の前に置く釈台、講談師が語りに調子をつけるために釈台を叩く「張り扇」と拍子木です。釈台は桧や山桜の無垢材を削ってつくる横長で低い机状のもので、講談師や寄席からの特注で大工や木工職人が手づくりします。張り扇は、芯となる竹や木でつくった骨1本を、扇を閉じた形にした厚紙に張り、外側を奉書紙で包んだもので、講談師の手づくりが多いようです。拍子木は拍子を取るために使う2本の四角い柱形の堅い木です。

■日本文化との関わり

　講談は、明治に入ると軍談だけではなく西南戦争を語る時事講談、新聞の内容を解説する新聞講談、自由民権運動を論評する政治講談なども生まれ、黄金期を迎えます。当時の人々は講談を通して、近代文学への影響も大きく文学的価値の高い『太平記』の内容を理解し、世情についての詳しい知識を得ていました。講談は庶民にとり大事なニュースメディアでした。

■わかりやすい英語で説明すると

The origin of traditional storytelling lies in reciting of *The Record of Great Peace*, which encouraged loyalty to the weakening Imperial Court. *The Record of Great Peace* is a war chronicle written in the 14th century. *Koudan* storytelling begun with poverty-stricken, wandering samurai telling stories about great battles for small change or food. The stories became so popular that permanent entertainment halls were built for the storytelling performances. *Koudan* story tellers use very simple props such as a small lectern, a paper fan, and wooden clappers. In the 20th century the focus of the stories shifted from military stories to commentary on current events, human rights, and politics as well as modern literature.

1. 芸能にまつわる伝統工芸品を理解し英語で伝える

(2) 楽器：Instruments

箏（琴）：*Koto*, Japanese harp

■ その起源と由来について

胴の上に「柱」と呼ばれるブリッジを立てて演奏するのを箏、立てないものを琴といいますが、昔は弦を張った楽器はみなコトであり、源氏物語には「箏のコト」「琴のコト」「琵琶のコト」という記述が見られます。弥生時代にはすでに我が国独自のコトがありましたが、その後雅楽の楽器として中国から伝来した箏を参考に改良が加えられていきました。

■ つくり方と職人技

箏職人（琴師）と呼ばれる職人が20

箏

挺にも及ぶ大小さまざまの鉋を使い、自分の目で選んだ原木から箏の形に切り出された桐の木を彫り、反響させるために中を割り抜いていきます。表面を手彫りで装飾し中空になっている箏の内側に音が反響するように綾杉と呼ばれる溝を掘ります。箏の弦を張るのはそれ専門の別の職人の仕事です。

■ 日本文化との関わり

箏はバチやツメで弦を弾いて音を出す撥弦楽器で、三味線と同じ類のものです。明治に入り、三味線は劇場や遊郭という子女の教育上好ましくない悪所と関係が深いということから、政府は三味線を音楽教育から外し、上品なイメージの箏を子女教育の中に取り入れたのでした。

■ わかりやすい英語で説明すると

Koto used to refer to any instrument with strings. The *koto* as it is known today is an instrument that is played horizontally. It has thirteen strings and a bridge for each string. It is derived from the Chinese zheng or zither. The *koto* maker uses a series of twenty or more wooden planes to shape the instrument which is made from paulownia wood. The inside is hollowed out to allow the sound to resonate. A separate artisan attaches the strings. To play the *koto* the strings are plucked using finger picks on three fingers like the *shamisen*. In the 19th century, the government considered the *shamisen* to be a vulgar instrument and removed it from the music curriculum. The government then decreed that girls be taught the more elegant *koto*.

笛：*Fue*, Japanese flute or piccolo

■その起源と由来について

　我が国で最古の笛は縄文時代の遺跡から発掘された石笛あるいは岩笛といわれます。石笛は球形や鶏卵形をしている笛ですが、古代では人と神を結ぶ神聖な楽器として崇められていました。一般的に笛といえば竹製の横笛を指します。横笛には、雅楽に用いられる龍笛、能、狂言のほかに歌舞伎囃子や祇園囃子にも使われる能管や民俗芸能にも用いられる篠笛などがあり、奈良時代から平安時代にわたって中国や朝鮮から伝来した唐楽や高麗楽などの雅楽には必須の気鳴楽器（空気を発音体とする楽器）です。

■つくり方と職人技

　横笛は一般に竹製で、湿度の変化による管の割れを防ぐため管の表面を桜の樹皮などを細く切った紐で巻き、その上を漆で固め、指孔を開けて仕上げますが、能管では管内に喉をつけます。笛の素材となる竹は煤竹という、農家の天井などで100～200年近く囲炉裏の煙でいぶされ茶褐色に変色した竹が最も優れているといわれます。笛をつくる職人を笛師と呼びますが、笛師の職人芸として大切な仕事の1つに厳しい音律の調整があります。

■日本文化との関わり

　縄文時代の岩笛は、一種の合図や信号を発するためのもので神や祖先を祀る神事と結びつき、天上の神を迎え、また帰す「神降し」や「神上げ」の祭などに使われていたようです。その後「ふきえ（吹柄・吹枝）」という古代の言葉にあるように、吹いて鳴らす楽器一般を指すようになり、竹でつくった横笛が主流になっていきます。笛は、古代の雅楽や大衆芸能から能狂言、歌舞伎、日本舞踊に至るまでの我が国の伝統芸能には欠かせない楽器です。

■わかりやすい英語で説明すると

The oldest flute found in Japan is a stone ocarina-like flute excavated from a prehistoric archeological site. Usually, however, the word flute or *fue* refers to a bamboo transverse flute. Japanese flutes are used not only in *gagaku* (Japanese music) performances but also *Kabuki*, *Noh* and *Kyogen* as well as by *Geisha*. The flute is usually made from bamboo, which has been in the roof of a farmhouse above the hearth where the smoke has treated the bamboo. The pipe is bound with cherry bark to prevent cracking and distortion. The flute is then lacquered, and holes opened for the fingers before tuning. The Japanese flute has been a vital part of traditional music in Japan since the original stone flute was used by prehistoric people.

笙 : *Shou*, Japanese reed instrument

■ その起源と由来について

笙の原型楽器は先史時代に東南アジアで発生したもので、中国殷の時代（紀元前1401年〜前1122年）にはすでに笙について書かれたものがあったといいます。

唐楽の楽器として奈良時代に伝来し我が国に合うように改良が加えられ、雅楽で使う笙は全長40〜50cmの大きさです。

■ つくり方と職人技

桧や桜で匏（または頭）と呼ばれる椀型の風箱に水牛の角でつくった蓋をつけます。その匏に長短17本（2本は装飾用）

笙

の竹管を円周に沿って差し込み、匏の横側に息を吹き込んだり、吸ったりする吸い口を開けます。15本の竹管の下端に振動させて音を出す金属製のリード（簧）をつけて完成です。

■ 日本文化との関わり

笙は現代でも神前結婚式になくてはならない楽器で、雅楽「越天楽」の伴奏として奏でられるその味わいのある音色が厳粛な式典をより一層厳かなものにしてくれます。笙は、その形が鳳凰を模した姿をしていて、その音は「天から差し込む光」を表していると考えられていたために鳳笙というめでたい名前でも呼ばれます。笙の表現力は現代音楽にもよく合い、他楽器との合奏に用いることも可能で、伴奏と独奏ともに幅広く演奏されています。

■ わかりやすい英語で説明すると

The *shou* is a reed instrument similar to panpipes. There are mentions of the *shou* in documentation in China dating back over 3,000 years. It arrived in Japan in the 8th century and has been refined into its current form unique to Japan. The *shou* consists of seventeen bamboo pipes inserted in a base with a metal free reed. Two of the pipes are silent but create the wing-like form. The base of the instrument is placed against the mouth and can be played on both an inhale or an exhale. The sound is created by the resonation of the bottom of the fifteen bamboo pipes, which are adjusted using wax. The *shou* is an important part of the Shinto wedding ceremony. It is also a part of the *gagaku* or Imperial Court orchestra. The sound is said to resemble light from heaven.

第Ⅱ部　芸能・美術工芸・武芸にまつわる日本文化と伝統工芸品

琵琶：*Biwa*, Japanese lute

■その起源と由来について

　中国でピパと呼ばれる琵琶の原型は、ペルシャ（今のイラン）で3～7世紀に生まれた曲頸で洋ナシ型をした木製弦楽器であろうといわれます。それがインドと中国を経て奈良時代に日本に伝来し、改良されて雅楽に用いる楽琵琶や平家物語専用の平家琵琶のほかに、筑前琵琶、薩摩琵琶、錦琵琶が生まれました。日本の琵琶は全長60～106cmで昔は撥を使うものだけでした。

■つくり方と職人技

　琵琶によって使う木材の種類は花梨、紫檀、桜、榎、桑、欅と異なりますが、充分に乾燥させた素材を洋ナシ形に切り出し、内部を鑿で削って形を整え、表板も同様に切り出して鉋で形を整えます。胴と表板を貼り合わせ、万力で挟み、楔を挿して10日間ほど乾燥させます。組立てた琵琶の表面や胴を鉋がけし、鑢で磨き、その後に糸巻き、天神（糸巻きを差し込むところ）など付属品を膠で1つひとつ取りつけます。仕上げに目の細かい鑢で磨き白蠟で研ぎ、覆手（弦の下橋を止める板）を膠でつけます。最後に絹糸の弦を張り、駒（弦と胴の間に挟むもの）を削るなどして調律をします。

■日本文化との関わり

　日本人が桜を愛する気持ちは独特のものですが、それは滅び行くものに対する愛惜の念だといわれます。この滅びの美の起源は平家一族の滅亡を描いた『平家物語』にありますが、その悲惨な物語は、琵琶を奏で朗々と詠じる数多くの琵琶法師たちにより全国に伝えられて行きました。盛者必衰の理や諸行無常など禅や佗びさびの話にも通じる平家物語は、その後の能や歌舞伎など、そして日本文化そのものに多大な影響を与えていったのです。

■わかりやすい英語で説明すると

　It is thought that the *biwa* is derived from the pear-shaped string instrument developed in Persia (now Iran) in the 3rd century. It is thought to have come to Japan via India and China in the 8th century. In Japan it was further refined into different types of *biwa* including *Gogenbiwa*, *Gakubiwa*, and *Chikuzenbiwa*. The wood used to make a *biwa* depends on the type, some are; rosewood, sandalwood, cherry, hackberry, and mulberry. A pear shape is cut from the wood and hollowed out. The lid is smoothed with a plane and is stuck to the body. To finish, frets and strings are attached. *The Tale of Heike* is an epic story of the battle for control of Japan. It was performed using a *Heikebiwa* and was recited by traveling monks.

三味線 : *Shamisen*

■ その起源と由来について

　三味線は、13世紀頃の元の時代に錦蛇の皮でつくられ演劇や民謡などに使われていた中国の三弦という楽器がその起源とされます。14世紀末にその三弦が琉球王国に渡り三線（蛇皮線）へと発展していきます。この三線が16世紀に大坂の堺港へ入り、弦楽器の演奏者であった琵琶法師たちの手によって取り扱いやすいように大きさを変え、バチを使ってより大きくて豊かな音を出すなどの改良を加えて生まれたのが三味線です。国内では蛇の皮が手に入りにくかったために犬や猫の皮を代わりに使い、その製法が今日にまで至っています。

■ つくり方と職人技

　三味線の主要部分は長い棹と角形の胴です。棹には紅木、紫檀、花梨が、胴には花梨が使われますが、いずれも東南アジアや中国を原産地とする高級木材です。棹と胴は別々につくります。胴づくりは鑢がけから始まり、張る皮を湿らせキセン（木製の洗濯バサミのようなもの）で引っ張り、糊をつけた胴に皮を張り、バチ皮を張るという多くの手順を踏むもので長年の経験を要する職人仕事です。棹と胴を組合せ、糸（弦）には絹を用います。

■ 日本文化との関わり

　改良を重ねて誕生した三味線は義太夫節や浄瑠璃など「語りながら奏でる」という日本の音楽表現にぴったりの楽器です。文楽や歌舞伎など劇場芸能からお座敷芸能に至るまで、庶民に広く愛される楽器として急速に日本全国に展開し発展していきました。その結果、三味線は芸術音楽や民族音楽の違いを問わず邦楽の楽器として代表的な地位を確立したのです。

■ わかりやすい英語で説明すると

　The origin of the *shamisen* is the Chinese *sanxian* lute made from python skin and used to accompany theater and folk performances. In the 14th century the *sanxian* was introduced to the Ryukyu kingdom in Okinawa. The instrument was refined in Okinawa and in the 16th century, the new form called the *sanshin* was introduced to Osaka by traveling performers. A lute maker in Osaka made further refinements to make what we now know as the *shamisen* easier to play and introduced the large hand-held pick or *bachi* used to pluck the strings. Snakeskin is difficult to find so modern instruments use animal skin. The *shamisen* is used to accompany narrated stories for performances such as *bunraku* puppet theater and *kabuki*.

蛇皮線：*Jabisen, sanshin*

■ その起源と由来について

現地では三線と呼び、三味線のもとになった蛇皮線は14世紀末頃に中国の三弦が琉球に伝わり、さまざまに改良が加えられ沖縄・奄美諸島の各地に広がった撥弦楽器です。琉球時代には宮廷の保護のもと、琉球民謡（琉球ん島唄・沖縄民謡）の伴奏楽器として中心的存在となりました。

蛇皮線

■ つくり方と職人技

蛇皮線は全長約80cmで三弦や三味線よりも小ぶりです。棹は黒檀、紫檀、桑などを削ってつくり、胴は三味線よりもやや円形につくります。胴に錦蛇の皮を貼り、3本の弦には絹糸を用いますが、最近では弦にナイロン糸を使うこともあります。

■ 日本文化との関わり

17世紀初頭に三線を宮廷楽器として正式に採用した琉球王国は、接待など公式行事に使うようになります。三線製作者である三線打やその三線打を管轄する三線主取などの役職を設け、優れた名工を育て、優れた楽器を生み出しました。三線の担い手であった士族たちは明治政府による廃藩置県によりその地位や職を失いましたが、地方に下った士族たちから庶民へ三線が伝えられ、村の祭事や村芝居などで用いられようになり、沖縄・奄美諸島に広く普及していきました。

■ わかりやすい英語で説明すると

The *jabisen*, or as it is known in Okinawa, the *sanshin*, is a three-stringed musical instrument similar to a banjo and made from snakeskin. It is the step between the Chinese *sanxian* and the *shamisen* that is well-known today. The *sanshin* was protected by the Ryukyu Imperial Court and accompanied all performances of local story-telling and folk music of the time. The *sanshin* is about 80 cm long and is smaller than the *sanxian* or the *shamisen*. It is also more oval than the *shamisen*. The body used to be covered in snakeskin and strung with silk threads. These days, however, nylon strings are used. Artisans who made the *sanshin* in the 17th century made superior instruments due to the protection of the Ryukyu Court. Unfortunately, their status was lost in the 19th century.

1. 芸能にまつわる伝統工芸品を理解し英語で伝える

太鼓：*Taiko*, drum

■ その起源と由来について

太鼓は縄文時代からあったと推測されています。その頃の太鼓は情報伝達の用具でした。その後飛鳥時代に伝来した外来の音楽舞踊に、我が国古来の歌舞、そして平安時代に新しくつくられた歌曲が1つになって雅楽が生まれます。雅楽において重要な役割を果たした太鼓は、鎌倉・室町時代に発展した田楽のお囃子の楽器としても用いられるようになりました。また太鼓は戦いにおいて自軍を統率するための陣太鼓としても使われました。

■ つくり方と職人技

直径が60cm以上必要となる胴の部分は樹齢100年以上の欅の木でつくります。原木の枝のない部分を必要な長さに切り、半年〜1年くらい乾燥してから外側を丸く切り、その芯を切り抜きます。内側と外側に丸みをつけて削った荒胴を石倉の中で3〜5年寝かせ十分に乾燥させた後に内側を薄く削り、外側は鉋をかけ、外側に色を塗り金具をつけます。太鼓の皮には赤牛の皮を使いますが、紐で皮を引っ張り、表面を伸ばし、叩いて音を確かめながら作業を繰り返します。最後に鋲を打ち、皮の縁を切って仕上げます。

■ 日本文化との関わり

古来太鼓は宗教音楽の楽器の1つとされていて、日本神話の天岩戸の場面でも太鼓が鳴らされている様子が描かれています。田植えなどの農耕儀礼に笛や太鼓を鳴らして舞い踊った庶民芸能の田楽も、本来は豊作への祈りと日頃の神の恵みへの感謝として神に捧げるものでした。祭において重要な役割を果たしていた太鼓は、その後歌舞伎などでも使われるようになり、現代では海外でも評判の高い大勢で叩く組太鼓へと発展していきました。

■ わかりやすい英語で説明すると

It can be assumed that drums have been in existence since prehistoric times. Drums were used for signaling and sending information. In the 6th century, music and dance were introduced from overseas and gradually developed in the 9th century into the Heian *gagaku* court music which is unique to Japan. The drum has a significant part in ritual music and in battle to keep the troops in order. Drums with a circumference of over 60 cm are made from cypress trees that are over 100 years old. A section of the trunk without branches is cut to the desired length and hollowed out after drying. The dried wood is shaped, painted, metal fittings attached and then leather is stretched across the ends. Drums are still used for religious, ceremonial, and musical purposes.

小鼓：*Kotsuzumi*, hand drum

■その起源と由来について

　小鼓は、奈良時代に中国から伝来した鼓楽器を参考にして、室町時代に猿楽や田楽の伴奏楽器としてつくられたといわれます。そのもとはインドから中国に渡った打楽器であったようです。桴(ばち)を使わず皮を強く張った鼓面を手で叩いて音を出します（膜鳴(まくめい)といいます）。当時から現代に至るまでその形は変わっていない小鼓ですが、現代においても能狂言、歌舞伎、日本舞踊や民俗芸能などで笛や太鼓とともによく演奏される膜鳴楽器です。

■つくり方と職人技

　長さ約 25 cm の砂時計型をした胴には変形しにくく、また音をよく反響する桜材を用い、その両端に直径約 20 cm の鉄の輪に仔馬の皮を糸で縫いつけた膜を当て、これを縦調べと呼ばれる麻紐で締めつけ、さらに横調べを巻きます。この縦横の麻紐を操作することで鼓面に加わる張力を加減するのです。猿楽・田楽の伴奏楽器としてつくられていた頃は、皮の材料として子馬以外に牛、猿、猪、鹿など身近な動物の皮も使われたといわれます。

■日本文化との関わり

　現在舞台などで使われている小鼓は、安土桃山時代に始まった能楽器の製造が頂点を極めたといわれる元禄時代につくられたものが使いやすいとされます。元禄年間（1688〜1704年）には能楽師だけではなく小鼓の胴をつくる胴工(どうこう)までもが幕府や大名に召し抱えられ、彼らは金と時間に糸目をつけずに名品を作ることができました。支配者階級や裕福な人々が本当に良いものの価値を認め、その制作や保存に経済的援助を惜しまないというあたりに、芸能文化を理解し大切にするという日本人の精神が見られます。

■わかりやすい英語で説明すると

　The *kotsuzumi* is a small, hourglass-shaped, double-ended drum that is held in the hand or on the shoulder. It was created in the 14th century based on drums of Chinese or Indian origin. The drum is beaten with the hand and not with drumsticks. The *kotsuzumi* is made from cherry wood, which doesn't deform and resonates well, to form the hourglass shape. Leather, such as calfskin, is attached to a metal ring which is then tied onto the drum with ropes. The ropes are used to adjust the tension of the skin. The *kotsuzumi* has not changed since its creation and continues to be used in musical performance accompanying *Noh*, *Kyogen*, *Kabuki*, and Japanese dance. It is very much the temperament of Japanese to highly value something that was perfected so long ago.

146 　1．芸能にまつわる伝統工芸品を理解し英語で伝える

(3) 遊戯具：Toys and games

囲碁石：*Go* stones

■ その起源と由来について

　我が国最古の歴史書である古事記（712年）にはすでに碁の字が見られます。中国で周代（紀元前1050〜256年）に発達していた囲碁が、500年代中頃に我が国に伝来し、実際に楽しまれるようになったのは700年初頭あたりといわれます。昔は、碁石は石や木でつくられ、その後天然の白石と黒石を使うようになりましたが、明治時代に入って白石には日向蛤の殻を、黒石には那智黒（黒色緻密な珪質頁岩）を使うようになりました。

■ つくり方と職人技

　碁石職人は宮崎県日向市に集まっていますが、それは日向の蛤の殻が白石用として最高の素材だったからです。現在では外国産の蛤もありますが、身が厚い蛤の殻を碁石より少し大きめのいくつもの小円形に割り抜き、それを磨いて、ツヤ出しをします。黒石は那智黒を小割りして適当な大きさの石板にし、小さい円形の抜き石をくり貫き、それを艶が出るまで磨きます。白石も黒石もそれをつくる職人は長年の修行を要するプロ集団です。

■ 日本文化との関わり

　日本語の日常会話の中には次のような囲碁に由来する用語が頻出します。駄目、駄目押し、一目置く、布石、定石、捨石、目算、死活問題、大局観、おかめ八目などですが、すべて碁石の位置や動きなどを表す言葉がもとになっています。また、日本企業の経営者の中には囲碁の愛好家がかなり多くいます。このように碁石の位置や動きが人々の生活、人生の生き方、ものの考え方、経営戦略などに応用されているということは、碁を打つことがそれだけ奥の深いものであることを示しています。

■ わかりやすい英語で説明すると

　Go is mentioned in the oldest historical records the of Japan the *Kojiki* or *Records of Ancient Matters* (712AD). It is thought to have been brought to Japan from China in the 500s. *Go* stones were originally stones or wood. Later naturally white and black stones were used until in the 1800s when clam shells were used for the white stones and *nachiguro* stone for the black stones.

　Many words used in Japanese stem from the way *Go* stone positions and moves are described such as; *fuseki* meaning to prepare, or *mokusan* meaning estimate. Interestingly, many presidents of major Japanese companies are accomplished *Go* players.

将棋駒：*Shogi* piece, man

■その起源と由来について

チェスや将棋の起源とされる古代インド発祥のチャトランガから生まれた将棋は奈良時代（710〜784年）に日本へ伝わりました。本格的に駒づくりが始まったのは安土桃山時代（1573〜1598年）で、黒漆と筆で書く「書き駒」が生まれます。江戸時代に入ると囲碁とともに将棋も家元制度が成立し、庶民の間にも広がっていきました。江戸時代後期になると彫り駒、彫り埋め駒、盛り上げ駒といった高級駒もつくられるようになっていきます。

■つくり方と職人技

彫り埋め駒について説明します。何年も乾燥させた柘植の原木を駒のサイズに合わせて4角形に木取りし、同じ木目模様のものを40枚選び、それを5角形の駒形に切り揃えます。薄紙にそれぞれの文字を書き写して字母紙をつくり、それを1枚ずつ切って駒木地に貼り付け、印刀で文字を彫り込んでいきます。次に、彫った部分を砥の粉と生漆を調合した錆漆で埋めて乾かすという作業を繰り返し、彫りが埋まり漆も完全に乾燥したら粗さの異なる何種類もの研磨紙で研ぎ出し、最後に瀬戸物で表面を磨いて仕上げます。

■日本文化との関わり

将棋は欧米のチェスや中国の象棋と同じ系統に属するものですが、相手から奪った駒をもち駒として再利用できるのは日本の将棋だけであるといわれます。このもち駒のルールは、負け組の有為な人材を高く評価し自陣側で活躍の場を与えるという日本的な文化思想を表し、明治新政府における元幕臣の勝海舟、山岡鉄舟、榎本武揚などにその例を見ることができます。将棋は現代においても老若男女を問わず大変に人気の高いゲームです。

■わかりやすい英語で説明すると

The origin of *shogi* or Japanese chess is the Indian game of Chaturanga. *Shogi* came to Japan in the 700s. However, it wasn't until the 16th century that full-fledged production and writing in lacquer on the pieces began. Later, *Shogi* and *Go* became part of the *Iemoto*, or school system, and became popular with common people. It was also at this time that carved and engraved pieces appeared. To make the engraved pieces, Japanese boxwood that has been dried for several years is cut into small squares. Forty pieces with similar patterns are chosen and shaped. The characters are carved with an engraving knife and painted. *Shogi* is the only game in which a player can replay pieces captured from their opponent.

碁盤と将棋盤：Go and *shogi* boards

■その起源と由来について

8世紀の遺品を主に収蔵している東大寺正倉院には日本史上最も有名な碁盤の1つ聖武天皇ゆかりの「木画紫檀碁局」が残されています。この碁盤は当時の朝鮮半島にあった外国からの贈り物であったとも伝えられています。碁盤は碁石、碁笥（碁石を入れる容器）と一緒に5世紀中頃に日本へ伝来したようです。

■つくり方と職人技

碁盤、将棋盤は樹齢300～500年の榧の大木を切り出し、4日間かけて木取りしてから面材をつくります。その面材を5年間以上の歳月をかけて自然乾燥し、乾燥済みの面材を何度も削り、盤の裏にヘソと呼ばれる窪みを穿ちます。次の作業が、碁盤師が魂を込めて盤面に漆でマス目を示す線を引く「目盛り」です。その後に梔子の実をかたどった脚をつけて完成します。

碁盤と将棋盤

■日本文化との関わり

皇室には七五三にあたる「碁盤の儀」（深曽木の儀）があります。親王が節目正しく立派な成人になるようにと願う宮中行事ですが、宇宙を表す碁盤にしっかりと立ち盤上に置いた青い石を踏みしめ、右手に扇、左手に松と橘を持って、南向きに飛び降ります。今では皇室に限らず七五三にこの儀式を行う神社も出てきて日本の秋の風物詩の1つになっています。

■わかりやすい英語で説明すると

Amongst the treasures stored at *Shosoin* is the most famous game board in Japan the *Mokugasihtannokikyoku*, which is associated with Emperor Shomu. The board was a gift from a country on the Korean Peninsula. The board, pieces, and cups were brought to Japan in the mid-5th century. The boards are made from coniferous trees that are 300 to 400 years old. Planks cut from the trunk are naturally dried for more than five years, the surface is smoothed and a hollow drilled in the back. Next the grid lines are drawn in lacquer and legs shaped like gardenia seeds are attached. Game boards also feature in the 3-5-7 ceremony for children in which children jump from the *Go* board, which represents the universe, in a hope that the children will become upstanding citizens.

羽子板と羽：Battledore and shuttlecock

■ その起源と由来について

　羽根つきは7世紀頃に中国から伝来したといわれます。13世紀中頃の書物には宮廷で男女別に羽根つきをしたこと、足利将軍が宮中へ羽子板を贈ったこと、正月の遊びや贈り物として使っていたことなどが記されています。板の上に絵を描いていただけの羽子板は羽根つき用と飾り物用に分かれ、その後江戸時代後期になると押し絵という技法が確立し、歌舞伎役者の姿を表して豪華絢爛なものになっていきます。

■ つくり方と職人技

　型取った厚紙に布を張り、綿を入れ、部位によっては二重あるいは何層にもくるんだ部品を80点近くつくり、それらを重ね合わせたり繋ぎ合わせたりして着物姿などの大きな部品に仕立て上げます。顔も押し絵になっていますが、布地の上から筆で目、口、鼻、眉を描き、踊りの種類により、それぞれ必要な持ち物や髪飾りをつけます。より立体的に仕上がったこの押し絵を、あらかじめ型取りし十分に乾燥させた羽子板に留めしっかりと打ちつけ、装飾品を取りつけて完成です。

■ 日本文化との関わり

　羽子板でつく羽根の先には玉がついています。この玉は無患子と書く木の種で、「子どもが患わ無い」という意味から子どものお守りとして珍重されています。羽子板には悪魔や厄をはね（羽根）除けるという意味が込められ、そのために江戸時代では女の子が生まれるとそれを祝うため羽子板を贈るようになりました。年末の12月17日、18日、19日の3日間にわたり東京都台東区の浅草寺の境内で羽子板市が開かれ、江戸時代そのままの情景が再現されます。

■ わかりやすい英語で説明すると

　The shuttlecock is thought to have come from China in the 7th century. There is a scroll from the 13th century stating that people were playing shuttlecock and battledore in the palace gardens and that Ashikaga Shogun had gifted the imperial court with battledores for New Year. In the 18th century, decorative battledores became more elaborate and are still made today. Three dimensional pieces made from stiff paper and material are joined together to form dolls dressed in gorgeous kimono. The shuttlecock is made from a seed from the soapberry tree with feathers attached. The shuttlecock and battledore are given to children to protect from illness and bad luck.

凧：Kites

■その起源と由来について

春秋時代（紀元前770〜403年）にすでに中国に存在していた凧が伝来したのは平安時代末期であったといわれます。鎌倉時代まで日本名がなく、中国語のまま紙老鳰、紙鳶と訓読みされていました。室町時代になって初めてその形からイカノボリやイカと呼ばれるようになり鳳巾という字が当てられ、一般的にはそれを略した凧という国字が使われるようになります。江戸時代には子どもの遊び道具だけではなく、いくつもの町や仲間たちの間で大がかりな対抗戦として大人たちの凧揚げが盛んになります。その結果、江戸、京都、大坂でも喧嘩から怪我人や死者が出るようになり、「町中にてのイカノボリを揚げることを禁ず」という禁止令が出されるまでになりました。

■つくり方と職人技

凧は、外側の弓形の竹でできた骨をさらに半月状に曲げ、骨の両側を糸で縛り、内側にはしずく型に曲げた骨を配置し、半月状に縛った下部の糸の中央で縛り、その骨組みに和紙を張ってつくります。和紙には武者絵や大きな漢字を描きます。凧は、大凧以外では昔から素人にもつくれるものでした。

■日本文化との関わり

本来イカまたはイカノボリと呼ばれていた凧がタコと呼ばれるようになったのは江戸文化と上方文化の競争意識に基づいているという説があります。イカノボリ禁止令が出た翌年の1656年に幕府は「町中にてのタコ揚げを禁ず」と再度禁止令を出しますが、これは江戸の町人たちが、幕府に対して「イカではなくタコだ、イカではないから揚げたっていいだろう」という文句に対する措置であったそうです。今でもイカやイカノボリと呼ぶ地方があり、イカノボリと5音節で発音する凧や紙鳶は現代においても俳句の季語として使われています。

■わかりやすい英語で説明すると

Kites, which had existed in China since 700 BC, first came to Japan around 1,200 years ago. In the 17th century the kite was not only a toy for children but was also enjoyed by everyone. Competitions were held between neighbors and adjacent towns. As a result, there were arguments, injuries, and even deaths in places like Edo, Kyoto, and Osaka. Forcing the authorities to ban kite flying in town and restricting use to special occasions such as New Year or Children's Day. Kites are made by bending bamboo, tying the sides with string, and covering the frame with washi paper. Kites, other than giant kites, are easy for anyone to make.

かるた：*Karuta* playing cards

■その起源と由来について

　読み札と絵札の2種類の札を使って遊ぶかるたは、百人一首を用いる「百人一首かるた」と、「犬も歩けば棒に当たる」と「い」から始まることわざなどを織り込んだ「いろはかるた」に分けられます。16世紀後半にポルトガルがもたらしたゲームのcartaが語源ですが、7世紀後半に中国から伝来した博打に使う4枚の白黒の木片からなる樗蒲を起源とする説もあります。平安・鎌倉時代の貝合わせやその後の貝覆い（左右の蛤の裏に書かれた和歌の上下を合わせる）の遊び方をもとにした遊戯で、江戸時代には貝の代わりに厚紙を用いて女性や子どもの遊びとして盛んになりました。

■つくり方と職人技

　和紙を何枚も貼り合わせて厚紙をつくります。その厚紙に仕上げとして裏から1枚和紙を貼り、それを折り込んで縁をつくります。これを「裏張り仕上げ」といい、この製法でつくられたかるたは少し反り気味で見た目も綺麗です。厚紙の表面に絵や文字を刷った四隅が少し小さい和紙を張りますが、職人芸を要する手作業で行われます。現代では丈夫な厚紙が簡単に手に入るため普及品として裏張りをしていない断裁仕上げのかるたが一般的です。

■日本文化との関わり

　誰もが、絵札からは日本の伝統文化を、読み札からは文字を、それぞれ遊びながら学習できるという言語文化が17世紀に存在していたことは特筆すべきことです。かるたは児童に文字、歴史、教訓を教え、友だちと競い合う時のマナーをも教える教育ツールとして文化の向上に貢献し、日本人の識字率を高める要因の1つにもなったといえます。

■わかりやすい英語で説明すると

Karuta playing card sets have two types of cards one with writing the other with pictures. The aim is to match the picture card with the phrase read from the writing card. The word *karuta* comes from the Portuguese word *carta* but the game is thought to have origins in a Chinese gambling game using four black and white pieces of wood. In the 12th century, a game called *kaioi* was popular. It involved matching poems and pictures drawn on shells. The game of *karuta* teaches children language, reading, history, discipline, and manners even while competing. It should be noted that in the 17th century a linguistic culture existed that used play to teach traditional culture and literacy. It is an educational tool still used today.

花札 : *Hanafuda*, floral playing cards

■ その起源と由来について

　花札は松、柳、桜、桐、藤、菖蒲など12の花樹が絵柄となっているカードで、江戸時代中期（17世紀末期）に考え出されました。誕生した頃の花札は花樹の絵が一流の画工による手描き、札の仕立ても丁寧で上流階級の女性に愛好されました。18世紀中頃には木版画の普及版小型花札が売り出され女性や子どもに愛用され、19世紀末期には東京を中心に一大花札ブームが到来し、上は政府の高官から下は一般庶民にまで親しまれるようになっていき、一世を風靡するようになります。

■ つくり方と職人技

　表紙、厚紙、中入れ紙に手漉きの和紙を用い、それに美濃紙を用いた薄紙を加えた4枚合わせの生地を3回張り合わせ、上糊をかけます。張り合わせに使う糊には粘土や砥粉を混ぜたものを使います。それを1か月間放置し、麩を溶かしてつくった糊と白土または砥粉を混ぜたものを両面に塗りつけ、その上に和紙を貼り再度糊を塗る工程を繰り返します。完成した生地を寸法通りに切断し、裏染め、裏張り、縁返し、絵柄張り、艶出しをします。しかし、このような手間暇をかけたつくり方をする職人はほとんどいなくなりました。

■ 日本文化との関わり

　日本が日清、日露の両戦争を経て海外へと進出していくに従い、花札も朝鮮花、大連花、樺太花などその地域に特有の地方花が考案されていきました。移民の多かったハワイで花札はサクラと呼ばれ、米国本土にもわたって行きました。陸海軍でも花札は盛んに遊ばれ、第二次世界大戦後もその人気は衰えませんでした。しかし、その後花札はほかのゲーム類などが盛んになるにつれて衰退していきました。

■ わかりやすい英語で説明すると

Hanafuda are playing cards with pictures of flora such as pine, willow, cherry, paulownia, and wisteria representing the four seasons. When they were first conceived of in the 17th century the pictures were painted by leading artists making them very popular with aristocratic women. In the 18th century, woodblock versions made printing possible. Handmade washi paper was used with a glue containing clay and powder to make the cards. As Japan expanded overseas during the Sino-Japanese and Russo-Japanese wars, *hanafuda* were made incorporating the flora of new regions. The cards were also popular with the military even after the Second World War.

第Ⅱ部　芸能・美術工芸・武芸にまつわる日本文化と伝統工芸品

独楽：Spinning top

■その起源と由来について

　我が国では奈良時代以前に朝鮮半島の高麗から鳴り独楽が伝えられたのでコマという名前になったといわれます。コマのことを古代中国では獨楽と表したがその後死語になったという説があります。独楽の原型は木の実や貝殻といわれ、轆轤紐工でつくった木のコマ、貝に似せた鉄製のベイゴマ、竹製の鳴り独楽などがあります。国内の遺跡からの出土品を見ても、自然の玩具として古くから日本にあったことはほぼ明らかで、中国や朝鮮から伝来したコマと混交し日本独自のコマとなったようです。

■つくり方と職人技

　木のコマは轆轤を回して木地を削りながら形を整えてつくり、轆轤の引き目に沿って漆を同心円状に色分けして塗ります。コマの種類によっては心棒もコマと一体で削りますが、コマの本体を削ってから心棒を刺す江戸独楽は、その美しさからコレクターの間では非常に人気の高いコマです。ベイゴマは金型に鉄を流し込んでつくります。

■日本文化との関わり

　コマは最初の頃は貴族階級が遊ぶものであったため一般庶民には広がっていきませんでした。江戸時代に入ると曲独楽が見世物として行われるようになります。曲独楽とは、形や色の美しいコマを使って、さまざまな芸をする演芸のことですが、お座敷遊びにも用いられるようになりました。ベイゴマは巻貝の殻を削り、その中に砂を入れ、その上に溶かした鉛を入れた貝独楽というものでした。その後鉄製に変わっていき、第二次世界大戦後の昭和20〜30年代には野球選手や力士の名前を彫ったベイゴマが多くつくられ、子どもたちの遊びの人気者となりました。

■わかりやすい英語で説明すると

　Spinning tops came to Japan from the Korean Peninsula before the 700s. The original tops were seeds or shells. Later, there were turned wooden tops, metal *beigoma*, humming tops. Artifacts from archaeological sites show that tops were a very old toy made from natural items which later developed with influence from China and Korea into a unique Japanese style. Spinning *koma* tops were toys for the aristocrats. In the 17th century, spinning top tricks were a popular performance even with *Geisha*. In the 1950s, metal *beigoma* were very popular with children. The tops would have the names of famous sumo wrestlers and baseball players engraved on them.

2. 美術工芸にまつわる伝統工芸品を理解し英語で伝える
Traditional Arts and Handicrafts Related to Fine Art

【総論】日本の美術工芸と歴史

　美術工芸は建築、絵画、彫刻、工芸、書、庭園に分類することができます。日本における美術工芸の歴史は縄文時代を除き、外来美術工芸の影響を絶えず受けながら1500年以上をかけて独自の発展を遂げてきました。飛鳥・奈良時代には仏教美術、平安時代には密教美術、室町時代には禅宗美術、桃山時代には南蛮美術、明治維新以降は西洋美術と、鎖国体制によって外来のものが厳しく制限された江戸時代中期頃を除き、あらゆる時代に中国を始めとする諸外国から学んできました。そしてそれらを日本独自の美術工芸と融和させ、時には新しい形に昇華させながら現代へと伝えてきたのです。この総論では、日本の歴史とともにどのような美術工芸が生みだされて現在に伝えられているのかを、時代を追って見ていきます。

■縄文・弥生時代（紀元前13000年頃～3世紀頃）

　縄文時代は土器の時代、弥生時代は金属器の時代といえます。世界最古といわれる縄文式土器は煮炊き用の深鉢に始まり、次に縄や細い棒で文様をつけた壺、皿、浅鉢などが登場し、後期には現在の土瓶のような器も多くつくられます。続く弥生時代（紀元前3～5世紀頃）には大陸から稲作と金属器がもたらされ、豊作を願う信仰が起こりました。その儀式に用いるための銅鐸、銅剣などの祭器が青銅でつくられ始めます。後期には権力や富を手にした支配者が生まれて前方後円墳のような巨大な古墳が多くつくられたため、この時代を古墳時代と呼ぶこともあります。有力者の墓からは埴輪や銅鏡など権力を象徴する副葬品としてつくられたと考えられる品が出土しています。

■飛鳥・白鳳時代（奈良前期、6世紀末～7世紀）

　この時代には朝鮮半島の百済から仏教とともに仏教建築が日本に伝わりました。これによって日本の建築様式は大きく発展することになります。進んだ朝鮮半島の技術を取り入れて、飛鳥寺、四天王寺、法隆寺などが次々と建立され、日本最古の仏像といわれる木造の百済観音像がつくられました。また工芸品や絵画の制作も活発で、厨子（仏具などを安置するための両開きの戸棚）や壁画に精密な技術と自由な色彩の表現が見られます。

　大化の改新後の白鳳時代には唐の影響がより濃くなり、肉体の動きを表現する写実的な仏像の傑作が、木のほか銅や青銅でもつくられました。野中寺銅製弥勒菩薩像（大阪）、中宮寺木造弥勒菩薩像（奈良）、青銅の法隆寺観音

菩薩像(奈良)などがその代表です。

■ 天平時代（奈良後期、8世紀）

度重なる遣唐使の派遣による影響が色濃いこの時代は、貴族世界が中国の文化を積極的に取り入れた時代といえます。大規模な官営組織のもとで貿易による富を結集させ、高水準の建築、彫刻、絵画、工芸の制作が盛んに行われました。特に漆芸が発達し、薬師寺金堂三尊像、興福寺の阿修羅像など乾漆(型に漆糊で麻布を張り重ねた技法)の仏像に優れた作品が多く見られます。

743年から30年以上をかけて完成した東大寺の大仏は、大陸から伝わった鋳造技術を用い国家の総力をあげた壮大なプロジェクトでした。画工、金工、鋳工、木工、石工などあらゆる造形技術を結集し、当時としては世界最高レベルの水準といえます。その宝庫である正倉院には金工、木工、竹工、陶磁、ガラス、漆芸、染織などの精緻を極める工芸品が数十万点も残されています。

■ 平安時代前期（8世紀末～11世紀）

平安京遷都から約400年にわたる平安時代は、最澄と空海が唐で学んで持ち帰った密教に大きな影響を受け、それまでの仏教美術は大きな変貌を遂げます。比叡山延暦寺や高野山金剛峰寺などの密教寺院が建てられ、曼荼羅(仏教世界を鮮やかな幾何模様に表現した宗教絵画)が伝えられて後の仏教絵画に深い影響を及ぼすこととなります。工芸では仏具や梵鐘、銅鏡などが新たな意匠を凝らして鋳造されます。漆芸では厨子、宝珠箱(仏画などを納める箱)、冊子箱(経典などを納める箱)を彩る螺鈿、蒔絵、平文の技術がさらに洗練されていきます。

遣唐使が中止される894年頃には唐風文化の影響が薄れ、王朝文化とも呼ばれる日本独自の国風文化が生まれます。文学では源氏物語など王朝文化が花開き、絵巻物、屏風、壁画に日本の風景や風俗を描く大和絵が成立します。また寝殿造の形式が完成し、宮廷貴族の邸宅に桧扇、襖、障子の調度品も登場します。浄土信仰を具現化したとされる宇治平等院鳳凰堂は当時の権力者であった関白藤原頼通によって建立され、当時の和様建築の代表例といえます。工芸においては漆芸の蒔絵が飛躍的な発展を遂げ、花鳥風月を題材に華麗な展開を見せます。

■ 平安時代後期・鎌倉時代（12世紀～14世紀半ば）

武士が誕生するこの時代には、多くの合戦絵巻や鳥獣戯画が描かれます。平安末期に太政大臣となった平清盛は、1165年に京都に三十三間堂を、続いて1168年に厳島神社を造営します。東北で栄華を誇った奥州藤原氏は極楽浄土を体現しようと螺鈿、彫金、蒔絵など技術の粋を集めた豪華な中尊寺

金色堂を平泉（岩手県）に建立しました。平家滅亡後の鎌倉時代には、貴族による文化の独占から武士と庶民が主役の文化へと変化します。運慶・快慶による東大寺南大門の金剛力士像を始め、武士好みの力強い仏像がつくられます。刀や甲冑など武具に優れた造形美が発達し、絵画では伝源頼朝像（神護寺）のように写実的な肖像画を描くことが流行しました。また、やきものでは鎌倉時代後期に、瀬戸、常滑、備前、丹波、信楽、越前のいわゆる六古窯を中心に窯業が発達します。

■室町時代（14世紀末〜15世紀）

朝廷と武士が争った南北朝時代を経て足利尊氏が室町幕府を開いたこの時代は、公家と武家の文化が融合して中国美術と禅宗の影響を受けた多様な美術が開花する時代です。三代将軍足利義満は日明貿易で中国からさまざまな美術工芸品を輸入します。その中には茶人に珍重された名物裂と呼ばれる袋類もありました。義満は金閣寺を建て、「唐物」と呼ばれるこれらの貴重な美術工芸品を展示し、能の原型である猿楽を催して天皇をもてなしました。

応仁の乱（1467年勃発）により京都は壊滅状態になる中、八代将軍義政が建てた銀閣寺に象徴される、禅宗の思想を反映した東山文化が生まれます。建築では貴族の寝殿造から武士の書院造へと変化し、床の間や違い棚の原型が登場し、龍安寺石庭や西芳寺に代表される枯山水庭園がつくられました。

この頃に日本から宋へ留学した禅僧が持ち帰った中国文化の中に茶や水墨画があり、禅宗の思想が普及します。権力を誇示するための茶の湯とは異なる価値観の侘茶が、浄土宗の僧であった村田珠光によって始められ、国産の竹でつくった道具を使い始めました。やきものでは、「和物」と呼ばれる備前、美濃、信楽など日本の茶陶が生産されるようになりました。

■桃山・江戸時代前期（16世紀〜17世紀）

約70年という短期間ですが、桃山文化には日本美術史において圧倒的な存在感があります。織田信長や豊臣秀吉が親しんだことから能や茶の湯が流行し、華麗な絵画が次々と誕生しました。狩野永徳は安土城を始め多くの金碧障壁画や「唐獅子図屏風」を手がけ、長谷川等伯も優れた障壁画や水墨画を残しました。やきものでは、秀吉による朝鮮出兵で連れ帰られた多くの朝鮮陶工により当時の茶席で重用されていた高麗茶碗がつくられ始めます。そこで唐津、萩、薩摩など西日本から新しい茶陶の生産が始まります。また千利休の指導により楽茶碗が誕生して脚光を浴び、虚飾を排した侘びさびの美意識を体現する茶の湯が体系化されました。染織では、観阿弥・世阿弥の父子によって完成された能の豪華な唐織の装束が京都の西陣でつくられるようになります。上杉謙信、徳川秀吉などの武将は、絞りの手法を用いて絵模様

を染めだした辻が花染を愛用したと伝えられています。

　徳川家が統治する江戸時代になると仏教の影響は弱まり、享楽的な時代が始まります。17世紀前半に京都の公家文化復興を目的とした寛永文化がうまれ、俵屋宗達の絵画が脚光を浴びます。やきものでは、17世紀に朝鮮陶工が九州有田で日本初の磁器を完成させ、伊万里や柿右衛門など豪華絢爛な磁器が多数つくられ、海外へも輸出されて大人気となります。京都では野々村仁清の色絵陶器が京焼と呼ばれ、その圧倒的な優雅さと独創性において磁器と並ぶ人気を博します。染織では、江戸時代初期に右肩から裾にかけて模様をつけた寛文小袖が流行し、刺繍、金銀の箔を施したものや絞りが好まれました。また南蛮貿易によってもたらされた異国の技術の影響を受けた新しい染織も数多くこの時代に生まれました。

■江戸時代中・後期（17世紀末〜19世紀中頃）

　この時代には政治の中心が京都から江戸へと移り、浮世絵、俳諧、歌舞伎、浄瑠璃など庶民が主役の元禄文化が生まれます。経済の中心が武士から町人に移り、「粋」に代表される江戸の人々の美意識を満足させる優れた美術工芸品が多くつくられました。それまで中国、朝鮮に限られていた外来文化は、長崎からヨーロッパ美術が新しく入ってくるようになります。

　美術の分野でに、宗達を祖とする琳派の尾形光琳、京都の円山応挙、伊藤若冲の絵画、葛飾北斎、歌川広重の浮世絵、雪舟の水墨画、多色刷り版画の鈴木晴信、喜多川歌麿、東洲斎写楽、陶芸では色絵陶器の尾形乾山、漆芸は本阿弥光悦など、現代に続くさまざまな流派の名人が活躍しました。染織では友禅染、絞り染め、型染、西陣織、江戸小紋などあらゆる技術が武家や富裕な町人の衣裳に用いられると同時に、全国各地で特産品として紬や絣の織物が生産されるようになりました。

Section Introduction: Traditional Japanese Arts

Arts in Japan can be classified as architecture, painting, sculpture, handicrafts, calligraphy and gardening. The Japanese have developed an individual style even with constant outside influence over a span of 1,500 years. Japanese artists always manage to combine tradition and innovation. Prehistoric times saw the creation of unglazed, bisque-fired earthenware. The 6th and 7th centuries introduced Korean and Chinese art with Buddhism. The people of the 10th century were highly influenced by the T'ang Dynasty. In the 17th century it was the Way of Tea that gave rise to creative innovation. In the 19th century, woodblock printing and stage performances such as kabuki further developed the aesthetic sense.

（1）陶芸：Ceramics

鉄絵：*Tetsu-e*, Iron underglaze

■ その起源と由来について

鉄絵（錆絵）とは酸化鉄を成分とする鉄絵具で下絵付けをしたもので、中国で10世紀頃始まりました。朝鮮では15世紀頃に、鉄絵具で模様を描いた粉青沙器があります。17世紀にかけては白磁に鉄釉で絵付けをしたものもあり、いずれも日本に伝わると前者は絵粉引、後者は鉄砂と呼ばれて茶人に珍重されました。日本では絵唐津、絵志野、青織部に見られる鉄絵が代表的で安土桃山時代につくられ始めたと考えられます。

■ そのつくり方と職人技

鉄絵は素焼きした器に絵付けをしてから透明の釉をかけて本焼きします。土の鉄分が黒く発色するのと同様、鉄を含んだ絵具で描画しても黒く発色します。唐津では鉄分の多い素地に白色の化粧土を施した粉引きが多く焼かれているので、さらに鉄絵を施した鉄絵粉引にも名品があります。志野の鉄絵は赤みの強いかすれた文様に味わいがあります。

鉄絵茶碗

■ 日本文化との関わり

日本で焼かれた茶碗の中で国宝に指定されたものは2点だけですが、その1つは桃山時代に製陶された志野茶碗の傑作といわれる鉄絵の「卯花墻」（三井記念美術館蔵）です。

■ わかりやすい英語で説明すると

Iron underglaze *tetsu-e* painting involves painting a picture using pigment including iron oxide on the bisque, adding an over-glaze, and then glost firing. The iron pigments turn the pattern dark during firing. The origin lies in China in the 10th century. Many examples can be found in Korea in the 15th century. *Tetsu-e* painting is thought to have begun in Japan in the late 16th century. There are only two tea bowls made in Japan that are designated as national treasures. One of these is a Shino-yaki *tetsu-e* bowl called Unohanagaki, made in the late 16th century and currently stored in the Mitsui Memorial Museum.

染付：*Sometsuke* blue and white ceramics

■その起源と由来について

　伊万里焼のうち江戸時代に焼かれたものを特に古伊万里または初期伊万里と呼びますが、その中で最も古い歴史をもつものが染付です。染付という呼び名は、白地と藍の色の対照が美しく藍染めの着物を思わせることに由来します。中国元時代に酸化コバルトを使ってつくられたやきものが始まりで、明の時代に景徳鎮の窯で焼かれたもの（青花）は、日本に輸入されて茶人にも人気となっていました。日本での染付は、朝鮮から連れてこられた陶工によって佐賀県の有田で17世紀初めに焼成された古伊万里が最初です。伊万里という名は、有田で焼かれた磁器が出荷された港の名前をとったものです。

■そのつくり方と職人技

　白地の陶石にコバルトを含んだ鉱物からつくられる呉須絵具で絵付けし、その上にガラス質の透明釉をかけて1300度前後の高温で焼成すると文様が釉薬のもとで藍色に発色します。しかしこの磁器製作には特別な技術と原料が必要だったため、日本では長い間つくることができずにいました。磁器の素材となる磁石が有田で発見されて初めて磁器が焼かれたのですが、これは日本の陶磁史上画期的な出来事でした。

■日本文化との関わり

　江戸時代に有田で始まった染付磁器は、進化し続けて海外輸出も本格化します。17世紀には柿右衛門窯に代表される技術の頂点に達しますが同時に輸出も頭打ちになります。近代には印刷装飾法の登場によって国内の日常食器が大量生産されるようになり、染付は瀬戸、九谷、砥部など全国に普及しました。

■わかりやすい英語で説明すると

Sometsuke porcelain with blue and white designs is the most famous style to be produced by Imari porcelain makers. *Sometsuke* is a technique of brush applying an underglaze of cobalt blue to white porcelain. A transparent glaze is then applied to the bisque before firing at 1,300 degrees to reveal the vivid blue color. Different shading and brushstrokes give the variety in color. The first *sometsuke* was made in Japan at Arita, Saga in the early 17th century by a Korean potter called Yi Sam-pyeong. The beautiful designs were very popular in many countries and a significant volume was exported. Once decorative ceramic printing became possible, *sometsuke* porcelain was produced in mass quantities for everyday use.

色絵：Over-glazed enamels

■ その起源と由来について

本焼きした釉の上にガラス質の色釉で模様を施し、さらに上絵窯に入れて低温で焼きつけたものを総称して色絵といいます。12世紀末に中国で始まったとされ、日本では17世紀に有田焼と京焼で始まりました。陶器では江戸時代に京焼の色絵に優れた陶工が数多く出て一大黄金期を築きました。色絵磁器は1640年代に佐賀県有田で、酒井田柿右衛門が赤絵磁器の技法を工夫して成功したのが始まりです。絢爛豪華な古伊万里が代表的で、作風の違いから柿右衛門様式、古伊万里金襴手、色鍋島に大別されます。

■ その種類と特徴

・色絵陶器

京焼では野々村仁清が江戸時代前期に色絵の茶碗や水指など茶陶で一世を風靡しました。仁清とともに京焼の黄金時代を築いた弟子の尾形乾山は、画家である兄・尾形光琳とともに独自の琳派画風を加えた加飾陶器をつくって活躍しました。江戸後期には呉須赤絵を得意とした奥田頴川らにより京焼第二の黄金期が訪れます。その弟子の仁阿弥同八は、春の桜、秋の紅葉の両方を1つの器に色絵で施した雲錦手をつくって人気となりました。永楽保全、和全父子も優れた名品を多数手がけました。

・色絵磁器

初代が赤絵に成功して以来、酒井田家は代々柿右衛門を名乗っており、乳白色の地に草花などを絵画的に美しく描いた柿右衛門様式は世界的に有名です。古伊万里金襴手は色絵に金彩を施した豪華絢爛な磁器で、17世紀末頃に始まりました。金糸を使った織物の金襴にちなんで名づけられた異国情緒あふれる趣が特徴です。有田の今泉今右衛門が代々継承する色鍋島は、江戸時代の鍋島藩で献上用につくられた最高級色絵磁器で、染付の青に赤、緑、黄で精緻な上絵付を施した品格の高いものが多く見られます。

■ わかりやすい英語で説明すると

Over-glazed enamel refers to the process in which glaze is applied to pottery and re-fired in a kiln at low temperature to form an enamel coating. The technique was first used for Arita ware and Kyo ware in the 17th century. The gorgeous and highly ornamental old Imari *aka-e* (red-painted) porcelain ware is typical of this time. Over-glazed enamels are classified into over-glazed pottery and over-glazed porcelain. The first over-glazed Kyo ware pottery took people by storm and was extremely popular for tea ceremony goods. Over-glazed porcelain included gold-painted porcelain and was very exotic for the time. Imari and Arita are well-known for this style.

青白磁：Bluish white porcelain

■その起源と由来について

　中国で完成した釉薬は当初緑色に近い発色で、本格的な青磁は後漢の時代（12世紀頃）に皇帝たちのためにつくられ、高貴な器として珍重されました。青磁の胎土や釉薬から鉄分を取り除くと白磁になります。中国では白磁は北部、青磁は南部で生産されていました。また白磁の技術は10世紀の朝鮮半島に伝わり、15世紀には有名な李朝白磁が大成します。青白磁とは、白磁の中で特に鉄分を含んだ釉薬が文様の溝にたまって透明感のある水色に見えるもので、中国語で「影青」と呼ばれます。宋代（12世紀）の景徳鎮窯による優れた香炉、鉢、水差などは、日本の大名や貴族に珍重されました。朝鮮陶工によって青磁の技法が日本に伝わったのは江戸時代のことで、佐賀の有田や長崎の波佐見でつくられ始めました。

■日本文化との関わり

　青白磁は、その透明感ある凛とした水色の独特な色合いで古くから人々を魅了してきましたが、日本でその製法が確立したのは近代のことです。加藤土師萌（1900-1968）は色絵磁器の人間国宝として知られますが、青白磁など中国陶磁にも造詣の深い陶芸家です。岐阜県出身の塚本快示（1912-1990）は、1978年青白磁と白磁で重要無形文化財（人間国宝）に認定されています。中国の陶磁器界でも高く評価される青白磁の大成者であり、景徳鎮窯の青白磁の神秘的な美しさと日本古来の優美さを融合させた発色と、非常に細かく整った模様を効果的に使ったものが特徴です。現代陶芸家を代表する1人である深見陶治（1947-）は京都市出身です。中国宗代の青白磁を用いた彫刻のような抽象的造形と、透き通るような色合いの作風が特徴で、彼の作品は海外でも高く評価されています。

■わかりやすい英語で説明すると

Blue celadon glaze was developed in the 12th century for the imperial family. Removing the iron content from the clay and glaze creates a white porcelain. Celadon porcelain was brought to Japan by Korean potters at the end of the 16th century. *Seihakuji* (bluish white) porcelain is prized for its translucent and sophisticated color. The history of production in Japan is quite recent with one artist Kaiji Tsukamoto (1912-1990) being designated a Living National Treasure in 1978. Tsukamoto is considered to have perfected the technique of *Seihakuji* porcelain. His pieces are known for expressing the refinement of ancient Japan and for intricate, yet effective, finely-drawn patterns.

162　2. 美術工芸にまつわる伝統工芸品を理解し英語で伝える

象嵌：Damascening

■その起源と由来について

　陶磁器の技法としての象嵌は、素地に線刻、面刻、印刻などの彫文様をつけて異なる色の泥土を埋め込み、はみ出した部分をそぎ落とす手法です。象は「かたどる」、嵌は「はめる」という意味があります。象嵌による文様表現の技術がそれまでの押印文や彫文様から発展して完成形となったのは、12世紀の高麗青磁が最初で、灰青色の地に白や黒で精緻な文様が埋め込まれています。こうした高麗青磁の技法は、16世紀末から17世紀初頭頃に九州の陶器職人に伝えられました。白象嵌、黒象嵌などがあり、印花文（スタンプ状に文様を押した装飾）を白象嵌した三島手がよく知られています。

■そのつくり方と職人技

　陶器に象嵌を施すには、素地が生乾きのうちに押印をしたり彫ったりして模様を刻みます。文様は釘やへらのほか、縄を押しつけて刻む場合もあります。次に色土と水を混ぜ合わせたものを刷毛などで文様のへこみにそって盛りあげ気味に塗り、乾いてから余分な色土をかき落とすと、埋め込まれた色土が文様として現われます。象嵌による文様は筆描きよりも輪郭がはっきりしていることや、硬くしっかりした印象を受ける点に特色があります。

■日本文化との関わり

　八代焼（高田焼）は寛永年間（1624～1644年）に朝鮮陶工によって始まり、茶碗、花入、水指などの茶陶を当初は白象嵌の技術で製作しました。江戸後期には、白土を胎土として黒象嵌した白焼が好んで焼かれ、白高田と呼ばれました。また装飾で有名な三島手の由来は、三島大社が領布していた暦に模様が似ていたところにあるといわれます。

■わかりやすい英語で説明すると

　Damascening, or inlay, for ceramics is where a pattern is engraved into the clay, different colors are added to the spaces between, and the protruding sections smoothed away. Damascening developed from the engraving and carving of seals for signing documents in the 12th century. By the 16th century, it was adapted for use in ceramics in Kyushu. Patterns are applied to or carved in the clay after air-drying using tools such as spikes, spatulas and even rope. Next, colored clay mixed with water is painted into the grooves. After drying is complete, the surface is smoothed to show the pattern. The final inlaid pattern is sharper than a painted pattern.

練上手：*Neriagede*, marbling technique

■ その起源と由来について

練上手とは、異なる色の粘土を練り合わせて成形し、その伸縮で模様を表す技法です。中国では絞胎と呼ばれ唐時代（7～8世紀頃）に始まりました。絞胎は通常2種類の土を使い、黄釉や褐色の釉をかけますが、高麗の場合は、青磁土と白土、赤土の三色土をこね合わせて成形し、青磁釉をかけて焼き上げます。日本では美濃（岐阜県）でつくられた志野のものが伝統的な練上手として知られています。

■ その種類と特徴

練上手志野は白土に鉄分を含む赤土を混ぜ合わせて素地をつくり、轆轤で成形して焼成すると、練りこまれた赤土の部分に白が流れて縞模様になります。この白と褐色の練上げは、鶉の羽毛に似ていることから鶉手と呼ばれ練上模様の代表です。ほかに、竹などを縦横または斜めに編みこんだ網代手、市松模様に仕上げた市松手、水に墨を流したような渦巻き模様や大理石模様の墨流手、年輪や木目のような模様の木理手などがあります。

練上盃

■ 日本文化との関わり

1993年に国の重要無形文化財「練上手」保持者（人間国宝）の認定を受けた松井康成は、古来より伝わる技法を集大成して独自の技法を編み出し、練上によって多彩かつ華麗な表現を可能にしました。彼の作風は質感や色目、模様などが多様で、まさに現代の巨匠というにふさわしい陶工です。

■ わかりやすい英語で説明すると

The *neriagede* process comprises stacking different clays to create striped or marble-like patterns. The technique began in China in the 7th century. Commonly two different clays are used, however, more complex works use several different types together. It requires a great deal of skill to ensure that the different types of clay do not separate or crack and to keep the pattern intact. Shino kiln in Mino, Gifu is famous for creating *neriagede* works incorporating white clay with red clay containing iron to create striped patterns where the white runs into the red and appear similar to the patterns of a quail's feathers. Other patterns include basket weave, checks, and swirls. Kosei Matsui is an artist famous for this technique, he was designated a Living National Treasure in 1993.

産地による分類：Categories according to production area

■九州・四国・沖縄地方のやきもの：Kyushu, Shikoku, and Okinawa

・有田焼（佐賀県）

　江戸時代初期に日本で最初に磁器が焼成された有田では、当初そのやきものは出荷する港の名前をとって伊万里焼と名づけられました。明治時代になって、有田町で製造されたものを有田焼、伊万里市で製造されたものを伊万里焼と呼ぶようになります。中でも世界的に知られる柿右衛門様式は、純白の地肌に鮮やかな色を配した繊細で写実的な色絵で人気を博し、18世紀頃のヨーロッパ各地で大型の皿、鉢、壺などが王宮や貴族の城に多数飾られ、マイセン窯などに大きな影響を与えることになりました。

・唐津焼（佐賀県）

　日本で初めて朝鮮人陶工の最新技術を用いて登り窯を採用したのが佐賀県の唐津でした。その歴史は有田の磁器よりも古く、千利休が好んで茶陶としても珍重されましたが、江戸時代中期以降は磁器におされて需要が激減しました。無色透明の釉薬に鉄絵が描かれたものが特徴で、現在では窯元も増えて多様な陶器を製作しています。

・薩摩焼（鹿児島県）

　薩摩藩が16世紀末に朝鮮人陶工を連れ帰り、窯を開いたのが始まりで、白土に透明釉をかけた高級品の「白もん」と、鉄分の多い黒土を使う日用品の「黒もん」とに大別できます。美しい金襴手の「白もん」は海外に人気で、明治時代には大量に輸出されました。「黒もん」には焼酎用の真っ黒な酒器や、三彩と呼ばれる柄を入れたものがあります。

・波佐見焼（長崎県）

　当初は陶器の窯を有していましたが、近隣にある有田から少し遅れて江戸時代に入ってから磁器を焼き始めました。江戸時代後期には日本一の生産量を誇り、どっしりした高台が特徴の「くらわんか碗」や、染付の徳利型容器コンプラ瓶が知られています。ポルトガル語が由来のコンプラ瓶は、江戸時代に醤油を入れて出島から海外に輸出されました。

・壺屋焼（沖縄県）

　琉球王朝時代16世紀に那覇市の一角にある壺屋にやきものの町がつくられたことから、その名がつきました。釉薬をかけない南蛮焼き（荒焼）と、薩摩からの技術を用いた施釉陶の上焼とがあります。明るい色彩で描かれた沖縄の動物や鳥、魚が特徴です。

■中国・近畿地方のやきもの：Chugoku and Kinki

・京焼（京都府）

室町時代以降に製陶が本格化した京焼とは、楽焼を除く京都のやきものの総称で、江戸時代には野々村仁清と尾形乾山という名工が生まれました。京焼は陶器に絵付けをしたもので、大胆な図柄と巧みな筆遣いで金銀を配した華麗な色絵が特徴です。

・信楽焼（滋賀県）

日本の六古窯の1つ信楽焼では、鎌倉時代には日常使う壺や甕を焼いていました。室町時代後期にその無釉で焼き締めた素朴さが茶人に好まれ、茶陶を多く焼くようになります。茶道人気の衰退とともに需要が減少し、明治時代以降は火鉢や壺が多く生産されました。信楽のたぬきが人気となったのは昭和のことです。

・丹波焼（兵庫県）

常滑焼の影響を受けた丹波焼は、現在の兵庫県篠山市で平安時代末期に始まった六古窯の1つです。当初は紐づくりで壺や甕、すり鉢をつくって穴窯で焼いていましたが、江戸時代に入って施釉陶を焼くようになりました。

・萩焼（山口県）

17世紀初めに朝鮮陶工が茶陶を専門に焼いたのが萩焼の始まりです。茶の世界には「一楽、二萩、三唐津」という言葉があり、萩焼は江戸時代の茶人に愛されました。柔らかい土をふんわりと焼き上げぬくもりを感じさせる色合いと、ざらりとした手触りが特徴です。長年使ううちに茶の成分がしみ込んで表情が変化する点も人気があります。

・備前焼（岡山県）

平安時代に須恵器づくりから始まった備前焼は、鉄分を多く含む赤みの強い土の質感が特徴です。室町時代の終わりには侘びさびを重んじる茶人に好まれて茶陶が多くつくられました。窯の中で自然発生する窯変と呼ばれる表情の変化が備前らしさを生み出します。

■ 中部地方のやきもの：Chubu

・越前焼（福井県）

平安時代に北陸最大の窯場であった越前焼の名が定着したのは、第二次世界大戦後のことです。ガラス質を含む土は耐水性に優れているため、水甕や酒器が多くつくられました。現在は赤褐色の土の味わいと自然釉を活かしたさまざまな陶器が製作されています。

・九谷焼（石川県）

加賀藩で現在の九谷焼が始まったのは幕末から明治にかけてのことで、古九谷と区別するために再興九谷と呼ばれることもあります。青みがかった白の地肌（青手）に赤、緑、紫、黄、青の五彩を用いた大胆な絵模様、金襴手

の豪華さが特徴です。

・瀬戸焼（愛知県）

　良質の陶土に恵まれた瀬戸では、鎌倉時代日本で最初に施釉陶器を焼き始めました（古瀬戸）。食器、仏具、茶陶まであらゆる器をつくりますが、戦国時代には陶工が離散して一時衰退します。江戸時代には徳川家によって復興し、その後は磁器づくりにも成功して陶磁器生産の一大産地として現在に至っています。

・常滑焼（愛知県）

　日本最古の窯である常滑は、「なめらかな床」が語源といわれています。鉄分を多く含む細かい土の特性を活かしたやきものは、中世には最大の生産量を誇り、信楽、丹波、越前など各地のやきものに影響を与えました。低温で焼き締める朱泥焼が江戸時代に誕生し、急須などの日常雑器が人気です。

・美濃焼（岐阜県）

　室町時代から桃山時代にかけて瀬戸の陶工が美濃に流入したことで、東海地方のやきものの中心となりました。茶の湯の隆盛とともに生まれた黄瀬戸、瀬戸黒、志野、織部といった桃山古陶は、日本陶磁史において画期的といわれる革新的な釉薬を使った美濃焼の代表です。近年においてもなお、国内生産の食器の過半数を占めています。

■ 日本文化との関わり

　日本人と器との関係には約1万2000年の長い歴史があります。粘土の紐づくりでつくった器を食料の貯蔵用に焼いたものが縄文時代に始まり、弥生時代に稲作が伝わると、壺、甕、高坏の土器3種が各地に広まります。続く古墳時代（4世紀）には朝鮮半島との交流が始まり、轆轤や穴窯などの新しい技術を取り入れたやきもの（須恵器）、貯蔵用の壺、甕や食器用の高坏、碗、調理用のすり鉢、せいろ（甑）など日常使いの器が平安時代までつくられました。奈良時代に初めて登場した緑釉は、中国から大量に輸入された青磁の器へのあこがれから発展し、京都から他地方に広まります。9世紀を過ぎると木の灰を釉薬に使う灰釉陶器が開発され、10世紀には本格的な施釉陶器へと進化していきます。鎌倉時代には、無釉の焼締と施釉陶とが各地で生産されるようになり、この頃に興った瀬戸、信楽、丹波、備前、越前の各やきものとそのもとになった常滑を合わせて日本六古窯と呼んでいます。室町時代には茶の湯が隆盛し、美濃（岐阜県）を中心として茶道具が多くつくられ始めます。桃山時代になると千利休好みの侘び茶が普及するとともに、美濃の織部焼、京都の楽焼が人気となります。またこの頃、朝鮮伝来の器が高麗茶碗として珍重され、豊臣秀吉による出兵によって連れ帰った朝鮮人陶

工から新しい技術を取り入れます。そして江戸時代初期、佐賀県の有田で磁器が初めて焼成され、やきものの歴史は大きく変わることになります。さらに色絵磁器が始まると海外への輸出用として柿右衛門様式や鍋島焼が技術を磨きヨーロッパで高く評価されて大人気となります。

■ わかりやすい英語で説明すると

Arita, Saga was the first place porcelain was made in Japan in the 17th century. It is well-known for Arita and Imari ware.

Karatsu, Saga was the first place to use a climbing kiln. The kiln is older than Arita.

The kiln at Satsuma, Kagoshima began in the late 16th century. It is famous for *hakumon* or white pattern wares and black *kuromon* wares. Hasami ware from Hasami, Nagasaki originally produced pottery for common people. They were the largest producer in the 19th century. Tsuboya ware is made in a pottery village in Naha, Okinawa.

Kyo ware from Kyoto is known to be distinctive and flamboyant but there is also a delicate and fine type of Kyo ware.

Shigaraki ware from Shiga is one of the six ancient kilns of Japan.

Tamba ware is also made in one of the six ancient kilns of Japan in Hyogo.

Hagi ware from Yamaguchi is highly valued for tea ceremony vessels.

Bizen, Okayama is where Bizen ware, well-known for its unglazed reddish-brown color, is produced.

Echizen ware from Fukui uses clay with rich iron content that has high fire resistance. It is popular for water jugs and wide-mouth jars.

Kutani ware from Ishikawa stopped production and was revived in the 19th century. Kutani has full-color glazing and elaborate designs.

Seto area in Aichi is blessed with high-quality clay. One of the six ancient kilns of Japan pottery production began here in the 13th century.

Another of the six ancient kilns was located at Tokoname in Aichi. Tokoname is well-known for redware pots.

Some craftsmen from the Seto area settled in Mino, Gifu in the 16th century and established a new pottery. Mino ware has four distinct styles; yellow Ki-Seto ware, black Setoguro ware, Shino ware, and Oribe ware.

Pottery and ceramic production in Japan has a history dating back to pre-historic times. Modern ceramics in Japan owe a lot to craftsmen brought back from the Korean Peninsula in the 16th century.

(2) 漆芸：Lacquer

蒔絵：Gold lacquer

■ その起源と由来について

　蒔絵は、藤原一族が栄華を極めた平安時代に漆芸品の主要な装飾技法として多く用いられましたが、奈良時代にはすでに始まっていました。鎌倉から室町時代にはその需要が高まり、豊臣秀吉が建立した高台寺の霊廟にある「高台寺蒔絵」と呼ばれる豪華な平蒔絵はその代表的なものです。江戸時代に町人文化が栄えるようになると、本阿弥光悦や尾形光琳らにより豪華なだけではなく繊細で洗練された作品が生み出されます。明治時代には欧州各国の博覧会において、蒔絵を施した漆芸品は高く評価されて人気となりました。

■ そのつくり方と職人技

　蒔絵とは、上塗りした面に漆で絵や文様を描き、その上から粉筒で金粉や銀粉を蒔きつけて文様を表す技法です。基本となる平蒔絵をはじめ、文様を高く盛り上げて立体感を出す高蒔絵、蒔絵粉を施した後に漆を上塗りして研ぎ磨きをする研ぎ出し蒔絵などいくつもの技法があります。2種類以上の技法を併用し、さらに螺鈿や沈金などほかの装飾を施していっそう効果を高めることはよく見られます。加賀蒔絵（石川県）のように、ガラスや鼈甲の髪飾りや帯留めなどにも使われてきました。

■ 日本文化との関わり

　日本の漆芸の歴史は茶道具の歴史ということもでき、棗、台子、炉縁、水指など茶席で用いられるための漆芸品とともに発達してきました。特に京都では奈良時代から受け継がれた技法が完成されて茶の湯と結びつき、蒔絵が京漆器を代表する装飾となりました。

■ わかりやすい英語で説明すると

　Gold lacquering was often used in the splendid days of the Fujiwara clan during the 10th century. It began, however, in the 8th century. Demand continued with the mausoleum built at Kodaiji by Toyotomi Hideyoshi being a famous example. One of the most famous artisans was Hon'ami Koetsu. His lacquer works are known for their splendor, sophistication and fine detail. Gold lacquering is metal powder sprinkled onto a lacquered surface with a picture painted on it. Techniques also include adding layers of lacquer to give a three dimensional effect or shaving off layers to reveal the pattern. Lacquerware is commonly used in Japan especially for tea ceremony tools. Gold lacquering techniques give an extra touch of luxury.

螺鈿：*Raden* inlay

■ その起源と由来について

「螺」は貝、「鈿」はちりばめるという意味です。螺鈿とは、虹色に光る貝を漆を塗った表面に貼りつけて光によって変化する鮮やかな模様を表現する漆芸技法のことです。エジプトの初期王朝の頃にはかなり発達しており、日本では正倉院宝物に多数見られることから奈良時代に伝わったと考えられます。昔から使われた貝は沖縄近海や屋久島で多くとれる夜光貝で、桃山時代以降は日本の近海ならどこでもとれる鮑貝が使われ始めました。

■ そのつくり方と職人技

螺鈿は、夜光貝や鮑貝、蝶貝などを削り取って板状にして装飾を施します。使う貝は通常厚さ1mmほどのものが多いのですが、中には0.1mmという極薄のものを使う高岡漆器（富山県）などもあります。文様を写した紙を貝に貼り、針や小刀、糸鋸で慎重に切っていきます。それを同じ文様を彫り込んである木地に図案に合わせて膠で接着し、黒漆を上から塗り、研いで光沢を出します。貝の小片が最も輝く方向を見極めながら1枚ずつ貼っていきますが、割れやすく1つの貝から数枚しか取れないため、金箔よりも高値になるのです。技法は貝のはめ込み方で埋め込み式、押し込み式、掘り込み式の3種類に大別できます。

■ 日本文化との関わり

宇治平等院鳳凰堂本尊の天蓋や、中尊寺金色堂、春日大社などの歴史的建造物内にある刀剣に伝統の螺鈿技法が多数見られます。明治時代以降には、日本漆器がすでに人気となっていた西洋向けにも、蒔絵や螺鈿で装飾を施した漆塗りの衝立や飾り棚などの大型家具が輸出されました。その一方で茶道具にはあまり螺鈿が好まれないのは、その妖艶な光が侘びさびと相容れないからかもしれません。

■ わかりやすい英語で説明すると

Raden involves adhering pieces of rainbow-colored shell to a surface painted with lacquer to create patterns that change with the angle of light. First used in the Early Dynastic Period of Egypt. The technique has developed considerably over time. There are several examples amongst the *Shosoin* Treasures so it is thought that *raden* came to Japan in the 8th century. Shells such as green turbans and abalone are easily found in the ocean around Okinawa. The pieces of shell used are usually approximately 1mm thick. Some are as thin as 0.1mm. The shells are carefully cut to fit precisely within the hollow carved in the wood. Lacquer is painted over the top and final polishing brings out the sheen of the lacquer and the shells.

彫漆・沈金・平文：Choshitsu carved lacquerware, chinkin gold inlay, hyomon applique

■彫漆

　彫漆とは、色漆を何回も塗り重ねてから文様を彫刻していく技法またはそのもので、違った色の断層が美しい文様となって現われるものです。中国で宗の時代に発展し、その後多種多様に変化しました。日本には鎌倉時代に禅宗とともに神奈川県鎌倉の寺院に伝わったとされ、香炉や香合、盆などの仏具が今も残っています。彫漆にはさまざまに異なる呼び名があり、色で分けると朱色のみを塗り重ねたものを堆朱、黒漆のみを塗り重ねたものを堆黒と呼び特に多く見られますが、ほかに堆黄、堆青などがあります。積み重ねるという意味の語である堆を使うことからもわかるように、何層にも色漆を熱く塗り重ねて層をつくっていくもので、何色か異なる色を用いる技法もあります。百回重ねてやっと漆が約3mmの厚さになるほどで、非常に根気と熟練がいる仕事です。重ねた層を彫り下げて生まれる立体感と現代的な造形とがあいまった色彩の美しさが特徴です。漆に油を混ぜると一回で厚く塗れるようになり、さらに柔らかくなるので彫りやすくなりますが、年月とともに光沢がなくなったり亀裂が生じたりする欠点があります。日本の彫漆では油の混入を控えているか、天然の漆だけを用いた漆芸品も多く見られます。

■沈金

　沈金とは輪島塗でよく使われる装飾技法の1つで、漆器に鑿や刀などの刃物で模様や絵を彫り込み、そこに金粉や金箔を貼ったり擦りこんだりするものです。中国、タイ、インドで栄えたものが室町時代に日本に伝わりました。明治以降には日本の方が発展し、石川県輪島市や沖縄が産地として有名です。まず和紙に下絵を描いて器に写し（転写）、鋭い鑿を使って漆面に絵を彫り込んでいきます（素彫り）。そこへ生漆を摺り込み、乾かないうちに金箔または金粉を彫った溝の中に綿を使って押し込み、乾いてから余分な粉をふき落として仕上げます。彫った凹みの中に金が沈むことから沈金という名がつきました。金粉の代わりに銀箔を用いたものは沈銀と呼び、ほかに顔料の色粉を沈める場合もあります。彫る際に三角刀や丸刀など形や太さの異なるさまざまな刃物を使うことで点彫り、細彫り、線彫などが可能になり、こうした線の彫り口に太さの抑揚をつけることにより、立体感のある美しく繊細な模様を表現することができます。

　日本の沈金のうち年代が明らかなものには、岐阜県勧学院の鳳凰桐文経箱（1538年）や、蓬莱沈金手箱（東京国立博物館）などがあります。江戸時代には、医師でもあった二宮桃亭が漆工として優れた作品をつくったほか、輪島でも沈金が製作され始めました。

■平文

　平文とは金や銀といった金属の薄い板を文様の形に切って表面に貼り込む技法で、唐時代の中国より奈良時代に伝わりました。中国語の古い言葉である平脱(へいだつ)と同一物であるとされており、日本では平安時代から桃山時代にかけて発展しました。室町時代以降には錫(すず)、鉛、真鍮(しんちゅう)などの金属も使われるようになり、これらは金貝(かながい)と呼ばれましたが広義には平文の一種と考えられます。平文では、まず漆塗りを施した箱に図案のデザインに合わせて薄い板金をはさみで切り取ってそれを貼りつけます。さらに黒漆を塗り重ねてから板金の模様が見えるまで炭で研ぎ出して仕上げます。平文の技術は蒔絵技法の一種であると考えられた時代が長く、単独での評価があまりされてきませんでしたが、石川県金沢市生まれの漆工である大場松魚(しょうぎょ)が現代に平文の技術を甦らせ、重要無形文化財保持者（人間国宝）に指定されました。大場は第二次世界大戦後に平文を研究し、蒔絵や螺鈿と併用した独自の技法で、伊勢神宮式年遷宮(せんぐう)の神宝制作や中尊寺金色堂の修復に携わりました。

■わかりやすい英語で説明すると

　Choshitsu lacquerware is made by layering several coats of lacquer over one another and then creating a pattern by carving the layers. The technique came from China during the 13th century. Many Buddhist altar goods were made using this technique. *Choshitsu* is time-consuming as it requires many layers of different colored lacquer to create the effect. One hundred lacquer layers is approximately 3mm thick.

　Chinkin gold (or silver) inlay is a method of decorating lacquerware. First, a pattern is carved into the lacquerware item using blades. Next, lacquer is rubbed into the grooves created and gold or silver leaf or powder is adhered to the pattern. After drying, excess leaf or powder is wiped off to reveal a beautiful pattern depicted in precious metal. This technique was common in China, Thailand and India. It was first seen in Japan in the 14th century.

　Hyomon is a decorating technique where thin sheets of metal such as gold and silver are cut into a pattern and then adhered to the lacquerware. It was first introduced to Japan in the 8th century and was further developed in Japan in the 12th century to include tin, brass and lead. Final layers of lacquer even out the additional height of the sheets to create a smooth surface. Some artists prefer to create a textured surface.

鎌倉彫：*Kamakurabori* carving

■ その起源と由来について

鎌倉彫は木彫りに漆をかけたもので、実用的で丈夫なつくりとなっています。源頼朝が鎌倉幕府を開いた12世紀に中国から禅宗とともに、堆朱と呼ばれる漆を何度も塗り重ねてつくられた仏具が伝来しました。鎌倉の仏師たちがそこから考案したのが、先に彫刻を施してから漆を塗り重ねるという新しい技法でした。室町時代には茶道具として香合や茶器、盆などが多くつくられ、桃山時代には和様化されて鎌倉物という名で呼ばれるようになります。江戸時代には茶の湯の発展とともに鎌倉彫の名が定着しました。

■ そのつくり方と職人技

地の木に直接下絵を描き、その線に沿って小刀で彫り込んでいきます。素材には欅、桜、黒檀、黒柿のような堅い木がよく使われましたが、彫りやすい朴や桂も近年は使われるようになりました。陰影をつけるために彫り跡を残した上に黒漆を数回塗り、朱、青、黄などの色漆をその上から彩色して仕上げます。

■ 日本文化との関わり

鎌倉時代から続いた鎌倉彫の伝統ですが、明治維新後の神仏分離令によって仏師が職を失い、一時は存続の危機に陥ります。2人だけ残った仏師は、生活雑貨など廉価の日用品を多く手掛けて鎌倉彫の普及に努めました。その結果、昭和には生産の規模を拡大するとともに、趣味として鎌倉彫を習得する人も増えて盆や菓子器など広く日常生活に使われるようになり、1979年には伝統的工芸品の指定を受けました。

■ わかりやすい英語で説明すると

Kamakurabori items are carved from hardwood and lacquered to create a practical and durable piece. When Minamoto no Yoritomo founded the Kamakura Shogunate in the 12th century, lacquered items were used as Buddhist altar pieces. This was the inspiration for carved, lacquered items. In the 14th century, *Kamakurabori* pieces were popular as vessels for tea and incense as well as for trays. Hardwoods such as zelkova, cherry, ebony, and persimmon are carved with patterns and then several layers of lacquer are painted on before polishing. After the Meiji restoration many Buddhist sculptors lost their jobs. They then shifted to making everyday items. In 1979, *Kamakurabori* was designated a traditional handicraft and the art continues today.

産地による分類 : Categories by area

・会津塗（福島県）

会津塗りの歴史は古墳時代にまでさかのぼり、大塚山古墳からは漆塗りを施した武具や装飾品が出土しています。森林資源が豊富な会津では木地職人の技術が高く、江戸時代には京都から蒔絵も伝わって隆盛を誇りました。代表的な技法は、金箔を粉にした消金粉を蒔きつけて仕上げた消粉蒔絵です。

・輪島塗（石川県）

能登半島の先端にある輪島は、日本を代表する漆器の産地です。その始まりは和歌山県の根来寺の僧から伝えられた漆芸とされており、当初は日常雑器のための素朴なものでした。後に朝鮮より伝来の沈金が加わって、前田藩の保護のもとで蒔絵など高度な技術が発展し名声を得るようになりました。

・津軽塗（青森県）

青森県津軽地方で江戸時代中期に始まった漆芸は、刀の鞘から始まりました。その技法には、唐塗、七々子塗、紋紗塗、錦塗の4つがあります。代表的な唐塗りは、色漆を塗っては研ぐという作業を繰り返し、最後に平らに研ぐと何重にも重ねた色漆の層がまだら模様になって見えるのが特徴です。

・山中塗（石川県）

安土桃山時代に山中温泉に木地師の集団が越前から移住してきたことが始まりとされています。「木地の山中」と呼ばれるほど質が高い木地は、加飾挽きと呼ばれる轆轤を回しながら模様をつける技法です。木目の美しさを活かすために無色の生漆を薄く摺り込む「摺り漆」が広く知られています。

・越前塗（福井県）

山に囲まれた福井県越前地方では良質な漆と木材が豊富に手に入ったため、古くから漆器の生産が盛んで、始まりは1500年前の古墳時代とされています。柿渋汁と炭粉を混ぜて使う渋下地の開発により量販体制が可能になりました。

・春慶塗（岐阜県）

木目の表情をそのまま活かした透明な漆塗りが特徴の飛騨春慶塗は、岐阜県高山地方が発祥の地です。これは、春慶漆と呼ばれる透明度の高い上塗り専用の透漆を塗って仕上げたもので、素材としては桧や松、欅がよく使われます。天然の木目に漆を直に塗るので簡素ながら丈夫でしゃれた感じもあり、一般家庭に広く普及しています。

・根来塗（和歌山県）

鎌倉時代より、和歌山県の根来寺で僧侶たちが自家用のための仏壇仏具、また接客用の膳、碗、鉢などの食器をつくったことが、根来塗の始まりとい

われています。何度も塗り重ねた黒漆の上に朱塗りを重ねて仕上げたもので、素朴で堅牢な美しさが特徴です。長年使ううちに朱がすり減って、中塗りの黒がのぞくようになるのも趣があります。

・京漆器（京都府）

 8世紀後半に奈良で始まった末金縷（まっきんる）という漆地に金銀の粉を散りばめた技法が平安京へ受け継がれたものが、京漆器を代表する蒔絵の源流といわれます。平安時代には研ぎ出し蒔絵や平蒔絵、鎌倉時代には高蒔絵、安土桃山時代には高台寺蒔絵が完成し、京漆器は茶道具としても欠かせない存在です。

・琉球漆器（沖縄県）

 中国との貿易が盛んだった14世紀頃、琉球王国に漆芸が伝わったとされます。素材に軽くて柔らかい梯梧（でいご）の木を用い下地に豚血を粉と練ったものを使った独特の漆芸が、琉球王朝での祭礼器として発展しました。薩摩藩の支配下では螺鈿や沈金を施した精緻な琉球漆器が幕府へ献上されました。

■ 日本文化との関わり

 漆という語は「うるおし」（潤し）、うるわし（麗し）から転訛したともいわれ、縄文時代の遺跡からも漆塗りの器が出土するほど、古くから日本文化と深いつながりがあります。漆の木の幹に鎌で傷をつけにじみ出る樹液を採取して（掻きとり）、木地に塗ったものを総称して漆芸（しつげい）と呼びます。掻きとった漆は、初め乳白色をしていますが外気にあたると茶褐色に変色します。これを塗料にするには、ろ過して加熱した後に撹拌（かくはん）して精製し、余分な水分を取り除きます。こうしてできた漆は乾燥まで時間がかかり粘着性が高く、また耐水、耐熱、耐酸性に優れているため、いろいろな装飾技法を施すことが可能です。漆の塗り方には、木地の美しさや色合いを活かした透明な仕上げの塗り方と、木地が見えないように黒や朱の漆を塗り重ねて砥石で研いで仕上げる塗り方とがあります。

 中国や朝鮮半島を始め東南アジア諸国でも特色ある漆芸が発達しましたが、漆器を英語でジャパン（Japan）と呼ぶほど特に日本において発展しました。そこには、硬質の漆が採れることと、漆器の木地となる木材が豊富であるという日本の地理的要因が大きく影響しています。縄文時代には朱塗りが多く、魔除けの色でもある朱（赤）を器のみならず装身具や祭礼具にも用いたと推測されます。弥生時代から奈良時代にかけては黒漆が盛んとなり、仏教の伝来とともに蒔絵技法がもたらされます。仏具、食器、調度品、武具など広範囲にわたりさまざまな装飾を施した漆芸品が法隆寺や正倉院に数多く残されています。平安時代以降には朱塗りが宮中などで用いられるようになり、さまざまな技法が施された漆芸がますます発展を遂げ、南蛮貿易にお

いて海外へも輸出されました。江戸時代には各藩が産業として漆芸を保護奨励したため、全国各地でその特色を活かした漆器の産地が誕生します。その結果、貴族や武家ばかりでなく一般庶民にも漆器が広まり、茶の湯の隆盛とともに茶道具としても重用されました。現代の生活においても伝統技法が受け継がれ、産業としての漆芸品と美術工芸としての作品とが共存しています。

■ わかりやすい英語で説明すると

Aizu lacquerware is made in Aizu, Fukushima. It has a very long history dating back about 1,700 years with evidence being found in the form of artifacts from burial tombs.

Wajima lacquerware is produced in Wajima, Ishikawa located on the tip of the Noto Peninsula. Originally, Wajima produced simple, practical items. Later, advanced techniques such as *maki-e* and *chinkin* were incorporated.

Tsugaru, in Aomori, is where Tsugaru lacquerware is produced. It is famous for *karanuri* which creates a speckled effect.

Yamanaka lacquerware is also made in Ishikawa. The techniques used by woodworkers here create beautifully carved patterns and textures.

Echizen in Fukui is plentiful in high-quality lacquer sap and trees. The history of lacquerware here is 1,500 years long.

Shunkei lacquerware was first made in Hida, Gifu in the 16th century. It is distinctive due to the bark of the trees it is made from.

Negoro lacquerware from Wakayama is simple and elegant. Items are intended to be functional and not decorative but they are recognized as outstanding designs.

Kyoto lacquerware features thicker layers and a thinner core of wood. Precision is required to make a beautiful piece and they are highly-valued as tea utensils.

Ryukyuan lacquerware from Okinawa was originally strongly influenced by Chinese and South Asian techniques. It was only later that Japanese styles were incorporated.

Many lacquerware items have been unearthed from preshistoric archaeological sites. The sap from lacquer trees (poison oak) is harvested, heated and refined to create the paint. Lacquerware is both beautiful and durable making it perfect for both daily use and for creating treasures that last.

2. 美術工芸にまつわる伝統工芸品を理解し英語で伝える

(3) 金工：Metal working

鋳金：Metal casting

■ その起源と由来について

　鋳金とは、単金または合金を高温で加熱して溶かし、土、砂、石などでつくった鋳型に流し込んで仏像仏具、茶釜、鐘などをつくることです。青銅器を使った鋳造技術は古代メソポタミア文明で紀元前3000年頃に生まれ、続いて紀元前1500年頃に錬鉄が始まりました。中国大陸では紀元前700年頃鉄器の鋳造が始まり、紀元前300年頃には日本にも朝鮮半島経由で青銅器と鉄器が伝わりました。日本では紀元前100年頃に銅鐸や楯、刀剣、槍、甲冑などの鋳鉄が始まりました。飛鳥時代には仏教の伝来とともに蝋型法鋳造が発展し、743年から30余年をかけて奈良の大仏の制作が行われました。その基本技術は今もあまり変わらず継承されています。

■ そのつくり方と職人技

　金工技術の中でも鋳金では特に複雑で精密な造形が可能になります。その工程は鋳型の製作、型に「湯」と呼ぶ溶解した金属を流し込む鋳込み、冷えて固まった金属を取り出して表面を研磨する仕上げの3段階となります。

・鋳型作り

　鋳金では、鋳型をあらかじめつくっておく過程が非常に重要になります。材料には古くから砂と粘土が主に使われてきましたが、現在では石膏やシリコンなども使われます。

　込型　粘土などで制作した原型から外型をつくり、その内側に模様を転写します。中子と呼ばれる一回り小さな型と組み合わせて鋳型全体を素焼きにした後、その隙間に湯を流し込みます。最も古い技術で、中が空洞になる梵鐘や大仏などの製作に用いられます。

　蝋型　ミツバチの巣からできる蜜蝋とマツヤニを配合したもので原型をつくり、砂と粘土汁を配合した真土を塗り重ねて土の型をつくります。それを加熱し、ロウが溶けてできた空間に溶かした金属を流し込む技法です。ロウは柔らかく成形しやすいので非常に緻密な鋳型ができますが、1つずつしかつくれないため量産には向きません。

　惣型（双型）　原型を用いずに、半断面を形づくった板（挽型板）を回転させながら、製作する物の形や文様を真土に直接彫刻して鋳型をつくる方法です。円形を基本とする梵鐘や茶釜を鋳造するのに適しています。

・鋳込み

　溶解する金属素材の種類、気温や鋳物の形状によって溶解する金属の温度を調節します。毎回異なる適温は長年の経験からくる勘が頼りとなります。

・仕上げ

　湯が冷えて固まったら鋳型を壊して中から作品を取り出し、金属表面の傷を取って研ぎによって仕上げます。表面に漆や薬品で色を焼きつけたりして着色することもあります。

■ 日本文化との関わり

　日本の鋳物製造は、江戸時代末期にオランダから技術を導入して近代化に努めてきました。伝統工芸としての鋳金の分野ではこれまでに4名が重要無形文化財保持者（人間国宝）に認定されています。1960年に蝋型鋳造で認定された佐々木象堂（しょうどう）（1882-1961、新潟）は、代表作の「瑞鳥（ずいちょう）」をはじめ鹿、馬、魚などの動物を大胆なデザインで生き生きと表現しました。彫刻家高村光雲の三男、高村豊周（とよちか）（1890-1972、東京、1964年認定）は、伝統的な鋳造法を用いて古典的な題材を近代的感覚で制作しました。梵鐘で認定された香取正彦（1899-1988、東京、1977年認定）は生涯に140余の梵鐘（ぼんしょう）を制作し、比叡山延暦寺、広島平和の鐘を手がけました。齋藤明（さいとうあきら）（1920-2013、東京、1993年認定）は蝋型鋳金の造形から着色仕上げまで手がけ、異なる2種類の金属を型に流し込む吹分（ふきわけ）を得意としました。大澤幸民（おおざわこうみん）（1941-、富山、2005年認定）は焼型鋳造に熟練し、独自の「鋳ぐるみ法」を生み出しました。

■ わかりやすい英語で説明すると

　Chukin metalworking involves pouring molten metal into a mold made from clay, sand, or stone and leaving it to cool and harden before removing and polishing. The technique is used to make items such as altar goods, tea utensils and mirrors. Bronze casting originated in Mesopotamia more than 5,000 years ago. Bronze working came to Japan around 2,100 years ago. The Big Buddha in Nara was made using this technique over 30 years beginning in 743. *Chukin*, of all metalworking techniques, provides the most precise and fine results. *Komegata* molds have an inner and outer mold to create a hollow object. *Rogata* molds use a wax form to create the shape which then melts as molten metal is poured in. After cooling, the mold is destroyed to reveal the cast piece. *Sogata* is swept clay or skin-fired molding during which a board is rotated with the material to sculpt symmetrical objects such as tea kettles or temple bells. After cast items are removed from the mold they are polished and painted with paint or lacquer.

鍛金：*Tankin* metalwork

■ その起源と由来について

　現在鍛金といえば一般的には金属を板状、線状、立体状に叩きのばして器物をつくることを指しますが、工芸的には日本刀の鍛造技術である鍛冶と鍛金とは区別されます。人類最古の金属成形技法がこの鍛金で、日本には弥生時代に大陸から冶金技術とともに伝えられて発展し、奈良時代にかけて鍛金の押出技法による仏像づくりが盛んになりました。法隆寺玉虫厨子の扉背面の千仏銅板が代表的です。

■ そのつくり方と職人技

　鍛金の主な制作工程には、金、銀、銅、鉄などを薄くのばした板金を表裏から打って成形する「鎚起技法」、金属板を折り曲げたり、ろう付けなどして立体的なものをつくる「板金技法」、原型の上に薄い板金をのせ、上から叩いて原型の形を転写する「押出技法」があります。いずれも古墳時代の馬具や装身具などに始まり、奈良時代以降は仏像や仏具、室町時代から鎌倉時代には甲冑や刀剣装飾に多く見られます。

■ 日本文化との関わり

　明治時代に入って武士階級が消滅し、廃刀令が出されると、それまで刀の鍔などの装飾を手掛けていた金工たちは職を失います。そこで輸出向けの鋳造工芸品にその高度な技術を転用し、帯留めや煙草入れのような装身具、花瓶や皿、香炉などをつくり始めました。明治新政府の後押しもあり、日本の精緻で優雅な金属工芸品はヨーロッパで大人気となります。現代まで受け継がれてきた優れた金工技術の基礎は、そんな激動の時代に生き残りをかけた職人たちの努力によって築かれたといえます。

■ わかりやすい英語で説明すると

Tankin metalwork is a technique of hammering a lump of metal into a thin sheet or three-dimensional shape. This type of metalwork is considered separate to blacksmithing and sword making. *Tankin* is considered the oldest metalwork technique. It began in Mesopotamia and Egypt over 5,000 years ago. In the 8th century it was used to create altar fittings for Buddhist images in Horyuji Temple in Nara. Metals used include gold, silver, copper, bronze, nickel, brass and iron. In the late 19th century when the Sword Prohibition Order was issued, metalworkers lost their livelihood making swords for samurai. Some managed to turn their skills to making accessories, dishes and incense holders.

第Ⅱ部　芸能・美術工芸・武芸にまつわる日本文化と伝統工芸品

彫金：*Chokin* metal engraving

■ その起源と由来について

　彫金とはその名が示す通り、多種多様な鏨という道具を使い分けて金属を彫ったり削ったり透かしたりして文様を施す技法です。中国では紀元前7世紀頃から青銅器の加飾に用いられており、日本には唐代（7世紀）に伝来して飛鳥・奈良時代の装身具や仏具などに使われました。複数の技法を組み合わせて用いることも多く、また彫りに合わせて必要な鏨をつくって研ぐことも職人の重要な仕事です。今日では貴金属を用いた装身具やアルミニウム、ステンレスなどの日常品素材にも彫金技法が広く用いられています。

■ そのつくり方と職人技

・彫り

　彫金技法では、さまざまな形状の鏨を用いて金属の表面を彫り、模様や文字を表現します。毛彫りは、先端が3角形や丸形になった毛彫り鏨を使って、髪の毛のように細い線状の文様を彫っていくもので、仏像仏具や甲冑刀剣に広く使われる技法です。東大寺大仏の台座蓮弁が有名です。片桐彫は、片側の刃のみを使うことから片切りの名がついたといわれます。線の強弱によって絵画のような勢いを表すことができ、現在最も多く見られる技法です。打ち出しは、先端を丸くつくった鏨と金槌で叩いて半立体の模様を施す作業です。蹴り彫りとは、かかとで地面を蹴るような感じで金属面をへこませて楔を並べたような文様を彫刻するもので神輿や仏具に多く用いられます。古くは奈良・平安時代の壺や鏡に見られ、正倉院にも遺品が多く残されています。先端が小さな輪になった鏨を使って極小の円形を金属の表面に打ち込む魚々子は、見た目が魚卵のように見えることからそう呼ばれます。文様をひきたて際立たせるため図柄の地紋として打ちこむことが多く、正倉院には奈良時代の魚々子鏨が残されています。

・透かし彫り

　鏨や糸鋸を地金に対して垂直に当て、金槌で落とすように叩いて透かし文様を施すもので、文様透かしと地透かしがあります。古来より刀剣の鍔、馬具や装身具に用いられました。全長が5mある法隆寺の金銅透彫灌頂幡（東京国立博物館蔵）は献納宝物の代表的なもので、飛鳥時代（7世紀）につくられました。灌頂とは仏教の儀式で、それに用いる細長い幡を灌頂幡と呼びます。糸鋸が存在しない時代に鏨だけで如来や天人、雲、唐草文などを表したものです。ほかに釣り灯籠や香炉などの仏具、室町・江戸時代の刀剣装飾などに優れた細工が多く見られます。

・象嵌

2. 美術工芸にまつわる伝統工芸品を理解し英語で伝える

　漆芸や陶芸にも象嵌は使われますが、金工での象嵌とは金属の素地に彫った文様の形にほかの金属をはめ込む技法のことです。その形式によって線象嵌（線状の文様があるもの）、平象嵌（平面仕上げ）、高肉象嵌（高く盛り上げたもの）などがあります。布目象嵌は細かい目の布を貼ったように見えるもので、十文字に切り目を刻んだ跡に金銀の箔を打ちこむものです。糸鋸で透かし抜いた図案の穴に合わせて金属をはめこむ切り嵌めもあります。

■日本文化との関わり

　刀剣装飾や甲冑などで将軍家や武家に保護されていた金工の分野は、徳川幕府の終焉の後に発布された廃刀令により帯刀禁止となったために、明治時代当初は大打撃を受けました。しかし新政府は国内で勧業博覧会を開催し、また海外の博覧会に積極的に参加して芸術を育成する方針をとったため、維新後に多くの刀剣職人は彫金職人に転身しました。そうした名工たちの作品が1867年のパリ万国博覧会を皮切りにシカゴ、ウィーン、フィラデルフィアの万博に次々と出品されると、鋳金、鍛金工芸品に精緻な装飾を施す優れた彫金技法は、欧米で注目を浴びて絶賛されました。輸出目的でつくられたこれらの作品が日本にはほとんど残っていないのは、残念なことです。今日の伝統工芸としての金工では、伝統的な彫金技法に現代感覚を合わせ造形美に重点を置いた端正な作品の数々が多くつくられています。

■わかりやすい英語で説明すると

　Chokin engraving is the process of using several different tools to create designs and decorations in metal. It was first used in Japan in the 7th century to decorate Buddhist altars and utensils. The artisans create their own tools to achieve the desired effect. Samurai would commission *chokin* artisans to design their armor and weapons. These days, the same techniques are used for vases, plates, and other ornaments. *Chokin* engraving uses many kinds of chisels to carve shapes, designs and text into metals such as gold, silver, stainless steel, and aluminum. Techniques include hairline engraving, hammer embossing, and kick engraving. Fretwork is the process of opening up patterns through a piece of metal. It was used for sword guards as well as harnesses and stirrups for horses. One magnificent example is the gilt bronze banner from the Horyuji Temple Treasures made in the 7th century. Inlay, seen in ceramics and lacquerware, is also used in metalwork where different metals are inlaid into engraved patterns.

(4) 木工：Woodworking

指物：Cabinet work

■ その起源と由来について

　指物とは、板と板を指し合わせてものを組み立てることからその名がついたようです。木工家具指物は千数百年の歴史をもち、仏教伝来とともに社寺建築や仏具から発展しました。8世紀につくられた厨子（仏像や教典、位牌などを中に安置する戸棚形の仏具）には見事なものがあります。10世紀頃からは宮廷の調度品を多くつくるようになり、安土桃山時代には調度品や室内装飾品が多数つくられました。さらに千利休を祖とする茶道文化は、「侘びさび」に応ずる簡素な木工技術を求めました。

■ そのつくり方と職人技

　指物家具には、箪笥、鏡台、衣桁、衝立、文机、飾り棚、欄間などがあり、どれも金釘を使わずに「ほぞ」と呼ばれる凹凸の切り込みを組み合わせて家具をつくるのが特徴です。材料には杉、桐、桑、欅、桧など木目が美しい木を使います。寸法に合わせて「木取り」をし平らになるまで鉋で削ってから、鑿でほぞを彫る組手加工をします。次に仮固めをしてからくみ上げ、面取り、金具取りつけなどの加工を施して磨きます。

■ 日本文化との関わり

　平安時代から続く伝統的な木工技術は京指物と、東京で発展した江戸指物とがあります。江戸指物は徳川幕府が職人町をつくったことが始まりで、大工から分かれて家具をつくる指物師がうまれました。現在、生活様式の変化や後継者不足など、天然木を用いる指物は多くの課題を抱えています。

■ わかりやすい英語で説明すると

　Japanese wooden cabinet work has a history of over 1,000 years. It developed from Buddhist items made for temples and shrines. Miniature shrines made in the 8th century are exquisite pieces of work. In the 10th century furnishings were being made for the castles being built around the country. Simple, beautifully made furnishings were in line with the tea culture made popular by Sen no Rikyu. Items made using cabinet work techniques include chests, dressers, kimono racks, screens, writing desks, and display shelves. The main characteristic is the precise dovetailing used to join the pieces making each item. Woods used include cedar, paulownia, mulberry, and cypress. Cabinet work requires high level skills and expensive materials; lifestyle changes have meant that there is little demand these days making survival for workers difficult.

182   2. 美術工芸にまつわる伝統工芸品を理解し英語で伝える

刳物：*Kurimono*, hollowing

■ その起源と由来について

「刳る」とは刃物などを深く刺し入れて回し、くりぬく動作のことです。刳物とは、一本の無垢材を刳って刀や鑿、鉋などの刃物で成形した器などのことを指します。木工芸の中でも最も原始的な方法で、日本でも古くから鉢や臼をつくるのに使われてきました。木工製品としての技術が完成したのは江戸時代以降で、宮島（広島県）や伊勢（三重県）が有名な産地です。

■ そのつくり方と職人技

刳物には一木（継ぎ目のない1本の木）を使うため、木の厚みを活かして素地の美しさを見せながら複雑な形や曲線を自由に彫り出すことができるのが特徴です。用材となる木材の性質によって使う道具も違ってきます。削り跡を粗めに残すこともあれば、美しく平らに処理を施したり、または彫りで絵柄をつくり出したりと、作品によってさまざまな趣が現れます。道具と手だけで彫るという単純な技法ですが、職人の腕がそのまま物に現れるため、体力と根気が要求されます。

■ 日本文化との関わり

木工芸と茶道の関わりは深く、江戸時代後期の茶道の隆盛とともに衝立、茶盆、菓子皿などの木工芸も発展してきました。しゃもじが有名な宮島細工は、鎌倉時代の厳島神社建立の際に京都から職人が集まったことで発展しました。剣玉や独楽などの玩具が知られる伊勢の刳物技術は、明治時代に信州からきた職人より伝わったといわれています。伊勢神宮の参拝客の土産物として人気を集めて発展し、鮮やかな色が施された玩具のほか、盆や煙草入れなどの日用品がつくられています。

■ わかりやすい英語で説明すると

Kurimono is a technique of hollowing out a piece of wood by inserting a blade and rotating to form a finished product such as a pot or mortar vessel. Miyajima in Hiroshima and Ise in Mie are well known for *kurimono*.

Kurimono uses only one piece of wood. The technique enhances the beauty of the timber used. The inside may be rough or completely smooth depending on the intended purpose. A design may be hand-carved onto the outside surface. The techniques and tools are relatively simple but the skills of the maker are clear to see. Woodworking and the tea ceremony are closely connected. The demand for screens, trays, and plates for sweets pushed the refinement of woodworking techniques which were then further refined into toys and works of art.

曲物：Circular boxes

■ その起源と由来について

　桧や杉などを薄く削り、円形や各丸に曲げて成形する木工を曲物と呼びます。日用品には盆、わっぱ、おひつ、せいろなど、神具として三宝、折敷、神器に用いられます。秋田杉を使った曲物発祥の地は秋田県大館市です。当地では江戸時代より、貧しい下級武士たちの副収入のために領内の豊富な森林資源を利用した曲げ物制作が奨励されていました。福岡県では博多曲物が神前に供える祭具の1つとして、400年以上前に始まりました。ほかにも青森県には耐久性と殺菌作用に優れた青森ヒバを使った津軽曲物、奈良県には吉野杉を使った吉野曲物がありましたが、いずれも衰退して今は入手が困難になっています。

■ そのつくり方と職人技

　木を曲げる方法は基本的に2種類で、湯につけて柔らかくして曲げる湯曲げと、鋸で目を入れて曲げる引曲げがあります。側面には桧や杉などの柔らかな木材を使い、蓋板と底板には木目の美しい別の木材を取り入れることもあります。囲むように曲げた側面の継ぎ目は白樺や山桜の皮などで綴じて、底をつけます。仕上げ方法には白木のものと漆塗りのものがあります。

■ 日本文化との関わり

　曲物で最もよく知られているのが秋田県の「大館曲げわっぱ」で、国の伝統的工芸品に指定されています。ほかに現在も産地とされているのは、博多（福岡）、木曽（長野）、尾鷲（三重）などです。かつては全国各地で端材を利用した曲物がつくられていましたが、日本人の生活様式の変化に伴う需要の激減により衰退し、廃業したところが多くなっています。

■ わかりやすい英語で説明すると

　To make Japanese circular boxes thin sheets of cypress and cedar are bent into a circular or oval shape to form everyday utensils such as trays, lunch boxes, rice containers, and steamer baskets. Making circular boxes in Akita was a common side job for low-level samurai. Methods such as soaking in hot water, or a vice, are used to bend the wood. Soft woods such as cedar and cypress are used for the sides, with the base and lid being made from woods with beautiful grain. Birch and cherry are used to join the pieces before applying a clear lacquer. The most famous circular boxes are the lunch boxes made in Akita which are designated a traditional craft. Circular boxes used to be made throughout Japan but changes in lifestyle have meant that there are very few places now producing.

挽物(ひきもの)：Turnery

■ その起源と由来について

挽物とは、棒状の轆轤鉋(ろくろかんな)や旋盤で回転させた木材の表面に刃物を当てて削り出し、器などを成形していく技法で、椀、鉢、丸盆などに用いられます。現在の轆轤の原型である回転台の形式をもつ道具は弥生時代に早くも登場したと思われ、奈良時代の木製漆塗(うるしぬり)木鉢（東京国立博物館蔵）は歪みが少ない優れた形で残っています。産地には木材の豊富な東北や北陸地方が多く、中でも山中塗漆器の盛んな石川県と長野県の南木曽ろくろ細工、富山県の庄川挽物木地、神奈川県の小田原挽物細工、島根県の欅(けやき)挽物細工などが知られています。江戸時代中頃から挽物の生産が始まったところが多いのですが、中には平安時代までさかのぼる歴史をもつところもあります。

■ そのつくり方と職人技

漆器の制作のもととなる挽物を轆轤でつくる職人を、木地師と呼びます。木地師の仕事は、鍛冶仕事で道具を自分でつくることから始まり、白生地の挽物を仕上げるところまでが主となります。挽物製品は木取り、荒挽き、仕上げ挽きといった各部門の分業でつくられており、伝統的な木工品の中で最も量産が可能です。原木を仕入れて乾燥させ、大まかな形に木取りをして白木地に仕上げるまでに１年以上かかります。

■ 日本文化との関わり

ほかのあらゆる伝統工芸品と同様に、木工品も生活様式の変化による需要の減少、安価な海外製品の流入、後継者の育成といった問題に直面しています。加えて木工品では、木の伐採により材料となる良い原木を入手することが困難になっています。まず木を育てることから始めなくてはなりません。

■ わかりやすい英語で説明すると

Turnery is the art of shaping objects using a lathe. It is used to make bowls, pots, and round trays. The original wheel used to spin items for turning was first seen around 2,300 years ago. There is a turned, lacquered bowl in the Tokyo National Museum that has kept its shape without warping since it was made in the 8th century. Areas famous for turning include the Tohoku and Hokuriku regions where wood supply is abundant. Turned items are the core of items for lacquering. A woodturner's work begins with blacksmithing their own tools and finishes with a beautifully turned product. The process from selecting a tree to drying and eventually turning can exceed one year. As with many traditional crafts, the demand for woodturning is decreasing.

寄木細工：Parquetry

■その起源と由来について

かつて東海道の宿場町として栄えた神奈川県箱根・小田原地方のものが有名ですが、その技法は江戸時代末期に籠屋の副職として広まったといわれます。当初は家具が多かったのですが、次第に文具、硯箱、筆箱、宝石箱などに移り、明治時代にはからくり箱や秘密箱と呼ばれる仕掛けが施してある小箱も考案されて人気となりました。いろいろな木を寄せ集めて市松模様、麻の葉模様、亀甲模様を表すものが代表的です。

寄木細工

■そのつくり方と職人技

多種類の木材を寄せ合わせて幾何学模様の単位模様をつくり、これを輪切りにして一定の厚みをもった種板とします。特殊な鉋で薄く削って薄い紙状の板に加工し、箱や指物製品に貼りつけて加飾します（ヅク貼り）。種板をそのまま小箱や器に成形することもあります（ムクづくり）。

■日本文化との関わり

秘密箱の技法が発展して生まれたものがからくり箱で、海外にコレクターも存在します。木片を正しい順番にスライドさせると箱が開くのが秘密箱で、からくり箱は押したり回したり振ったり、あけ方そのものをパズルのように発見する楽しみがあります。どちらにも寄木細工の新しい販路を開拓できる可能性があり、若い職人たちも集まってきています。

■わかりやすい英語で説明すると

The Hakone and Odawara areas in Kanagawa are most famous for parquetry. It is also thought to have been a secondary skill for palanquin makers. Originally the technique was used to decorate furniture and later developed into the creation of letter boxes, inkstone cases, brush boxes and jewelry boxes. Parquetry involves matching up different colors and shapes of wood together to create a block and then shaving with a plane to reveal the geometrical patterns in paper-thin sheets. These sheets are then used to cover boxes, cabinets and other items. There are many overseas collectors of Japanese parquetry puzzle and trick boxes. Puzzle boxes require a set order of movements to open. Trick boxes are more complicated and may include mechanisms to open the box.

(5) 竹工芸：Bamboo craft

■ その起源と由来について

　日本における竹の種類は約600種もあり、そのうちの約10種類が竹工芸に使われています。縄文時代にはすでに竹編みの笊や籠、弓や槍もつくられていました。奈良時代に入ると中国から仏教が伝来し、寺院で使うための竹工品の制作に新しい技術が取り入れられました。正倉院には花籠や盛籠の優れた作品の数々が残されています。室町時代以降は茶道具にも多く用いられるようになり、茶筅、茶杓、花入、花籠などの多様な竹工品が発達しました。さらに和紙や木と組み合わせて、扇子、団扇、和傘、提灯などの工芸品にも竹は広く用いられるようになりました。明治時代には欧米の博覧会に出品されて日本の竹工品は高い評価を得ました。

■ そのつくり方と職人技

　竹工品の素材としては弾力性に富む真竹、色がついた黒竹、日本の竹の中で一番大きくなる孟宗竹、淡竹が良く用いられます。茅葺屋根の天井裏で囲炉裏の煙にいぶされて飴色になった煤竹は、現在は高級素材として珍重され入手が困難になっています。竹材は冬の間に伐採したものを天日に干して乾燥させたものを用います。竹はしなやかで弾力性があり、かつ折れにくいという性質をもっていることから編組品に適しており、その技法は種類も多く、全国各地で独自の呼び名がついています。1つの作品に複数の技法を用いている場合も多く、染色する場合もあります。色をつける場合には、昔ながらの染料を溶かした熱湯に竹を入れて煮ます。

■ その種類と特徴

・駿河竹千筋細工：**Suruga bamboo basketry**

　竹を割いた竹ひご（千筋と呼ばれます）を組んで花器、籠などをつくる竹工品で、江戸時代の中頃から始まり静岡県で主に生産されています。南京編と網代編の2種類が形をつくるのによく用いられ、縁を籐の皮でかがって各部品をつくります。

千筋細工

・別府竹細工：**Beppu bamboo basketry**

　大分県大分市、別府市などが主な生産地で、14世紀頃に行商に用いられる籠作りを始めたのが起源とされています。原料となる竹が豊富なため、塗装などは行わず、竹の美しさを生かした製品がつくられます。

・和弓：**Japanese archery bow**

　宮崎県南部にある都城市は江戸時代、島津藩が和弓の技術を保護したこ

とから和弓づくりが盛んです。竹選びに始まり、選んだ竹を割って炭火であぶり表面に浮いた油をふき取り（油抜き）、天日に1週間ほど干してさらしたら、寸法と幅を決め小刀で削ってそろえ、また炭火であぶって焦がし、削って仕上げます。通常、1人の弓師がこの全行程を手がけます。

・勝山竹細工：**Katsuyama bamboo basketry**

　岡山県で主に生産され、19世紀中頃に農具の生産から始まったとされています。「張そうき」という竹籠は代表的な製品の1つです。

・高山茶筌：**Takayama tea whisk**

　奈良県生駒市では、茶道に用いる全国の茶筌の9割が生産されています。茶道の各流派によって決まっている茶筌の各種を、淡竹（はちく）、黒竹などを用いて15世紀から受け継がれた技法でつくり続けています。

・簾（すだれ）：**Bamboo screen**

　簾には、万葉集の歌にも詠まれて7世紀頃から室内の優雅な調度品として使われてきた御簾（みす）と、葦（あし）でつくられた屋外用のものとがあります。現在使われている屋外用の日除けのほとんどは輸入品です。古来より変わらぬ形のまま神社仏閣などで使われる御簾は竹を使った日本の伝統工芸品で、大阪金剛簾（大阪府河内長野市、金剛市など）、江戸簾（東京都港区、品川区など）、京簾（京都市）、八女簾（福岡県八女市）などがあります。

■ わかりやすい英語で説明すると

　There are over 600 different types of bamboo in Japan approximately 10 of which are used for bamboo crafts. In prehistoric times bamboo was used to make strainers and baskets as well as bows and spears. Bamboo flower baskets are included among the *Shosoin* Treasures. From the 14th century, bamboo began to be used for tea utensils such as scoops, whisks, and vases. Bamboo was also used in combination with wood and washi paper to make fans and lanterns. The highest quality bamboo for crafting is *susudake* or soot-colored bamboo. *Susudake* is made by storing bamboo in the ceiling of a house with a sunken hearth. The smoke from the hearth rises through the bamboo and colors it. Unfortunately, there are very few of these houses left making this bamboo very hard to find for craft making. Items still made from bamboo include bows for Japanese archery, Suruga bamboo basketry, Katsuyama bamboo basketry, Beppu basketry craft, Takayama tea whisks, and bamboo screens. Bamboo is versatile due to its strong flexibility and inherent antiseptic properties.

(6) 人形：Dolls

人形①：Dolls

■ その起源と由来について

　人形の歴史は人間の歴史とともにあるといえますが、古代の人形は神や精霊の依代（神霊が依り憑く対象となるもの）として生まれました。その後、人形は、他人に呪いをかけるための呪詛の道具や、人の代わりに災厄を避けてくれるお守りとして用いられ、さらには安産や豊作の祈願にも使われるようになっていきました。

　我が国で最古の人形は、縄文時代（紀元前1万年前後〜紀元前4世紀頃）に女性を模したか、精霊を表現してつくられたと考えられる土偶であるといわれます。安産だけではなく、病気や怪我の回復、また災害除けの生贄の代わりとしてつくられたものです。古墳時代（3世紀後半〜7世紀）には古墳の上に並べられた素焼のやきものである人形の埴輪が出てきます。当時は貴人が死去するとその陵墓のまわりに側近たちを生き埋めにする殉死の風習があったのですが、それがあまりにも酷いというところから、人形の埴輪をつくり、家来や従者たちの代わりとして埋葬したのです。

　生贄や殉死の身代わりとして人形に代わり、愛玩用やお守り用の人形が登場するのは平安時代に入ってからで、それらの人形は形代、天児、這子人形がもとになって生まれたものです。形代は、自分たちが知らない間に犯した罪、過ち、心身の汚れなどを祓い清めるために夏と冬の年2回神社で行われる大祓に用いる紙の人形のことです。これで身体を撫で、息を吹きかけて、自分の罪穢れを形代に移しそれを海や川などに流しわが身を清めてもらうのです。

　天児は、皇室、公家、上級武家の風習に用いられた人形で、幼児の枕辺におかれ、3月3日の上巳の節句に使用され、幼子の病気や厄介を祓い、健全な成長を願うものでした。這子人形は一般庶民の間で、天倪と同じ目的で同じように幼児の枕辺に飾られたものですが、祓いの儀式の後も何年か用いられるようになり、幼子にもたせ、愛玩用のぬいぐるみとしても愛用されていたようです。これらの人形がもとになり雛人形になっていきます。

■ つくり方と職人技

　人形をつくる職人を人形師といいますが、人形師は文楽などにおける人形遣いや江戸時代の大道芸人であった傀儡師のことをいう場合もあります。現代では人形作家や人形工芸士とも呼ばれる人形師は年季の入った職人です。

　人形はまず素材を決めてから原型をつくり、それに衣装を着せ、顔を描くという工程でつくられますが、以下それぞれ詳しく見ていくことにしましょう。

・木彫人形：Carved wooden dolls

　桐の木を頭、胴体、手足に分けて彫り、頭や手足に胡粉を数回塗り、紙鑢で磨いて表面を整えます。胴体の彫り込んだ溝に接着剤で布地の衣装を木目込みます。その後絵の具で髪や顔を描き、胡粉を塗った手足を竹でできた釘を使って組み合わせて完成させます。なお、胡粉とは牡蠣や蛤の貝殻を焼いて細かく砕いた粉でつくった白色の絵の具のことで、動物の骨や皮からつくった膠という接着剤と混ぜて使います。

・桐塑人形：*Touso* clay dolls

　桐塑とは桐の木の粉と糊を混ぜ合わせた粘土状のものをいいます。この桐塑で頭、胴体、手足をつくり乾燥させます。頭と手足に和紙を貼り、胡粉を塗って磨き、髪と顔を描きます。着物の縫い目に沿って溝を彫り、布地の衣装を木目込みます。胴体に頭と手足を取りつけて完成です。

・張抜人形：Papier-mâché dolls

　内張りと外張りの2種類の制作方法があります。内張は粘土で形をつくり石膏で型をとります。型の内側に和紙を貼り重ね、乾いたら型から抜き取り桐塑で形を整えていきます。その上に胡粉を塗り、絵の具で色をつけたり布や和紙を貼ったりして仕上げます。外張りは、木型の外側に和紙を貼り重ねてつくっていく制作方法のことをいいます。

・陶胎人形：*Toutai* ceramic dolls

　粘土で形をつくった後にそれを半分に割り1cmぐらいの厚みを残して中身を取り出します。その2つをもとの形に戻して整え、よく乾かしてから窯で焼きます。素焼の上に彩色して仕上げますが、細工をしさらに高温で焼く方法もあります。石膏で型をとることで、同じものをいくつもつくることも可能です。

・いろいろな仕上げ方：Others

　布貼り　各々模様、色彩、濃淡の異なる布地を貼って模様をつくります。
　木目込み　胴体の溝に糊をおいて、そこに布地の端をヘラで押し込んでいきます。
　嵌め込み　和紙でつくった型紙で各部分を完成し、布で包んでから貼り合わせます。
　紙貼り　色を染めた和紙を貼り合わせていき模様をつけます。
　彩彫　胡粉に絵の具を混ぜ合わせ、それを人形の本体に重ね塗りします。その後に彫り込み、下の色を出して模様をつくるものです。

■日本文化との関わり

　日本人にとって人形は、自然崇拝の神に対する畏敬や信仰の対象、人身御

供や殉死の際の身代わり、お守り、子どもたちの良き遊び相手、その美しさを愛でる愛玩物という多くの役割を果たすものでした。さらに中国から伝来した節句とその祝いの慣習とともに京都を中心に雛人形や武者人形が生まれ、地方にはそれぞれ独特の慣習に基づく地方色豊かな人形文化が育ちました。そのような人形の多くは単なる飾り物や子どものための玩具としてだけではなく、擬人化され、命あるものとして扱われることも多くありました。

　そのような人形に対する日本人の考え方を表すものとして、全国各地の寺院や神社で行われている人形供養（人形感謝祭）をあげることができます。日本人は、人形には魂が宿っていると信じ、人形を大事にするという気持ちを今でも強くもっています。各家庭で遊び道具やお飾りとしての役割を終えた人形を捨てるのではなく、それを人形感謝祭や人形供養という儀式の場にもち込み、感謝の気持ちで手厚く祭り、燃やすのです。こうした儀式は外国の人々にはなかなか理解しにくいものであるといわれますが、人形に対して心や命を感じ取る感性を誰もがもち、それが広く受け入れられる文化は日本独特のものといえるのではないでしょうか。

■ わかりやすい英語で説明すると

The history of dolls is said to be as long as the history of humans. The first dolls represented divine beings and spirits. Later, dolls were used as amulets for protection and to place curses on people. The oldest dolls in Japan date back to prehistoric times and were earthen figures representing women or spirits. In the 3rd century, Haniwa figures lined burial tombs. In the 12th century, dolls began to be used as toys and good luck charms. Paper and cloth dolls were made, rubbed on parts of the body with pain, breathed on, and then taken to the shrine to be purified by fire or water thereby releasing the bad fortune and pain of the owner. There are many types of dolls in Japan including; carved wooden dolls, *touso* or sawdust clay dolls, and *toutai* or ceramic dolls.

In Japan, different areas have their own doll culture, with each revering a different type of doll. In Japan, dolls are considered to not only be inanimate objects for display or something to play with, but are believed to have their own soul. It is for this reason that dolls may not simply be discarded but must be taken to a temple and given a memorial service to express gratitude before being burned. This belief that dolls have a soul is unique to Japan.

人形②：Dolls

■その起源と由来について

　和服を着て日本髪を結った伝統的な人形を日本人形と呼びますが、外国人の目から見ても、日本人形といえば市松人形など華麗な衣装人形を指す場合が多いようです。日本人形の起源は平安時代の雛人形にさかのぼります。

　我が国では古来陰暦３月の最初の巳の日を上巳と呼んでいました。その日に水辺に出て禊をした古代中国の風習が我が国に伝来し「巳の日の祓」となり、人形を水に流して穢れを祓う習慣が生まれたからです。この上巳の節句が３月３日に固定されたのは、室町時代（1392 ～ 1573 年）でした。この祓の習慣と貴族の幼女たちの「ひいな遊び」が結合して雛人形が生まれました。しかし、雛人形を飾って遊ぶ華やかな雛祭りが始まるのは世の中が平和になる江戸時代に入ってからでした。江戸時代初期の 1629 年には京都御所で盛大な雛祭りが催され、この頃から幕府の大奥でも雛祭りをするようになり、それが武家から町人たちへ、都市から地方へと広がって行きました。

　雛人形は五月人形ともに節句人形とも呼ばれますが、武家の子女が嫁ぐ際の嫁入り道具の１つであった衣装人形も、江戸時代にその製作が盛んになります。嫁入り人形は、娘の玩具や嫁ぐ先への土産という意味のほかに、娘の災厄を身代わりさせたいという親の気持ちの表れでもありました。時代が下るとともに人形はさらにより華やかなものが求められるようになっていきました。そのような要望に答えるために当時の人形工芸はさらに発展し、素材も贅沢なものになっていき現代に至ります。あまりの過熱ぶりに徳川幕府はたびたび節句人形の華美を禁じるお触れを出しましたが、人々の熱気を静めることはできず人形は遊具、飾り物、贈答品の対象として人気が続きました。

　当時大人気を誇ったのが市松人形です。2020 年の東京オリンピックのロゴマークとして有名になった市松ですが、「市松」は碁盤の目の形に黒と白などの入れ違いを配した模様、男児に多かった名前、江戸中期の人気歌舞伎役者佐野川市松が舞台で穿いた袴の柄、などのほかに抱き人形を意味しました。市松人形は本来着せ替え人形で、衣装は購入者がつくっていましたが、やがて着物を着せた男児と女児一対の豪華な人形となっていきます。

■つくり方と職人技

　日本人形の制作は分業形態で行われます。人形の身体各部位、着物、着付け、小道具から、さらには結髪に至るまで、それぞれ専門の職人がつくります。髪の毛や顔の部分をつくるのが頭師と呼ばれる職人で、数多くの工程を経て、丹念に人形の命ともいえる顔を手づくりしていきます。別途胴（衣装）、手足、小道具、などがそれぞれ分業で制作されていきますが、何百という丹

念で手の込んだ手作業の工程を経て一体の人形ができ上がるのです。

・節句人形（雛人形・五月人形）：Festival dolls

　人形の良し悪しは顔で決まるといわれますが、顔をつくる頭づくりは熟練した腕を必要とする行程です。桐粉と生麩糊を塗ったもので型を抜き、乾燥させてから目を嵌め込みます。その後何度も塗りを重ね、目鼻を小刀で切り出し、上塗りをして肌の艶を出すために磨きます。その後に細い筆を使って眉とまつ毛を描き、頬に紅をさし、口紅を入れ、口元に舌や歯をつけ、最後に植毛し、それを結い上げて完成します。

　手足も頭と同じように型抜きをした桐塑に胡粉を何回も塗り重ねて乾かし、上塗りをして仕上げます。練り固めた藁束に和紙を貼り、それに手足をつけてから胴づくり（衣装づけ）をします。衣装は西陣織など豪華な織物を使いますが、和紙を裏張りし裁断したものを部分ごとに仕上げておきます。

　小道具も、例えば段飾り雛の場合全部で20を超える部品をすべて手仕事でつくります。五月人形の鎧兜をつくる職人を甲冑師といい、鎧兜に並べて置く弓と矢とともに、本物に匹敵するほどの精巧なものをつくり上げます。

・京人形（御所人形・嵯峨人形・賀茂川人形）：Kyoto dolls

　御所人形は江戸中期から京都でつくられるようになった童姿または稚児姿の人形で、木彫りの母型の上に胡粉を厚く塗り重ねてつくります。裸のものが多いのですが、着物を着せたものもあります。昔、御所に贈り物をした諸大名へ返礼としてこの人形を下賜したことによるといわれます。

　嵯峨人形は、江戸時代初期から嵯峨でつくられるようになった木彫仕上げで、極彩色に盛り上げ塗装した人形です。童子から大黒や布袋をはじめとする神仏像、また庶民の風俗に至るまでその題材が幅広いのが特徴です。

　賀茂川人形の始まりは、賀茂神社の雑掌（雑事係）がつくった木彫りの人形の上に各種の裂地を貼り付けたものでした。別名を木目込人形といいます。裂地の端をあらかじめ彫っておいた溝の中に埋め込んでつくります。

・博多人形：Hakata dolls

　江戸初期の武将であり筑前福岡藩初代藩主であった黒田長政（1568-1623）が、地場産業育成のため集めてきた職人たちがつくった素焼き人形がその起源だといわれます。博多人形は美人もの、能もの、歌舞伎もの、童ものなどさまざまなものに分かれますが、10年間近く師匠のもとで修行した専門の職人により制作されます。人形の形を決め、福岡で採れる白土を原料として人形師自らが手づくりしたヘラで原型をつくり、中の粘土をくり抜いた人形を乾燥させ、高温で焼き上げます。その後素焼きした人形に着色する彩色、顔に表情を入れる面相を経て一体の博多人形が完成するまで2～3か月を要します。

・こけし：*Kokeshi* dolls

　東北固有の工芸品であるこけしは江戸末期頃に東北地方の温泉地において子ども向けの土産品として誕生したといわれます。こけしの魅力は最も簡略化された造形美と清楚で可憐な姿にありますが、細筆を使って描かれた顔の表情や着物の柄の色合いも魅力的です。原料には水木、板屋楓、瓜膚楓などが使われます。それを木取りし、轆轤を使って、粗挽き、仕上げ挽きし、それぞれの部位を色や線を使って描いていきます。

■日本文化との関わり

　その道具類を含みすべてそれぞれの専門家である職人の手によってつくられる人形には、織物、染色、木工、漆芸、金工などの日本の伝統工芸の技術がふんだんに使われています。さらに配色や意匠にはその時代ごとの流行を反映していますが、そこには日本の伝統的な美意識を見出すことができます。特に節句人形は、四季に根ざした日本の生活の中に溶け込み、子どもたちに他者への愛情やものを大事にする心などを教えるものでした。また、江戸時代から嫁入り道具の1つであった人形は、娘に災厄が降りかからないようにと願う親の愛を表すものでもあり、日本の家庭文化を表徴するものでした。

■わかりやすい英語で説明すると

　Japanese dolls are dressed in Japanese style clothing and have Japanese hairstyles. The origin of Japanese dolls lies in the *Hina* dolls of the twelfth century. The Japanese Doll's Festival has been celebrated on March 3rd since the 14th century. It was originally a festival to erase bad fortune by using paper dolls floated down a stream. The Doll's Festival became more elaborate and about displaying dolls as the women of the *shogun's* palace took more interest. *Ichimatsu* dolls are the most well-known outside of Japan. They are in correct proportion to represent children and owners would make new clothes and outfits for their doll. Some having very elaborate kimono.

　Making a Japanese doll is a very involved and complicated process. A doll can require many different parts, many made from different materials.

　Kyoto dolls or palace dolls are carved wood painted with *gofun* pigment. They are often dressed in full miniature kimono as detailed as the real thing. Hakata dolls are clay figurines that have painted clothes and faces. *Kokeshi* dolls originated in Northern Japan in the 19th century as gifts for children. The simple brush strokes to show clothing or faces form a serene figure. Doll-making requires many traditional crafts.

(7) 諸工芸：Other crafts

硝子(がらす)：Glass

■切子：Faceted glass

■ その起源と由来について

　切子という語は立方体の角を切り落とした形の「切籠(きりこ)」からきたといわれます。江戸切子と薩摩切子があり、江戸切子は無色透明なガラスに細かい文様を刻んだもの、薩摩切子は深みのある色とカットが特徴です。江戸切子は江戸時代の初期に東京の下町で始まり、和食器や茶器などに切子を多く用いるようになりました。薩摩切子は、1846年に島津藩が江戸から硝子師を招いて薬品容器としてのガラス瓶などを製造させたのが始まりです。

■ そのつくり方と職人技

　切子には鉛が通常の倍量入っているため、重量感があって屈折率が高く、虹のような色に輝くのが特徴です。表面に色をつけて細工を施した切子では、ガラスづくりと切子細工を分けて行います。まずガラスの材料をるつぼの中で溶かし、ガラス球を吹いて空中で膨らませて透明のガラスに着色してから成形します。冷やしたガラスに模様の下絵を描き、回転する砥石車(といし)で表面を削って模様をつけ、磨いて仕上げます。

■ 日本文化との関わり

　薩摩藩主の島津斉彬は1851年、鹿児島に近代的なガラス工場を建設し、海外へ輸出する特産品として切子をつくらせ始めました。銅赤(どうあか)ガラスと呼ばれた紅色に丹念な切子細工を施したものは特に、日本特有の工芸品と称賛されました。しかし斉彬の急逝により工場は縮小され薩英戦争によって生産が途絶え、幻のガラスとなりましたが、現在は島津薩摩切子として復元されています。江戸切子は今も東京墨田区、葛飾区、江東区などで江戸時代の技法を受け継ぐ伝統工芸としてつくられ続けています。

■ わかりやすい英語で説明すると

　Kiriko faceted glass is a glass cutting technique developed in the 17th century. There are two types, *edo-kiriko* and *satsumo-kiriko*. *Edo-kiriko* features transparent and colorless glass. *Satsuma-kiriko* features overlaid colored glass giving color graduations. *Kiriko* glass contains a higher quantity of lead giving it weight and a high refractive index making it shine. The patterns used are usually traditional Japanese patterns cut into the glass using a grinding wheel. It takes a great deal of skill and precision to ensure the pattern is perfect. *Kiriko* was first made for the overseas market in 1851. It was very popular as an item unique to Japan.

■吹きガラス : Glass blowing
■ その起源と由来について

　ガラスには、3角や4角の型の中に吹きこんで成形する型吹き法と、型を使わずに空中で丸形を吹く宙吹き法とがあります。18世紀初めに吹きガラスの技法がヨーロッパから伝授されて、長崎で日本のガラスづくりが始まりました。当時は小さく薄くて軽い吹きガラスの製品が出回りました。50年ほどの間に技術が進み、19世紀初頭には型吹きガラスの大きな製品が登場し、次に模様を吹き込むことができる宙吹きガラスが人気になりました。

■ そのつくり方と職人技

　宙吹き法は型を使わず、柔らかいガラスに働く重力と竿を回す遠心力だけで形を整えていくので、手づくり感が出るのが魅力です。型吹き法では、吹き竿につけたガラス玉をあらかじめくりぬいておいた型に差し込み、その状態で竿に息を吹き込んで成型する方法です。

宙吹き法

■ 日本文化との関わり

　日本における最初のガラスづくりは飛鳥時代にすでに始まっていました。当時は、大陸から輸入されたものを参考に装飾品として小さなガラス球などをつくっていました。中世以降江戸時代まで、日本ではガラスはすっかり姿を消しますが、江戸時代に長崎を経てガラスがもたらされると、西洋文明の象徴として珍重されます。オランダ語でダイヤモンドを意味する語から日本ではギヤマンと呼ばれ、フランシスコ・ザビエルら宣教師が所有していた眼鏡、望遠鏡、カットグラスなどが幕府に上納されました。

■ わかりやすい英語で説明すると

　Glass blowing involves two techniques; blowing molten glass into a triangular or square mold container to form the shape, or, using a pipe to freely blow the shape in mid-air. The first glass items made in Japan were glass beads made in the 6th century. However, glass seemed to disappear until glass blowing first came from Europe to Nagasaki in the 18th century. At first, only small light glass items were made but as techniques were refined by the start of the 19th century, larger and heavier items were being made using mold-blowing methods. Mid-air blowing techniques also developed to give beautiful patterns on the glass.

七宝：*Shippo* cloisonné

■ その起源と由来について

　工芸でいう七宝は、銀や銅の素地（胎）にガラス質の釉薬を焼きつけて研磨する技術です。もとは仏教用語で、経典によって異なる場合もありますが、金、銀、瑠璃、珊瑚、琥珀、瑪瑙、玻璃の7つの宝玉を指します。七宝焼の起源は紀元前10世紀以前の中近東で、中国、朝鮮を経て日本に伝えられたのは6世紀頃のことです。奈良県明日香村の古墳から出土した金具が日本最古の7〜8世紀のものとされます。正倉院に現存する銀製の鏡の裏に施された七宝や、平安時代のものとして宇治平等院鳳凰堂の金具などがあります。江戸初期には刀剣装具や神社仏閣の装飾の小物に使われていました。江戸時代末期に尾張藩士によって有線七宝が生み出され、将軍家に献上する本格的な七宝が始まります。その技法は愛知県七宝町に伝わり、尾張七宝と呼ばれて一時は120を超える窯元を有して栄えました。

　明治時代にはドイツ人化学者ワグネルが近代的な釉薬製造法を開発し（1870年頃）、それ以前は泥七宝が主体であった七宝の世界は大きな変貌を遂げます。京都や尾張では、海外の万国博覧会で陶磁器に次ぐ人気となった七宝が広がり、明治30年代には尾張だけでも1000を超える製造所がありました。大胆な図柄と鮮やかな色彩で花鳥風月を描いた大花瓶や壺などの大作や、細密画のように繊細な絵柄を表現した香炉や煙草入れなどの小物は、「二人のナミカワ」（後述）による卓越した七宝技法により明治時代の細密工芸において高く評価されています。

■ その種類と特徴

- **有線七宝**　下絵の縁取りに銅、金銀、真鍮などの金属線をテープ状に貼りつけて境界線とした中に釉薬をさすもので、近代七宝の基本的な技法です。
- **無線七宝**　金属線を使わずに釉薬の色分けをするもの、または有線七宝と同じ手法で制作し、完成前の工程で線を取り除いてその痕跡を消す技法です。
- **透胎七宝**　模様の一部を透かし彫りにして透かし部分に透明釉を施す技法、省胎七宝は、銅胎に銀線で模様をつけて七宝釉を焼きつけて仕上げた後、数日かけて胎を酸で溶かし透明釉の模様部分だけを残す技法です。
- **瑠璃七宝（ガラス七宝）**　銀線を宙吹き法によって成形したガラス生地の上に施し、銀線の間に粉末状のガラス質の釉薬をさして焼成します。
- **象嵌七宝**　胎に鋳造や彫金による模様を打ち出してから、へこませた部分に透明釉を施す技法です。釉薬の下に彫金模様が透けて見えます。
- **泥七宝**　ワグネルによって透明釉薬がもたらされるまで日本の七宝技法の中心でした。鈍色に沈んだ色彩で光沢がないところからそう呼ばれます。

■日本文化との関わり

明治中期より海外で「二人のナミカワ」と称され、その超絶技法で知られる有線七宝の並河靖之（1845-1927、京都）と無線七宝の濤川惣助（1847-1910、東京）が、七宝を工芸の最高峰に導きます。彼らの七宝作品は、ウィーン、フィラデルフィアに次いでパリ万国博（1889年）で大人気となり、受賞を重ねました。当時の代表作の1つである赤坂迎賓館の大食堂「花鳥の間」の壁を飾る楕円形の七宝焼額30個には、さまざまな日本の花鳥風月が描かれています。しかし時代の荒波を受けて大正期には失速、七宝は消え去るかと思われるほど衰退しました。第二次世界大戦後には、ヨーロッパで人気のエナメル工芸の一種である釉彩七宝により、七宝は伝統的実用品として大衆化されます。現在では各種アクセサリーや額、食器、茶道具など多様な日用品に用いられています。工芸用には専用の窯が必要ですが、近年では電子レンジで作成できる専用の窯なども開発されているため、家庭での趣味として楽しむ人も多くなっています。愛知県七宝町では、尾張七宝が1996年に国の工芸品の指定を受け、現代に新たな可能性を見出そうとしています。

■わかりやすい英語で説明すると

Shippo cloisonné is the Japanese art of enameling an object by making patterns and applying enamel paste or gems before firing and polishing. Seven materials were used originally including gold, silver, lapis lazuli, glass, clam shell, coral, and agate. These represent the seven treasures referred to in Buddhist texts, although the actual materials may include emerald and pearls as well as others. Cloisonné was first developed in the Near East, coming to Japan via China and Korea in the 6th century. In the 16th century, swords hilts and Buddhist items were decorated with *shippo* cloisonné. There are various types of cloisonné including wired cloisonné—this is the most common type, wireless cloisonné, see-through cloisonné—which is translucent in places, *shotai* cloisonné—where the metal frame is removed with acid, glass cloisonné, inlay cloisonné, and *dei* or mud cloisonné—which uses matte enamels. Two of the most famous cloisonné artisans are Yasuyuki Namikawa (1845-1927) for wired cloisonné and Sosuke Namikawa (1847-1910) (no relation) for wireless cloisonné. Their work was exhibited in Vienna, Philadelphia, and Paris to very high acclaim. Despite overseas success, the artists were criticized harshly in Japan for being too elaborate and demand for cloisonné decreased until after the Second World War.

2. 美術工芸にまつわる伝統工芸品を理解し英語で伝える

和紙：*Washi*, Japanese paper

■ その起源と由来について

　中国で包装用の紙が最初につくられたのは紀元前2世紀頃と推測され、書写材料としての紙は2世紀頃につくられました。日本には6世紀頃に仏教とともに伝わったようで、正倉院には702年に作成された戸籍用紙が残されています。奈良時代以降には写経が盛んになり、平安時代には宮廷での紙の需要が増えて製紙技術は全国に広まりました。江戸時代になると、庶民も紙を日常的に使うようになり、屏風、障子、襖、傘、提灯などがつくられました。明治時代に入ると欧米から洋紙が輸入されるようになり、和紙づくりは機械生産を始めて対抗します。最盛期の明治時代後半には全都道府県で6万戸以上が生産していましたが、その後は洋紙に押されて生産者が激減しています。

■ 産地別に見るその種類と特徴

- **京唐紙**　平安中期に中国から伝わった文様のある唐紙をもとにした和紙で、襖や屏風の表張りに使われました。京都に1軒だけ残った工房では、今も江戸時代の版木を用いて伝統技法による紙づくりが受け継がれています。
- **江戸唐紙**　京都で公家の邸宅に用いられた唐紙が江戸に普及し、武士や町人の家で使われるようになったものです。町人文化が発達した江戸の好みを反映して、京唐紙よりも多彩な図柄を型紙で表したものが多くなっています。
- **越前奉書紙**　江戸時代奉書（武家社会における公式文書）に使われた楮の厚紙で、当時から全国一の名紙といわれました。明治時代以降は浮世絵版画に使われ、今も書画や木版画用紙として高く評価されています。
- **近江雁皮紙**　琵琶湖地方で採れる良質の雁皮を用いて江戸時代中期に滋賀県で始まりました。当時から虫除け効果のある高級紙として記録用紙にも用いられ、永久保存に耐えるとして近年は修復紙や記録紙に使われています。
- **吉野紙**　紙づくり発祥の地である奈良県吉野郡で奈良時代から続く三大名紙の1つです。極薄ながら丈夫で柔らかく、現在は文化財の修復用や、漆芸の漆を漉す紙として用いられています。
- **石州半紙**　古代からの紙産地であった島根県石見地方の楮を原料とした耐久性に優れた紙です。全国の和紙の中でもその強靭さは際立っており、表装や書道、版画のほか、神楽の面にも使われています。
- **土佐紙**　高知県でつくられる世界一薄い典具帖紙、高級書道用紙の清帳紙、雲竜紙などの総称です。江戸時代に越前より伝えられた技法を発展させて、美術工芸用の高級紙を漉いており、海外でも高く評価されています。
- **美濃紙**　正倉院に現存する日本最古の戸籍用紙にも使われ、古くから記録

用紙や障子紙の最高級品として知られます。薄く丈夫で水に強く、書物用の他に表具や障子、提灯、そして文化財の修復にも重用されています。
■ 日本文化との関わり
　手漉き和紙の技術は 2014 年にユネスコの文化遺産に登録されました。手漉きとは、植物の繊維を水に分散させてから、水切り用の簀の上に薄くのばして紙をつくることです。江戸時代から明治時代にかけて日本の紙漉き技術は頂点に達し、多種多様な紙がつくられました。しかし大正時代以降の産業発展とともに印刷、情報用紙の需要が大幅に増加し、大量生産できる洋紙が使われるようになります。また、原料の国内生産量が減少しているため輸入に頼らざるを得なくなり、手漉き和紙技術の存続は危機に瀕しています。電子媒体での情報保存が進み、環境保護の観点からペーパーレスが奨励される現代社会において、手漉き和紙は伝統工芸品として活躍の場が求められています。
■ わかりやすい英語で説明すると

Wrapping paper is first thought to have been made in China about 2,200 years ago. Papermaking came to Japan in the 6th century. There are family register forms that were made in the early 8th century among the *Shosoin* Treasures. Buddhism brought with it the practice of hand-copying sutras on paper. By the 17th century, paper was a common everyday item. It was used for folding and sliding screens, umbrellas, and lanterns. Some papers produced in Japan include;

Kyokaragami: A thick paper used for covering folding and sliding screens. There is only one place left in Kyoto still making this paper.

Edokaragami: Made in Tokyo. Designs and decorations are added to the paper featuring nature and everyday objects.

Echizen-hoshoshi: A high-quality, heavy grade paper used for woodblock printing and certificates.

Omiganpishi: A thin, almost transparent paper made from ganpi tree fiber found around Lake Biwa. The paper is used for art restoration now.

Yoshinogami: A strong and thin paper used for filtering oil or lacquer, keeping swords rust-free and for art restoration.

Sekishu-banshi Made from the paper mulberry, is considered the strongest paper made in Japan. It is used for calligraphy and printing.

Tosagami: Made in Kochi, is the thinnest tissue paper in the world.

　In paperless societies the survival of Japanese paper is in grave danger.

砡：*Gyoku*, semi-precious stones

■ その起源と由来について

　砡とは、翡翠、瑪瑙、水晶など固くて貴重な石のことで、これらの原石を削り出して装飾品、盃、茶碗、香台などをつくります。砡の起源は中国の周時代（紀元前1023〜255年）にさかのぼります。日本には6世紀半ばに仏教とともに伝わり、砡加工の技術は翡翠、瑪瑙、水晶などを産出する地方へと広がっていきました。その後鎌倉時代になると祭事の様式や装飾品の嗜好も変わりその技術は途絶えてしまうのですが、江戸末期に山梨県金峯山麓で良質の水晶原石が発見され、それが契機となり砡加工は復活し現在に至っています。

■ つくり方と職人技

　原石を選んでデザインを決め下絵を描き、原石の模様を活かすように考えながら切り出します。下絵に沿って、作品の形に合わせて櫛の歯形の切込みを入れ、その部分を小槌で欠いて研磨前の整形をします。先端に鉄のコマをつけた研磨機を回転させ、粗い研磨剤から細かい研磨剤に換えながら細密に加工し、最後は木のコマに磨き粉をつけて磨き仕上げていきます。

■ 日本文化との関わり

　砡の1つである水晶は、日本では約7000年に発見され、約1600年前にはすでに装飾品として加工されていました。各地の古墳から砡の1つである水晶を原石とする勾玉、管玉、切子玉などの装飾品が多く出土しています。勾玉は魔除けや招運の貴石ですが、古来日本人は水晶に神や仏の力があると信じていたため、日本には水晶を御神体とする神社や寺宝としている寺がたくさんあります。水晶が再び装飾品やつくり物として砡加工され、人気が出るようになったのは江戸末期でした。

■ わかりやすい英語で説明すると

　The term *gyoku* refers to semi-precious stones such as jade, agate and crystal. These are extracted and made into items such as sake cups, tea bowls and incense holders. Knowledge of semi-precious stones was introduced to Japan with Buddhism in the mid-sixth century. Gem processing techniques quickly spread to areas of the country yielding these stones. Gems were used to decorate numerous ornate objects until the 12th century when tastes changed to more simple items. The technology nearly disappeared until it was revived in the 18th century. Crystal was first found in Japan around 7,000 years ago and was first used for accessories around 1,600 years ago. Crystal and other stones are thought to hold the spirits of deities.

截金：*Kirikane*, decorative precious metal

■その起源と由来について

紀元前3世紀にエジプト、シリアで始まったとされる截金は、中国（唐）を経由して7世紀に仏像彫刻や仏画と一緒に伝来しました。7世紀前半に建てられた法隆寺の玉虫厨子に截金が施されていますが、それが日本最古の截金作品です。その後仏教美術は和風化され日本独自の美を追求するようになり截金技術は飛躍的に発展し、仏画、仏像、飾箱などの美術工芸品にも施されるようになりました。

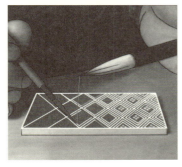

板に截金を施しているところ

■つくり方と職人技

経験豊富な職人である截金師自らが篠竹を削ってつくった竹刀で、数枚焼き合わせて厚みをもたせた金箔を、幅1～5mmの細い線、丸、菱形、3角、4角などに切ります。それを筆先に取り、膠と布海苔を混ぜた接着剤に浸したもう1本の筆と両方で、仏像の衣や箱などの模様に沿って貼っていき完成させます。十分な経験、細心の注意、根気など熟練を要する仕事です。

■日本文化との関わり

厳かで立派なことや様子を荘厳といいますが、仏教用語では浄土、仏、菩薩の徳を示す美しい姿や飾り、また仏堂、仏像などを、善美を尽くして飾り立てることを意味します。神仏に日々の安寧を感謝し、一家の安泰を願う人々の気持ちが、神仏を美しく飾りたてる文化の原動力になっています。

■わかりやすい英語で説明すると

Kirikane is a decorative technique often used for Buddhist statues, paintings, and other items that uses gold, silver and platinum leaf cut into geometric patterns. It dates back 2,300 years to Ancient Egypt and Syria. The Tamamushi Shrine installed at Hokoji Temple in Nara in the 8th century is decorated with *kirikane*. In the 10th century, *kirikane* began to move away from Chinese influences and take on a more Japanese style. It also began to be used on items other than for Buddhist worship. A great deal of skill and precision is required to create the patterns. Decorating Buddhist statues and paintings with precious metals and intricate designs is considered the ultimate way to express gratitude to the gods and pray for health, prosperity, and security for the family.

象牙：*Zouge*, ivory

■その起源と由来について

　我が国最古の象牙細工は正倉院収蔵の紅牙撥鏤尺で、8世紀に中国から渡ってきたものです。これは象牙を赤や青の色で染め、その表面を削って文様や1寸の目盛りを彫った約30cmの物差しで、当時儀式用として使われました。象牙細工が本格的に始まったのは江戸中頃（18世紀初頭）で、主に根付の象牙彫でした。その頃庶民の間に広まった三味線とともに、象牙の撥の需要が高まり、撥に装飾を施す職人が牙彫師の始まりといわれます。根付と撥の普及とともに象牙細工は大きく発展し、1873年のウィーン万博へ牙彫作品を出品してから象牙は我が国の代表的な輸出工芸品の1つとなります。

■つくり方と職人技

　直径15cmほどの象牙の中程から先端部分を鑿と鑢を使って形をつくります。表面の凸凹を小刀で滑らかに削り、耐水ペーパーや磨き粉で丹念に磨いた後、鹿の角粉で艶をかけて磨きを終了します。仕上げた象牙を赤や青に染めて、その上から細かい線の模様を彫る撥鏤という彫刻技法を復元した作品もつくられています。撥鏤は赤、緑、青などに染められた象牙に手彫りで文様を描き、象牙本体の白い部分を浮き上がらせるものです。

■日本文化との関わり

　ウィーン万博への出品を契機として日本の象牙細工は名声を博し輸出も増えていきました。江戸から明治時代にかけての芸術性の高い象牙の美術工芸品が欧米の有名美術館で多数展示され、欧州には根付けのコレクター市場が形成され、根付けのコーナーをもつ博物館も現れました。象牙は日本の伝統工芸文化を代表する美術品としての地位を築き上げたといえます。

■わかりやすい英語で説明すると

Ivory craftsmanship was introduced from China in the 8th century. An example is included among the Shosoin Treasures; a ruler made from ivory which is dyed with red and blue and then the surface carved and measurements marked. Ivory craftsmanship began in earnest in the 18th century with ivory *netsuke* (carvings attached to the cord closing of a pouch hung from obi belts). An exhibition of Japanese ivory carvings at the Vienna Expo in 1873 received very high acclaim making the items popular overseas. Ivory is carved using very fine chisels and files to create the shape before a final polishing. The ivory is then dyed red, green, and blue before carving a final design on the surface. There are many examples of Japanese ivory in museums around the world.

江戸鼈甲：*Edobekko, Edo* tortoiseshell

■その起源と由来について

　我が国における鼈甲の歴史は7世紀の飛鳥奈良時代にさかのぼります。遣隋使の小野妹子が中国から鼈甲の材料玳瑁を持ち帰ったといわれます。正倉院には中国からもたらされた玳瑁杖、玳瑁如意、螺鈿紫檀五弦琵琶が収蔵されています。鼈甲細工が盛んになったのは17世紀初めにポルトガル人がその技法をもち込んだ長崎でした。その後17世紀後半から18世紀には貼り合わせの技法が江戸にも伝えられ、日本を訪れる外国人にも人気の高い江戸鼈甲を職人たちに創意工夫を凝らし制作するようになり今日に至ります。

■つくり方と職人技

　材料の甲羅を選別し、色味、柄、厚みを合わせながら弓鋸で切り出していきます。木賊や紙鑢で表面を整え、各部材を水に浸し接ぎ板と熱した鉄板に挟んで圧力をかけ貼り合わせます。この時の浸し方、温度、圧力の加減で製品の良否が決まるといわれ、年季と熟練がものをいう重要な工程です。製品に応じて切断、曲げ、彫り、型抜き、削りを行い、耐水ペーパーで表面を整え、研磨剤を含ませた布で磨き、最後に鹿革で拭き上げます。

■日本文化との関わり

　帯留めやかんざしなどの和装品、ネックレスやブローチなどの洋装品、眼鏡枠や撥まで多種多様な製品をつくりだす江戸鼈甲は東京都知事が認定する「伝統工芸品」です。東京は長崎、大阪とともに鼈甲三大産地として半数を上まわる生産額を占めていますが、江戸鼈甲は天然の原材料を使い伝統的な手作りの技法によりつくられ、本物がもつ独特な味わいがあり、まさに日本の伝統文化を体現する美術工芸品の1つといえます。

■わかりやすい英語で説明すると

　The history of tortoiseshell in Japan dates back 1,300 years. The Japanese envoy to Sui China brought back hawksbill turtle shell from the continent. There are several examples of tortoiseshell that were brought back from China among the *Shosoin* Treasures. Tortoiseshell craftsmanship began in Nagasaki in the 17th century when a Portuguese traveler introduced the techniques. Refinement by Japanese artisans evolved into Edo tortoiseshell craft that was greatly admired by overseas visitors. Items are made by selecting pieces for color, pattern and thickness and then cut using a hacksaw. The pieces are then soaked in water and joined using a heated plate and pressure. Accessories for both Western and Japanese dress are made from *Edobekko*.

2. 美術工芸にまつわる伝統工芸品を理解し英語で伝える

江戸小物細工：*Edo* miniatures

■ その起源と由来について

　江戸小物細工は、明治に入り徐々に失われていく江戸の町民文化を懐かしむ指物師などの職人たちが中心になって、家屋、店舗、庭、風景などを両手の平に収まる大きさに縮めてつくったのが始まりです。その前提には次のような歴史がありました。八代将軍吉宗の頃に贅沢禁止令が出され裕福な町人の家族が楽しんでいた大型で豪華な玩具類は御法度となり、その結果できるだけ小さく精巧な細工を施し、江戸趣味の玩具をつくるようになりました。

■ つくり方と職人技

　空に浮かぶ凧、庭の灯籠、立てかけた葦簀などのほかに、酒屋、蕎麦屋、寿司屋、魚屋などの店、それらが並ぶ通り、物売りがいて子どもたちが走り回る風景などのミニチュアを、紙、粘土、木、竹、砂、麦藁、大鋸屑などの材料を小刀で細かく切ったり、糊で貼ったりしてつくったものを一体にまとめます。小さな張り子人形の場合には、粘土や木型の外側に和紙を貼り重ね、最後にその和紙を乾燥させ固まったところで、それを切り外し形を整えます。

■ 日本文化との関わり

　笊かぶり犬、赤フクロウ、そろばん狸などの小さな江戸張り子も江戸小物細工と呼ばれることがあります。小さいものを愛おしみ心惹かれるのは人間の常であり、西洋社会には江戸小物細工の西洋版ともいえるドールハウスがあります。しかし、江戸張り子の場合には単なる玩具としてではなく、家内安全、健康、商売繁盛、火事除けなどのためのお守りという意味もありました。笊かぶり犬は、竹かんむりに犬で「笑」になる、犬のお産は安産という言い伝えやその事実から笊かぶり犬は「安産」のお守りになる、などの意味があります。

■ わかりやすい英語で説明すると

　Edo miniatures are to-scale models of town life as it was in the 18th century. The miniatures show the shops, houses, gardens and scenery of *Edo* Japan in a size that can sit on the palm of your hand. The eighth Shogun Yoshimune issued a ban on luxury and forbade the large and splendid toys that had been enjoyed by wealthy families. This resulted in a shift toward delicate and intricate miniatures similar to the doll houses of Europe. The miniature street scenes include such details as children flying kites, stone garden lanterns, groceries in shops, and people going about their daily lives. These details are all faithfully created in paper, clay, wood, bamboo, straw and sand.

甲州印伝：*Koshu-inden*, lacquered deerskin

■ その起源と由来について

印伝の語源は、幕府に献上された装飾革がインド産だったために印度伝来と呼ばれたことにあります。山梨県甲府で日本唯一の革工芸技法による製造を続けるのは、13代続く「印傳屋 上原勇七」です。上原家では鹿革に漆付けする独自の技法を17世紀に発案、家の秘宝として一子相伝で伝えてきました。戦国時代の甲冑づくりに始まり、江戸時代には煙草入れや火消し半纏を手がけるようになります。近代には巾着や小物を製造しています。

■ そのつくり方と職人技

鹿革を鎖でピンと張り、表皮の不純物を焼きで取り除いてから裁断し、タイコ（筒）に貼って藁を焚いて燻します（燻べ）。次に松脂で燻して着色し、型紙を重ねてヘラで漆を刷り込んで伝統の模様をつけていきます。革肌づくりの工程で使う焼き鏝の温度、革に塗る漆の硬さ、燻べに使う藁の状態、型紙に色を重ねる模様つけ、すべてが熟練した職人の手作業で勘を頼りに行われます。

印伝の信玄袋

■ 日本文化との関わり

400年続く独自の製法を守り続けてきた印傳屋ですが、昭和30年代以降は洋装化とともに需要が激減し行商人による販売制度も消滅しました。しかし1987年には国の伝統的工芸品に認定され、秘宝だった製造法は印伝革工芸技法の継承のために現在は公開されています。

■ わかりやすい英語で説明すると

Koshu-inden was developed in the 17th century by Yushichi Uehara as a technique to draw lacquer patterns on deer leather. Prior to this technique, *inden* was simply making patterns on leather with smoking straw or resin. *Koshu-inden* is made by stretching out deer leather, removing impurities from the surface and smoking the skin. The geometric patterns are then applied by painting lacquer over a stencil. The skills required to get the correct smoking temperature, the best lacquer hardness for painting, and perfect pattern placement take many years to acquire. *Koshu-inden* was designated a traditional craft in 1987 and after protecting its techniques for 400 years, its proprietary methods have recently been published to encourage its survival.

根付：*Netsuke*

■その起源と由来について

　根付とは、印籠や煙草入れなどの提げ物が落ちないように紐の先に着けて帯に掛ける留め具です。安土桃山時代に使用が始まったと考えられ、江戸時代後期には大名や豪商人たちに人気が出て、実用と装飾を兼ねて武士はもちろん女性や子どもにも愛用されるようになりました。さまざまな小動物、植物、昆虫、道具、人物など日常生活に深く関わるあらゆる物を題材にしています。象牙、角、木、竹、木の実、石、金属、陶器など素材も多様です。

■そのつくり方と職人技

　根付には、鏡蓋、饅頭、柳左、箱型などのさまざまな形状があります。初期の根付は瓢箪や竹など天然素材を輪切りにしたものが多く用いられ、仏師、能面師、絵師などが本業の合間に制作していました。江戸中期には次第に象牙や木に凝った彫刻を施すようになり、専門の根付師が登場して江戸、大阪、尾張などで数多くの名品を生み出しました。幕末から明治には写生をもとにした緻密な作品がつくられ、わずか3〜5cmの小さな芸術品として欧米人を魅了しました。

■日本文化との関わり

　根付は幕末から明治期にかけて海外へ多数が流出し、外国で大人気となりました。今も欧米人の日本美術愛好家の中で最も人気の高いものの1つで、熱心な収集家が海外に大勢います。しかし、日本人にとっては根付があまりに日常的だったためか、その価値が見出せなかったようです。着物とともに誰もが使っていたにもかかわらず、根付ほど日本人の生活に浸透しながら完全に姿を消したものはほかにないともいわれています。

■わかりやすい英語で説明すると

　Netsuke are miniature carvings that are attached to a cord of a pouch. The cord is tucked under the belt with the carving hanging over the top in order to keep the pouch in place. *Netsuke* were first used in the 16th century. They particularly gained popularity in the 18th century with lords and wealthy merchants. Being both practical and decorative, *netsuke* were loved by everyone including samurai, women and children. *Netsuke* are made from wood, ivory, bamboo, stone, metal and ceramic. They are carved into the shape of animals, plants, insects and even tools. *Netsuke* became very popular with overseas collectors who marveled at the artistry in such tiny ornaments and saw great value in them. For Japanese, they were simply beautiful, practical everyday items.

組紐：Braided cord

■ その起源と由来について

　細い絹や綿の糸を組み合わせて編んだ紐を、組紐と呼びます。始めは仏具や経典巻物などの飾り紐として奈良時代に日本に伝わりました。平安時代には貴族の装束に、鎌倉時代には武具に、桃山時代から室町時代には美術品や茶器の箱紐に、戦国から江戸時代には鎧や刀剣の飾り紐として多く使われました。着物の帯締めや羽織紐などに現代と同様の使い方をするようになったのは、庶民に組紐の使用が広がった江戸時代末期からです。

■ そのつくり方と職人技

　まず糸を染め、撚りをかけて帯締め1本分の長さに切り揃えます（経尺）。高台や丸台（組台）に60個〜100個の組玉を設置し、経尺した絹糸を巻き取ってヘラを使って叩きながら紐を締めていきます。房をつけて水蒸気で皺を伸ばして仕上げます。平たく組んだ平打と、丸く組んだ丸組、断面が四角い角打が主ですが、用途に応じた組み方は3500種類にも及びます。

■ 日本文化との関わり

　三重県伊賀市でつくられる伊賀組紐は、奈良時代から続く歴史をもち、全国生産の90％を占めて伝統的工芸品に指定されています。同じく伝統的工芸品の京組紐は、平安時代に神社仏閣や貴族に用いられたのが始まりです。昭和50年代には機械化された安価な品や中国製品が出回りましたが、手組みのものに比べると弾力性に欠けて締まりにくいなど、使い勝手が良くないものが多いといいます。伝統工芸として見直される動きがある組紐は、観光客向けの工房見学や体験を通じて知ってもらうとともに、ブレスレット、ストラップ、ベルトなど新商品の開発にも力を入れています。

■ わかりやすい英語で説明すると

Kumihimo are braided cords that are used to tie *kimono*, scrolls, and armor as well as for Buddhist item and tea ceremony utensils. First, silk or cotton threads are dyed. The dyed threads are then twisted together, cut to the same length and attached to spools which are then arranged on a special frame. The threads are woven into a pattern to form a flat or round braid. The final braid is steamed to encourage the threads to settle and the braid is complete. There are around 3,500 types of braided cords for different purposes. The major production area for *kumihimo* in Japan is Iga in Mie. Handmade *kumihimo* have a flexibility and strength that is missing from those made by machine. These days, accessories made from *kumihimo* such as bracelets and straps are popular.

刺繍：Embroidery

■ その起源と由来について

　日本最古の刺繍は、7世紀初めに聖徳太子の妃が太子の死を悼み女官につくらせたといわれる「天寿国曼荼羅繍帳」（奈良国立博物館蔵）です。飛鳥時代から奈良時代にかけて、繍仏と呼ばれる刺繍で仏像などを表現したものが盛んにつくられました。平安時代には公家社会の装束、鎌倉時代には武具の装飾に、室町時代には能や狂言の装束にと刺繍は発展していきます。江戸時代には高度な染織技術に金銀の箔や刺繍が加えられ、豪華絢爛な着物が次々とつくられました。主なものに京繍、加賀繍、江戸刺繍があります。

■ そのつくり方と職人技

　日本刺繍では刺繍台に下絵のついた生地をまっすぐに張り、上下から両手を使って刺していきます。伝統的な意匠と構図を考案し、襲の色目を決め、複数の技法を駆使して点、線、面を絹糸で表現します。京繍の技法は約30種類、加賀繍は15種類あり、長い歴史をもつ格調高く繊細な技法は、いずれも国から伝統的工芸品として指定されています。

■ 日本文化との関わり

　昭和30年代以降は日本人の衣生活の変化により和装離れが進み、着物そのものの需要が激減したために、刺繍技術の継承も困難になりつつあります。そのため日本刺繍の世界では、伝統的な和装品や祭礼品のほかに刺繍絵画や風呂敷、袋物、袱紗などの小物へ刺繍を施すなど新製品を開発しながら、新たな需要を開拓し続けています。

■ わかりやすい英語で説明すると

　The oldest known embroidery in Japan is the Tenjukoku Shucho Mandala which was commissioned to honor Prince Shotoku's death. It dates back to the beginning of the 7th century. Embroidery was first for Buddhist items. Later, in the 10th century Heian Court nobles began wearing sumptuous robes heavy with embroidery. Later still, *Noh* costumes and samurai armor were decorated using embroidery. In the 17th century, advanced dyeing techniques and gold and silver leaf were added to create splendid luxurious *kimono*. The oldest Japanese embroidery is *Kyo-nui*; developed in Kyoto, it was the choice for robes of the Imperial Family. Kyoto embroidery is done two-handed, with the right hand over the fabric stretched on a frame and the left hand below. *Kaga-nui* was developed in Kanazawa; it is characterized by three dimensional designs.

和傘：Japanese umbrella

■その起源と由来について

　開いたままの傘形の天蓋が飛鳥時代に中国から日本に伝わり、和傘の原型となりました。室町時代には和紙に油を塗ることにより撥水効果が加えられ、桃山時代には開閉ができるようになって傘としての機能が発達しました。庶民に普及したのは江戸時代です。和傘の種類には、番傘、蛇の目傘、日傘、舞傘があります。番傘は柄が太めの竹でできているがっしりした素朴なつくりのものです。蛇の目傘は木の柄に色彩豊かな和紙を張ってあり、当初ヘビの目のように見える輪を描いたことがその名の由来です。撥水加工をしない日傘や舞傘は、和紙や絹に施した絵柄が美しく透けて華やかです。

■そのつくり方と職人技

　竹を削って骨をつくり、開閉の道具（ろくろ）と骨を糸でつなぎます。模様や色を染めて扇型に切った和紙を骨に貼り、油をひいて乾かしたら色糸で傘の内側中心部分をかがり、漆を塗って仕上げます。産地には、岐阜県（岐阜和傘）、京都市（京和傘）、石川県金沢市（金沢和傘）、福岡県（筑後和傘）、三重県上野市（伊賀和傘）などがあります。

■日本文化との関わり

　竹と和紙を使った伝統的な和傘は、昭和30年代頃からは洋傘に押されて需要が激減しました。以後、雨傘としての役割はほとんどなくなり和傘の生産業者も激減しましたが、現在も祭りや行事、伝統芸能に使われています。野外で点てる野点て傘や踊りに使う舞傘は今もつくり続けられており、和傘を装飾用として、また室内のインテリアとして新しい用途を提案しながら海外にも販路を広げる努力がされています。

■わかりやすい英語で説明すると

Umbrella-like canopies came to Japan from China in the 6th century. In the 14th century umbrellas made from washi paper were painted with oil to improve the ability to repel water. In the 16th century, the current closeable umbrella was developed. There are four types of Japanese umbrella; the *ban-kasa* or sturdy umbrella, *Janmoe-kasa* with a painted rim, *Hi-gasa* parasol, and *Mai-kasa* parasol used for classical dance. The ribs of Japanese umbrellas are made from split bamboo and joined with string. Japanese paper that may be patterned or painted is carefully adhered to the ribs and oil painted over the top. The final step is to add lacquer. Japanese umbrellas are mostly used at festivals and special celebrations these days, not for keeping off the rain.

扇子：Folding fan

■ その起源と由来について

京都で平安時代初期に宮中で用いられた木簡(もっかん)(紙のない時代に墨で文字を書いた薄く細長い板)から変化した桧扇(ひおうぎ)が扇子の原型です。桧扇は何枚ものヒノキの薄い板を絹糸で綴じたもので、貴族に愛用され、後には夏用に紙や竹でできたものもつくられました。室町時代以降になると武士や神官僧侶も使いはじめ、茶道や能の始まりとともに現在のような形の扇子が完成します。江戸時代には庶民に広まり、また西欧に輸出されてブルボン王朝の貴族やフラメンコの踊り手にも使われる扇子のもととなりました。

■ そのつくり方と職人技

扇子づくりの工程は、扇骨加工、地紙加工、加飾、折り加工、仕上げ加工に分けられます。竹の根元に「要」になる穴をあけ、削って扇骨の形に整えて天日に干した後、割れや虫食いがないものを使います。和紙を3枚から5枚貼り合わせた地紙に箔や絵で加飾を施し、扇子の形の折り目のついた型紙にはさんで折ってから扇骨を通す穴をあけます。扇骨に糊をつけて地紙にさしこみ重石で押さえて形を整えた後、両端の太い骨をつけて仕上げます。

■ 日本文化との関わり

花鳥風月を題材とした文様が色彩豊かに描かれ金銀の箔が使われたものなど、扇子は小さな屏風ともいえます。舞扇、茶扇、式服扇子など種類もさまざまで、平安の昔から単にあおいで風を送るという目的のためだけでなく、伝統芸能においてもまた末広がりの形状から吉祥文様のモチーフとしても、扇子は日本文化に深く根づいています。消耗品でありながら美と機能性を兼ね備えた扇子は、日本人が発明して世界に広まった手仕事による逸品なのです。

■ わかりやすい英語で説明すると

The origin of the folding fan is the *hiogi* fan which was a set of thin sticks of cypress joined at the bottom with thread. The folding fan made from paper and bamboo developed because of the need for a lighter *hiogi* fan for summertime. At first, only aristocrats used fans but in the 14th century samurai and priests began to use them too and they were incorporated as part of the tea ceremony. Japanese fans were exported to Europe and were the basis for fans used in flamenco dance. Fans with elaborate paintings and patterns based on nature themes are considered to be miniature folding screens. There are many different types including fans for tea and fans for dance as well as ceremonial fans. Fans have been used for sending signals during battle and even as weapons.

団扇：Round fan

■ その起源と由来について

　扇子は日本で発案されてつくられましたが、団扇は世界各地に原型があります。飛鳥時代に大型のものが日本に伝わり、京都では中国のものをもとに奈良時代からつくられました。当時は現在の団扇の柄を長くした形のものが、高貴な人の顔を隠したり、食事を冷ましたり火をおこしたりするのに使われていたようです。竹と和紙を使ったものは室町時代に製造が始まり、江戸時代には多色刷りの役者絵や美人絵を描いたものが庶民にも広まりました。

■ そのつくり方と職人技

　団扇には、和紙を張って絵や模様をつけたものと、和紙の上から柿渋を塗って仕上げたものとがあります。前者には伊勢うちわ（三重県）、雪村うちわ（茨城県）、京うちわ（京都）があり、渋うちわと呼ばれる後者は岐阜県や愛媛県が主な産地です。京うちわは、別につくった柄を紙の面に差し込む差し柄が特徴で、加飾した地紙は細く割った竹の骨によって支えられています。全国シェアの9割を占める丸亀うちわ（香川県）の特徴は、1本の細い竹をそのまま柄に使い、先端を細く割って骨にすることです。

■ 日本文化との関わり

　現在の形が完成してから400年以上続いた伝統の団扇づくりですが、現在は生産量が減少し続けています。1970年代後半から広告宣伝用のプラスチック製団扇が大量に機械生産され、安価な中国製品が出回ったこと、エアコンや扇風機の家電製品が普及したことが主な原因です。日本製の竹と和紙を使って手作業でつくる伝統の団扇には、技術の継承、新たな販路の開拓、後継者の育成と、いくつもの難題への挑戦が必要とされています。

■ わかりやすい英語で説明すると

　The folding fan was created in Japan. Round fans however are seen throughout the world. The first large round fans came to Japan in the 7th century and were made in Kyoto based on the Chinese examples. They were used for hiding the face of people with high status and for cooling food or fanning a fire. Round fans began to be made from paper and bamboo from the 14th century. In the 16th century round fans with multicolored prints and faces of famous actors or women were very popular. The fans made today are manufactured in the same way they were 400 years ago. However, demand is decreasing and plastic fans with advertising can be produced in large volume. Air-conditioning also means there is no need for fans in the house.

印鑑：Seals

■ その起源と由来について

　古代メソポタミアで考案された印鑑は、中国を経て日本には戦国時代の頃に伝わったとされます。日本最古の印は、1784 年に現在の福岡市で発見された『漢委奴国王』の金印です。一番の産地は、御岳山系に印鑑の材料となる良質な水晶鉱脈があった山梨県です。江戸時代末期の文献には甲府市内に御印版を扱う版木師の存在を示す記載があり、印章の商売を営んでいたことがわかります。1837 年には甲府に水晶加工工場が設立され、水晶印材のほかツゲや水牛などの印材の加工技術とともに彫刻技術が発達しました。

■ そのつくり方と職人技

　印面に文字を彫る作業の主要工程は、印面を平らにしてから彫刻文字の配分をし（字割）、左右を逆にした文字を印面に書き入れます（字入）。起底刀で彫ってから印面に墨を塗り、判差刀で文字を整えて仕上げます。昔ながらの道具を使い分け、各工程が手作業で行われています。

■ 日本文化との関わり

　メソポタミアやインダスの古代文明で広まった印鑑ですが、中国など一部の例外を除き日本以外の国に印鑑を押す習慣は残っていません。日本では明治時代に公文書に実印の捺印が定められます。同時に印鑑登録制度が定められ、一般市民の間に急速な印章需要が起こりました。山梨県には、印章制作に必要なすべての業者が集まる独特な産地形態が形成され、現在も国内の印鑑の 50% 以上を生産しています。甲州手彫印章は、経済産業大臣指定伝統的工芸品となっています。昭和 30 年代以降は水晶のものは少なくなりましたが、象牙、水牛、柘植のほか、琥珀やチタンも現在は人気があります。

■ わかりやすい英語で説明すると

　The *inkan* or seal was invented in Mesopotamia. It was brought to Japan via China in the 15th century. The oldest seal in Japan is the King of Na gold seal found in Fukuoka City in 1784. The most famous production area is Yamanashi, which has a good supply of high-quality crystal. Making a seal requires smoothing the surface and then carving of text in reverse. Special tools are needed to ensure the text is clear and prints correctly. Japan is the only country still using seals in a legal capacity. Official documents must be stamped with the correct seal. Official seals must be registered with banks and the city office. Koshu hand carved seals are designated a traditional craft by the government. Materials used today include buffalo horn, boxwood, amber and titanium.

(8) 絵画:Pictorial arts

日本画:Japanese-style painting

■その起源と由来について

　古来文化、文明の両面で中国を師とも仰いできた我が国ですが、10世紀初めに唐が滅亡すると突然に師を失って呆然とする弟子のように、自分自らの手で新しい文化を創造していくようになります。この頃に生まれたのが、漢字に対する仮名文字や漢詩に対する和歌、そして唐絵に対する「やまと絵」でした。日本の事物を題材としたこのやまと絵が日本画になります。絵画様式が異なる唐絵とやまと絵は平安時代から江戸末期に至るまで並存していきますが、明治に入りその向き合う対象が唐絵から西洋絵画に変わり、やまと絵はやがて公式にも「日本画」と呼ばれるようになりました。

■つくり方と職人技

　日本画は以下のような道具を使いそれぞれの目的に応じた和紙に描きます。天然の鉱物を砕いた天然岩絵具（人工的につくった原石からつくる新岩絵具もあります）、線を引き、彩色し、面を塗る多くの種類の筆や刷毛、絵具を溶き、膠と絵具を混ぜるための絵皿、胡粉や絵具を擦りつぶし膠と水を入れて溶く時に使う乳鉢、筆を洗い絵具を薄める水を入れておく筆洗、膠を溶かす時に使う膠鍋、でき上がった膠液や混ぜる水を計る水匙、などです。

■日本文化との関わり

　西洋料理に対する日本料理と同じように、日本画も外国における同一分野との比較や差別化が必要な時に生まれた概念といえます。我が国が近代的国家として認知されるためには西洋国家に対比できる独自の文化を備えていることが必要でした。明治時代に日本画は立派にその役を果たしたのでした。

■わかりやすい英語で説明すると

　Much of Japanese culture and civilization was learned from the Chinese. However, after the collapse of the T'ang Dynasty in the 10th century, Japan had to make its own way without a teacher. It was at this time that Japan developed the simpler kana writing system, Japanese *waka* poetry instead of Chinese *kanshi* and *Yamato-e* rather than T'ang paintings. *Yamcto-e*, depicting Japanese scenery and objects are considered Japanese-style painting. Japanese-style painting uses natural mineral pigments and washi paper. As with Japanese cuisine, Japanese-style painting was born of a wish to have an original culture from Western countries. In the 19th century, Japanese-style painting succeeded remarkably in distinguishing itself.

仏画：Buddhist painting

■ その起源と由来について

　仏像、菩薩像や仏教説話を描いた仏画の起源は、紀元前5世紀頃に始まったとされる仏教の歴史と重なり、古くはインドや中央アジアの仏教石窟寺院の壁画に見られます。仏画が中国を経由して伝来し、我が国の木造寺院の壁にも仏画が描かるようになったのは7世紀後半から8世紀初頭の白鳳時代のことでした。当時のものとしては1949年の火災で焼損した法隆寺金堂の壁画が特に有名です。10世紀平安時代に入ると堂塔内の板壁や、絹地、紙本にも描かれるようになり、仏画制作の隆盛期を迎えます。それ以降も時代ごとに芸術的に優れた仏画が描かれ今日に至っています。

■ つくり方と職人技

　仏画は墨、絵具、筆など日本画の道具（日本画の項を参照）を使い紙、絹地、壁などに仏の姿などを描くものです。仏画の種類には白地に墨の線だけで表現する白描画、その線の中に着彩する着彩画、紺など色のついた紙に金の線で表す金彩画、銀の線で表現する銀彩画があります。手を台に添えて描く定腕技法と、その手を浮かせて自在に運筆する運腕技法により、如来（仏の敬称）、菩薩、明王、天、祖師、高僧、仏花、曼荼羅などを描きます。いずも長年の経験を必要とする職人によってのみ可能となる技法です。

■ 日本文化との関わり

　仏教の教えは初め口伝で行われていましたが、難しい仏教の教えを学び、また広めていくためには像や絵などで表現するようにした方が良いということから仏像や仏画が生まれ、それぞれが仏教芸術として発展していきました。仏画も当初は渡来人の手になる大陸風のものが多かったのですが、その後技法や画題の点で我が国独自のものが描かれるようになっていきました。

■ わかりやすい英語で説明すると

　The history of Buddhist statues and paintings explaining Buddhist narrative is as long as Buddhism itself. Ancient examples can be seen on the walls of Buddhist temples in India and Central Asia. Buddhist murals began to be painted on the walls of temples and shrines in Japan in the late 7th to early 8th centuries. Buddhist painting uses material and tools similar to those of Japanese-style painting. Some paintings are simple ink sketches on white paper, others are more elaborate using gold, silver and other pigments. Buddhist teaching began as an oral tradition however, it became common to use statues and pictures in order to explain the teachings, leading to the development of Buddhist art.

第Ⅱ部　芸能・美術工芸・武芸にまつわる日本文化と伝統工芸品　215

神道絵画：*Shinto* painting

■その起源と由来について

　神道は本来偶像崇拝を行わず、山や木などの自然物を崇め、その宗教的行事も素朴なものでした。それが、仏教の影響を受け神道にも次第に美術的要素が加わっていきます。特に平安時代に入り、日本の神は仏が姿を変えたものだという神仏同体説（本地垂迹説）が盛んになってからは、仏教にならい神像画や神道曼荼羅をはじめとし、神社縁起絵、絵巻類、祭礼図、社頭絵図（社殿全体の鳥瞰図）など神道絵画が盛んに制作されるようになりました。

■つくり方と職人技

　神道絵画の制作に用いる材料、道具、制作方法は、基本的に別項の日本画と仏画のところで説明しているものと同じですので、本項では絵や書を描く相手である本紙について述べます。本紙とは紙に限らない絵を描く際の素材のことで絹本（絹地）、紙本（紙）、綟本（生糸の繻子織）、麻、板、石、漆喰壁などの種類があり、それらを注文者や絵師が希望する画題や画質の違いによって使い分けます。

■日本文化との関わり

　神道絵画は我が国固有の民族的信仰である神道に基づいて始まった宗教美術です。恒久的な社殿をもたない原始的な宗教であった神道は、8世紀頃から仏教の影響を受けて次第に社殿を設置し、礼拝の対象として神像の造立が始まります。神道が形あるものになってくるとそれを飾るためのものが必要になってきます。それが神道美術の始まりでした。その後神道絵画は、神像彫刻とともに宗教美術という日本の芸術文化における重要な地位を占めるに至りました。

■わかりやすい英語で説明すると

　Shinto painting was not about idolatry but about revering nature such as mountains and trees. The religious function of painting was also very simple. *Shinto* was influenced by the art of Buddhism. The belief was that Japan's gods were Buddha in a changed form and this prompted the creation of *Shinto* mandalas and pictures. The tools and materials used are the same as those for Japanese and Buddhist painting. *Shinto* painting began as religious art for an ethnic faith that is unique to Japan. *Shinto* was originally a primitive faith with no permanent place of worship. With the influence of Buddhism, *Shinto* followers began to establish shrines and create permanent fixtures in the 8th century. This gave rise to *Shinto* painting and sculpture.

浮世絵：*Ukiyoe*

■その起源と由来について

　17世紀初頭に生まれた浮世絵という名の絵画は肉筆画で、美術史的には風俗画と分類されるものでした。しかし、海外にもUkiyo-eとして広く知れ渡り、今日私たちが「浮世絵」と呼ぶのは肉筆画に劣らない多色刷りの版画としての絵画で、そのような多彩色の浮世絵版画が誕生したのは1765年でした。それまで白黒の墨摺絵であった浮世絵が、版元、絵師、彫師、摺師の4者による協同作業により絵柄の新鮮さと色鮮やかな多色刷りに生まれ変わり、その錦織のような華麗さから「錦絵」として一世を風靡しました。

■つくり方と職人技

　浮世絵の依頼人である版元が柄や人物を決定し、その意向を受けた絵師が墨で版下絵を描きます。下絵は彫師に渡され墨版というモノクロ版が彫られて、複数枚が刷られた版下図が絵師に戻されます。絵師はそれに色ごとの彩色を施し、その色版下絵を彫師に渡します。彫師は色ごとに複数の版木を用意し彩色箇所ごとに異なる彫りを入れ、背景、着物、隈取り（役者の顔面を彩色する特殊な化粧法）などの色版をつくります。摺師が、それらの色版をずれないように注意を払いながら1枚1枚重ね摺りしていき完成させます。

■日本文化との関わり

　浮世絵がゴッホ、モネ、ルノアールその他の画家たちに多大な影響を及ぼしたことはよく知られた事実ですが、それが可能になったのは浮世絵が大量生産された安価な複写画だったこともその一因です。海外ではこの世に1枚しかない絵画は金持ちのためのものでしたが、日本では版画であったため上流社会や知識人だけではなく、一般庶民にも幅広く楽しまれていました。

■わかりやすい英語で説明すると

Ukiyoe art begin in the early seventeenth century. The term *Ukiyoe* originally referred to hand painted pictures depicting local customs. However, popularity overseas has led to the term referring specifically to colorful woodblock prints. The first full-color woodblock prints were made in 1765. Instead of one person making a black and white picture; the process required four people, a painter, carver, printer, and a publisher. The beautiful and varied colors achieved by this process took the world by storm. It is well known that famous painters such as Gogh, Monet, and Renoir were influenced by *Ukiyoe*. The printing process for *Ukiyoe* allowed multiple copies to be made which meant that even common people could purchase and enjoy them.

3. 芸道にまつわる伝統工芸品を理解し英語で伝える
Traditional Arts and Handicrafts Related to Artistic Accomplishments

【総論】書道・華道・茶道とその歴史

・書道

　元来、中国の知識階級は四芸（琴・碁・書・画）を重んじ、中でも書はたしなみとして文人たちに愛好されました。中国では4世紀頃すでに漢詩と書が一体となって芸術となり、続いて水墨画が生まれて北宋の時代には山水画が完成します。この詩書画の芸術は禅僧によって日本に伝来し、室町時代頃には時代の先端となりました。この時代、数多くの禅僧が中国に留学して墨蹟（ぼくせき）と呼ばれる高僧の書を持ち帰り水墨画とともに珍重されました。禅の思想を重んじた侘茶（わびちゃ）では禅宗僧侶による墨蹟が尊重され、利休の頃にはそれを観賞用に表装して書院や床の間に掛けることが盛んに使われました。茶道と違って書道の世界では「唐物」（からもの）（中国からの伝来物）の文房具を重用する傾向が強く、特に硯や墨では「和物」（日本でつくられたもの）は格下であるという傾向が明治時代以降現代になっても続いています。

・華道

　生け花は6世紀に仏教とともに伝来した供花（くげ）の発展したものといわれています。平安時代には優美な国風文化の影響から植物を通して生命を意識するようになり、自然の姿で生花を飾ることが始まったと考えられます。この頃貴族が邸宅に持仏堂（じぶつどう）（自分の仏像や先祖の位牌を安置する部屋）をつくるようになり、寺院以外の室内で瓶に花を挿して飾り始めました。鎌倉時代に畳敷きの座敷が登場し、唐物（からもの）書画や工芸品とともに花も飾られるようになります。

　室町時代になると、武家を中心として公家や庶民も茶の湯、連歌（れんが）、歌、香、花の会合を楽しみました。観賞用の花入には中国からの青磁や胡銅（こどう）（ブロンズの一種）の花瓶が主に使われ、花の入れ方も立花（りっか）という様式に規定されました。時代が下がるにつれて茶の湯が発展し、それとともに花も床の間に飾られるようになります。侘びさびを重んじる茶室の中では、野に咲く自然の姿で花を入れることが望ましいとして、投げ入れ花が千利休によって提案されました。豪壮な桃山文化の時代には、宮中や武家屋敷で立花会が催されて人気を博します。江戸時代になると庶民の間にも立花を簡略化した生花（いけばな）が広まり、多くの流派が生まれて門弟組織が整えられます。

・茶道

　日本の茶の湯の発展について英文で書かれた岡倉天心の「茶の本」（*The Book of Tea*）が米国で出版されたのは1906年のことです。天心はこの本の中で、西洋人に東洋の人生観を紹介するため、芸術鑑賞という観点からの茶

の湯の役割を説明し、日本のあらゆる美術工芸の発展において茶道が関わった事実を評価しています。

　平安時代、茶は薬効を期待された中国伝来の飲料として貴族や僧侶にもてはやされました。当時は固形茶でしたが、僧の栄西が宋から茶を持ち帰って抹茶を伝えました（1191 年）。同時に禅の修行の一部として茶礼の規則も伝わり、喫茶が新たな文化として成立していきます。鎌倉時代には、唐物と呼ばれる中国からの茶の湯の道具が大量に輸入され珍重されました。室町時代末期には庶民向けに路上で茶を点てて飲ませる茶売りが登場します。当初は立ち飲みでしたが、座売り（移動式の腰掛に座って茶を点てて客に出す）、そして神社仏閣などの観光名所に設けた小屋や茶屋での喫茶へと移行していきます。

　15 世紀後半からの戦乱の時代には、美術工芸品の鑑賞を主とした茶が侘びさびを重んじる侘茶へと変化を遂げます。同時期に発達した能の精神性にも影響を受け、日本的なものを取り入れて新たな茶の湯をつくり出したのが村田珠光です。港が発達した堺から千利休がそれに続き、茶碗を初めとする茶道具は唐物から高麗物へとその興味が変わります。さらに利休は楽焼による茶碗を考案し、竹の茶道具や茶室の形式を整えて侘茶を大成します。こうして村田珠光の侘茶に始まり千利休が大成した茶道は、その芸術性、精神性、理論性のすべてにおいて日本人の美意識を体現するものであり、今なお日本文化の象徴として内外を問わず多くの人を魅了し続けます。

Section Introduction: Calligraphy, Flower Arrangement and The Way of Tea

In Ancient China, calligraphy was considered a necessary accomplishment of scholars. In the 4th century Chinese poetry written in calligraphy were considered works of art. Paintings including images, poetry and calligraphy were brought to Japan by Chinese priests and spearheaded art in the 12th century.

Flower arrangement in Japan stemmed from the floral tributes offered to the gods in Buddhist practice. In the 10th century, aristocrats began to place individual altars in their homes and offerings of arranged cut flowers could be seen in private homes. From the 12th century, formal *tatami* mat rooms began to appear in houses and artistic flower arrangements were displayed with calligraphy scrolls and other items such as ceramic vases and dishes.

Tea was considered a medical remedy when it was first introduced to Japan from China. Tea utensils were imported in large quantities before they began to be made in Japan. The innovation and aesthetic sense seen in tea utensils are considered to embody the entire spirit of the Japanese people.

(1) 書道：Calligraphy

硯：Inkstone

■ その起源と由来について

　書道に欠かせない硯、墨、筆、紙を文房四宝といい、現存する世界最古のものは、秦の始皇帝の時代の墓から墨とともに出土した紀元前200年頃の小さな方形の石の硯です。日本では平安時代に製硯が始まりますが、江戸時代になっても中国のものを重用していました。硯の名称には材質からつけられたもの（石硯、瓦硯、陶硯、鉄硯）、形からつけられたもの（長方硯、円硯、六稜硯）、物語や故事にちなんだもの（蘭亭硯、蓬莱硯、羅漢硯）、紋様からつけられたもの（臥牛、葡萄、龍鳳、蓮葉、孔雀など）、石の産地の名をとったもの（端渓硯、桃河硯、歙州硯）などがあります。

■ つくり方と職人の技

　まず岩山の岩板を割って採取した原石を硯の大きさに切断し、金槌で形を整えます。次に回転する砥石をあてて石を削り、表と裏を仕上げます。石を刻む鑿で硯の周囲に縁を残して、墨をする丘（墨堂）の部分とすった墨液がたまる海の部分を彫り分けます。縁の部分に文様の細工をすることもあります。硯を彫る製硯職人は6～10種の鑿を使い分けながら、下絵をもとに完成した絵柄を頭の中に描いて彫っていきます。

■ 日本文化との関わり

　良い硯は材料となる石で決まり、中国広東省の端渓石を用いた硯が世界最良といわれます。和硯の主な材料では長州（山口県）の赤間石、奥州（宮城県）の玄昌石、雨畑石（山梨県）などが有名です。中国と比べて日本には硯に向く石が少なかったため、蒔絵や金銀箔を施した豪華な硯箱に筆、墨、水滴（注水のための小器）を収納することが江戸時代から流行しました。

■ わかりやすい英語で説明すると

The brush, inkstone, inkstick and paper are the cornerstones of calligraphy. The oldest known inkstone is a small square stone that was excavated along with an inkstick from the Mausoleum of the first Qin Emperor and dates back 2,200 years. Japanese production of inkstones began in the 8th century but Chinese inkstones were prized until the 17th century. Inkstones are made from not only stone but also iron, clay, bronze and porcelain. The stones are shaped to have a well to store the ink and a surface to rub the inkstick on. The edges are sometimes carved with elaborate designs. The quality of inkstones is determined by the material they are made from. *Akama*, *genshou*, *amabata* stones are famous in Japan.

筆：Brush

■ その起源と由来について

筆の技術が中国から日本に伝わったのは平安時代で、遣唐使が製墨技術とともに持ち帰ったとされています。当時は写経のための文房具が大量につくられており、筆司と呼ばれる製筆技術者が全国で地方特有の毛筆を完成させました。江戸時代には宿場ごとに筆職人がいたといわれます。一般的に、唐筆では浙江省湖州の湖筆が名高く、和筆には仙台筆、江戸筆、奈良筆、有馬筆（兵庫）、熊野筆（広島）などがあります。

■ つくり方と職人の技

毛筆は、穂の部分と筆管の部分をまったくの分業で行います。穂の材料となる毛で分類すると柔毛筆（羊、ヤギ、猫）と剛毛筆（馬、タヌキ、イタチ）、2種類を混ぜた兼毛筆があり、その材料は現在ほとんど中国から輸入されています。穂の製造は10以上の工程があります。選別された毛を灰にまぶして脂分を除き、皺をのばして手でもんだ後に金属の櫛で毛をさばいて切り揃え、筒状の道具に通します。毛束を確認しながら複数の種類の毛を混ぜ合わせて水に浸し芯をつくって根元を糸で縛り、形を整えます。竹をあぶって歪みを直し、中をくり抜いてつくった筆管に穂先を差し込んで完成です。

■ 日本文化との関わり

日本人なら誰でも学校書道で親しんでいる毛筆ですが、現在は書道のみならず化粧にも使われるようになり、特に熊野筆は海外でも人気が上昇中です。しかし製筆技術の習得には5年から10年かかるといわれ、後継者不足が深刻な問題となっています。

■ わかりやすい英語で説明すると

The envoy to China brought the techniques for making brushes back to Japan in the 8th century. Stationary was being made in large quantities to copy sutras. Brush makers developed brushes unique to each region. In the 17th century, it is said there was a brush maker at every roadside stop. Famous brushes still available today include Edo brushes, Nara brushes, Arima brushes and Kumano brushes. Separate artisans make the brush heads and handles. Hair used for the brushes includes goat, sheep, cat, horse, and racoon dog. The process calls for a total of ten steps before attaching the brush head to the handle. All Japanese children will use a calligraphy brush during elementary school. The brushes are also now used as cosmetic brushes and are highly valued.

墨：Inkstick

■ その起源と由来について

日本での墨の歴史は8世紀頃朝鮮から伝わったのが始まりと考えられます。正倉院には奈良時代の唐墨と新羅(朝鮮)の墨が残されています。その後、製墨の技術は奈良で発展し、室町時代にはゴマ油を燃やして煤をとり黒色の墨をつくる技法が完成します。江戸時代生産の中心は奈良、紀州(和歌山県)、尾張(愛知県)でした。江戸時代から明治の文人たちは、硯の場合と同様に中国製の唐墨を珍重して和物を尊重しない傾向がありました。

■ つくり方と職人の技

墨は、煤と膠に少量の香料を混ぜ、乾燥させてつくります。まず植物油を不完全燃焼させて採煙した煤に、溶かして液状になった膠をそこに混ぜ、香料を加えて撹拌して黒い粘土の塊のような墨玉をつくります。それを小分けにして職人の手足で十分に練りこんだ後に成形し、模様を木型でつけて木灰に埋めて乾燥させます。10日から1か月木灰を毎日取り替えてある程度乾燥させたら空中に干して3〜6か月かけて完全に乾燥させます。

■ 日本文化との関わり

日本での墨の生産の9割以上を占める奈良県では、最盛期には47軒の墨屋がありましたが、現在も製造を続けているのはわずか8軒です。厳寒の時期に全身を真っ黒にして墨玉を練る仕事は厳しく、原料の煤とりや乾燥にかける手間もたいへんなものです。松の煤でつくる紀州松煙墨のように、いったん消失したもののたった1人の職人によって再現されたものもあります。伝統的な手づくりの美しさを伝えていくには、後継者となる製墨技術者の養成と同時に、販路の開拓や材料の確保も考えなくてはなりません。

■ わかりやすい英語で説明すると

Among the *Shosoin* treasures there are inksticks from China and Korea. In the 8th century, Japan began making inksticks in Nara. It wasn't until the 14th century, however, that the method of burning sesame oil, removing the soot, and creating black ink was complete. As with inkstones, scholars preferred Chinese ink to Japanese ink in the 19th century. Inksticks are made by mixing soot, glue, and a small amount of fragrance and kneading it into a ball before drying. It is then shaped and placed in a wooden mold. The form is then placed in wood ashes to dry for approximately one month before being removed and air dried for three to six months. Ninety percent of inkstick production in Japan is in Nara. There are currently only eight workshops.

222　3. 芸道にまつわる伝統工芸品を理解し英語で伝える

(2) 華道：Flower arrangement

花器：**Flower vase**

■ その起源と由来について

　四季折々の草花や木の枝を切って花器にさし、その姿の美しさや命の尊さを表現し鑑賞する芸術が華道です。室町時代の東山文化のもとで始まった華道は、当時の建築様式である書院造の床の間に飾るために、花を生ける作法を定めるようになります。室町時代以前は、壁にかけた仏画の前に香炉、花瓶、燭台を並べた三具足飾りと呼ばれる形式でした。花瓶に飾る花が発展して独立したものが立花です。

■ その種類と特徴

　立花を生ける花器の素材は銅器に始まり、陶器も使われるようになっていきます。左右対称が原則で、細長かったものが次第に下の方が膨らんだ形となっていきます。生ける花の量が次第に多くなりかさが増していったため、重心を低くする必要があったためです。江戸時代には新しい形の「なげいれ」と呼ばれる自由な生け方が考え出され、花の自然な姿を活かすやきものの花器が好まれるようになりました。

■ 日本文化との関わり

　道具をその本来の用途とは異なる目的に使うことを「見立て」といい、茶道や華道でよく用いられます。花器としてつくられた器ではなく、竹林から切り出した竹に1本の花を生けることにより花の真の美を見出したのは、千利休でした。ひび割れた瓶や壺、流木や石、蔓で編んだ籠や笊など、日本人は古くからさまざまな花器を使ってきました。決まりにとらわれずに野山に咲く花のような自由な姿で花を生けること、それも華道の心といえます。

■ わかりやすい英語で説明すると

　Japanese flower arrangement, called *ikebana* or *kado*, is the art of cutting the stems and branches of seasonal flowers and trees and arranging them in a flower vase to express the beauty of the natural world and the fragility of life. Flower arrangement in Japan began in the 14th century when it became popular to arrange flowers on the floor in the alcove of Japanese rooms instead of in small vases hanging from the wall in front of a Buddhist image. Flower vases used for arrangements can be made from almost any material but were originally bronze and then ceramic. Almost anything may be used as a vase including a turtle shell or stone but the vase should be asymmetrical. At first, only a few flowers were arranged but as time passed the trend moved toward greater volume.

剣山 : *Kenzan*, pinholder

■ その起源と由来について

剣山は花器に花を生ける時に用いる花留と呼ばれる道具の1つで、草花を刺して固定させるための針が突き出したものです。外から見えないように花器の中に入れ、さまざまな大きさや形を花器や花の種類によって使い分けます。明治時代の終わりから大正にかけて使われるようになりました。

剣山

■ その種類と特徴

剣山の大きさは8号、11号のように直径の数字を号数で表します。花器の大きさはもちろんですが、口の広がりも考えて適切な大きさの剣山を選ぶことが重要になります。形状として一般的には円形で底が平らなもの、針が真鍮製の針をつけて本体は鉛のものが基本ですが、最近ではプラスチック製の透明なものも使われます。

■ 日本文化との関わり

剣山が考案されたのは、盛花の様式が各流派の家元によって確立された明治時代と考えられています。それ以前の生け花では、立花（花を立てて飾る）や抛入花（茶室などで自然な姿の花を下記に入れる）などが中心だったため、込藁や又木が花留として用いられました。込藁は、同じ長さに束ねた藁の根元を麻ひもで縛ったものでそこに枝葉を立てます。又木は先が分かれた枝で、花器の中に渡し花材を挟み込むようにして使用します。

■ わかりやすい英語で説明すると

The *kenzan* is a flat-based metal form with many upward-pointing pins which is used to hold flowers in place when making an *ikebana* flower arrangement. It is placed in the vase and should be invisible when the arrangement is complete. *Kenzan* are made in various sizes and shapes. The arranger will select the best size and shape for the vase and the flowers that will be used. *Kenzan* were first used in the early 20th century. The most commonly used *kenzan* is round. There are also square and oval versions. Recently, clear, plastic *kenzan* are becoming popular. Prior to the invention of the *kenzan* Japanese *ikebana* was limited to standing arrangements in a flared vase or *nageirebana* (lit. thrown in) in a tall standing vase. The flowers were held in place with a bunch of straw. This eventually evolved into the *kenzan*.

花鋏 : *Hanabasami*, florist's scissors

■ その起源と由来について

草木を切るための花鋏には、流派によって異なる多くの形があります。

■ その種類と特徴

蕨手（左）と蔓手（右）

華道では、蕨手と蔓手の鋏が最も多く使われています。どちらも、花の茎や枝の断面の繊維を潰さずに切ることができるようなつくりになっており、活けた花を長く楽しむことができます。蕨手とは、持ち手（柄）の根元にある小さな輪が野草のワラビに形が似ていることから名がついたもので、池坊鋏とも呼ばれます。この鋏はカシメを緩くつくられていますので、開閉しやすく、刃先の合わせを調節することができ、太さの違う茎や枝でも切りやすい構造です。蔓手は2つの大きな輪が柄になっているもので、しっかりと握りやすく疲れにくい構造になっています。熟練の職人が柄を瞬間的に打ちつけてつくり出す、1mmにも満たないわずかなすき間が両刃の間にあります。この隙間により、鋏を握る手から身体に伝わる微妙な振動の伝わり方が違ってくるからです。刀鍛冶から伝えられたこだわりの技がここに生きています。

■ 日本文化との関わり

明治時代の廃刀令によって、多くの刀鍛冶が職を失いました。そこで彼らは鑿、鏝、鉋などの大工道具のつくり手に転向したり、洋服の仕立てに使う「裁ち鋏」や裁縫用の「握り鋏」をつくるようになったり、また園芸用の剪定鋏や花鋏を専門にしたりするようになりました。

■ わかりやすい英語で説明すると

The shape of the scissors used when arranging flowers for *ikebana* differs for different schools. The most common types are *warabite* (left picture) and *tsurute* (right picture) scissors. Both types are made so as not to destroy the fibers when cutting the stems of plants. This makes the cut flowers last longer. *Warabite* scissors are easy to open and close and easy to adjust according to the thickness of the branch or stem that needs to be cut. The *tsurute* scissors are easy to hold, and therefore, easy to control.

(3) 茶道：The way of tea

茶釜：*Chagama,* tea kettle

■ その起源と由来について

　茶の湯では、茶会を催すことを「釜をかける」といいます。その表現が表すように、鋳鉄製の釜は茶事、茶会を象徴する道具です。その鋳造は筑前（現在の福岡県遠賀郡）芦屋の釜師によって、室町時代以降に始まります。以来、芦屋釜は茶釜の代表となり数千人の釜師がいましたが、名が残っているのは10人余りです。他に栃木県佐野市の天命（天明）、京釜、関東釜などがあります。鎌倉時代に京都に釜座ができ、茶の湯が盛んになった16世紀には名人の釜師が各地で活躍しました。

■ その種類と特徴

　釜にはその形状、肩（胴の上部）、口づくり、地紋などの呼び方をもとにした名前がついています。千利休好みの阿弥陀堂釜と、芦屋釜のほとんどで基本的な形の真形釜が代表的な2種で、ほかには筒状で龍の地紋がある雲龍釜、播磨（兵庫県加古川市）にある神社の朝鮮鐘の形を写した尾上釜、肩が高く全体的に丸い形の乙御前釜など多数あります。

■ 日本文化との関わり

　釜では、全体的な造形美と部分的な意匠とが鑑賞のポイントとなります。銅の地紋や釜肌（表面）、蓋やつまみの形、口のつくり、鐶付き（釜を持つときに鐶をつけるための耳）の形式、釜底などの部分も重要視されます。茶道具の中でも茶碗や茶入れなどは中国や朝鮮のものが珍重されましたが、釜は日本製のものばかりです。

■ わかりやすい英語で説明すると

　The tea kettle is the most important utensil for the tea ceremony. The *chagama* is the oldest style. It is made of cast iron and used for the formal tea ceremony. The first *chagama* kettle was made in Onga, Fukuoka in the 14th century. At one time there were several thousand *chagama* kettle makers now there are only about ten. In the heyday of tea there were tea kettle makers in every area, each with their own characteristics. The kettles are named for their shape, spout, or pattern. *Chagama* kettles are admired for their overall shape and the design of parts such as the surface pattern, shape of the lid knob, form of the spout, and rings to attach a handle. The most prized tea utensils were often those from China or Korea, however, the *chagama* kettles were made only in Japan.

茶碗：Tea bowl

■ その起源と由来について

　茶道具としての茶碗は、中国伝来の唐物、朝鮮伝来の高麗物、日本製の和物に分けられます。中国の天目山(てんもくざん)で修業した僧が持ち帰った天目茶碗や青磁、白磁碗が唐物の代表で、室町時代に日本に伝わり珍重されました。高麗茶碗は桃山時代に伝わり、侘茶の隆盛とともに日常の雑器として焼かれた井戸茶碗が重要な地位を占めるようになります。千利休の頃には侘茶にふさわしい茶碗が美濃（瀬戸茶碗）と京都（楽(らく)茶碗）でつくり上げられ、高麗物と人気を二分しました。江戸時代には全国各地の窯で茶碗が焼かれるようになり、陶器と磁器、そして色絵の作陶技術が一気に発展していきました。

■ その種類と特徴

　日本で生まれた茶の湯のための茶碗の代表が楽茶碗です。轆轤(ろくろ)を使わず手で成形し（手捏(て)ね）ヘラで削って仕上げるもので、黒と赤があります。利休の指導を受けた京都の樂長次郎(らくちょうじろう)が創始者で、現在に至るまで樂家では代々その技が受け継がれています。美濃焼の黄瀬戸や志野、萩焼、唐津焼などが和物茶碗の代表です。茶碗の形で分けると、漏斗状に開いた口が外反している天目形、井戸形、椀形、平形、筒形、桃形などが主なものです。

■ 日本文化との関わり

　茶の湯での茶碗は、上流階級の華やかな唐物至上主義の時代に始まり、村田珠光の侘び茶では高麗茶碗が重用され、そして千利休が楽茶碗を考案します。熱伝導が低く手になじみ、口あたりが柔らかい楽茶碗は究極の茶道具といえます。「一楽、二萩、三唐津」という言葉が今も残されるゆえんです。

■ わかりやすい英語で説明すると

Tea bowls used as part of the tea ceremony come from China, Korea or Japan. Celadon and white porcelain brought back from China by monks studying there were highly prized in the 14th century. Later, *Ido chawan* from Korea were the highest grade tea bowl. In the time of Sen-no-Rikyu, the founder of the way of tea, tea bowls made in Mino and Kyoto gained favor. The leading example of tea bowls made in Japan are hand-molded earthenware bowls called Raku ware. Others include Mino ware, Hagi ware and Karatsu ware. Tea bowls may be funnel-shaped with an out-turned lip, have straight or rounded sloping sides, or be flat or cylindrical. Tea bowls should sit nicely in the hand, hold heat, and have a gentle touch on the mouth.

茶杓：Tea scoop

■ その起源と由来について

　茶杓とは茶入や薄茶器から抹茶をすくう道具で、多くは竹製で塗りや蒔絵を加飾したものもあります。最初は中国からもたらされた象牙の匙を転用していました。その形を模して侘茶の創始者である村田珠光が竹でつくらせたといわれています。始めは節がなかったものを、千利休が竹の節を中央に残した形に完成させました。その頃から茶人が自らつくり、竹筒に入れて署名と銘を書くようになりました。

■ そのつくり方と職人技

　20 cm 前後の竹を荒削りして1日ほど水につけ、遠火で温めて手で先を曲げて角度をつけます。曲げたら直ちに水につけ、3、4日固定して乾かした後に削って形を整え、表面を研磨して仕上げます。茶杓にも真行草があり、節無のものが真、最下部に節を残した止節が行、節が中央辺りにくるのが草です。茶杓を入れる筒にも刀目の有無や表面の竹皮の残し方で、やはり真行草が区別されます。

■ 日本文化との関わり

　茶の湯では道具についている銘が重要視されます。茶杓と花入は数ある茶道具の中でも茶人自らが創作することが多いため、ことに銘のつけ方に創意工夫がなされます。禅語、謡曲、和歌から取るもの（「和敬」「ふたりしづか」）、景色や季節からの連想（「天の川」「鈴虫」「初霜」）、地名（「有馬山」「二尊院」）の他、機知に富んだ「猫の鼻」（少し寸法を詰めたい＝冷たい）「ゆかみ」（上から見るとゆがみがある）などもあり、茶席で謂れを尋ねるのも楽しいものです。

■ わかりやすい英語で説明すると

　The tea scoop or *chashaku* is a small spoon-like utensil for scooping tea powder from a tea caddy. Many are made from bamboo and may be lacquered or decorated. The shape was copied from ivory scoops used by the Chinese. The first tea scoops did not include the node of the bamboo but Sen-no-Rikyu made his with a node and that is the form most often used today. To make a tea scoop, bamboo sticks are soaked in water and then gently heated and bent by hand. Once the bamboo is dried, the shape is carved and the surface carefully polished. In the tea ceremony inscriptions on the utensils hold great importance. Tea scoops and bamboo vases are often made by the tea masters themselves and inscribed with Zen phrases, poems, and stories.

茶筅と柄杓：Tea whisk and ladle

■その起源と由来について

　濃茶や薄茶になくてはならないものが竹製の茶筅（茶筌）です。室町時代の始めに中国から伝来した当時は竹のササラ風のものでした。京都、加賀、尾張でもつくられていましたが、現在は奈良県生駒市の高山茶筅が全国シェアのほとんどを占めています。高山茶筅は500年以上の歴史をもち、18世紀初めには茶筅師13家が苗字帯刀を許されて武士となりました。水や湯をすくう柄杓の作者として知られる黒田宗玄は武士でしたが、浪人となってから竹細工を手がけ、小堀遠州（江戸時代の大名茶人）に茶道の手ほどきをうけて江戸幕府御用達の柄杓師となりました。

■つくり方と職人技

　茶筅は、節を残した長さに切った竹の半分を小刀で16等分し、個々の外皮と内皮を手で割き外皮を取り去って水につけます。1本ずつ細く削りながら自然にできる先端の丸みを調節し、根元を糸でかがって仕上げます。柄杓はもともと弓師がつくったものと伝えられ、点前での扱い方に弓の手が取り入れられています。置き柄杓、引き柄杓、切り柄杓の3種が主な扱いです。

■日本文化との関わり

　茶筅には、各流派によって竹や形状、長さ、穂の数が異なり、4種類の竹から60種類以上の茶筅がつくられています。柄杓も竹製で、茶筅と同様に流派によって決まった形があります。代表的なものは、柄の下部（切止）を斜めに切った月形と、まっすぐ切り落として柄を合（湯水を汲むところ）に差した差し通しの2種類です。柄杓は季節によって炉用と風炉用を使い分けますが、茶筅にはその区別はありません。

■わかりやすい英語で説明すると

The bamboo tea whisk is a vital utensil for the tea ceremony whether serving thin or thick tea. In the 14th century there were tea whisk makers in Kyoto, Kaga and Owari. Now, the tea whisk makers in Takayama, Nara produce almost all the tea whisks made in Japan. Takayama tea whisks have a history of over 500 years. In the 18th century, 13 tea whisk artisan households were given the right to bear a surname and carry a sword. The creator of the ladle used in the tea ceremony was also a samurai however, he had no lord and began producing items made from bamboo and became a master of the ladle. Each tea school uses tea whisks that differ in shape, length, and number of bristles. The same is true for ladles. Ladles also differ according to season.

薄茶器：Caddy for thin tea powder

■ その起源と由来について

濃茶を入れる器を茶入というのに対し、薄茶には主として木製の蓋物に漆塗りの薄茶器が使われます。代表的なものに棗があり、室町時代初期から桃山時代にかけて千利休が整えた利休形を基本とします。棗の名は、木の実のナツメに形が似ていることに由来します。棗以外には、円筒型の中次もあります。江戸時代には、塗師や蒔絵師の多くが薄茶器をつくるようになり、中村宗哲、本阿弥光悦、尾形光琳、山本春正など名工が多く出ました。

■ その種類と特徴

利休形の棗は高さと胴の直径が同じであることされ、大棗、中棗、小棗の3種があります。棗の形にはほかに丸棗、平棗、帽子棗、河太郎棗（蓋のくぼみが河童の頭に似ているため）などもあります。塗りの種類では、黒塗が基本（真塗）で最も格が高く、蒔絵や螺鈿を加飾したもの、朱塗のものなど多様です。中次には、胴の中央部に合口（蓋と身の合わせ目）がある真中次と、真中次の蓋を面取りした面中次があります。真中次は、仕覆をかけると濃茶にも用いることができます。

■ 日本文化との関わり

千利休の時代までは茶といえば濃茶を指し、希少価値の茶を僧侶や武士が薬として飲んだものでした。名前の通り色も味も濃いもので、薄茶は「点てる」というのに対し濃茶は「練る」といいます。薄茶は1人に1碗を点てますが、濃茶は1つの碗に人数分を練り、主客で順に回し飲みをします。利休が確立した「吸い茶」と呼ばれるこの回し飲みは、1つの碗を共有することによって一期一会の縁を分かち合うという意味があります。

■ わかりやすい英語で説明すると

Thick tea powder is kept in a *chaire*; thin tea powder is kept in a *usuchaki*. The *usuchaki* caddy is usually made of lacquered wood. The most common caddy is called *natsume* because the shape is similar to the *natsume* fruit (date). Another is called a *nakatsugi*, which is more cylindrical in shape. Thin tea caddies come in three sizes. The most formal is a black lacquer. The caddies often have beautiful pictures or mother-of-pearl inlay on the outside. In the first days of tea it was drunk only by priests or samurai as a medicine. Sen-no-Rikyu popularized tea for everyone. Thick tea, as it suggests, is thick in color and texture and was shared from one bowl but thin tea is made for each individual guest.

茶入と仕覆：Tea caddy and bag

■ その起源と由来について

　茶入とは濃茶を入れる容器で、それを入れておく袋を仕覆といいます。日本で最初の茶入は、1191年に栄西禅師が宋から茶の実を持ち帰って京都の高山寺の明恵上人に贈った時のもので、今も高山寺に秘蔵されています。その後、茶の湯の隆盛とともに中国から唐物と呼ばれる茶入が伝わりました。室町時代には瀬戸で茶入がつくられ始め、和物と唐物の2つに分けるようになります。仕覆には、茶入に付属するもののほかに茶碗などを入れる袋もあります。茶入仕覆に用いる裂地を名物裂と呼び、唐物には間道（縞や格子模様）や緞子（紋織物）を、和物には金襴や緞子が多く用いられます。

■ その種類と特徴

　唐物茶入の特徴は、すっきりした形で光沢があり、薄手で軽いことです。茶道具の中でも最も重要視され、一国一城の値にも匹敵するほどの名品もありました。唐物を見本として瀬戸の美濃窯で焼かれ始めた和物茶入は、桃山時代には独自の発展をとげ、江戸時代には唐物に次ぐ評価を得るようになります。その形から、茄子、文琳（官位の名称から）、肩衝（肩が角ばったもの）、大海（平らなもの）、丸壺、瓢箪、柿などの名がつくものがあります。

■ 日本文化との関わり

　茶の湯は戦国時代に発達したため、茶に毒物が混入しないよう茶入の蓋には裏に金箔を張った象牙の替蓋をつけるようになったといわれます。象牙は毒に反応して変色したり割れたりするからです。仕覆は始めから茶入と組になっている場合も、1つの茶入に替袋が何枚もついている場合もあります。

■ わかりやすい英語で説明すると

　Chaire is a tea caddy for thick tea powder. It is usually kept inside a drawstring bag called a *shifuku*. The oldest known *chaire* in Japan was used in 1191 by the priest Eisai to transport tea seeds from China. It is stored at Kozan-ji Temple in Kyoto. The *shifuku* bag, which always accompanies a *chaire* is also used to carry tea bowls. There are two types of *chaire*; *karamono* and *wamono*. *Karamono* are those that originated in China and *wamono* are those from Japan. *Karamono* are classified by shape such as eggplant, apple or round. *Wamono* are identified by the kiln or potter where they were made. The lids of *chaire* were originally ivory with a gold leafed underside. This was to prevent poisoning during the feudal period. Ivory changes color or cracks when in contact with poison.

第Ⅱ部　芸能・美術工芸・武芸にまつわる日本文化と伝統工芸品

その他の道具：Other utensils

・水指(みずさし)（水差）
■その起源と由来について

点前の際に釜に注ぎ足すための水を入れておく容器が水指です。初期茶道では唐物の金属製の水指が使われていました。室町時代に侘茶を広めた武野紹鷗が日常使いの木製の手桶や釣瓶を水指として取り入れ、さらに千利休が曲げ物の木工品を用いたとされます。そして陶磁器が使われるようになり青磁や染付など唐物のほか、日本でも各地で水指がつくられるようになります。信楽、伊賀、備前、丹波、瀬戸、志野、織部などその種類は多様で、形や色柄も豊富です。水指の蓋は、同素材でつくってあるものを共蓋といい、塗り物で別につくる場合もあります。素材としては金属製、陶磁器、木製品に大別でき、最近は夏用にガラス製のものも登場しています。

■わかりやすい英語で説明すると

A *mizusashi* water jug is used for adding water to the tea kettle when needed during the tea ceremony. Originally, the bucket-like container was metal but later small wooden pails and buckets were also used. In the 14th century the preference changed to earthenware and porcelain.

・建水(けんすい)

建水とは茶碗をすすいだ湯水をあける容器で、「こぼし」「水こぼし」「骨吐(はきと)」とも呼ばれました。「水を建えす」という語がその由来です。唐胴を始めとする金属製のものと、唐物の染付や南蛮物(なんばんもの)の瓶(かめ)、備前、信楽、瀬戸、丹波など和物の陶器のもの、竹製のもの、杉の木地を曲げた木地曲(きじまげ)や漆器の木工品もあります。唐物や南蛮物は雑器の転用が多く、曲物は面桶(めんつう)ともいい水屋（台所）で使ったものを利休が正式なものとして使ったといわれています。形状としては、鷹匠が腰につけた餌袋に由来する、袋型で上部が開いた形の餌畚(えふご)が最も広く使われています。ほかに大脇差(おおわきざし)、差替(さしかえ)、棒の先、鉄盥(かなだらい)、槍(やり)の鞘(さや)、瓢箪(ひょうたん)を合わせて七種(しちしゅ)の建水と呼ばれます。汚れた水を受け止める役割の建水は、茶席では目立ってはならないとされ扱いの格も低いのですが、裏方としてなくてはならない道具です。

■わかりやすい英語で説明すると

The *kensui* is a wastewater container used during the tea ceremony to discard excess water from heating or rinsing the bowl. *Kensui* are made from metal, earthenware, porcelain, lacquerware and even bamboo. *Kensui* look like a large bowl with an outturned lip.

・蓋置

蓋置は、釜の蓋を置いたり柄杓をあずけたりする際に使います。当初は建水と同じ唐銅の輪が用いられましたが、陶磁器でつくるようになり次第に独立した道具としてさまざまな形や素材に発展しました。千利休は竹を切ったもの（引切）の寸法を整え、正式に茶席で用いるよう整えました。ほかには、利休が選んだともいわれる火舎香炉、五徳、三つ葉、一閑人、三人形、栄螺、蟹が七種蓋置と呼ばれるものが代表的です。この7種は仏具や文房具などを見立てて転用したもので、最も格上のものは仏具の香炉をかたどった火舎、次は3本の爪が立つ五徳となります。蓋置の使い方には建水との取り合わせや季節によっても決まりごとがあります。

七種蓋置

■ わかりやすい英語で説明すると

The *futaoki* or lid stand is for resting the lid of the kettle or the water ladle. Originally made of the same material as the kettle; the *futaoki* gradually became a utensil in its own right as ceramic and porcelain kettles gained popularity. Now, bamboo, metal, ceramic and other materials are used.

・棚

点前に用いる茶道具を茶席に飾り置くためには、棚を使います。12世紀に中国から伝わった台子を基準として、大棚、小棚、仕付棚がつくられました。春慶塗の天地の板に4本柱と引き違いの襖がはまった地袋がついているものは紹鷗棚と呼ばれます。小棚は、飾り物に使われた卓類から転用されたものが多く、四方卓、五行棚、山里棚などあります。仕付棚は、点前をする場所の近くに仕つけられた棚で、竹や木で上からつりさげた釣棚が代表的です。ほかに、持ち運びができる木製の箪笥も棚の一種とされます。

旅箪笥

■ わかりやすい英語で説明すると

During a tea ceremony a set of shelves are used to display the utensils used. Based on the utensil stand introduce from China in the 12th century, there were large, small, and rack style shelves. Some include small drawers beneath the main shelf.

香合：Incense container

■ その起源と由来について

　香合とは、茶事の席中でたく香を入れるための蓋物の器を指します。産地は中国、タイ、オランダ、そして日本など広範囲に及び、唐物では染付、青磁、呉須、祥瑞などがあります。和物では楽焼、黄瀬戸、織部、志野、信楽などが主で、蛤の貝や金属を使うこともあります。塗りのものや陶磁器のものが多種つくられるようになると香合は珍重され、人気順に並べて相撲に見立てた番付表（形物香合相撲）までつくられました。

■ その種類と特徴

　香合はその用途から風炉用（5月～10月）、炉用（11月～翌4月）、両用があり、素材や中に入れる香が異なります。掌にのるサイズで多様な素材、色、形があり、蒔絵、螺鈿、金箔を加飾した豪華な塗り物や、陶磁器では動物、果物、楽器などの形のものがあります。番付表（1855年）では東の大関には交趾の大亀（黄色い亀の形）、西の大関には染付の辻堂（4方形の箱に4角錐の蓋）が選出され、明治の収集家にも大きな影響を与えました。

■ 日本文化との関わり

　正式の茶事では、炭手前（湯を沸かすための炭を客の前で継ぐ）の際に香合を客に回して鑑賞したり、床の間に飾ったりします。香の種類には、香木と呼ばれる伽羅や白檀と、粉末の香料を練り合わせた練り香とがあります。香木は風炉の季節に木地や漆器の香合に入れて使われ、練り香は炉の季節に陶磁器の香合に入れます。香をかぐ遊びである香道は、平安時代より公家社会に伝えられ足利義満の時代に武家社会にも広まり、仏前で香をたくようになって茶道にも浸透しました。

■ わかりやすい英語で説明すると

　The lidded incense container is used to hold incense during the tea ceremony. Incense containers are made in China, Thailand, the Netherlands and Japan. Famous kilns such as Raku ware and Shigaraki ware produce ceramic incense containers. Items such as clam shells may also be used. The containers gained more value when artisans began producing lacquerware and ceramic versions. A list similar to that of *sumo* with East and West sides was created to apply rank to incense containers. In 1855 the top East container was a yellow turtle shape, the top West was a square blue and white box with a pyramid-shaped lid. Incense containers come in a variety of shapes including animals, fruit, and even musical instruments.

花入：Vase

■ その起源と由来について

　茶人が竹の花入を好むのは、千利休が自ら竹を切り銘をつけて用いたのが始まりといわれます。そもそもは仏花を入れた器から始まりました。用途から、置花入、掛花入、釣花入の3種があります。素材では金属、磁器、陶器、竹、籠、漆器、木工品などが用いられます。唐銅と呼ばれる中国の宋・元の時代の花入が最初に伝わり、日本ではそれを真似て陶磁器でつくるようになりました。素材別に3つの位に分類され、扱い方が異なります。

■ その種類と特徴

　金の花入でもっとも多く用いられる唐銅は最も格が高く、ほかに砂張（銅、錫、鉛の合金）や青銅などがあります。焼物では、青磁、白磁、染付などの磁器と、楽、唐津、志野、備前などの陶器があります。磁器の多くは金の写しとしてつくられ、陶器より格が高いものが多くなります。籠は、竹、籐、藤蔓を編んだもので、中国伝来の唐物籠と、桂籠、宗全籠、加茂川籠、鵜籠などの和物籠とがあります。竹の花入は、その切り方で分類されます。逆さに竹を使い中央に節がある寸切、2節以上ある竹の根の方を使い窓を横一文字に切る一重、窓が2つある二重、床の間に置いて使う置筒、形が似ている舟があります。

■ 日本文化との関わり

　野に咲く花のように自然な姿に茶花を生けて床の間に飾ることは、茶席には欠かせないものです。よく使われる竹の花入は、茶人が自ら創作することが多く、一つひとつに個性があり銘もあります。銘とは、和歌や俳句、まつわる逸話などから作者や所有者が道具につける別名のことです。

■ わかりやすい英語で説明すると

Bamboo tea vases are preferred by followers of tea because it is said that Sen no Rikyu (the founder of tea in Japan) cut his own bamboo to display flowers in his tearoom. There are three types of vases, standing vases, wall vases, and hanging vases. A variety of materials may be used such as metal, ceramic, porcelain, lacquer or wood as well as bamboo. Displaying flowers in a tea room as they appear wild in a field is an important part of the tea ceremony. Bamboo is often used by tea masters as it can be made by hand contributing to the thought and care that goes into preparing for the tea ceremony. The tea master will inscribe the vase with a poem or anecdote as part of the theme for the ceremony.

第Ⅱ部　芸能・美術工芸・武芸にまつわる日本文化と伝統工芸品

掛物：Hanging scroll

■その起源と由来について

　茶席の床の間に掛けるものを総称して掛物と呼び、書蹟と絵画、その両方を備えた画賛とがあります。平安時代に中国から伝えられ、当初は仏画が中心でした。次第に絵画や墨蹟（高僧による墨の書）が伝わり、室町時代には禅語に日本風の表装を施すようになり、さらに江戸時代には色紙、短冊、扇なども掛けられるようになります。墨蹟が最も格上とされ、中でも大徳寺（京都）の禅僧による書は特に重視されます。

■そのつくり方と職人技

　掛物にするために書や絵画に裂地や紙を足して仕立てることを、表装といいます。鎌倉時代に中国から技法が伝わり、江戸時代初期には専門の表具師が登場します。表装では、一文字、風袋、中廻し（本紙を囲む部分）、上下（天地）、軸、巻緒を本紙に足します。一文字とは金襴、竹屋町裂、緞子、間道など名物裂を細く本紙の上下に添えたもの、上から下がっている2本の帯は風袋で、一般的には一文字と同じ裂地を使います。本紙を取り巻く部分は中廻し、全体の下地となる部分を上（天）と下（地）と呼び分けます。

■日本文化との関わり

　書道に見られるように、掛物にも書画の内容によって真、行、草の3段階があり、一文字、中廻しともに省略されたものが草、一文字のみのものが行、両方が揃っているものが真とされます。茶席では掛物に亭主の意向が象徴されるとされ、床の間に一礼して拝見してから着席します。墨蹟の掛物は、侘び茶の創始者である禅僧の村田珠光が、大徳寺の一休宗純より授かったものを表装して茶室に飾ったのが始まりといわれています。

■わかりやすい英語で説明すると

Hanging scrolls in the alcove of the tea room may depict writing, pictures or both. When they first came to Japan from China, hanging scrolls depicted Buddhist imagery. In the 14th century, Zen sayings in Japanese style mountings became more popular. In the 17th century, items such as fans were hung on the scrolls and artisans appeared who specialized in scroll mounting. Scrolls are made by mounting pictures or calligraphy with silk edges on a flexible backing. The space on the scroll above the picture is longer than the bottom because in the past scrolls were observed from a kneeling position. A rod at each end completes the scroll and makes it easy to roll. There is also a cord for hanging and possibly tassels

菓子器：Sweet dish

■ その起源と由来について

　茶の湯で用いられる菓子器には、濃茶席で出されるものと薄茶席で出されるものがあり、盛る菓子も異なります。日本人は古来より間食として木の実や果物を食べていましたが、8世紀頃中国から遣唐使によって唐菓子と砂糖がもたらされ、茶の湯が隆盛する江戸時代に日本特有の和菓子が大きく発展して現在のようなものになりました。濃茶席では、季節の風物を写した練切、きんとん、羊羹など主菓子と呼ばれる生の和菓子が供されます。薄茶席ではせんべい、飴、落雁、砂糖漬など水分が少なく軽い干菓子を用います。

■ その種類と特徴

　濃茶席では生菓子を縁高に盛って出すのが代表的です。縁高とは5客1組の黒い塗り物（真塗）で、重ねて蓋をつけて用います。略式では1人用の銘々皿に菓子を1つずつ盛って黒文字（楊枝）を添えたり、漆器や陶磁器でできている蓋つきの食籠に人数分の菓子を盛ったりします。干菓子器には、主菓子器との調和や季節、茶会の趣向に応じて多種多様なものが使われます。高坏と呼ばれる足つきの漆器は正式な場に用いられ、ほかに各種の盆や手つきの籠、金平糖を入れる小さな振出しなどがあります。

■ 日本文化との関わり

　正式な茶事では主菓子は懐石料理の一部と見なされるため、1人の客に1つの器が基本とされました。干菓子は人数より多めに2種ほどを盛り合わせて出し、客は順番に箸を使わず手を使って懐紙の上に取って菓子器を回します。この時、菓子器を次の客との間に両手で置いてお辞儀とともに「お先に」という次礼の作法により、客どうしの和みの気持ちを表します。

■ わかりやすい英語で説明すると

The dishes used to serve sweets during a tea ceremony are different for thin tea and thick tea. In ancient times, Japanese people would eat seeds and fruit as snacks. The first introduction to sweets using sugar was when the Chinese envoy arrived in the 8th century. When the way of tea was at its height of popularity in the 17th century there was also a revolution in Japanese sweets. When thick tea is served the sweet is usually moist and in a form reflecting the season. When thin tea is served the sweets are dry and crisp. Moist sweets are served in individual stacked box-like dishes with a lid on the topmost dish. Dry sweets are served together beautifully arranged in a wide lidded-basket or dish and each guest takes one sweet from the dish.

第Ⅱ部　芸能・美術工芸・武芸にまつわる日本文化と伝統工芸品　237

茶室

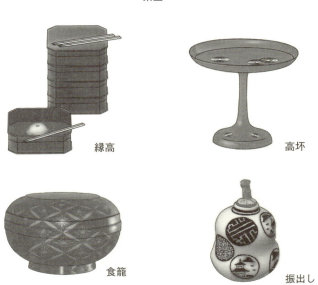

菓子器のいろいろ

4. 武芸にまつわる伝統工芸品を理解し英語で伝える
Traditional Arts and Handicrafts Related to Martial Arts

【総論】日本の武芸と関連する武具の文化と歴史
■日本の武芸の特徴

　武芸とは本来武士が戦場において敵を倒し自分を守るために武器を使う武術や技芸のことです。しかし、戦国時代が終わり太平の世になると武士が日常鍛錬する芸道を意味するようになりました。江戸時代中期には弓、馬、剣、槍の4つが武士の嗜(たしな)みとして重視されるようになり、さらに柔、砲、兵学を加えて七芸と呼び、水泳術や抜刀術などを加えて武芸十八般としました。武士の嗜みには、これら武術だけではなく和歌、書道、絵画、茶の湯、謠、能なども入ります。江戸幕府が能を武家の式楽(しきがく)（儀式用に用いられる芸能）として定めたこともあり、多くの武士は能を習いました。

　剣豪宮本武蔵は、日本一の武芸者には嗜みが必要といわれて絵を習い、画家として優れた花鳥水墨画を残しました。書にも秀でた武蔵は63歳でその生涯を閉じる2年前に兵法書として名高い『五輪書(ごりんのしょ)』を著します。江戸時代の大名浅野(あさの)内匠頭(たくみのかみ)は、江戸城内で刃傷沙汰を起こし、その日の内に切腹を命じられ、「風さそふ花よりもなほ我はまた春の名残(なご)りをいかにとやせん」と伝えられる辞世の句を詠みます。武士は、突然に我が身に迫った死を直前にしてこれだけの句を詠む素養を備えていました。

　これらの例に見られるように、武士は大名から下級武士に至るまですべて芸道の嗜みがありました。単なる戦闘用具に過ぎない武具が現代に通用する美術工芸品になり得たのは、武具の製作者である職人とその使用者である武士の双方が、ともに和の美の心をもっていたからであろうと想像できます。

■武芸にまつわる伝統工芸品の文化と歴史

　武芸の変遷は武具の発達と戦闘方法の変化に呼応しています。我が国においては古代すでに矛、剣、弓矢、槍などを使った戦闘が行われていたことが埴輪などから推察できます。しかし、その頃の甲冑(かっちゅう)や武器そのものには美的な装飾を施している様子は見られません。

　それらの武具が華麗なものとなっていくのは奈良・平安時代です。中国大陸や朝鮮半島から伝来した衣服や戦闘具などの影響を受け、日本人が独自に開発したものと想像できます。平家一門の興亡を描いた『平家物語』や『源平盛衰記』などの軍記物語や絵巻物には、源氏と平家両軍の武将たちが身に纏(まと)っていた甲冑や太刀(たち)と弓矢などが文章や絵によって詳しく描写されていますが、いずれも色鮮やかで華麗なものです。また、そうした描写が決して大

げさではないことが、現存する兜と鎧や太刀などからもわかります。

　その後戦闘様式の中心が上流武士による騎馬戦（あるいは騎射戦）と下級武士（足軽など）による槍を使った集団戦などに変わっていくに従い、甲冑だけではなく剣も太刀から、戦いやすい打刀（日本刀）に変わって行きます。その刀装も塗りの上に蒔絵を施した鞘、象嵌や彫金で飾った鍔、鮫皮と組紐で拵えた柄、など美麗なものになっていきます。日本刀はよく世界で最も美しい工芸品であると賞賛されますが、それは刀身の美しさだけではなく、手の込んだ刀装具をも含む総合芸術品としての評価であるといえます。

■**武芸にまつわる伝統工芸品のつくり手**

　武具はそれぞれ専門の職人、例えば兜や鎧は甲冑師、刀は刀匠あるいは刀鍛冶、弓は弓師、矢は矢師、矢筒は矢筒師によってつくられます。武具それぞれはその原材料や製作方法に大きな違いがありますが、共通する点は長年の経験と勘により編み出された職人技、より良いものを目指す探究心、原材料の精選から作品を仕上げるまでに要する長い時間です。日本の職人技がいかに優れたものであったかを示す事実を紹介しましょう。

　ポルトガル船の漂着により種子島に2挺の火縄銃が伝来したのは1543年ですが、日本の鍛冶職人は初めて見るその2挺を見本にして、図面もなしにわずか1年で純国産の鉄砲「種子島」をつくりました。刀鍛冶の鍛造技術が基礎となり1549年には近江の国友、和泉の堺、紀伊の根来などの鉄砲鍛冶が火縄銃を量産し始めます。ポルトガル人の記録によれば1556年における日本の鉄砲は数万挺に及ぶとあり、その量からして16世紀後半において日本は世界でも有数の鉄砲生産国であったのは確かなようです。

Section Introduction: Martial Arts

Martial arts were originally developed by warriors using both weapons and skills to attack and defend in battle. However, once the feudal era ended, martial arts became a performance rather than practice. There are 18 skills of martial arts and practitioners are expected to not only polish skills in fencing and archery etc. but also arts such as poetry, painting and the way of tea. The development of beauty in tools for martial arts such as armor, swords, and bows stems from this well-honed aesthetic sense. This demand then led to specialized artisans in sword-making, helmet-making, arrow-making, and quiver-making etc. The common thread between the artisans and the practitioners was the constant pursuit of improvements and skills.

4. 武芸にまつわる伝統工芸品を理解し英語で伝える

(1) 鍛冶：Blacksmithing

刀剣：Sword

■その起源と由来について

今でも全国に鍛冶町や鍛冶屋町という町が多く残っています。これは、戦国時代に武器の生産に従事していた刀鍛冶や鉄砲鍛冶たちが封建領主の命により城下町の一角に集められていたからです。我が国における鍛冶の歴史はかなり古いもので、5世紀末には鍛冶部(かちぬべ)や鍛冶戸(かぢべ)という職業民がいて、その頃に金属の製造が始まったといわれます。

鍛造

鍛冶（鍛冶屋）はもともと金属加工業者を指し、製鉄業者を大鍛冶、刀鍛冶を小鍛冶、そして農具や漁具の他に刃物類をつくる鍛冶を野鍛冶(のかじ)と呼んでいました。「かじ」は金打ち（かねうち）→かぬち→かんぢ→かぢ、と転訛(てんか)してきたものです。大化改新前後に諸豪族に属して刀剣など金属加工生産に従事していた部民(べみん)のことを「鍛冶部」と呼んでいました。部民とは大化改新（645年）以前における私有民のことで、朝廷に属する者、皇族のために天皇が設定した者、諸豪族に隷属する者などの総称でした。その後職業分化が進み、鉄、銅、銀など種類別に分かれていき、そのうち鍛冶といえば鉄加工の鍛冶を指すようになりました。

鍛冶の発展段階ですが、12世紀には刀鍛冶が、15世紀には野鍛冶が、そして17世紀には鉄砲鍛冶や包丁鍛冶がそれぞれ発展して行きます。当時刀鍛冶と鉄砲鍛冶以外の多くの鍛冶屋は、各種の農具や工具、包丁、鋏などさまざまな日用品を生産していました。

■つくり方と職人技

鋼材を焼き入れ、真っ赤になって熱くなっている鉄を叩き（鍛造）、その後にそれを冷却するという作業を繰り返すことで刀や包丁をつくります。加熱した鉄を金床に乗せて金箸(かなばし)でつかみながら金槌で打って形をつくっていくのですが、機械ではなく職人が手作業で行います。漢字の「鍛える」は「激しい練習や修練を重ね技術を習熟させ、また心身を強固にする」ことですが、もとは、このように金属を熱し、打って強くすることや鍛錬することを意味し、何度もその作業を繰り返すところからきています。各過程での温度、叩くモノの形状、その色、叩いた音などさまざまな要素を的確に判断し、切れ味の良い刀や包丁をつくるには熟練の技術と勘が求められます。

一般的に刀は断ち切るもので片刃、剣は突き刺すもので両刃のものをいいますが、我が国で鉄製の刀剣がつくられ始めたのは平安時代から鎌倉時代初期の頃でした。その時期に不純物の少ない炭素鋼が生産されるようになったからです。その当時に生まれた作刀の技法は、多少の変遷はあったものの、我が国独自の鍛錬方法として今日に伝わっています。作刀の材料には玉鋼という日本古来の製鋼法でつくられた特殊な炭素鋼のほか、古鉄などを加工した卸金や良質の銑鉄などが用いられます。

■日本文化との関わり

　日本刀は、現代では美術品としても国内外で高い評価を得ていますが、それは我が国の伝統的作刀技術が優れているからです。日本刀の特徴は「折れず、曲がらず、よく切れる」という矛盾した機能を解決しているだけではなく、見た目が大変に美しいことです。今日でも、人間国宝の刀匠たちの手による名刀が伊勢神宮式年遷宮用の御料太刀や御神宝太刀として奉納されています。剣、鏡、勾玉の３種を神器とする我が国では、人々は刀剣に対して特別な思いを抱き、心の象徴としてきました。日本刀は単なる武器ではありません。日本刀が象徴するものは心の静寂であり、礼儀作法を重んずる武士たちの魂でもありました。日本人は古来より刀や甲冑のような武器や武具までも、そこに美しさを追求してきました。日本刀は日本人また日本の文化の象徴であるといえます。

■わかりやすい英語で説明すると

　Even in Japan today you will find concentrated areas of blacksmiths and forges. This is because in feudal times the lord would order the swordsmiths and gunsmiths to gather in one part of the castle town. Japanese blacksmithing dates back to the end of the 5th century and it is thought that metal production began at this time. The term *kajiya* (blacksmith) referred to metal workers. They made agricultural and fishing tools as well as swords and knives. Over time, the work specialized and *kajiya* referred only to blacksmiths working with iron/steel and not copper, bronze or silver. The process is all done by hand. Generally speaking, *katana* swords have one cutting edge and *ken*, which are used for thrusting, have two. The method of manufacture has not changed much since it began in the Heian period (794-1185). Japanese swords are famous around the world as they do not snap or bend but cut smoothly. They are also beautiful. Swords made by master artisans are used in ceremonies at Japan's major shrines.

日本刀：Japanese sword

■その起源と由来について

　古代の刀剣は突くための直刀でしたが、平安中後期には反りのある切るための刀に変わっていきました。形状の違いの原因は戦闘様式の変遷です。馬上戦では斬りつけるための反りのある刀と敵を射る弓矢が有利な武器だったからです。日本刀には太刀と刀があり、太刀は刃を下にして腰帯に吊り下げ、刀は刃を上にして腰帯に鞘を差し込みます。太刀は次第に実戦用の武器としてではなく、もっぱら儀式用になっていきました。

■つくり方と職人技

　日本古来の製鉄法「たたら」により、砂鉄と炭から玉鋼をつくった後に、薄くつぶした玉鋼を硬さの違いなどから数種類の鉄片に分けます。その後不純物を叩き出し、炭素量を平均化するためにその鉄片を鍛接して1つの塊にまとめ、折り曲げて鍛接する鍛造を繰り返します。平らになった鉄片を粗く刀の長さに伸ばし、刀の形に鍛造整形していき、焼き入れし、粗く研いで形を整えていきます。小槌を使う刀匠だけではできない作業で、大槌を振るう向こう槌とともに行います。

■日本文化との関わり

　刀鍛冶たちの作業は、刀匠の精進潔斎のための禊から始まります。精進潔斎とは、飲酒や肉食を断ち、行いを謹んで身を清めることです。日本刀は職人技の積み重ねと根気、刀匠と弟子の和などを必要とする日本の精神文化を体現する我が国独特の工芸品です。日本語には刀づくりの文化からきている「相槌を打つ」「焼きを入れる」「付け焼き刃」「地金が出る」「反りが合わない」など、現代でも日常的に使っている表現が多くあります。

■わかりやすい英語で説明すると

　In ancient times, swords were straight in order to thrust. Later they were curved in order to cut. The reason for the change was transitions in fighting style. Mounted combat required a curved sword that could sweep down and cut. Japanese swords include *tachi* or long swords worn hanging from a belt and *katana* stored in a scabbard tied around the waist. Swords are made from *tamahagane* or raw steel. Impurities are removed by repeated pounding and forging. The art of sword-making, which requires the sword master to purify himself and gain the patience and inner harmony needed to form the blade, is said to perfectly represent the tenacity and suppleness of Japanese people. Many phrases in the Japanese language originate in sword-making.

小刀：Short sword

■その起源と由来について

　小刀は、「こがたな」と発音すれば小型の刃物や刀の鞘に装着する小柄のことであり、「しょうとう」といえば大刀に対して短い方の日本刀である脇差を意味します。馬上戦に適した彎刀として平安時代中期に生まれた日本刀は、室町時代になると武士たちが2尺（60cm）以上の大刀（本差）と予備、補助用の60〜30cmの小刀（脇差）の両方を腰に差すようになります。江戸時代には武家諸法度により武士は大小2本の刀を帯刀すべしと定められ、2本差しは、19世紀中期に江戸時代が終わるまで、戦場のみならず日常の生活においても武士の標準的な装備となりました。

■つくり方と職人技

　日本刀は美術工芸品として高い評価を得ていますが、それは刀身だけではなく鞘や柄を飾る華麗な装備品（刀装）を含むすべてを対象としたものです。刀装の1つひとつは専門の職人が手づくりします。白銀師（はばき師）は刀身が鞘に収まった時に鞘に触れないようにし、柄と刀身を固定したりする金具（はばき）をつくります。鐔は鐔師が、鞘は鞘師がつくり、塗師は鞘の木地に漆を塗ったり螺鈿細工を施したりし、柄巻師（柄巻）は刀の柄を鮫皮と組紐などで巻き、装剣金工（師）は刀身に多種多様な文様を彫り込みます。

■日本文化との関わり

　江戸時代の社会を構成する士農工商という身分制度では、武士以外の庶民は刀を差すことが許されませんでした。しかし、参拝、行楽、商売、運搬のために旅行する者たちには途中の危難から身を守るための道中差が例外的に認められていました。この旅路の護身用として用いられたのは脇差です。

■わかりやすい英語で説明すると

Kogatana or *shoutou* refers to the short sword worn by samurai or to a dagger-like knife. The curved swords were first developed for mounted battles in the 11th century. By the 14th century samurai wore a 60cm long sword and a spare sword of 30 to 60cm. Japanese swords are well-known for their craftsmanship. The craft includes the sword scabbard, grip and other accessories. Each accessory is crafted by a specialist artisan. The sword and scabbard are made by different artisans but are made with such great precision that the sword does not touch the scabbard as it is sheathed. In the 19th century hierarchical society, only samurai were permitted to carry swords. Travelers could only carry a small dagger for protection.

槍：Spears

■ その起源と由来について

　古代の槍の穂先は石、木、動物の骨や角、金属などでできていました。我が国最古の槍は旧石器時代後期（紀元前1万年以前）に使われた石槍です。弥生時代（紀元前4〜5世紀から紀元3世紀頃）に大陸から鉾（双刃の剣に長い柄をつけた武器）が伝わり平安時代には主要な武器でした。鉾は鎌倉時代に薙刀や太刀にとって変わられ姿を消しますが、戦国時代に鉄の穂先をつけた槍が復活します。合戦で足軽たちに同じ長さの槍を持たせ集団で進軍させるという戦闘様式が主流になったからです。両軍が槍を使う集団戦になると長い槍の方が有利なため槍は次第に長大になり、ついには三間半（約6.3m）の長槍まで生まれました。しかしその後鉄砲が戦闘における主要な武器として使われるようになると、槍の地位は相対的に低下していきました。

■ つくり方と職人技

　槍の刀身部分は、その形状により種類が異なりますが、つくり方は日本刀と同じです。武将たちがもっていた名槍と呼ばれ、今に残る高級な槍には文字や昇り龍など豪華な文様が装剣金工師により彫金（鏨を使って刀身を彫ること）されているものが多くあります。柄には桜や樫など硬めの木のほかに、厚めの竹を加工し銅線で巻き、膠で固めた打柄が使われました。

■ 日本文化との関わり

　九州福岡地方で生まれた黒田節という有名な民謡があります。全国にも知られた黒田節は、主君の名代として豊臣秀吉の家臣福島正則に挨拶に行った黒田藩の武士母里太兵衛が、大盃に注がれた酒を飲み干せば褒美をやろうといわれ、禁を破ってそれを飲み干し、日本一の名槍「日本号」を手に入れたという実話に由来します。その槍の穂先は元皇室の所有物であった由緒ある剣を加工し、はじめ将軍足利義昭へ下賜されたものといわれます。

■ わかりやすい英語で説明すると

The tips of spears were made from stone, wood, animal bones and horns as well as metal. The oldest spear known in Japan was used over 12,000 years ago. The main weapon in the 9th century was a long lance. This gradually gave way to the *naginata* (halberd) and the long sword. Later however, the spear regained its popularity as fighting in a group became the main style of battle. Spear blades are made in a very similar way to Japanese swords. They are then attached to a shaft with copper wire. The blades are also decorated with text, dragons, and elaborate patterns using techniques such as *chokin* engraving.

第Ⅱ部　芸能・美術工芸・武芸にまつわる日本文化と伝統工芸品　245

薙刀（なぎなた）：Japanese halberd

■その起源と由来について

　薙刀は、刀幅が広く先細りの刀を長い柄につなぎ、遠心力を利用して相手を薙ぎ払い、また薙ぎ倒すために用いた武器でした。平安時代末期の1146年に編纂された歴史書『本朝世紀（ほんちょうせいき）』の中にも「俗に奈木奈多（なぎなた）と号す」という文字が見られます。本来僧兵の武器として威力を発揮した薙刀はその後武士階級に継承され、騎馬戦や歩兵戦における主要な武器となります。しかし、合戦における戦闘様式が突くことや刺すことを得意とする槍や、1543年に伝来し国産化が進んだ鉄砲を使う集団戦へと変わっていくに従って、戦場での役割を失い、護身用の武術として武家の女子に広まっていきました。

■つくり方と職人技

　初期の頃は太刀と同じものであった薙刀の刃部分ですが、薙ぎ払う、薙ぎ倒すという動きに適した専用の刃を鍛造し、それに合う柄をつけたものがつくられていきます。その刃には長さや大きさの面でいくつもの種類があり、柄も長短あるいは化粧（拵え）の違いにより、木の周囲に割竹を張り合わせた打柄（うちえ）や、その上に銅を螺旋状に巻いた蛭巻（ひるまき）、木地のままの白柄（しらえ）、さらには漆塗りや蒔絵（まきえ）にした豪華なものまでいろいろな種類があります。

■日本文化との関わり

　江戸時代になると男子で薙刀を使う者はますます少なくなりますが、武家の婦女子は必ず薙刀を稽古しなくてはならないという風潮が生まれていきます。身分の違いにかかわらず、武家であれば子女の嫁入りには薙刀を必ず持たせたといわれます。近代から現代になると「なぎなた」は男女のスポーツとして発展し1955年には全日本なぎなた連盟が結成され今日に至ります。

■わかりやすい英語で説明すると

　The Japanese *naginata* halberd is a pole weapon that has a curved blade on the end of a long wooden or metal pole. It is used by taking advantage of the centrifugal force created by the long pole to attack on the battle field, particularly to dismount cavalry forces. The *naginata* blade is made in the same way as Japanese swords and is bound to a wooden or metal pole with copper wire just like a spear. However, once firearms were introduced, the *naginata* disappeared from the battlefield and became a martial art for self-defense. It was considered the best weapon for women since it enables women to keep their attackers at a distance. *Naginata* is still offered in many girl's schools as a sports or club option.

鉄砲：Firearms

■その起源と由来について

　我が国の歴史上最初に現われる鉄砲（＝てつはう）は1274年に襲来した蒙古軍が使用した原始的火器を表す言葉でした。鉄砲はその後1543年に種子島に漂着したポルトガル人がもたらしたといわれる火縄銃を意味するようになります。「種子島」と俗称される鉄砲が大量に国産化されるようになるのはそれから間もなくのことでした。鉄砲の出現はそれまでの戦場における合戦の様式を一挙に変え、足軽鉄砲隊が編成されるなど封建領主たちの戦術に大革新をもたらしました。鉄砲中心の戦術への変化は山城が主であった築城形式を平城へと移行させる要因にもなりました。

■つくり方と職人技

　鉄砲をつくったのは、近江の国友、和泉の堺、紀伊の根来など、鉄砲伝来以降に生まれた鉄砲鍛冶と呼ばれる職人集団でした。最も重要であるとされる銃身は鉄板を丸めてつくった筒に薄い鋼を巻く巻張りという方法でつくられます。銃口には銃の狙いを定める突起である先目当を、反対側の銃身部には元目当を、そして火薬を載せる火皿を置きます。尾栓のネジ切りは重要な加工作業ですが、当時の日本にはネジという概念はなかったといわれます。銃身部には引き金と火縄を固定する火挟、その2つを連動させる装置をつけます。

■日本文化との関わり

　江戸幕府は全国支配を確立するために交通網を整備し、物流を活性化させる一方で、江戸を守るために周辺の街道に関所を数多く設けました。箱根の関所をはじめとする6か所の関所では、諸大名による鉄砲など武器の江戸への潜入と、人質として江戸に住む諸大名の子女が自国へ逃げ帰ることを取り締まるため「入り鉄砲に出女」と呼ばれた厳しい取り調べが行われました。

■わかりやすい英語で説明すると

　The first firearm in Japan was a very primitive form used by Mongolian invaders in 1274. Later the word *teppo* referred to the matchlock gun brought by Portuguese traders landing on Tanegashima in 1543. This began domestic production of firearms. Naturally, firearms changed the style of combat in Japan as foot soldier troops were formed for carrying the weapons. The gun barrel was formed by bending a sheet of metal into a cylinder and wrapping it in thin steel. A flash pan for gunpowder was placed on one end and a guide for finding the target on the other end. The breech mechanism was the most important part and used a trigger and fuse.

懐剣：Daggers

■ その起源と由来について

　懐剣は、白無垢や黒引き振袖、また打掛などの帯に白い布袋に入れて差すもので懐刀や隠剣ともいい、懐に隠し持つ刀剣のことです。懐剣は『古事記』(712年)にもその記述が見られるほど古いものですが、庶民の結婚式で花嫁が懐剣を帯に差すようになったのは明治時代以降のことといわれます。懐剣は武家の女性のたしなみとして始まった装身具で、悪いものから身を守ってくれる守り刀であり、いざという時には武士の妻として恥ずかしくないよう自ら命を絶つための道具として、嫁入り道具に入れられました。

■ つくり方と職人技

　刀身それ自体は日本刀と同じように、刀工や刀匠と呼ばれる熟練の刀鍛冶の手によって、玉鋼を鍛造してつくられます。しかし、柄や鞘などの刀装には黒石目塗鞘短刀合口拵、青貝微塵塗鞘短刀合口拵、黒梨地塗短刀合口拵、金蛭巻塗鞘短刀合口拵などと呼ばれるそれぞれ華麗な造作を施した外装の拵があり、それらは拵を専門とする職人の手によって完成されます。

■ 日本文化との関わり

　守り刀は用途を指す言葉で、懐剣や懐刀とは所持の仕方を表す言葉です。守り刀は護身用の刀の意味であり、貴族や武家の女性が携帯した懐剣もこの範疇に入ります。懐剣は邪気を払い、災厄を免れる護符でもありました。現代でも皇室や宮家に子女が誕生すると、天皇から新たに鋳造された守り刀が贈られる儀式があります。帯に差す懐剣は、ほとんどが合口拵で柄や鞘には高蒔絵や金蒔絵で実家の家紋などの綺麗な装飾が施されます。和装による結婚式では、母親が新婦の胸元に娘への手紙とお守りを入れた筥迫と一緒に、懐剣を差し込んで飾る懐剣の儀が現代でも行われています。

■ わかりやすい英語で説明すると

Kaiken or *fukurogatana* daggers used to be worn by women enclosed in a white bag and stuck into the *obi* belt of pure white or gorgeously patterned wedding kimono as a hidden means of protection for women of samurai families. It was an important part of the wedding trousseau. The blades for daggers were made in the same way as for Japanese swords and the hilts were often beautifully decorated. The daggers were used for self-protection by women of aristocratic and samurai families. The blades were also thought to ward off vengeful spirits and protect from disasters. The Imperial Family today continue to ceremonially gift a baby girl born to the family with a dagger for protection.

手裏剣その他：Throwing stars and other weapons

■ その起源と由来について

　手裏剣がいつ誕生し、どのようにつくられたのかの定説はないようですが、戦国時代の打ち物が発展したという説と中国の投擲術が伝来して手裏剣になったという説があります。手裏剣を投げることを「打つ」といい、最大で14〜15mほど先の敵を攻撃することができました。初めの頃は小刀の鞘に添えた小柄の類を指し、それを投げて武器として使う動作をも手裏剣といい、江戸時代にはほとんどの武士がたしなむべき武道の1つでした。

■ つくり方と職人技

　手裏剣は不純物を除いて十分に鍛えた鍛鉄でつくり、先端を焼き入れします。鍛鉄に焼きを入れ、叩き、棒状、平板型、棒状を2本組み合わせたもの、平板型を2枚組み合わせたものという4種類の形にしますが、焼き入れの前に熟した手裏剣に綿布をかけて炭をこびりつかせます。それにより表面は真っ黒に仕上がりますが、それは手裏剣を目立ちにくく、錆びにくくし、表面をざらつかせることで持ちやすく、また毒を塗りやすくするためでした。

■ 日本文化との関わり

　手裏剣といえば忍者を連想しますが、忍者は昭和30年代になってから定着した言葉で歴史的には「忍び」といいました。忍びは地方により乱波、透波、草、かまりなどの名前で呼ばれていましたが、その存在が確認できるのは南北朝時代（1336-1392年）以後であるといわれています。忍びは戦国時代になると各地の大名に召し抱えられ、敵地への侵入、放火、破壊、待ち伏せ、情報収集などを行いましたが、最も重要なのは敵方の状況を主君に伝える情報収集活動で、そのために戦わずに生き延びることを優先していました。

■ わかりやすい英語で説明すると

　It is not certain when *shuriken* or throwing stars were first made. They were used as a hidden blade and thrown as a means of distraction. It was a skill learnt by most samurai in the 17th century. *Shuriken* are made from wrought iron and have tempered tips. Soot is rubbed into the metal to blacken the *shuriken* and make them less obvious to enemies. The soot also made the metal easier to hold and paint poison on during battle. Many people think of *ninja* when they think of *shuriken*. The word *ninja* appeared in the 1950s. Before that, stealth warriors were known as *shinobi*. The first confirmation of the existence of *shinobi* was in the 14th century. The *shinobi* were servants of the feudal lord. Their main mission was information gathering.

(2) 甲冑（鎧・兜）・拵え：Helmet and armor mounting

甲冑（かっちゅう）：Helmet and armor

■ その起源と由来について

　甲冑とは、戦闘の際に胴体を保護する甲と頭部を保護する冑に加え臑当、脇楯、籠手などの小具足から構成される武具一式をいいます。石器時代に甲冑の主要な材料であった樹皮、木の板、皮革も、青銅器時代には青銅、練皮、鉄と変わって行き、その構造も戦闘形式の変遷に伴い変化していきます。

　我が国の甲冑の起源は明らかではありませんが古墳から出土される甲冑と埴輪（はにわ）から考えると、古墳時代（3〜7

甲冑

世紀）には初期的とはいえ、すでに精巧な甲冑が普及していたようです。4世紀以降の古墳からは、短甲（たんこう）と挂甲（けいこう）と呼ばれる2種類の甲が出土します。短甲は、鉄や練皮でつくった細長い小板を重ねて鉄や木製の板に革緒で繋げるか、鋲で綴じつけて胴だけを覆う丈の短いもの。挂甲は、大陸から伝来した騎馬用のものと思われる小札製（こざねせい）の甲で、小札（こざね）とは金属や練皮でつくった、鎧を構成する細長い小板のことです。それを韃し革（なめしかわ）の紐（韋緒）で横につなげ、これを縦に韋緒や組糸などで数段にわたりつづり合わせて胴体の前後を覆うものです。これらの甲に合わせてつくられたのが衝角付兜（しょうかくつきかぶと）と眉庇付兜（まびさしつきかぶと）です。前者は兜の形状が半球型ではなく、前頭部側が衝角のように突き出しています。衝角は敵船を突き破るため軍艦の舳先に取りつけた尖ったものです。後者は兜の前頭部に帽子にあるような庇（ひさし）がついているものです。

　平安中期から鎌倉時代になり武装集団としての武士が台頭してくるに従い、戦闘が騎馬武者（きしゃせん）による騎射戦を主とし、徒士武者（かちむしゃ）が刀や槍を武器にして戦う歩兵戦を従とする様式に変わっていきます。それとともに甲冑は必然的に騎射戦用の大鎧（おおよろい）と歩兵用の身軽な甲の胴丸（どうまる）に分かれていきました。大鎧は兜、胴、袖の3部分をもって一領（一式）とする騎射戦専用の甲冑です。

　黒漆塗り（くろうるしぬり）の革や鉄の小札を、色あざやかに染めあげた組糸や韋緒などを用いて美しく飾り立て、金具廻（かなぐまわり）や兜の吹返し（ふきかえし）（兜の両端を左右にひねり返した部分）などには絵模様を染めつけた韃し革を使い、金物を打って装飾し、次第に武将の甲冑は堅固で華美なものになって行きます。しかし、実際の戦闘用には、身軽な胴丸が上級武士たちにも広く用いられ、それに兜と袖が添え

られました。胴丸とはいえ、全体の製作は精巧美麗となり、小札、組紐、韋緒などにも豪華な色物が使われます。甲冑は胴丸の型式を踏襲するものの、小具足を意図的に胴と一体化した専用のものとしました。その甲は具足と呼ばれ、「当世風の甲冑」という意味から当世具足と名づけられました。当世具足は、桃山時代から江戸前期にかけて一世を風靡しました。

■つくり方と職人技

　兜や鎧をつくったり修理したりする職人を甲冑師または鎧師と呼びますが、具足師あるいは甲匠という場合もあります。戦国時代になると合戦の際の主な戦闘用具が槍や鉄砲に変わっていきましたが、それらの新兵器に対応する武具が求められるようになり、大鎧を簡略化した当世具足がつくられるようになります。その当世具足をつくる職人が分化していき具足師が生まれました。大鎧がすべて小札仕立てであるのに対して当世具足の胴丸には鉄板を使いました。甲冑師は漆芸、鉄工、彫金、革工、組紐などのすべてを1人で仕上げます。これらの工芸技術を駆使して製作する甲冑を完成させるには、大変な忍耐力、優れた技術、長年にわたる経験などが必要になります。

・兜

　兜は、その形状と見た目から筋兜、星兜、桃形、頭形、張懸兜などに分かれます。以下では、本来徒士武者の兜として用いられていたものの、後世には大鎧にも用いられるようになった筋兜について説明します。

　筋兜は、頭が大きくて丸い鋲を使う星兜とは異なり、頭が平らな鋲を使い、兜全体を形成する鉄板を繋ぎ止めたものです。細長い薄い鉄板を縦に1つひとつ重ねて並べ、それを小さな鋲で留め、鋲の頭を平らに叩きつぶし、鉄板の重ね目（筋）だけを見せる兜です。鉄板の数により何間の兜と呼び、62枚の鉄板を使ったものは六十二間の筋兜と呼ばれます。筋兜は、その強度を高めるために黒漆を塗りました。持主の威容を示すために兜の前面に前立てをつけましたが、前立てには鍬形、半月、天衝、高角などいろいろな形をしたものがあります。戦国時代最後の英雄として名高い伊達政宗は、黒漆六十二間の豪勢な筋兜の前立てに金色の大きな三日月を用いたことで有名です。

・鎧

　以下では甲の基本的な形となる当世具足の1つであり、徒士武者たちが身につけていた胴丸について説明します。この基本的な胴丸を飾りたてることで武将用の胴丸ができ上がります。まず、胸板と胴回りを覆う鉄の板7枚を裁断し、裁断面を金槌で叩いて全体に丸みを帯びた板状に成形していきます。上部に当たる部分1枚とその次の2枚は胸板になるので、ほかの5枚よりも横幅が狭くなっています。整形の終わった7枚の鉄の板を鋲で留め

て一体のものに組み立てます。剣道で使用する胴とほぼ同じ形で少し縦に長い防具ができ上がります。その全体を黒漆で塗ります。

胴回りの下に垂らし大腿部を被護する草摺は、練革（膠水に浸けて固めた硬い革）または鉄板を裁断して漆で塗り固めてつくります。後でそれらを縅すための穴をあけておきます。「縅す」とは小札を糸または細いなめし皮でつづること、またそのものを意味します。草摺りを縅し終わった後に、それをでき上がった胴丸に装着し、前面に主家の家紋を描いて終わりです。

■日本文化との関わり

『平家物語』や『源平盛衰記』などの軍記物語、またそこから題材をとった歌舞伎、文楽、講談の戦記物にも、当時の武将たちの話が多く取り上げられています。その多くには「赤地の錦の直垂に萌黄威の鎧着て」とか、「紺村濃の直垂に緋威の鎧、高角打ったる冑」などという色鮮やかな甲冑姿が描かれていて、甲冑には見た目の華麗さという、西欧の甲冑にはない特色が見られます。日本の甲冑は美術工芸的にも大変優れたものですが、なぜ甲冑が美しいのかの理由として、武将たちの美しく死にたいという願望、必勝を祈る気持ち、死に対する達観した宗教的な美意識、などがあげられています。

■わかりやすい英語で説明すると

Armor has made many changes over time in Japan. The first armor was made from tree bark and planks. Later, leather, bronze and steel were used. There is evidence of armor on artifacts from archaeological sites dating back to the 3rd century. Styles of armor changed as fighting styles changed; shifting from foot soldiers to armed forces led by cavalry. Specialist craftsmen made armor and continued to refine it to stand against new weapons such as spears and guns. Japanese samurai armor was made from iron or leather scales or plates connected by leather or silk threads and coated with lacquer to protect against the weather. The most familiar *kabuto* helmet is the *suji-kabuto*. It uses flat rather than stud rivets to join the steel plates forming the helmet together. This technique leaves lines (*suji*) where the plates overlap. The helmet was then coated with lacquer to add strength and front crests (decorative attachment) attached to represent family, animals or prayers. *Domaru* torso armor also worn by samurai does not have a solid breastplate or sleeves. A similar form is used by *kendo* athletes today. Stories of the feudal times are still popular in *kabuki* and *bunraku* theater. Brightly colored armor copied from the period is used onstage to elaborate the scene.

拵え：Sword fittings

■その起源と由来について

　拵えは、日本刀の外装のことで刀装ともいいます。柄、鐔、鞘など刀身を納める装飾部分全体を意味しますが、その起源は古墳時代にさかのぼります。本来は刀剣を使う者自身の危険を防ぎ、かつ刀身を保護するためのものでした。しかし、時代の変遷とともに家柄や身分の象徴、戦闘方法の変化、幕府や大名による定め、所持者の趣味嗜好などの要素が加わり、拵えの様式も変化していきました。拵えは、刀剣の長さやその用途の違いにより太刀拵え、打刀拵え、腰刀拵え、小さ刀拵え、合口拵えなどと呼ばれます。

　平安・鎌倉時代には貴族も武士も、刃を下にして吊るす太刀を腰に帯びていました。その太刀拵えは、帯執緒（太刀を吊るすために身体側に巻く紐）に太刀を結ぶ2本の帯執（布、革、鎖などでできた紐状のもの）とそれを鞘に取りつける足金物、柄頭につける兜金、鞘尻を覆う鐺などの部品に飾り金物を使う華麗なものです。

　その後南北朝から室町時代になると太刀は儀仗的な性格が強くなっていき、戦闘様式の違いから武人たちは、より戦いやすいように刃を上にして締帯に差す打刀を使うようになります。それに呼応して打刀拵えが生まれ、鞘は漆塗のものが多くなっていきます。江戸時代には武士に質素倹約を求める武家御法度の影響から、武士が身につける大小2本の打刀の拵えは次のようなものでした。鞘は黒蝋色塗で、柄糸と下緒にも黒色の組紐を使い、鐔やその他の拵えも地味なものが使われました。ただし江戸中期以降には町人文化の影響からも、刀装金具の彫金が盛んとなり、蒔絵塗りをするような鞘や彫金や象嵌を施した高級な鐔も現れるようになっていきます。

■つくり方と職人技

　日本刀の価値は、その入念に鍛えられた美しい刀身だけで決まるものではありません。日本刀は以下の柄、鐔、鞘の3点を主役とし、下緒、はばき、兜金、鞘尻、笄、小柄という小物それぞれを専門とする職人の手による美術工芸品を加えた総合芸術として高く評価されているのです。

・鐔：Hand guard

　鐔は平安朝の末期頃までは鉄や銅で小型の楕円形につくられていましたが、平安朝末期（14世紀）頃から革鐔となりました。革鐔は、革を数枚張り合わせて平板にしたもので鉄、銅製品に比べ弾力性に富み、体裁もよく戦いにも耐えられるものでした。しかし、革鐔は長い間には継ぎ合わせ目が剥がれてしまうことから、戦国時代に入ると武士用の鐔は全部鉄製となりました。

・柄：Hilt

柄の材料はほとんど朴木です。柄の上に鮫皮を張り柄糸で巻いてつくります。刀身側に目釘穴をあけ、目釘を打ち込み刀身に柄を固定し、鋲頭部分を見えないようにする目貫という飾りをつけます。柄頭を金具で飾り柄糸の結び目を覆い隠し、柄糸が解けないようにするのですが、菱紙を挟みながら柄糸を巻くのは柄巻師という職人にのみ可能な年季を要する難しい仕事です。

・鞘：Scabbard

鞘の材料も柔らかい朴木です。適当な長さと太さの朴木を半分に割り、その各々を鞘師という職人が1本ずつ納める日本刀の形に合わせて削ってつくります。日本刀の形に削った後に割られた木を続飯というお米を練った糊で貼りつけます。これが日本刀を使用しない時に納めておく白鞘です。戦闘や外出時に使う鞘は、同じような工程でつくられたものに漆を塗ります。

■ 日本文化との関わり

日本刀は海外の美術鑑定家や批評家からも、世界で最も美しい道具であり芸術品であると賞賛されています。日本刀が本来持っている武器としての切れ味、弾力性、耐久性の優秀さからの評価だけではなく、刀身部分に熱処理で表した刃文や刀装のすべてが優れているという評価なのです。日本刀を飾る鐔、柄、鞘などを始めとする刀装具の小物1つひとつに流麗な彫金、象嵌、蒔絵が施され、その各々に日本文化の粋が集められていることを人々が正しく理解し、評価してくれていることを日本人として喜びたいと思います。

■ わかりやすい英語で説明すると

Sword fittings include the hilt, hand guard, and scabbard for a sword. The purpose of the fittings is to protect the person handling the sword as well as to protect the sword itself. Changes over time gave different significance to these pieces as they became more decorative, symbols of family and status, and were affected by decrees of the feudal lord. The fittings of samurai swords in the 14th century were very fancy. Later, up until the 16th century, the long sword became more of a ritual object and samurai would wear both a long and a short sword with simpler fittings. In the 17th century, swords became more decorative and the fittings were just as elaborate. Until the 14th century hand guards were round or oval metal fittings. Afterward they were made from layered leather to give more flexibility. The hilt of the sword was made from magnolia wood covered with shark skin. The scabbard was also made from magnolia. Sword fittings are made with the same skill and artistry as the swords themselves.

(3) 剣道具：*Kendo* equipment

剣道具：*Kendo* equipment

■ その起源と由来について

剣道具

剣道という言葉が生まれたのは20世紀に入ってからですが、道具自体は江戸時代中期に武士の心身鍛錬を目的とする剣術の稽古道具として生まれています。戦国時代を終えて平和になった江戸時代に、剣術はその目的を勝つための剣技向上から文武両道の人間形成を目的とするものへと変わりました。それまでの剣術で使っていた防具も改良され、竹刀で打突しあう打込み稽古法が生まれ、それが今日の剣道の始まりであるといわれます。同じ頃に籠手、胴、垂れなどの防具のほかに鉄面をつけて打込む新しい稽古法が紹介され、それが道場で稽古に励む武士の間に広がりました。

■ つくり方と職人技

剣道具は「手差し防具」といわれる通り、その製造工程はほとんどが手作業です。1つの防具をつくるのに多くの人間と時間とエネルギーを必要とします。長期間にわたる経験とコツを身につけた職人の技量が不可欠です。

・面：Face guard

面は頭部、顔面、喉を保護するものですが、まずチタンの棒に熱を加え曲げてつくった金属の格子の面金を用意します。その面金のまわりを細長く切った練革で覆い、それを丸い面の形に沿ってつくった綿製の内輪に縫いつけます。次に、肩から頭頂部を保護する面布団をつくりますが、中には綿や布地で詰め物をし、刺子にします。喉を保護する部分を突き垂といい、その内側にある用心垂ともに、詰め物をした革張りでつくります。

・籠手：Gauntlet

手から肘の部分を守る籠手は詰め物をした籠手布団を刺子でつくり、親指とほかの指を分けて入れる部分である籠手頭は鹿皮でつくります。掌側は竹刀を握りやすいように薄く柔らかい鹿皮で覆います。手首を守る部分にはケラと呼ばれる部品があり、最後に籠手頭、ケラ、筒の部分をつなぎます。

・胴：Breast plate

胸の部分である胴胸は硬い芯材を牛革で覆いますが、そこには雲形をした伝統的な文様の刺繍を施します。打撃を受け止める腹や脇下部分を胴台と呼

び、本来は竹製ですが最近はファイバーなどを使うものもあります。竹製のものは表面に牛革を張り、漆弦を重ね塗りして仕上げます。塗りの色や仕上げ方法により胴は多種多様であり、鮫皮を張る鮫胴などもあります

・垂れ：**Waist-groin protector**

腰や急所を保護するものが垂れで、最上部の腰に巻く垂帯、3枚の大垂、2枚の小垂からなる防具です。直接に打撃を受けるような場所ではないために強固な材質は用いずに、詰め物をして刺し子を施した綿布団を使います。

・竹刀：**Bamboo sword**

1本の竹を4つに縦割りし、先端は細く、また中央より上部にかけては太く削り、紙ヤスリをかけて仕上げ、植物系油脂で削った部分を拭きます。その4本を束ねて先端部分に先ゴムを挟み、もみ革でできた柄革、先革、中結をつけ、琴弦あるいはテトロンの弦でそれぞれを結びます。

■ 日本文化との関わり

日本文化の特徴としてよくあげられるものに礼儀作法があり、お辞儀、あいさつ、上座と上座の区別などがその良い例です。「礼に始まり礼に終わる」とはこの礼儀作法の重要性を教える言葉ですが、実は、剣道を始めとする武道の精神を表しています。試合においては作法を守り、相手への敬意を表することが勝敗よりも大事であるという意味です。その精神は使用する道具に対する態度にも表れます。武道においては道着や袴をきちんと畳むこと、道具類をきれいに道具袋に納めるのが基本であると教わります。

■ わかりやすい英語で説明すると

Kendo is a martial art using bamboo swords and protective armor. The word *kendo* did not appear until the 20th century, however, the equipment was used by samurai to practice fighting techniques in the 17th century. Most *kendo* equipment is made entirely by hand. Each piece requires the expertise of several artisans. The face guard protects the head, face, and throat with a metal grille and a padded cloth hood. Gauntlets protect the hands and forearms while assisting grip on the bamboo sword. The breast plate is curved to protect the chest and stomach and is embroidered with cloud patterns. The breast plate ties in the back with cords. The waist-groin protector is a thick belt with five flaps to protect the lower torso. The bamboo sword used in *kendo* is made with four bamboo slats. The slats are bound together with leather at the hilt, the tip, and in the middle. *Kendo* is popular in many countries and embodies the spirit of respect and sportsmanship.

(4) 弓道具：Japanese archery equipment

弓：Bow

■ その起源と由来について

我が国における弓の歴史は古く弥生時代の青銅器である銅鐸にも狩人が弓を引いている姿が描かれています。その弓は下部に握りがある長弓でした。弓は殺生力においても優れた武器でしたが、国家安泰と五穀豊穣祈願の象徴としても使われ、この祭事用また神事用の射礼は現在でも宮中行事の1つとして残っています。弓術は武士が嗜むべき武芸のうちでも主要なものでしたが、その後心身鍛錬の武道として弓道と名を変え今日に至ります。

■ つくり方と職人技

数年自然乾燥させた真竹を木炭で炙って油を抜き、それを両端側が薄くなるように削ります。弓の芯には細く切った竹を数本並べ、それを側木となる櫨の木で挟み、膠で貼り合わせます。その弓芯を外竹と内竹で挟み、膠で接着し、数センチ間隔で紐を巻きます。この紐の間に合計で約160本の楔を打込んで弓形に仕上げた後約3日間寝かせます。硬化したら楔を外し弓の形を整え、弦をつけ、足で踏んでさらに形を整えます。その後に弦を外し2～3年寝かせ再度弦づけと足踏みをして形を整えます。約10日間かけて形を落ち着かせ、弓の先に弦を張る額木と関板を組つけ、握りに籐を巻いて完成させます。

■ 日本文化との関わり

弓に関係することわざや日常語は多く、それだけ弓は祭事や神事を通して日本人の生活の中に溶け込んでいたことがわかります。例としては、射止める、図星、的中、的外れ、など多くがあります。そのほかにも「弓折れ矢尽きる」や「弓は袋を出さず」（天下泰平の喩え）などがよく知られています。

■ わかりやすい英語で説明すると

In Japan there are bronze vessels dating back over 2,200 years with pictures of hunters using bows. The bows used were longbows with a grip at the bottom. Bows are superior hunting weapons. They were also the symbol of peace and prosperity. Archery was an essential skill for samurai as a method for training both mind and body. Japanese bows are made from bamboo that has been dried for several years and the oil removed. The core of the bow is made up of several sticks of thin-cut bamboo that are sandwiched with wax tree and glued together. The shape is created by placing wedges in string tied along the bow. After resting the bow for a few years the bowstring is attached.

矢：Arrow

■ その起源と由来について

矢は弓と対をなすものですが、弓矢は人類が、厳しい自然環境の中で生存するために初めて考え出した道具であったろうと想像できます。矢は、食料となる小さな獲物を遠くから射止めるには最適の狩猟具でした。古代に集団社会が形成されると、その社会を維持し害獣や外敵から守るための武器が必要になります。そこから手軽につくれる道具としての弓矢が発達していき、奈良時代になると現代とほとんど変わらない弓矢がつくられていました。

■ つくり方と職人技

矢は大型の笹である矢竹からつくります。矢竹の棹は節が低く、節のところでくの字に曲がっていないため矢づくりには最適の材料です。それを1.1ｍの長さに切り揃え、節、太さ、重さを揃えて乾燥させます。選別された竹を熱して柔らかくし、曲がなくなるまでしごきます。4本1組にして太さ、重さ、張り具合を見ながら小刀で削り上げ、それを再度火に通し、色づく程度に焼きながら真っ直ぐにし、次に水と砂を使って摩り下ろします。再度火を通して焼き斑を直し、木賊で艶が出るまで磨き、最後に矢の重心が揃うように鉄粉を混ぜた松脂をその端に焼け火箸で詰め込み、適当な長さに切り揃えます。そして筈、鏃と鷲、鷹、七面鳥などの羽をつけて完成です。

■ 日本文化との関わり

的に矢を射る弓射は戦闘、競技、娯楽用だけではなく、その威力の絶大さから霊的な力をもつ神聖なものとされてきました。易、占い、悪魔祓いのほか、家内安全、五穀豊穣、無病息災、開運を祈願するものとしてさまざまな弓射神事が行われ、人々は正月の縁起物である破魔矢をお守りとしてきました。

■ わかりやすい英語で説明すると

It is easy to imagine that the bow and arrow was the first tool invented by humans to survive in a harsh natural environment. The arrow is the ideal instrument to hunt small animals for food at a distance. Once humans began living in communities, the bow and arrow became an essential item for protection. The bows and arrows used in the 8th century are almost the same as those used today. Arrows are made from Japanese arrow bamboo. Each shaft is selected carefully for width and weight. The shafts are then steamed to soften them and remove distortion before finishing through several more heating and cooling processes. The arrow is used not only for hunting and sport but also to ward off evil spirits and pray for prosperity and good luck.

鞢：Archer's glove

■ その起源と由来について

鞢は、弦を引っ張る指が痛くないように右手首から指先まで保護する手袋のようなもので、鎌倉時代に生まれたといわれます。当時の鞢は武士たちが接近戦で弓を捨て、刀や槍で応戦する必要性から、指先から肘までを覆う革手袋のようなものでした。江戸時代に京都の三十三間堂で行われた通し矢が盛んになると、技術向上のために機能的で新しい鞢が考案され、今日ある鞢の形になっていきました。通し矢とは、全国の弓名人たちが12時間（朝から日暮まで）あるいは24時間（日暮から翌日の日暮まで）にわたり約120mの距離を射通し続け、その矢数の多さを競った弓術競技です。

■ つくり方と職人技

鞢はカケ師と呼ばれる職人がつくります。燻された鹿皮を大まかに裁断し手型の寸法に合わせて調整します。弓を引く親指の指先部分には木や水牛などの角を指筒状にくり抜いたものを入れ、その部分（帽子といいます）が当るところの中指または薬指部分を二重加工しながら縫い上げて行きます。手首の部分（控）を含んだ大きさに裁断された鹿皮を手型に合わせて整形します。一体につくられた控に縫い合わせた台革（人差し指と薬指から手首までを覆う革）を張り合わせます。それらにいろいろな部分の皮がつけられ、必要なところにスベリ止め加工を施し、鞢を手首に巻く鞢紐をつけて完成です。

■ 日本文化との関わり

弓の世界で「美」とは射手の正しい構えと動作と精神が統一された時を指します。矢を射るまでの動作すべてがまるで能のように厳かに進行します。鞢は矢を射るという最後の動作において重要な役割を果たす大事な道具です。

■ わかりやすい英語で説明すると

Archer's gloves, called *yugake* in Japanese, are used to protect the archer's fingers and hand when drawing the bow. The gloves cover the right hand and wrist and have a groove for pulling the string. Archer's gloves are thought to have been first used in the 12th century. At the time, the gloves covered the whole forearm so that archers who discarded their bow to fight in close combat were protected from swords. The current style of *yugake* was developed in the 17th century for the long-range archery competition where archers shoot arrows at a target for 12 to 24 hours and compete for the most number of arrows shot. *Yugake* are made from deerskin reinforced with wood or horn. Beauty is found in the precise and flowing movements of the archer.

第Ⅱ部　芸能・美術工芸・武芸にまつわる日本文化と伝統工芸品

矢筒：Quiver

■その起源と由来について

矢筒は矢を入れる筒状の容器です。弥生時代から古墳時代にかけての遺跡から出土する埴輪にも矢筒の図が彫られているほどで、古代からさまざまなものがありました。古いものでは靫(ゆぎ)がありますが、これは竹などを編んで毛皮を張ったものや練革(ねりがわ)で張って漆をかけたもので射手が右腰につけて、矢が濡れたり矢柄(やがら)が狂ったりするのを防ぐものでした。飛鳥・奈良時代から使用された中国伝来の胡籙(ころく)には、状差し形のものと幅広のものがあります。古代の靫をもとにして改良され、平安時代から公家の儀仗用になったものを胡籙(やなぐい)といいます。実戦向きに改良され武士が背負うものを箙(えびら)と呼び、鎌倉時代以後箙は武人用、胡籙は公家の儀式用と区別するようになりました。

■つくり方と職人技

高級品の矢筒は、コヨリや藤などを編んで筒(とう)と蓋(ふた)をつくり、表面を漆塗りします。コヨリ（紙縒・紙捻）は細く切った紙によりをかけて紐状にしたものです。コヨリ網の制作には長い時間を要します。でき上がった筒と蓋を津軽塗り、紋紗(もんしゃ)塗り、黒呂色塗(くろろいろ)り（会津塗り）しますが、いずれも数十工程に上る手の込んだ職人芸を要する仕事です。桐(きり)や科(しな)の木製の矢筒もあります。

■日本文化との関わり

矢筒は矢を保護し、いつでも最高の状態に保つ重要な働きをするものですが、弓矢に比べ脇役にしか過ぎません。それにもかかわらず、大量生産される現代の矢筒は別として、昔から矢筒にも入念な拵えと高級な塗装を施し、主役の弓矢と同じように手間暇をかけて立派な工芸品に仕上げてきました。この職人魂は日本の「ものづくり」の真髄(しんずい)をよく表していると思います。

■わかりやすい英語で説明すると

A quiver is used to carry arrows. *Haniwa* clay carvings carrying quivers have been excavated from archeological sites and date back to the 3rd century. Since ancient times there have been several varieties of quivers. Some were made from bamboo baskets covered in animal skin or leather coated with lacquer. Some were slung from the right shoulder. Others were worn on the right hip. High quality quivers are cylinders made from woven wisteria vines and paper strings. The surface is then painted with lacquer. Quivers protect arrows so that they are in perfect condition when required in battle. They are often accorded less attention than bows, however handmade quivers are given as much care and attention by the artisan.

第Ⅲ部

宗教・祭り事にまつわる日本文化と伝統工芸品

Traditional Arts and Handicrafts for Religion

1. 宗教にまつわる伝統工芸品を理解し英語で伝える
Traditional Arts and Handicrafts Related to Religious Practice

【総論】日本の宗教と関連する工芸品の文化と歴史
■日本の宗教の特徴

　昔から神道は宗教ではないという意見があります。しかし、宗教の辞書的定義の一部にある「神または何らかの超越的絶対者、あるいは卑俗なものから分離され禁忌された神聖なものに関する信仰、行事、また、それらの連関的体系」（『広辞苑』）という意味からすれば神道も宗教といえます。日本の宗教の特徴としてあげられるのは以下のようなものです。

　まず、仏教と神道を合わせた信者数の偏在です。文化庁が毎年我が国の宗教団体の協力を得て取りまとめ、公表している「宗教統計調査」によると2016年12月末時点の神道系信者数は約8,470万人、仏教系が約8,770万人、キリスト教が200万人弱、そして諸教が800万人弱となっています。

　2番目の特徴は、日本人の多くが神仏双方の信者であると自覚していることです。その証拠は、上記の統計数字にあります。神道と仏教の信者数の合計が国の総人口を超えていますが、これは例えてみれば、ある個人がキリスト教徒であると同時にイスラム教徒である自覚していることにも等しいことで、外国人の目からすると不思議に映ります。これは6世紀中頃に中国から伝来した仏教信仰と日本固有の神の信仰が折衷し融合調和することになった神仏習合あるいは神仏混淆にその原因を求めることができます。

　3番目の特徴は、八百万の神が存在するという考え方です。外国においては一神教という言葉にある通り、唯一の神を信仰する宗教形態がふつうです。日本のように神と仏の2つの神だけではなく、玄関の神様、台所の神様、竈の神様、包丁の神様から厠神という便所の神様まで800万は大げさにしても、人々が日頃世話になる身近な所や物に神様を祀り、灯明を上げ、拝礼するような例は外国には見られません。これら3つの特徴が我が国独特の宗教にまつわる伝統工芸品を産み、育んできました。

■宗教にまつわる伝統工芸品の文化と歴史

　宗教にまつわる伝統工芸品は本節で紹介するように多種多様なものがありますが、その多くは仏教の伝来とともに日本に入り、和風化され我が国固有の伝統工芸品となったものです。仏壇がその良い例です。我が国に仏壇が一般化するようになったのは浄土真宗中興の祖といわれる蓮如上人が、室町時代中頃に各地で開いた聞法（仏教の教えを聴聞すること）の席で、門徒に対して仏壇を各家庭に安置するように説いたことに始まるといわれます。蓮如

上人が広めた仏壇は、先祖の位牌を安置するものではなく、仏様（阿弥陀如来）を祀るもので全体が黒の漆塗で、内部には金箔が張られた豪華な金仏壇です。その荘厳な姿形は、死者の霊が生まれかわる浄土の世界を表現しているといわれています。

　江戸時代に入ると徳川幕府は切支丹禁令を発令し、切支丹ではなく仏教徒であることの証明として各自の家に仏壇を備えることを半ば義務づけるようになります。真宗以外の宗派の檀家では、金仏壇のように荘厳な装飾のある仏壇ではなく、たとえ上流武士や商家など裕福な家庭であっても黒檀や紫檀などを材料に使った唐木仏壇が置かれました。現代でも、真宗系が金仏壇で、その他の宗派は唐木仏壇とされています。

■ 宗教にまつわる伝統工芸品のつくり手

　宗教にまつわる伝統工芸品の主なものは仏具や神具ですが、それらをつくるのは仏具職人や神具専門の木工職人です。仏像を彫る職人を仏師と呼びますが、高さ 8.38 m で日本最大の木彫像である東大寺南大門の金剛力士像（阿形と吽形の 2 体）を彫った運慶と快慶をはじめとする 20 人近い仏師が有名です。運慶たちはこの巨大な仁王像 2 体を 1203 年夏にわずか 2 か月余りで完成させています。機械もないその時代にいったいなぜそのようなことが可能であったかの秘密は、1 体につき約 3 千もある部材を別々につくり、それを最後に組み合わせる寄木造にあります。その知恵と職人技は、高さ 4 m 以上に及ぶ大理石の塊から「ダヴィデ像」を「つくったのではなく、石の中にあるダヴィデを『表に引き出した』」と自ら語った 15 ～ 16 世紀のイタリアの巨匠ミケランジェロの技術に勝るとも劣らないものです。

Section Introduction: Religion

There is a long-held belief that *Shinto* is not a religion. However, the dictionary definition of religion states "the belief in and worship of a transcendental being, especially God or gods". This definition applies to *Shinto*. Many Japanese consider themselves believers of both *Shinto* and Buddhism. The two religions have existed in harmony since the introduction of Buddhism in the 6th century. The Japanese believe that a god resides in everything and therefore, everything must be treated with respect. Ritual items for both *Shinto* and Buddhism are created by artisans specialized in each item. Statues, images, tapestries, and buildings are all made specifically for worship. Artisans such as those who built the Buddha at Nara are comparable with any other in the world.

1. 宗教にまつわる伝統工芸品を理解し英語で伝える

神棚：*Kamidana*, a *Shinto* home altar

■その起源と由来について

奈良時代の『古事記』に、皇祖天照大神が伊邪那岐命から玉を賜り、これを神聖なものとして棚に祀ったと記録されています。しかし、実際に神棚が歴史上に登場するのは江戸時代中期ごろでした。日本人の総氏神として古くから国民全体の信仰を集めた伊勢神宮では、お祓いした御祓大麻（神宮大麻と呼ばれるお神札）を頒布していました。この神宮大麻が神社職と宿泊世話係を兼ねた御師たちにより全国に配られるようになり、各家庭でこのお神札を祀るための大神宮棚を設けました。これが神棚の始まりといわれます。

■つくり方と職人技

神棚や小さなお宮つまり祠をつくる専門の職人を宮師といいます。名人といわれる宮師は樹齢250年を超えた木曽桧を使い、200種類以上の鉋だけで木地を削り、神棚を仕上げます。平鉋や丸鉋を毎日研ぎ澄まし、それを材料に当てていき、前者では1000分の1の薄さに、後者では1本の角柱を鑢も使わずに丸い柱に削るのです。立派なものは伊勢神宮内の神社と同じ材料で何十種類のパーツをつくり、同じ方法でそれを組み立て完成させます。

■日本文化との関わり

日本人は昔から生活に欠かすことができない大切な場所に神様を祀ってきました。竈には荒神さま、井戸には水神さま、家の門口や台所にはお神札、そして厠には厠神さまを祀り、季節の節目に家を訪れる歳神さまやお盆さま（祖先の霊）には特別に棚をしつらえてお参りするなど、神様の存在を家族と同じように感じてきたのです。日本人はそのようにして日々神様に感謝する気持ちを養い、他人への優しさや思いやりの心を育んできました。

■わかりやすい英語で説明すると

The *Kojiki* (*Records of Ancient Matters*) of the 700s tells of the Sun goddess Amaterasu receiving an orb from the deity Izanagi and placing it on a shelf as a sacred object. However, the *kamidana* altar appears in history in the 1600s when the imperial *Shinto* shrine began distributing paper amulets to believers throughout Japan. The *kamidana* altars were installed to carefully store the amulets. The shelf and small shrine are made from Kiso cypress trees aged over 250 years. To make an elaborate *Kamidana*, the artisan uses over 200 different planes to shape the wood into several different types of parts which are then carefully assembled. Since ancient times, Japanese people have enshrined their gods in places important to them such as the kitchen and by the garden well.

第Ⅲ部　宗教・祭り事にまつわる日本文化と伝統工芸品

仏壇：Buddhist altar

■その起源と由来について

　仏壇は、中に位牌などを飾り先祖の供養を目的とした祭壇のことで、家の中に置くものです。高さ30cmほどのものから、地方で見かける仏間の天井に達するほどのものまであります。江戸時代以降、寺請制度（宗門改めで禁制宗派である切支丹や日蓮宗不受不施派などの信徒でないことを、檀那寺が証明する制度）の成立により檀家制度が普及し、祖先の霊を表彰する位牌と、それを家の中で安置する仏壇の発達を促したとする説が有力です。

■つくり方と職人技

　仏壇は寺を見立てたもので、宗派により異なった仕様となります。いずれも、本体を組む、本尊を安置する屋根をつくる、花鳥や龍、唐草や天人の図柄を彫る、金具を作成する、漆で絵を描き、金・銀粉や貝などで装飾をほどこす、金仏壇では部品や板部分に金箔を貼るなどの工程がそれぞれ専門の職人により進められ、これらの分業の後に仕組師が組み立てて完成品となります。材料としては黒檀、紫檀、花梨などの輸入木材（唐木）のほかに、欅、桜、桑などの国産の名木が使用され、これを唐木仏壇と総称しています。

■日本文化との関わり

　日本人の家意識や宗教に対する考え方の変化や居住形態の変化から、仏壇も従来の据置き型のものから、最近では箪笥や本箱の上などに置いて移動も可能な小型のものまで出てきました。仏壇の形は違っても、先祖を敬い、その霊を身近に祀って日々蝋燭に火を灯し、線香に火をつけて読経し、感謝とともに一家の安泰を祈念するのは日本独特の宗教文化といえます。

■わかりやすい英語で説明すると

　The *butsudan* is a household altar to honor the family ancestors. They vary in size from around 30 cm to floor to ceiling size. In the 1600s the Tokugawa government required that everyone register at a Buddhist temple to prove they were not Christian. As supporters of a Buddhist temple, each house required an altar to display mortuary tablets and honor the spirits of their ancestors. Altars portray temples and are different for each sect. All altars however have a frame and a roof to protect the deity. They are often decorated with flowers, birds, dragons and scrollwork. Gold, lacquer, silver and mother-of-pearl are also used. Despite recent trends to smaller and portable altars, the Japanese culture of lighting incense at the altar and giving thanks to ancestors remains unchanged.

仏像：Buddhist figures

■その起源と由来について

仏像は礼拝の対象としてつくられた仏の彫像や画像ですが、一般には仏像彫刻を指し、今日では仏陀以外の諸仏諸尊のすべてを含みます。仏像は百済から6世紀半ばに仏教とともに日本に伝わり、多くの寺が建てられると同時に国内でも造像も始まりました。752年に開眼した東大寺大仏はその集大成といえます。その後白檀や栴檀などの香木を彫刻した檀像や、桧など代用材を使った代用檀像が仏師（造仏工、造仏師）により彫られるようになり、それが各地の霊木信仰とも結びつき一木造の仏像が全国に広がりました。

■つくり方と職人技

仏像には木造、金銅仏、塑像、乾漆像があります。有名な東大寺大仏は金銅仏ですが、当時の大小の仏像の多くはこの金銅仏でした。大仏は、まず木で骨組みをつくり、骨組みに粘土を塗りでき上がった原型にさらに粘土を塗って鋳型をつくります。次に、原型の表面を少し削りますが、削った分だけ原型と鋳型に隙間ができます。その隙間に銅を8回に分けて流し込み、その後鋳型を外して表面を磨き、金を塗って完成させます。

■日本文化との関わり

農耕民族である日本人が住む我が国は自然崇拝の国でした。自然そのものを神として家族、地域、国家の繁栄を願い、収穫を感謝し、災厄の除去を祈る社会習慣が古代より形成されていました。そこへ当時の先進国であり、インド由来の仏教文化が栄えていた中国から高度な文化が伝来し、日本の文化も仏教の影響を受けるようになりました。山、木、滝などを神として崇拝してきた日本人にとって、威厳のある仏像は受け入れやすいものでした。

■わかりやすい英語で説明すると

Buddhist figures are sculptured statues or paintings depicting various Buddhist deities and are used as objects of worship. Buddhism was introduced to Japan in the mid-sixth century. As temples were built, Buddhist figures were also created for the temples. The culmination of all this creation is said to be in 752 with the Vairocana Buddha housed in the Great Buddha Hall at Todaiji in Nara. Buddhist figures are made from gilt bronze, wood, clay, or dry-lacquered forms. The famous statue at Todaiji is gilt bronze. The core however, is a wooden frame that has been covered with clay to form a mold which is then used as the template for the figure. The Japanese considered nature itself as an object of faith and devotion. This was a good match for Buddhism.

第Ⅲ部　宗教・祭り事にまつわる日本文化と伝統工芸品

石仏：Stone Buddhist images

■その起源と由来について

石仏は石造の仏像ですが、移動できる石材に彫られた石仏、露出した岩層面に彫られる磨崖仏、岩層に窟を穿ちその中に彫られた石窟仏の3種に大別できます。我が国最古の石仏とされるのは奈良石位寺の三尊像で7世紀につくられたものです。仏教が一般民衆の中に溶け込んだ鎌倉時代には、材料的にも安価な石仏の造立が盛んになり、切削技術も向上し花崗岩や安山岩などの硬い石材が使われるようになります。箱根には鎌倉時代から室町時代前期に造立された数多くの石仏や石塔があり重要文化財に指定されています。

■つくり方と職人技

原石を2枚刃で必要な大きさの石に切断し、仏像とその座台の蓮華台の絵を線画で描き、大まかな形に石を削ります。仏像によっては蓮華台のないものもあります。力を加減しながら石に鑿を当て金槌で叩きながら荒い形をした像を削っていきます。次に細部を彫刻して行くのですが、手や足など完成したときに出っ張る部分を先に彫刻します。丁寧に少しずつ石仏の前後左右、衣、頭、顔など、そして蓮華台の模様などを削っていきます。

■日本文化との関わり

古代から石仏は権力者の命による石仏師、修験者、僧侶などによって多くつくられました。風化するものも多く、現存する石仏の約8割は江戸時代に制作されたものだといわれます。路傍には「お地蔵さん」と呼ばれ親しまれている地蔵菩薩をよく見かけますが、現代では墓地のほかに災害現場などに犠牲者を弔う慰霊の意味で地蔵菩薩が置かれることも多くあります。石仏は信仰の対象であり、また地域における風習や文化を伝えるものでした。

■わかりやすい英語で説明すると

Stone Buddhist images are categorized into statues which can be moved, images carved into exposed rock faces, and images carved into cave walls. The oldest stone Buddha image in Japan is thought to be the trio of images carved in the 7th century into rock at Ishidera in Nara. Stone was considered a cheap yet lasting medium for carving Buddhist images and as Buddhism spread through the general population carving techniques advanced and harder stones such as granite and andesite were used. Many Buddhist images are carved from one piece of stone including the lotus flower base. Stone Buddhist images are subject to weathering therefore, many of the images seen today were made in the 16th century or later.

鐘楼：Bell towers

■その起源と由来について

　鐘楼は梵鐘をかける寺院に付属する堂舎で、「しゅろう」とも読みます。一般的には鐘撞堂とか釣鐘堂ともいいます。中国で時刻や緊急情報などを知らせるために宗教建築や都城にあったもので多くは高層の建物でした。仏教寺院では、太鼓を置いた鼓楼と対で置かれることも多く、鐘の響は功徳になるとされました。日本には仏教とともに伝わり、現存するものでは平安時代に建てられた法隆寺西院にある上下２層の楼造の鐘楼があります。鎌倉時代の建築である法隆寺東院の鐘楼は、下層が裾広がりの袴腰で、それ以降の鐘楼の標準的な様式となります。それと同時に同時期に建てられた東大寺の鐘楼のように四隅に柱を立てて四方を開放するものも現れました。

■つくり方と職人技

　鐘楼に吊るす梵鐘は外口径が大きいほど低い音が、そして小さいほど高い音が出ます。薄すぎると割れてしまうので、その大きさと厚さを調整しながらつくります。まず砂と粘土を混ぜ合わせた土で鋳型をつくり、次いで溶融炉で銅と錫を溶かし、それを鋳型に流し込みます。鋳型が冷めるのを待って鋳型の土を取り除いて鐘を取り出し、黒色に塗ってから最終仕上げをします。

■日本文化との関わり

　仏教を生活の規範とする多くの日本人にとり、除夜の鐘に代表される梵鐘の響きは、人々の心の琴線に触れ安らかな気持ちにさせてくれるものです。梵鐘は、祈り、感謝、希望、夢、喜び、などを感じるという西洋の鐘の音とは異なり、その荘厳な響と、低く一種独特な余韻は侘びさびの文化を好む日本人に仏教的無常観を伝えていると感じられるようです。

■わかりやすい英語で説明すると

The tower housing a large bell at temples and shrines is called a *shoro*. The bell tower is often placed as a pair with a drum tower. Bell towers were introduced to Japan together with Buddhism. The bell tower at Hokoji Temple in Nara is the most unusual with its flared base. Built at a similar time, the bell tower at Todaiji Temple also in Nara has four large pillars and no walls. The wider the circumference at the bottom of a bell the lower the sound. Bells are die-cast in bronze and nickel and painted black to finish. Bells are used to mark time and to call monks to prayer. The bells play a significant role in Buddhist ceremonies. Japanese temple bells do not have a clapper inside but are struck on the outside with a suspended beam.

灯籠(とうろう)：Lanterns

■ その起源と由来について

灯籠は本来、神前や仏前に灯火を献ずるための道具でした。仏教誕生の地であるインドで僧房(そうぼう)の灯火具であったものが仏前供養(くよう)のための仏具になり、それが中国大陸、朝鮮半島を経て、仏教とともに伝来しました。我が国では神仏習合のしきたりから神や仏に対する献灯用としてつくられました。その後は庭園灯など戸外照明用具としてもつくられるようになり、その種類には石灯籠、銅灯籠、鉄灯籠などがあります。

■ つくり方と職人技

灯籠の用材は石、木、竹、金属（青銅、金銅、銅、鉄など）です。用途と形状の違いから台灯籠（置灯籠、立灯籠）と釣灯籠に分かれますが、いずれの灯籠も火を灯すところを火袋(ひぶくろ)といいます。この火袋を風から守るため灯籠の上部4面（あるいは6面）に枠をつくり、そこに明かりを通しやすい紙や布を張ります。置灯籠は下から基礎、竿(さお)、中台、火袋、笠、宝珠(ほうじゅ)となっていて、それらの部材を専門の職人が彫ったり、加工したりして完成させます。

■ 日本文化との関わり

日本では7月15日の前後数日間にわたりお盆と略称される盂蘭盆会(うらぼんえ)の仏事が行われます。お盆には死者の魂があの世からこの世へ戻ってくるのを、ご馳走をつくって迎え、お盆の最終日には迎えた死者の霊を再びあの世へ、送り火を焚いて送り出す風習があります。その送り火に灯籠を使うものを「盆灯籠」と呼んでいますが、紙製のものを海や川に流す「灯籠流し」、そして明かりを灯した灯籠を1000人の女性が頭に乗せて輪になって踊る「千人灯籠踊り」が有名です。

■ わかりやすい英語で説明すると

Lanterns were originally a tool for making candle offerings to the gods. They were used only for Buddhist temples. It wasn't until the 8th century that they began to be used in shrines and private gardens. Lanterns may be made from stone, wood, bamboo, or metal. There are two types, a hanging lantern hung from the eaves of a roof and a standing lantern used to line the approach to a temple or shrine. The design of the lantern carefully protects the flame inside with a wide brimmed top and a paper or cloth covered frame around the flame. The *Bon* festival, celebrated in July or August, honors the ancestors and invites their spirits to visit family altars. The spirits are then guided back to the other world by lighting fires and lanterns.

仁王像：Two Deva Kings

■その起源と由来について

仁王像は、国宝の東大寺金剛力士像を代表とする木立像です。その名の由来となる金剛杵を手に仏敵を倒す仏教の守護神ですが、金剛とは金属の中で最も硬いダイヤモンドのこと、それをも砕く武器が金剛杵です。仁王像の本身は執金剛神という神で、釈迦如来を守護していたといわれます。その原型はヘラクレス像であり、後に仏教文化と融合し、日本へ流れてきたという説がありますが、確かに2つの像には類似性が見られます。

阿形像と吽形像

■つくり方と職人技

現在の仁王像は1203年に再建されたものですが、有名な運慶・快慶を始めとする20人の仏師たちで8.4mもの仁王像をわずか69日で完成させました。この大きさと奇跡的なスピードを可能にしたのは、部分を別々につくり後でそれを組み合わせる「寄木造」という造像方法と分担作業でした。

■日本文化との関わり

仁王像は阿形像と吽形像の2体からなり、それぞれ世界の始まりと終わりを表すとされます。阿が始まり、吽が終わりですが、日本語の「あ」と「うん」に当たります。これはインド諸語の母体となるサンスクリット語が「ア」で始まり「ン」で終わるからで、日本語の起源を考える上で興味深いものです。

■わかりやすい英語で説明すると

Nio statues or statues of the Deva Kings may also be called *Kongorikishi*. They are often seen as a pair guarding the entrance gate to a temple. The right statue called Misshaku has his mouth open. The left statue Naraen has his mouth closed. The open mouth represents the start of life and the closed mouth represents the end. These statues can be seen throughout China and Korea as well as Japan. One of the most famous representations is the pair guarding the entrance to Todai-ji Temple in Nara. The wooden statues were rebuilt in 1203 but were originally created to their full height of 8.4m by a group of Buddhist artists over only 69 days. Each part was made separately and assembled using parquetry techniques.

狛犬：Guardian dogs

■その起源と由来について

狛犬は、神社や寺の入り口あるいは本殿や本堂の正面に、主に魔除けのために左右一対で置かれた石細工の犬あるいは獅子です。

仏教伝来から1～2世紀後に中国から渡ってきた当時は角がなく口を開いている方を阿形（獅子）、角があり口を閉じている方を吽形（狛犬）と呼んでいましたが、鎌倉時代後期以降簡略化され角

狛犬

がない狛犬が多くなりました。その起源は古代インドとされ釈迦の両脇に守護獣として獅子の像を置いたのが始まりといわれます。

■つくり方と職人技

石製のものは石工と呼ばれる職人が鑿と金槌で彫り出していきます。屋内に置かれる木製、陶製、金属製のものはそれぞれの専門職人の手によってつくられます。口の開け方の違いや、目つきの鋭さや柔らかさ、など狛犬の表情は千差万別で、職人の技量がよく現れています。

■日本文化との関わり

狛犬の表情は、職人の技量によるだけではなく、神社や寺により、また地域によって、それぞれの特徴や地方文化を反映してさまざまです。また、神社により守護動物は狛犬ではなく、狐や牛などの場合もあります。狐は各地の稲荷神社に、また牛は天満宮に見られ、それぞれ神の使いとされています。

■わかりやすい英語で説明すると

Komainu stone guardian or lion dogs can be seen guarding the inner entrance of Shinto shrines. The lion dogs are intended to repel evil spirits. Like the *Nio* statues, usually one has an open mouth and the other's mouth is closed. *Komainu* guardian dogs are very similar to Chinese guardian lions. Until the 14th century guardian dogs were made of wood and only used indoors as weights and door stops. In the 14th century they began to be used outside to guard shrines and were carved in stone to protect against the weather. The expression on the dog's faces differs not only by artisan but also by shrine or temple and by area. In some cases, the guardians at the gate are not dogs or lions but foxes and cattle.

絵馬：Wooden votive tablets

■ その起源と由来について

　神仏への祈願と祈願成就の感謝のために寺社に奉納される板絵を絵馬といいます。古代には雨乞いなどの儀礼の際に生きた馬を神に奉納する風習がありました。生きた馬を献上できない時は土、石、木製の馬形で代用していたのですが、それすらできない時に考えられたのが絵馬でした。奈良時代の地層からは板に馬を墨で描いた絵馬が発掘されています。

絵馬

■ つくり方と職人技

　初めは村人たちが自分でつくっていた絵馬ですが、そのうちに絵馬師という専門の職人が板を細工し、絵を描くようなります。青森の「南部小絵馬」のようにその美しさで全国に知られるようなものまで現れました。南部小絵馬は1700年頃に作成されたものが最も美しいといわれますが、それは京都の画家が馬の絵を描いたものだからだそうです。

■ 日本文化との関わり

　馬は古代から神が下界に降りてくる際の乗り物として神聖視されてきました。神の乗り物としての神饌や祈願成就の謝礼として、神社に奉納する馬を神馬（しんめ、じんめ、しんば、かみうま）あるいは神駒といいます。その多くは白馬であり、伊勢神宮や京都の大きな神社では神事用に特別に飼育しています。儀式の際には神馬は神聖な装束で飾り立てられます。

■ わかりやすい英語で説明すると

　Wooden votive tablets can be found at Shinto shrines and temples. They are used to convey wishes or gratitude to the gods. The small wooden tablets take the place of the horses that were given in ancient times as offerings to shrines in hopes of good favor. Horses were considered the means of transport for gods. People who could not give a live horse would make models and pictures of horses out of clay, stone and wood. Later wooden tablets took the place of these models. At first the tablets were made and brought by visitors but now it is possible to buy votive tablets in a variety of shapes or with pictures at temples and shrines in order to make a wish for prosperity, health, success in job hunting or exams, or even in love.

賽銭箱：Offertory boxes

■ その起源と由来について

　賽銭箱は神社や寺院の本殿や本堂の前に置かれ、参拝者がお賽銭を投げ入れて供える箱ですが、もともとは金銭ではなく神前や本尊には海の幸や山の幸を供えていました。秋の収穫を神に感謝し、洗米を白紙で巻いて包んでお供えしていたのが、貨幣の普及とともに金銭も供えるようになっていきました。さらに中世の頃からは寺社に出向いて願い事をする際や、祈願成就のお礼参りの時にも賽銭（散銭ともいいます）を供える風習となりました。

■ つくり方と職人技

　例外的に金庫の製造業者のつくる金属製のものもありますが、賽銭箱は基本的には神具や仏具をつくっている企業の職人が製作しています。注文主の希望に応じて大きさを決め、それに合わせた図面を引き、屋外での使用に耐えられるように地桧（どこの土地にもある桧）の柾目板を切断し組み立てます。上面は簀の子状に組み、中は漏斗組とし、裏面に引出しをつけ、正面に「賽銭」「奉納」「奉賽」などの文字を彫り込み、その文字を漆塗りします。

■ 日本文化との関わり

　金銭を賽銭箱に投げ入れる行為は、神仏へ厳かにお供えするという目的にそぐわないのではないかという意見があります。一方でお金が人の身代わりとして穢れを受けてくれるという考えもあります。そこから穢れたモノを投げ捨てることで、本人が祓い清められるという風習が生まれました。きれいな湧き水のあるところに銭洗弁財天（弁天）が置かれ、その水で自分のお金をきれいにしてもらうとご利益があると信じる人々の参拝が絶えない神社が多くあります。金銭が穢れモノという考えに基づく信仰といえます。

■ わかりやすい英語で説明すると

　At shrines and temples in Japan the offertory box is placed in front of the main shrine or main temple building for worshippers to offer money when praying. Originally, offerings were all made in the form of food, particularly at harvest time. Money is also offered in gratitude when a prayer has been granted. Most offertory boxes in Japan are made from wood by craftsmen who make Buddhist altar goods and furniture. Built to withstand the weather, the lid has open slats into which money is thrown to fall into a funnel underneath. Some people believe that money is dirty and an unfit offering for the gods but by throwing it into the offertory box the person may be cleansed. There are also springs at some shrines believed to multiply any currency washed in the waters.

仏具：Buddhist altar fittings

■その起源と由来について

　仏殿や仏壇を飾る道具を仏具といいますが、古代では仏具を仏に直結する仏、法要や儀式などの法、法を実践する僧という「仏法僧の三宝」用に分けていました。ほかにも、仏像の周辺を荘厳する荘厳具（天蓋、宮殿、厨子、須弥壇、幟、水引、上卓、前卓、礼盤など）、仏を供養する供養具（香、華、燈を始め、仏前や堂内のものから灯籠まで）、音を発するもの一切（梵鐘、喚鐘、太鼓、雲版、木魚など）という分け方もあります。それらが飾られる仏壇のルーツは法隆寺に安置されている玉虫厨子ですが、当時の庶民には縁のないものでした。庶民が仏壇を家に置くようになるのは浄土真宗の門徒の場合で室町時代、ほかの宗派の場合にはそれより後代のことです。

■つくり方と職人技

　仏具は木、布、陶磁器、金属、石などでつくられ、その種類も多岐にわたり、宗派により仕様やデザインが異なります。仏具は仏具店や仏具製造業者に働く仏具職人によってつくられますが、一人前の職人になるには長い間にわたる修行が必要です。仏具職人は次に述べるような歴史な理由から神社仏閣の数が日本で最多の京都に多く集まっています。

■日本文化との関わり

　我が国における仏具づくりは8世紀頃に京都で始まり、11世紀頃に同地でなお盛んになったといわれますが、それは100を超える各宗派の総本山とその数3600ともいわれる多くの寺が集中し、数多くの国宝や文化財に囲まれた環境からすれば当然のことでした。伝統ある高度な分業の技術の粋を集めた京都の仏具づくりは、日本文化を代表する多くの優美な美術工芸品の制作の基礎にもなりました。

■わかりやすい英語で説明すると

　Buddhist altar fittings are used both in temples and for household altars. Buddhist altar fittings were divided into those directly relating to Buddha and those used for religious practice. Fittings include ritual decorations surrounding statues of Buddha or the altar, tools used for offerings and memorials such as incense and candles and tools for making sound such as the bell and drum. Household altars began appearing in the 14th century. Altar fittings are made from wood, cloth, ceramic, metal, and stone. Production of altar fittings began in Japan in the 8th century in Kyoto. Altar fittings are considered the basis for all traditional handicrafts made in Japan.

第Ⅲ部　宗教・祭り事にまつわる日本文化と伝統工芸品

数珠：Buddhist rosary

■その起源と由来について

　古代インドのバラモン教の聖典に連珠という記述があり、祈りをする回数を数える際に珠を使う習慣があったといいます。この習慣を釈迦が取り入れ、念仏を唱えながら操る珠、すなわち念珠となり数珠になったというのが今日の数珠の起源であるといわれます。疫病に苦しむある国の王様に釈迦が、「108個の木槵子（落葉高木の一種）の実を繋ぎ、いつもそれを手にして心から仏、法、僧の名を唱えよ、そうすれば煩悩が消え、災いがなくなり、心身も楽になるであろう」と語ったことが念珠の始まりであるといわれています。それが中国に伝来し、仏教伝来とともに我が国に伝わりました。

■つくり方と職人技

　数珠の素材には木系の菩提樹、黒檀、紫檀、桜、神代杉など、天然石系の虎目石、瑠璃、瑪瑙、紫水晶、黒曜石、翡翠などがあり、そのほかに琥珀、珊瑚、真珠という天然素材も使われます。それらの素材を珠に削り、磨きをかけ、穴をあけ、紐を通します。それに房をつけますが、珠も紐も房もそれぞれに決まった位置があり、異なる意味があります。すべてが手作業です。

■日本文化との関わり

　全国で販売されている数珠の約9割が京都で製造されているといわれますが、それは京都が歴史的にいって由緒も伝統もある仏具の生産地であるからにほかなりません。数珠を持つ意味は、人間がもつ108個の煩悩を打ち消すためや、身を護るための魔除けや厄除けのほかに福を授かるものといわれます。日本人ならば通夜や葬儀に参列する際の必需品として成人であれば、ほとんどの人が持っているといっても過言ではありません。

■わかりやすい英語で説明すると

The practice of counting prayers using prayer beads on a string started with Brahmanism in ancient India. The teachings say that Buddha instructed the King of a country suffering from illness to collect 108 seeds from a tree and hold them while chanting prayers. Buddhist *juzu* beads may be made frcm linden, ebony, rosewood, cherry, or cedar. Also used are precious and semi-precious stones such as tiger's eye, lapis lazuli, crystal, and agate. Other materials include amber and coral. The beads are strung on a small cord loop and finished with a tassel. The vast majority of Buddhist rosaries are made in Kyoto. This is because most Buddhist articles are mɛde in Kyoto. Rosaries protect from evil and bring luck. They are an essential accessory at funerals.

鈴：Standing bells

■その起源と由来について

　除夜の鐘でお馴染みの梵鐘と同じく音を出す仏具を梵音具といいますが、鈴もその1つで、僧が日々の勤行の際に使うものです。昔は禅宗だけで使われていた鈴ですが、現在ではすべての宗派で使用され、2つの重要な役割を果たします。1つは、音叉としての役目で、その音が読経と同じ「レ」の音程になっているため音合わせの用具としての役割です。もう1つの役割は、まわりの人へ読経の速度を知らせることです。この2つの重要な役割により、皆が一緒に音程と速度を合わせて読経ができるのです。

■つくり方と職人技

　鈴は、一般的に加熱すると柔らかくなる金属の特性を利用して鋳造と鍛造でつくります。鋳造では、鈴の大きさに合わせた鋳型に銅合金を流し込み鈴の形にした後きれいな音が出るように調整しながら磨いていきます。鍛造の方は、金色の銅合金を金槌で叩いて音や形を調整しながら時間をかけてつくっていきます。現代では、機械で大量生産されたものが普及しています。

■日本文化との関わり

　宗派により磬、磬子、小磬、鋺、打金、銅鉢と呼び方が異なる鈴ですが、寺院の本堂だけではなく、一般家庭にある仏壇を飾る主要な仏具の1つです。鈴の下には座布団を敷き、木製の台の上に据え置き、皮を巻いた木製の桴あるいは桴で縁を打って鳴らします。仏壇のある家庭では、一般的にクッションとなる中敷の座布団をリン布団、木製の台をリン台、木製の桴をリン棒と呼び、リン棒でリンを鳴らす時のチーンという音は平均的な日本人の日常生活に馴染みの深いものといえます。

■わかりやすい英語で説明すると

　Wherever you are in Japan on New Year's Eve you can hear the sound of bells being struck 108 times. The large hanging bells at temples are called *bonshou*. On altars in the home, a small standing bell called a *rin* is used. Priests will use it as a tuning fork to assist with their chanting, the bell sounds the note D. The priest also uses the bell to let the people present know the speed of the chanting. This keeps everyone in tune and in time. Standing bells are made by casting or forging. Molten metal is poured into a mold and after cooling is polished to adjust the sound. Forged bells are made by hammering a metal alloy to form the shape and sound. Standing bells are placed on a small cushion on a low level of the altar. They are struck with a small rod.

第Ⅲ部　宗教・祭り事にまつわる日本文化と伝統工芸品

蝋燭：Candles

■その起源と由来について

　蝋燭の起源は紀元前 3 世紀のギリシャや中国にさかのぼりますが、日本には 6 世紀中頃に仏教とともに伝わってきました。当時の蝋燭は蜜蜂の巣から取った蝋を原料とした蜜蝋燭で貴重な輸入品であり、朝廷や寺院などだけで使われる高級照明具でした。平安時代には蜜蝋に代わり松脂を使った蝋燭が生ますが、日本の蝋燭「和蝋燭」は室町時代（1392 ～ 1573 年）に広葉樹のハゼの実から採取した蝋でつくった木蝋燭が始まりで、江戸時代に急速に普及します。和蝋燭は今でも寺院仏壇を大事にする家庭でも使われています。

■つくり方と職人技

　和紙に藺草（別名を燈芯草という）の髄を巻いた燈芯を竹串に刺して、適温に温めた木型に入れ、その上に溶かした木蝋を流し込み生地をつくります。その生地に溶かした白蝋（木蝋を天日に晒して白くした蝋）あるいは白蝋に朱の顔料を混ぜ込んだものを掛けて、白蝋や朱蝋をつくるのが「型流し」と呼ばれる手法です。そのほかに蝋を 1 本ずつ、心を込めて手で塗り込んで蝋燭をつくる「清浄生掛け」という製法があります。

■日本文化との関わり

　昔は唐から輸入していた蝋燭ですが、9 世紀末に遣唐使が中止され蝋燭の輸入は止みました。代わって自国産の松脂蝋燭がつくられるようになり、室町時代に木蝋が誕生するのですが、屋内照明器具としては、それ以前から長い間にわたり動物、植物性の油を使う提灯、燭台、手燭、雪洞、行灯、瓦灯、無尽灯が蝋燭と並行して使われていました。和蝋燭は、どちらかといえば線香とともに神仏に供える灯火である灯明用として用いられていました。

■わかりやすい英語で説明すると

Candles, which date back to Ancient Greece and China, came to Japan at the same time as Buddhism. However, at the time, candles were made with wax from the hives of honeybees and were a very expensive import. They were only used by temples, shrines, and the Imperial Court. In the 9th century candles were being made from pine sap and in the 14th century production of Japanese candles began using wax from the broad-leafed wax tree. It takes several steps to make Japanese candles which have a washi paper wick wrapped in grass and cotton. Japanese candles are all hand-made and plant-based. They continue to be used in not only temples and shrines but also household altars as an offering of light to the gods.

線香：Incense sticks

■ その起源と由来について

現代でも線香は仏教のあらゆる宗派において弔事ばかりでなく仏式の結婚式にも焚きますが、線香のもとは仏教とともに伝わった香でした。当時の香は、香木を焚いて煙を起こし、その煙で部屋や着物に香りをつけるものでした。仏教儀式に不可欠な香は、やがて貴族たちの生活にも欠かせないものになり、やがて香木を焚いてその香りを鑑賞する芸道である香道を生みます。その後16世紀には中国大陸から、香木を細かく砕いて炭の粉などと練り合わせ、細長く成形した線香が伝わりました。線香のおかげで、上流階級のものだったお香が幅広い階層の人々に親しまれるようになりました。

■ つくり方と職人技

椨の木の樹皮を粉末にしたタブ粉に丁子、白檀、沈香などの植物性香料、麝香などの動物性香料、合成香料などを加え、粉末にしたものを80度ほどの湯で十分に練り玉状にします。その後常温に冷まします。冷ますことで締まってきた玉に60〜70kgの圧力をかけ、ノズルを通して線状にし、それをダンボールの上に乗せて並べ、同じ寸法に裁断して整形した後に乾燥させて完成です。今では機械により自動的に裁断、整形、乾燥しています。

■ 日本文化との関わり

1992年に香や線香の製造販売業者の団体である全国薫物線香組合協議会が4月18日を「お香の日」を制定しました。なぜその日なのかというと、「香」という字を分解すれば「十八日」になるからであり、4月は日本の歴史を記した『日本書紀』（720年）巻第二十二推古天皇の段に、「三年夏四月、沈水、漂著於淡路嶋」という記述があるからです。現代語訳では「三年夏四月、沈香が淡路島に漂着した」となりますが、推古天皇三年は西暦595年で、沈香とは沈丁花科の常緑高木から採取した天然香料のことです。

■ わかりやすい英語で説明すると

Incense is used by all sects of Buddhism for weddings and funerals. It was introduced to Japan at the same time as Buddhism. Originally, incense was fragrant wood burnt to create aromatic smoke. Since incense was so important to Buddhist ceremonies it was not long before aristocrats adopted it into daily life leading to the creation of the traditional incense-smelling ceremony or *kodo*. In the 16th century, powdered wood mixed with ash and formed into sticks of incense was introduced from China. The ingredients used to make incense include agarwood, sandalwood, musk, and cloves.

第Ⅲ部　宗教・祭り事にまつわる日本文化と伝統工芸品　279

笏：Wooden scepters

■その起源と由来について

笏は官位にある者が礼服や束帯を着用する時右手に持つ細長い板で、古代の中国では役人が君命の内容を忘れないために書き記しておくために使っていたようです。それが6世紀に我が国に伝わると役人が、必要事項を書き記した笏紙を裏面に貼って備忘のために使うようになります。律令制に基づく高い官位である五位以上の役人は象牙でできた牙笏を用いることと定められていましたが、国内では象牙の入手が困難なために『延喜式』（967年施行）により白木が許されるようになりました。

■つくり方と職人技

神具をつくる専門の職人が、一位、神代杉、真榊、木曽桧など上質の木材を板にして長方形に裁断し、それを標準的な大きさである長さ1尺3〜5寸、上部の幅2寸2〜3分、下部の幅1寸5分、厚さ2〜3分に削り、紙鑢などで表面を磨き、上下の端が丸くなるように角を落とします。1尺は30.03cm、1寸は3.003cm、1分は0.3003cmになります。ただし、笏の大きさ、長さ、幅は個人差や流儀の違いにより一様ではありません。

■日本文化との関わり

日本人にとって親しみのある歴史上の人物といえば、聖徳太子でしょう。長い間にわたり100円札、1000円札、5000円札、1万円札を飾る肖像画に何回も使われてきた聖徳太子に日本人は親近感をもっています。その肖像画は、法隆寺に伝えられている「聖徳太子二王子像」をもとに描かれたものですが、聖徳太子が手に持っているのが笏です。神社で神主が手にするのを間近に見、また即位の儀式やその他の神事で天皇陛下が手にされるのをテレビ画面や新聞で見る日本人には、笏はかなり身近なものといえます。

■わかりやすい英語で説明すると

A scepter is carried by a person of official rank when wearing formal or ceremonial dress. In Ancient China it was used to record the orders of the ruler. In Japan, it was also used to record necessary information on a paper stuck to the rear surface. The highest ranking officials carried scepters made from ivory, however, as ivory is not easily available in Japan, unfinished wood was permitted in the *Engi-Shiki* regulations issued in 967. One of the most famous historical figures in Japan is Prince Shotoku. His image holding a wooden scepter decorated currency notes for many years. Scepters are also used for various ceremonies by priests and during the accession ceremony for a new Emperor.

注連縄 : Straw talismans

■ その起源と由来について

注連縄は神聖な場所と下界を区別するため、また新年にあたり門口に魔除けのため張る縄で、『万葉集』には「標縄」と書かれています。皇室や身分の高い人が所有する土地の境を標示する縄が原意です。「注連」は中国で死霊が入り込まないように水を注ぎ、清め連ねて張った縄のことでした。日本では「尻久米縄」といいましたが、「くめ」は「出す」ことで藁の尻を出して垂らした縄の意味です。

注連縄

■ つくり方と職人技

注連縄は刈り取った稲の茎を干した藁でつくります。稲がまだ青いうちに刈り取り乾燥保存した藁を木槌で叩いて柔くし、綯った縄を使います。綯うとは数本の藁を撚り合わせて1本の縄にすることです。その藁縄を左綯いに綯っていき、藁の茎を三筋、五筋、七筋と順番に捻り放して下に垂らし、その間に紙垂（注連縄につけて垂らす細長く切った紙）を下げます。昔から注連縄を「七五三縄」とも表記するのはこのためです。

■ 日本文化との関わり

日本は稲の穂がみずみずしく実る国という意味で瑞穂国と呼ばれます。米を主食とする我が国では稲は最も重要な農作物でした。日頃から神社や家の神棚などを飾る棒締めや、門松、玄関を飾る輪締めなど、稲藁でつくった注連縄を目にする多くの日本人は、米に対する親近感をもって育ちます。

■ わかりやすい英語で説明すると

Shimenawa or straw talismans are hung to designate the boundary of sacred and non-sacred space in shrines or on special trees or rocks considered to be sacred. They are also used to ward off evil spirits from the door at New Year and miniature household shrine altars. At one time straw ropes were used to cordon off the perimeter of land owned by people of high rank. *Shimenawa* are made from rice straw. Rice is the most important agricultural product made in Japan. The straw is pounded to soften it and then bound together and twisted to make a rope. *Shide* or zig-zag paper streamers are hung from the rope to show the area is pure and sacred.

2. 祭り事にまつわる伝統工芸品を理解し英語で伝える
Traditional Arts and Handicrafts Related to Festivals

【総論】工芸品から見た日本の祭り文化と歴史
■ 日本の祭りの特徴

　祭りは、その目的や様式の点で多少の差があるにせよ、世界中どこへ行っても見ることができますが、日本の祭りには他所にはない特徴が見られます。それは我が国の宗教の文化と歴史、日本に特有の四季に関わるものです。

　古来より我が国には森羅万象のすべてのものに神が宿るという「八百万の神」という考え方がありました。神は、海、山、森、大木、大岩、滝などの自然物から住居、玄関、台所、竈、厠、道具、食器、日用品などに至るまですべてのものに宿っているという考え方です。その考えに神道と仏教が加わったのが日本の宗教です。

　神道は古代6世紀中頃に大陸から伝来した仏教とともに全国各地の人々に浸透していき、さらに奈良時代に入ると神と仏は同じであるとする「神仏習合」思想が生まれ、神と仏の両方を同時に信仰するという考え方が人々の間に広まります。その結果、本来は神仏別々であった行事や祭りにも影響を与え、祭りの様式が変わっていきました。

　日本の祭りの数は10万とも30万ともいわれ、外国にはその例を見ないほど多いのですが、我が国には明確に等分された四季があり、それが人々の生活に密接に関係していることもその数の多さの理由にあげることができます。春は稲を植える季節で、新嘗祭など豊作を祈願する「お田植え祭」が各地で行われます。夏は疫病退散、虫送り、台風除けの祭りが多く、疫病退散を目的とした京都の祇園祭、害虫駆除のための行事である青森のねぶた祭りなどがよく知られています。夏といえばお盆ですが、各地で盆踊りや送り火など仏教系の祭りがあります。秋には豊作を感謝し、冬には新年を祝う祭りのほか、穢れを落とす目的の裸祭りや、炎が主役の火祭りが各地で行われます。

■ 祭りにまつわる伝統工芸品の文化と歴史

　原始時代の人々には神が宿る山や森などの自然物が拝礼の対象でしたが、当時の人々は神々を敬い拝礼するための神殿や付属の施設を建てませんでした。供え物である神饌を置くような簡単な台のようなものはありましたが、それらも祈願や感謝の祭りの後には壊され、毎回新しいものをつくっていました。

　初めの頃は拝礼する山や森に宿る神に、自分たちの移動に合わせて動いてもらうための輿を用意しました。人々が神に乗ってもらった輿を持ち上げ、交代で担いで移動先まで運びました。神が乗る輿ということから神輿になっ

たのです。その後人々が定住し始め、かつ神社や祠が固定化しても、神の移動のための神輿は残りました。その風習は今でも残り、祭りの時に神輿を担ぐのは、神に神社から出てきてもらい、その偉大な霊力を村人たちや町人たちに分け与え、災厄や穢れを祓い清めて欲しいという人々の願いからだといわれます。

一方、山車は神が占有する山である標山や、神霊が乗り移る依り代へ神に降りてきてもらい、その標山や依り代を宮中の祭場まで引いてくる移動式の神座が始まりでした。神輿が神を移動するための乗り物であるのに対して、山車は招いて降臨してもらった神に、祭りの期間中鎮座していてもらうための屋台でした。鎮座する神を喜ばせようと、飾りも豪華なものになり、屋台上で子供歌舞伎のような歌舞演劇が行われるようになりました。

■祭りにまつわる伝統工芸品のつくり手

神輿や山車をつくる職人は、基本的には宮大工と呼ばれる寺社建築の専門家の系統に属します。しかし、各地の祭りが人気を呼ぶようになり、新しい神輿や山車の注文や、古いものの修理の依頼が増え、神輿職人とか山車職人という専門集団をかかえる専門の業者も出てきています。

寺社建築の基本は、複雑な木組み工法です。木材の選別から始まり、宮大工用の専用道具を使ってその木を切り、削り、割り、刳り（えぐって穴をあける）、削ぎ落とし、釘を使わずに各部材を組み立てます。長年の経験と熟練を要するこの建築技法が神輿や山車にも活かされています。神輿と山車には金具や木材部分の細かな彫刻のほかに、重要な漆や金メッキなどの塗作業もありますが、これらは金具師、彫師、宮師などの専門職人が手がけます。

Section Introduction: Festivals

Festivals are held throughout the world for various reasons. Festivals in Japan are used to celebrate religious occasions and the four seasons. The ancient belief that gods reside in everything; in the ocean, mountains, trees, and rocks as well as the front entrance to a house, in the kitchen and even in crockery, is the basis for many festivals in Japan. The sheer number of festivals held in Japan each year, around 200,000, demonstrates how important these events are to daily life. Thanksgiving festivals are held for harvest, festivals to ward off illness and blight as well as festivals to welcome spirits back home are often held in summer. Artisans create items necessary for the festivals such as large wooden carved floats, flags, tapestries, and straw ropes as well as ceramic, lacquer, and metal work utensils.

花火：Fireworks

■ その起源と由来について

　花火の起源は、火薬の基本となる硝石が発見された紀元前3世紀の古代中国にあるといわれます。日本で記録が存在するものとしては、1589年7月に戦国大名の伊達政宗が鑑賞し、その後1613年8月に英国人ジョン・セリーヌが将軍徳川家康に、同行の中国人を使って花火を見せたという話が残っています。一方、子どもたちが遊ぶ花火は1659年に、花火では有名な鍵屋の初代弥兵衛が葦の中に火薬を入れた簡単なおもちゃ花火を考え、売り出したのが最初といわれ、江戸庶民に熱狂的な人気を博したと伝えられます。

■ つくり方と職人技

　花火の製作工程は、火薬の調合、構成部品の製作、組立に大きく分かれます。夜空にパーッと咲き誇り、枝垂れ桜のように地上に落ちてくる花火を星といいますが、星はまさに花火の命であり、重要な構成部品です。その星が発する色やその変化を考えて花火職人が割火薬を調合して玉殻（玉皮）や親導（導火線）などと組み合わせて玉をつくり、乾燥させて完成させます。

■ 日本文化との関わり

　日本の夏の風物詩として欠かせないものに全国各地で開催される大小の花火大会がありますが、その源流は「江戸の花火」であり、そのきっかけをつくった1733年に始まった両国の川開きでした。その前年に近畿以西の地方を襲った大飢饉で多くの餓死者が出て、疫病が各地に多大な被害をもたらしました。8代将軍徳川吉宗はその飢饉で犠牲となった人々の慰霊と悪病退散を祈り、隅田川で水神祭を行いました。その時に両国橋周辺の料理屋が許可を得て花火を打ち上げたのが両国の川開きと花火大会の始まりでした。

■ わかりやすい英語で説明すると

The origin of fireworks is when niter was discovered in China over 2,300 years ago. The first record of fireworks in Japan is July 1589 when feudal lord Masamune Date witnessed them. Handheld fireworks for children appeared in 1659 when a locksmith called Kagiya Yahei created a toy by placing gunpowder in a reed. Making fireworks involves creating lumps of powder called *hoshi* or stars; it is these that scatter the light. Japanese fireworks are considered the best in the world because they explode into perfect spheres and each *hoshi* changes color. There are fireworks festivals, both large and small, held throughout Japan particularly in summer. The first festival was held in 1733 to mourn the many people who had died in the severe famine in the years before.

水引：*Mizuhiki*, decorative paper strings

■その起源と由来について

　水引とは進物用の包装などを結ぶために紙縒りに水糊を引き、乾かして固めた飾り紐のことで、紙縒りを着色水に浸して引きながら染めたことからその名がついたようです。水引の起源は、遣隋使の小野妹子が607年に隋から帰国した際に、同行した隋の答礼使が持参した貢ぎ物に結ばれていた紅白の麻紐にあるといわれます。そこから宮廷への献上品には紅白の麻紐で結ぶ習慣が生まれ、後年麻紐の代わりに紙縒りに水糊を引いた水引になりました。

■つくり方と職人技

　細長く切った和紙をねじって細くした紙縒りに水糊を引き、乾燥させたものに、紅白、金銀、白黒（黄）などに着色し染め分けた紙や絹糸などを巻いてつくります。水引は2色組み合わせたものが基本で、慶事には紅白や金銀、弔事には黒白や銀白などを用い、用途によりその結び方が変わります。何度も結び直せる花結びはお祝いや贈答に、固く結んで解けない結び切りは離れないことを願う婚礼関係と二度と繰り返さないようにとの願いから弔事関係や病気見舞い、全快祝い、災害見舞いなどに用いられます。

■日本文化との関わり

　祝い事や弔事の際に贈る金銭を包装してかける水引の色は古代の衣装装束の色に由来します。我が国には、古代祭事の格式やそれを執り行う神官や僧侶の地位の高低により衣装装束を始め一切のものを色で区分けし、高いものから金、銀、紫、赤、藍、緑、黄、黒色の順にするという決まりがありました。冠婚葬祭では婚礼儀式が最も高い儀礼として、弔礼儀式が最も低い儀礼と位置づけられていたため、それが水引の色分けのもとになったのです。

■わかりやすい英語で説明すると

Strings made from twisted paper which are then dyed and sealed with rice glue are used to tie the wrapping paper of gifts. The first use of *mizuhiki* strings in Japan was when the envoy to China in 607 returned carrying tributes tied with red and white twine. The custom was then continued whenever items were presented to the Court. Later twisted paper replaced the twine. *Mizuhiki* strings may be red and white, red and gold, or gold and silver for celebrations and black and white, black and yellow or black and silver for mourning or illness. The strings are tied in different ways depending on the occasion. The colors are based on the rules for formal dress and costume depending on rank and role. Celebrations are high rank, mourning is low.

熨斗袋：Gift envelopes

■ その起源と由来について

　熨斗は、薄く削いで干し琥珀色になった鮑の肉を竹筒で押して伸ばし、水洗い、乾燥、押し伸ばしを繰り返してつくった「熨斗鮑」を意味しました。貴重な保存食品であったその熨斗鮑を4角形の色紙に包み、贈り物をする際に包装紙と水引の間に挟んだのがその起源です。祝い事の際に生臭物を食べる習慣がその背景にあり、特に鮑は神への供え物や長寿を願う縁起物でした。鮑は、鎌倉時代以降は武家の出陣や帰還の際の祝儀に用いられ、江戸時代には長寿の薬としても重宝されました。鮑の匂いが邪気を払うため、熨斗鮑のついている贈り物は汚れがないものと考えられていたのです。贈り物に熨斗を添えるのは、それが不祝儀でない印でもありました。

■ つくり方と職人技

　本来は生の鮑を薄く切り乾燥させ、あるいは昆布などの海藻を乾燥させて短冊状にしたものを色紙に包み、水引に挟んだ袋が熨斗袋でした。現代では薄い茶色の紙片を熨斗鮑に見立て、それを紅白の紙で包んだ熨斗と水引がついた、またはその2つが印刷された、熨斗紙や熨斗袋が使われています。

■ 日本文化との関わり

　熨斗と水引が一体となった熨斗袋は祝い事にはなくてはならないものですが、熨斗紙をかけたり熨斗袋を使ったりするのは金銭、食品、酒類、装飾品などに限られます。鰹節や鮮魚など生鮮品を贈る際には、それ自体が生臭物ですので熨斗はつけません。生臭物を供えてはいけない仏前への供物にも熨斗は不要です。熨斗袋は、昔から贈り物をする時に、和紙や風呂敷できちんと包んで渡すという日本人の奥ゆかしい文化をよく表しています。

■ わかりやすい英語で説明すると

　The *noshi* of *noshibukuro* or gift envelopes comes from the word for thin cut, bleached and dried abalone sheets. The abalone sheets were a very important preserve for winter and were often wrapped in paper and tucked under the *mizuhiki* strings attached to gifts on important occasions. Abalone was considered to be a gift to the gods and a wish for long life. It was also thought to ward off misfortune. These days, gift envelopes or gift wrapping are printed with an image of the wrapped abalone and colored *mizuhiki* strings. Gifts presented in this way include cash, foodstuffs, alcohol and ornaments. The continuing tradition of carefully wrapping gifts in paper and wrapping cloths is evidence of Japan's refined culture.

門松：*Kadomatsu*, New Year pine decorations

■ その起源と由来について

神が依り憑く樹木、岩石、動物などを依り代といいますが、その中でも松はその発音が「祀る」に繋がる樹木として古代から尊重されてきました。門松の起源は平安時代の朝廷儀式「小松引き」にあるといわれます。小松引きは、長寿祈願のため依り代である小さな松の木をその年最初の子の日に引き抜いてくることです。時代が下り長寿を象徴する竹も松と一緒に飾られるようになります。

門松

■ つくり方と職人技

長さを変えて切った新しい竹を3本1組にして荒縄で縛ります。先端の切り方には斜めに切った「削ぎ」と真横に切った「寸胴」の2種類があります。鉢などに砂、木、おが屑などを詰め、それを菰（藁で織った筵）で包み、竹を差し込みます。竹のまわりに3種類の高さに切り揃えた松を差し込み、梅や南天、正月飾りをつけ、菰の下端をきれいに切り揃えます。

■ 日本文化との関わり

日本の正月にはなくてはならないものが暮のうちに家の門口に立て、年神（歳神）を迎える門松です。その種類や大きさには、松の枝と輪飾りでできた簡単な松飾りから上記で説明した本格的なものまでいろいろありますが、いずれも正月の風物詩として親しまれてきました。

■ わかりやすい英語で説明すると

Objects such as trees, rocks and animals to which divine spirits are drawn or summoned are called *Yorishiro*. One of the most respected is the pine tree. The origins of the *kadomatsu* or pine decoration lie in the annual New Year event, first held in the 9th century, of pulling out young pines trees to allow older ones to grow. The event was held as a sign of respect for age as well as a wish for longevity. The *kadomatsu* is made up of three different lengths of bamboo tied together, cut on an angle and placed in a pot. The base of the bamboo is then decorated with pine branches, plum blossom, a folding fan and *mizuhiki* strings. A pair of *kadomatsu* is placed by the front door of houses and companies to greet the divine spirits at the New Year.

鏡餅：*Kagamimochi*, mirror-shaped rice cakes

■その起源と由来について

　有名な『源氏物語』は平安時代に書かれたものですが、その中に健康、良運、長寿を願う正月行事としての歯固めの祝いと餅鏡の祝いについての記述があります。古代の人々は、新年に当たり降臨する年神が人々に新しい年齢（年玉）と1年の良運を授けてくれると信じ、神へいろいろな飲食物を供えて正月を迎えていました。米や餅はそうした供物の1つでしたが、それに固い歯に象徴される長寿や無病息災の願いを込めたのが鏡餅の始まりでした。

■つくり方と職人技

　昔はどこの家庭でも年末になると親戚や近所の人々が集まって餅搗きをしました。釜で湯をたっぷりと沸かし、その上に糯米を入れた蒸籠を重ね、柔らかくなった糯米から順番に木または石でできた臼に入れ、それを人々が杵で搗いて餅にします。餅が柔らかいうちに丸くて厚みのある形にするのですが、昔の鏡のような形にすることから餅鏡あるいは鏡餅と呼ばれました。

■日本文化との関わり

　鏡餅は年神の神霊が宿る聖なる供物でもあると同時に歯固めの願いを込めた供物でした。その年の新米である糯米を搗き、心を込めて鏡の形にした鏡餅は正月の間人々が新年を迎えて過ごす家の中に飾られます。やがて正月11日（古くは20日、また地方によっても異なります）の鏡開きにはその鏡餅を割り（「開き」は「割り」の忌み言葉）、雑煮や汁粉などにして食べます。供えた鏡餅には神霊が宿っているので、刃物を使わずに木槌などで叩いて割ります。このように神仏への供物を取り下げ、仲間たちで食することを神人共食といい、直会ともいいますが、日本の伝統文化の1つです。現代でも都市と地方の区別なく祭りの後には必ず直会が開かれます。

■わかりやすい英語で説明すると

　The Tale of Genji is a famous Japanese story written in the early 11th century. In the story a celebration is mentioned with *kagamimochi* to wish for health, good luck and longevity at New Year. In ancient times, people used to believe that New Year's gods would descend to earth and grant each person a new year of good fortune; so the people would prepare offerings of food and drink at New Year. It is tradition in Japan for family and neighbors to gather near the end of the year to pound steamed glutinous rice to make rice cakes. The rice cakes are displayed in the most important place in the house throughout New Year and are broken apart on the eleventh day of the year.

2. 祭り事にまつわる伝統工芸品を理解し英語で伝える

三方：*Sambo*, small offering stands

■ その起源と由来について

　三方（三宝）は神供や食器を載せるための膳具である衝重の1つでふつう白木を用い、胴の4面のうち3面に穴をあけたものです。三方の名前は、胴の三方に眼象（格狭間）と呼ばれる刳形（繰形）を透かす、すなわち穴をあけるところからきています。なお、4面に穴をあけたものを四方、穴をあけないものを供饗といいます。その起源は古代人が神に捧げるため収穫物を載せた弥生土器の器台であったろうといわれます。その後木製になり公卿の食事を載せる膳となり、さらに供物などを載せるための台となりました。公卿の文字は上に述べた供饗の意味でも用います。

■ つくり方と職人技

　仏教用の三方には朱色に塗ったものがありますが、神道ではほかの神具と同じように、主に木曽桧を用い白木のままの板でつくり、塗装はしません。三方は、物を載せる部分のお盆である折敷とその折敷を支える胴（台）からなりますが、胴の部分の3面に頭部から火炎が燃え上がっている宝珠の形をした穴を刳ってあけます。折敷も胴も、ぐるりと回した白木の板の合わせ目は桜皮（現在は樹脂皮）で繋ぎ止めます。

■ 日本文化との関わり

　三方は、都会では使うことも少なくなりましたが、正月の鏡餅、桃の節供の菱餅や白酒、菖蒲の節句の柏餅や粽、七夕の素麺、十五夜の月見団子などを載せる台として使われます。そのほかにも、結婚式や地鎮祭など神職による儀式では神饌を、葬式や法事などの仏事では供物を、それぞれ載せる台として使われ、よく目にする日本文化を象徴する道具の1つといえます。

■ わかりやすい英語で説明すると

The *sambo* is a small, square wooden tray, with a base that is a smaller square, that is used to lay food on in offerings during Buddhist rituals. It is usually made from plain wood and on three sides there are openings in the base. The name comes from these openings in three directions. Trays with openings in four sides of the base are called *shiho*. Trays have been used to offer harvest products to the gods since ancient times. Some Buddhist sects use red painted *sambo*, *Shinto* rituals use natural, light-colored wood. The edges of the top tray are joined using cherry bark. Many households use the *sambo* at New Year to place the *kagamimochi* rice cakes on. *Sambo* are also used to hold offerings at weddings and ground-breaking ceremonies for new houses.

お守り：*Omamori*, amulets

■ その起源と由来について

お神札は自分の家の神棚に祀って神に家を守ってもらい、お守りは常に身につけて、自分自身を神に守ってもらうためのものです。お守りの起源は、医療が発達していない時代に疫病で命を落とす危険やさまざまな災厄から自らを守るための魔除けとして、霊威をもつとされた鏡、懐剣、宝石などを身につけていた習慣にあるようです。その霊力で我が身を守って欲しいという願いが紙や木板など形あるものになったのがお守りの始まりです。

■ つくり方と職人技

お守りは、神社と寺院のお守りに分け、その後目的により次のように数多くのものに分類できます。健康祈願、無病息災、金運上昇、財産上昇、商売繁盛、千客万来、出世成功、昇格昇進、恋愛成就、縁結び、安産祈願、子授け、合格祈願、学業成就、家内安全、交通安全、旅行安全、厄除け、方位除け、開運除災、開運招福、諸願成就、五穀豊穣、大漁など。お守りは懐中守りともいわれるように身につけるもので、木や紙でできた本体とそれを包む化粧袋からなっています。紐のついた白木の本体だけのものもあります。

■ 日本文化との関わり

平成29年度政府宗教統計調査によると2017年12月末時点の神道系信者数は8474万人、仏教系が8770万人、キリスト教が191万5000人、諸教が791万人となっています。神仏の信者数が総人口を超えていますが、これは日本人の多くが神仏双方の信者であると自覚していることを示しています。日本人は家の内外に八百万の神が宿ると信じ、お守りを身につけることでそのような神々や仏に自分や家族の安全と幸せを祈願したのです。

■ わかりやすい英語で説明すると

Ofuda talismans are used to protect the house from harm. *Omamori* amulets are carried on the person to protect from harm and to pray for blessings. Amulets such as gem stones and mirrors were used before medical knowledge was available to heal and protect against illness. These eventually turned into the wishes on paper or wood held in small cloth packets that are used today. Amulets can be obtained at temples or shrines. Those commonly sold include wishes for academic success, safety at home, safe driving, safe birth, and good fortune. Government statistics released in 2017 show that the number of believers in Buddhism and Shinto exceed the population of Japan. This is because many people identify with both.

お札：*Ofuda*, paper talismans

■その起源と由来について

　古代には神木の葉や剣には霊威が宿るという信仰があり、それらを身につけていれば厄災から身を守ることができると信じられていました。この信仰に仏教などが影響を与え、やがて寺社が護符と呼ばれる札を発行し、参拝者が護符を授かるという風習が生まれました。家庭にある神棚には伊勢神宮の神宮大麻、氏神神社の御札、崇敬する神社の御札などを祀ります。昔は御祓大麻と呼ばれた神宮大麻の祭神は天照大御神であり天皇の祖先神（おおやがみ）です。御祓大麻は、平安時代末期から伊勢神宮で参拝者のためにお祓いし祈祷をする御師たちにより全国に頒布されていました。江戸時代後期には全国の約90％の所帯が御祓大麻を受けていたという記録があります。

■つくり方と職人技

　お札は、参拝者に護符を授ける神社や寺院から依頼を受けた護符専門の紙工会社で職人が手づくりします。昔は高級な墨と筆で護符の図柄を描き、文字を書いていましたが、現在ではその大半を印刷しています。神社の神札と寺院の御札に大別され、紙製だけではなく木製のものもあります。

■日本文化との関わり

　我が国の一般的なケースでは、子どもが生まれると親子ともども近所にある氏神の産土神に参拝し、新しく氏子となる新生児を氏神に認めてもらい加護を祈るお宮参りをします。結婚式は神官によるお祓いを通して神に報告し、亡くなる時は仏式による葬儀を執り行います。このようにキリスト教やイスラム教などの教徒以外の平均的な日本人の一生は、毎年迎える正月の初詣とともに、神や仏と密接に関係しています。その関係の証となるのがお札です。

■わかりやすい英語で説明すると

In ancient times, it was believed that souls resided in trees and swords. Having the leaves of sacred trees on your person or a carrying a sword was believed to ward off evil spirits. This belief was incorporated into Buddhism and temples and shrines began issuing *ofuda* talismans as charms for followers. Most households will have a small home shrine on a shelf often in the kitchen or a room nearby. The home shrine will often hold an *ofuda* from a major shrine such as Ise Grand Shrine. The shrine has been issuing such *ofuda* since the 12th century, by the 16th century 90% of households had received the blessing of the shrine. At New Year, people will visit their nearest shrine or a major shrine and obtain a new talisman for the coming year.

第Ⅲ部　宗教・祭り事にまつわる日本文化と伝統工芸品　291

神輿：*Mikoshi*, portable shrines

■ その起源と由来について

輿は人を乗せ数人で持ち上げて運ぶ乗り物で、神が乗る輿というところから神輿と呼ばれました。神輿が文献上に初出するのは奈良時代ですが、原始時代の人々は狩猟や作物の収穫が可能な場所を求めて移動していたために神に感謝し安泰を祈願する神輿は毎年新しくつくり替えていました。その後人々が定住し始め、固定化した神社が誕生しても、神の移動のための神輿はそのまま残りました。神輿の起源は聖武天皇（在位 724～749年）の乗り物であった鳳輦にあるとする説もあります。鳳輦の屋根には金色の鳳凰が輝いていましたが、今日でも屋根に金色の鳳凰が輝く神輿は数多くあります。

■ つくり方と職人技

木地師がさまざまな道具を使って欅を台輪、胴、鳥居、屋根などに加工し仮組みします。仮組みした神輿を解体し必要な部材を漆塗り（下塗り、中塗り）します。金具師が神輿の金具を製作するための型紙をつくり、彫師がさまざまな彫刻刀を使って部材に彫刻をします。次に、中塗りを終え乾燥した部分に上塗りし、乾燥させます。型紙に合わせた真鍮板に鑿で柄を刻み込み、金メッキをし、必要な箇所に金箔を押した後に飾り金具を取りつけます。

■ 日本文化との関わり

神輿は日本の祭りには欠かせないものです。神輿を担ぐ意味や理由は祭りによりさまざまですが、共通するのは祭りの時に神様に神社から出てもらい、その偉大な神の力を皆に分け与え、災厄や穢れを祓い清めて欲しいという人々の願いです。担ぎ手たちが神輿を高く掲げ、上下や横に激しく動かすのは、神の霊感を高め、豊作や大漁を願う意味が込められているといわれます。

■ わかりやすい英語で説明すると

Mikoshi are palanquins made to carry people around. *Mikoshi* are portable shrines for carrying gods. The first record of *Mikoshi* is in the eighth century however, ancient people who were searching for better places for hunting and farming would also transport their gods. Even as people began to settle and build permanent shrines and temples the *Mikoshi* survive as a mode of transport for gods. *Mikoshi* are assembled from parts made from Zelkova wood. Once the pieces are fitted together they are then deconstructed and painted. Specially formed metal fittings are attached and gold leaf applied. *Mikoshi* are often seen during the various festivals held in Japan as the gods are removed, celebrated and then returned to the shrine or temple.

山車：*Dashi*, festival floats

■その起源と由来について

　神社の祭礼で引く山や鉾、そして人形などを飾った屋台を山車といい、山形、屋形、船形、灯籠型などの形があります。鉾につけた竹籠の編み残した部分を垂れ下げて出してあり、その部分を「出し」と呼んだという説のほかに、神を引き寄せるために外に屋台を出しておく「出し物」を語源とする説もあります。その起源は平安時代の宮中儀式の1つであった標山にあります。標山は神が占有した山（人間界と標山の境界を示すのが標縄）ですが、そこへ神を招き寄せて宮中の祭場まで引いてくる移動式神座が山車でした。

■つくり方と職人技

　日本の伝統彫刻は仏像彫刻と、楼閣建築の装飾をする宮彫に大別できますが、山車は後者の仕事をする宮師がつくります。山車は、欅でできている本体の屋台だけではなく、各部分に細かな木造彫刻が施されますが、そのすべての部分が専門職人である宮師の手作業によって進められます。毎年繰り返して使用するために、組立てと解体が容易にできるよう工夫されています。

■日本文化との関わり

　山車は屋台という一般的な名称のほかに、土地により山、曳き山、山鉾、山笠、地車、御車山などさまざまに呼ばれています。どの名前も神の占有した標山を暗示し、神が依り憑くといわれる依り代である樹木や石のある山を想起させます。神輿が神の乗り物であるのに対して、山車は神の依り代として祭りの間に神を招き入れ、鎮座していて欲しいと願う神社のまわりの住民が用意するものです。神をもっと喜ばせようと華やかな装飾が施され、台上で歌舞演劇が行われ、車輪がつくようになり豪華絢爛な山車が多くつくられました。

■わかりやすい英語で説明すると

Festival floats are pulled through the streets during temple and shrine festivals. There are various types of floats including high-roof, castle, boat, and lantern. The floats are built to welcome the gods to earth and to pull them to the shrine. Traditional carpentry in Japan is generally classified into Buddhist carpentry and castle carpentry. The carpenters who make festival floats are castle carpenters. The carvings are very elaborate and often tell a local story. There are many different names for the floats depending on the area of Japan. Most refer to a mountain at the border between the earthly world and the divine. While *Omikoshi* are used to transport gods, it is believed that deities reside in the floats. The elaborate carving and decorations are to please the gods.

枡：*Masu*, measuring cups

■ その起源と由来について

体積を計る枡は、古代から農業、商業、政治の場で活躍してきました。我が国で主流となったのは木製の方形枡で、約 1200 年前のものが奈良で出土しています。701 年に施行された大宝律令には度量衡制度が法定化されていますが、量の計測には枡が使われました。枡は農漁民や商人だけではなく、徴収する年貢を量り支払う給料の米を量るため権力者にも使われました。

■ つくり方と職人技

全国の枡の 8 割は大垣市でつくられ、年間生産数は 1200 万個に上ります。同地が、木目が美しく、香りも良く、狂いの少ない木曽桧の産地に近いからですが、長年にわたる職人技の集積があるためです。枡の 4 面になる部材にホゾ（突起）とホゾ穴を削り、糊づけした各部材を組み合わせた後しばらく寝かせ、底板に糊づけし、平面の鉋がけと角の面取りをします。

■ 日本文化との関わり

枡は昭和 30 年代まで酒、油、塩、穀物類などを量る容器としてふつうに使われていました。枡は現代になっても次のように使われています。

- 日本酒／乾杯　結婚式などおめでたい席での乾杯には今でも一合枡（8.5 cm 角、180 ml 入り）を使うことがあります。枡は「増す」と同音で、枡を重ねると「益々」になるため縁起の良いものとみなされてきました。
- 節分／豆まき　立春の日に行われる節分祭では、邪気を払い、福を呼び込む儀式として「鬼は外、福は内」と言いながら豆（大豆）を撒く儀式があります。その豆を入れる器を福枡といい、寺社では 1 升枡（17 cm 角、1.8 l 入り）や 5 号枡（14 cm 角、0.9 l 入り）を、家庭では 1 合枡を使います。

■ わかりやすい英語で説明すると

Masu measure volume and have been in use for agriculture and trading since ancient times. The traditional Japanese *masu* is a square wooden cup; examples of which, dating back 1,200 years, have been excavated in Nara. A standardized weights and measures system was issued in 701, however, the *masu* measure continued to be used not only by farmers and merchants, but by landowners measuring tax payments and to measure salaries paid in rice. The major share of *masu* are made in Ogaki City. The nearby area is famous for Kiso cedar, a beautiful and fragrant wood. The sides of the *masu* are joined using mitered or dovetailed joints. These days, a *masu* measuring 180ml is used for toasts at weddings and other celebrations.

エピローグ

自分だけの日本文化を見つける

　「日本文化とは何か」と外国人に聞かれた時、あなたはどう答えますか。「まえがき」でも述べたように、2017年の訪日外国人旅行客数は前年比19.3％増の2,869万1千人で、日本政府観光局（JNTO）が統計を取り始めた1964年以降、最多となりました。これだけ多くの外国人が、いったい日本の何に魅力を感じて日本にやってくるのでしょうか。それは単なる旅の魅力からだけなのでしょうか。旅の魅力は、日常生活からしばし離れてその土地の食べものや風景、そして人に出会うこと、つまり自分にとって未知の異文化を体験することといわれますが、それだけでは我が国を訪問する外国人がこれだけ多く、そして年々増加している事実を説明できません。

　来日する観光客の多くは、たこ焼きから本格的懐石料理までの幅広い和食、歌舞伎や能、狂言、落語などの伝統芸能、茶道、書道、華道の芸事、着物ファッション、日本建築、温泉や祭りといった風習、そしてアニメやゲームに代表されるポップカルチャーなど、多くの「日本的なもの」に魅せられ、それを自分の目で見て、自分の耳で聞きたいと願い来日してくるに違いありません。彼らが見たい、聞きたい、と願うそのような日本文化の担い手は何も板前、歌舞伎俳優、舞妓、能狂言師、力士、宗匠などに限りません。表舞台の演者を陰になり日向になりして支える大事な裏方とその仕事があればこそ、日本の伝統文化は今でも立派に存在しているのです。ある意味では、その裏方こそが日本文化の担い手といえるのではないでしょうか。

　日本文化の担い手は、絶え間ない努力と無数の工夫によって伝統工芸品をつくる技を生み出し、伝えてきた匠や職人たちです。その努力と工夫の根底には、妥協を許さない職人気質、たゆまぬ努力を尊重する日本の風土、父子相伝による匠の技の継承があります。それらが揃ってこそ、極めて質の高い伝統工芸品を生み出し、これまで受け継いでくることができたのです。我が国は幕末から明治にかけて、新しい西洋的なものを文明的であるとして急速に取り入れました。千年以上続いた日本の伝統的な生活様式と、そこで大切にされていた伝統工芸品の数々はその時にいったん脇へ退けられたかのような扱いを受けます。そして手の込んだ美しい工芸品の数々は、明治以降の急激な工業化の波に押され、第二次世界大戦後の一途な復興と発展の中で日本

エピローグ

国内での存在価値を失っていきます。残念であるのは、今も昔も手仕事による伝統的な工芸品の素晴らしさが海外の人達から高い評価を受けているにもかかわらず、そのことに気づいていない日本人が多いということです。職人としての誇りをもち、「昨日より今日、今日より明日」という言葉の通りに、良いものを日々つくり続ける人たちの静かな存在は、あまり人に知られることなく日本全国に埋もれています。声高に存在を主張することもなく、注目を浴びても浴びなくても、淡々と日々を紡いでいく、これこそが古くから続く伝統的な日本の職人の姿です。

しかし、こうした職人たちが継承してきた技は放っておけば近い将来に消えてなくなってしまうかもしれません。日本の伝統文化を守るためには、そのような危機的な状況を多くの若い日本人に知ってもらうことが大事です。1人の職人が何十年もかけて習得した熟練の技が永久に失われてしまうような事態が、今の伝統工芸の世界では実際に起きています。工芸品をつくる道具が、原料が、材料が、場所が、職人たちの高齢化とともにどんどんと失われつつあります。失って初めて自分がもっていたものの本当の価値に気づくことはよくあることです。日本文化と工芸品を取り巻くそのような危機的な状況を、手遅れになる前に食い止めるには、今私たちは何をどうすべきでしょうか。『日本の職人』(1976年) という啓蒙的な書を著した吉田は職人気質と職人の置かれた立場について次のように述べています。

> 「彼らのつくるものは個性がない。自己の主張がないと世の批評家たちはいう。それで職人仕事といえば一段下がったつまらぬもののように見なされている。しかし職人側からいえば彼らのつくるものは、どこまでも客の注文によってつくるのだ。客の好みによってつくるのである。いわばひとつの奉仕の仕事である。変な自己主張なんぞ無意味ではないか」(314 頁)

仮に吉田のいう通りだとすれば、職人たちのために、まず客の注文を増やさなくてはなりません。かつて日本のどこの家にもあったような、日々の暮らしを豊かにしてくれる品をよみがえらせて、市場に出さなくてはなりません。そうはいっても、時代の移り変わりとともに必要とされる品物も変わるのは必然であり、職人の手仕事によるものづくりも従来通りのやり方では生き残れないかもしれません。しかし、衣食住すべてにおいて西洋化された日本人の生活ではあったとしても、本来の用途と違う柔軟な発想も時には許されるはずであると思います。次のような例を考えて見ましょう。

かつて農作物を入れて運んだ「箕(み)」という竹や蔓を編んでつくった浅い籠があります。その箕も今や「箕らしき」工業製品にその役割を取って代わられ、特産地の1つである鹿児島県の集落でも現在では編める人が激減し、後継者もほとんどいないといわれます。しかし、その用途を拡大して考えていけば、この箕を花入れに使ったり、布地や書籍をディスプレイしたり、その造形美をインテリアに活かす方法はまだまだあります。そのような斬新な商品を欲しいと思う人が増えれば、品物の注文が増え、生産拠点は救われます。品物が売れて生計が立つようになれば、後継者が生まれます。

　本書を読まれた方には、日本文化、ことに伝統工芸に興味をもって欲しいと願っています。そして、先入観のない視点から、職人のつくるものをこれまでと違ったやり方で活かす方法を見つけて欲しいと思います。外国人が、益子焼の飯碗(めしわん)をカフェオレボウルに使うように、また西陣織の帯をタペストリーとして壁にかけて観賞するように、ものに命を吹き込む新しい発想が今求められています。「本来これはこういうもの」という常識にとらわれることなく、自国の職人の手がつくり出すものを慈しみ、その技術に敬意を払うことが日本文化を次の世へと繋げていく第一歩なのです。ドナルド・キーンが司馬遼太郎に語った次の言葉には、日本文化の未来に対する希望的確信が満ちていて励まされます。

　　　「日本人はいつも何が日本的であるかということについて心配する。（中略）現在でも日本人は、日本的なものはどういう形で残るか、日本的なものは全部滅びるんじゃないかという心配を抱いているようですが、日本国民というものが残るかぎり、何らかの形で日本的な特徴はあらゆる表現のうちに現れるに違いないと思います」（231頁）『日本人と日本文化―対談』（1984年）。

　ここでいわれる「日本的なもの」、つまり伝統的な日本文化の代表といえば茶道や華道を思い浮かべる人が多いことでしょう。一時は花嫁修業として必須とされたこれらの芸道ですが、今日ではどのような状態にあるのでしょうか、その実態を『平成27年度 伝統的生活文化実態調査事業報告書』（平成28年3月、文化庁文化財部）に照らして見てみましょう。同報告書の第1章「茶道、華道団体実態調査の実施」の2節に次のようなアンケート調査とヒアリング調査の結果が紹介されています。
＜茶道・華道に共通する実態＞
・生活スタイルや価値観の変化による若者の伝統的生活文化離れ

・会員の高齢化と指導者及び会員数の減少
・教室の財政難
＜茶道の特筆すべき実態＞
・多様な文化を内包する茶道文化
・敷居の高さ
・横断的組織の不在
＜華道の特筆すべき実態＞
・公共空間での地域への貢献可能性
・海外展開への意欲
・実態把握の困難

　ここに浮き彫りになった茶道と華道の実態は、次のようにまとめることができると思います。(1)この世界特有の情報社会における発信力の弱さのために、若い世代へのアプローチの方法が見出せずにいる、(2)旧態依然とした姿勢に対する批判がある、(3)少子高齢化に伴う会員数減少が見られる、(4)経済的負担の大きさからくる文化財の維持の難しさがある、などいずれも日本の伝統文化の存続に共通の課題を含んでいます。

　筆者（三宮）は50歳を過ぎて茶道の世界に足を踏み入れ、縁あって幾人かの伝統工芸品をつくる匠たちと出会いました。そして実際に工房を訪ねて匠の方たちの話を聞かせてもらうようになりました。50代から60代後半の匠たちと話していると、聞いたことのない日本語の単語が次々と会話にはさまれ、「何という漢字を書くのですか」「それは何ですか」とまるで小学生のように多くの質問をする始末でした。そして、このようにまでも自国の文化について知らないということがあっていいのか、と衝撃を受けました。上記の調査結果にもあるように、日本文化の深いところについて詳しい日本人は驚くほど少なくなっています。このような状況において日本文化に関する正しい情報を日本のみならず世界に発信していくことは急務です。

　そのような背景のもと筆者は、2016年に「一般社団法人WANOBI 和の美」という組織を立ち上げ、主として関西在住の伝統工芸の匠たちを紹介するためのウェブサイトを仲間とともに制作し立ち上げました（https://japan-artisans.com）。インターネットという現代技術工学が生み出した最強のツール（道具）と、英語という世界共通語のツールの両者を駆使して、一瞬にして世界に情報を発信できるという夢の事業にわくわくしています。本事典の付録にはWANOBIの作家たち10名をその作品とともに紹介しています。読者には、その中から自分のお気に入りの伝統工芸の分野を一つ見つけてさらに深く調べ、できればその地を訪ねて欲しいと願っています。そうすれば、

自分なりの「日本文化」が見つかる糸口になるかもしれません。この事典がそのきっかけになれば、こんなに嬉しいことはありません。

Afterword

Discovering Japanese culture. What is the reason for the current increase in visitors to Japan? Is it merely the joy of a visit to an exotic location? Experiencing the smells, flavors, and sights of somewhere so far away from home? Or is it to meet new people and learn about something that is so different from what is known already?

Many come for the cuisine, the theater, arts such as calligraphy, tea, and flowers. Some are interested in kimono and fashion, others in architecture or hot springs. Many are fascinated with the pop culture of anime and games.

Behind each of these elements that so fascinate the visitor are the artisans that create the tools, the displays, the buildings, the art, and the performance; both the main players and those backstage. Their craft honed by generations of innovation handed down through the family and years of practice before being permitted to put something on sale or on stage! Unfortunately, there are many obstacles to the preservation of such arts.

Many Japanese people lack knowledge of their cultural heritage and struggle to give any explanation at all in English. WANOBI (https://japan-artisans.com) Director Ms. Sangu is endeavoring to promote Japanese artisans in English to protect their cultural heritage and livelihood as well as to show the world the beauty and innovation Japan has to offer. The appendix to this book shows 10 artisans and their art. We hope that readers will take the information from this book and investigate for themselves the art that appeals most to them.

和の美ウェブサイトで紹介する10人の匠たち
The 10 Takumi Artisans Featured on the website of WANOBI-Beautiful Japan

　一般社団法人WANOBI 和の美は、英語のウェブサイト構築により日本の伝統的工芸作家10名を世界に発信していきます。私たちの使命は、日本の職人たちの存在を世に知らせ、彼らについて語り、そしてその素晴らしい技を共有することです。日本が誇る匠の技を私たちのウェブサイトで是非ご覧ください。

　WANOBI-Beautiful Japan is a foundation in Japan that promotes 10 traditional Japanese handcraft artisans, by featuring them on their English website. Our mission and goals are: help you discover Japanese artisans, tell you their stories, and share with you the exquisite works they create.

　We hope that our website becomes a gateway to traditional Japanese culture. https://japan-artisans.com.

- ■和紙作家　奥野　誠（和歌山県龍神村）
  Washi Paper Artisan, Makoto OKUNO（Wakayama）
- ■京繡作家　稲垣　美智子（京都市）
  Kyo-nui Embroidery Artisan, Michiko INAGAKI（Kyoto）
- ■造園家　岩本　俊男（岡山市）
  Japanese Garden Designer, Toshio IWAMOTO（Okayama）
- ■漆器作家　大蔵　信一（兵庫県三田市）
  Lacquerware Artisan, Shinichi OHKURA（Hyogo）
- ■着物作家　園部　月美（兵庫県宝塚市）
  Kimono Designer, Tsukimi SONOBE（Hyogo）
- ■備前焼作家　小出　尚永（岡山県瀬戸内市）
  Bizenware Potter, Naoe KOIDE（Okayama）
- ■染織家　鈴木　一弘（京都市）
  Fabric Designer, Kazuhiro SUZUKI（Kyoto）
- ■筆管師　萬谷　歓峰（奈良県桜井市）
  Brush Handle Artisan, Kanpo MANTANI（Nara）
- ■茶筅師　谷村　丹後（奈良県生駒市）
  Tea Whisk Artisan, Tango TANIMURA（Nara）
- ■七宝作家　土田　善太郎（兵庫県西宮市）
  Shippo Enamel Artist, Zentaro TSUCHIDA（Hyogo）

　奥野誠は、今から30年以上前、絵画教師の職を捨て山深い龍神村に移り住み、かつてその地の主要な産物であった「山路紙」を復活させる研究を始めた。原材料である楮をはじめ、素材はすべて自然の中にあり、道具もすべて自分たちの手でつくる。楮の木の幹や枝、繊維の一筋にまでつくり手の思い、その日の気分や心の移ろいが作用することによって、でき上がった山路紙の表情には深遠な奥行きが生まれる。

　Makoto OKUNO, who was an art teacher, moved to Ryujin Village in Wakayama Prefecture more than 30 years ago and began his studies in order to revive the ancient tradition of *Sanjigami* paper, which used to be one of the major products of the village. He tries to infuse life, through powerful artwork, back into *Sanjigami*.

　稲垣美智子は、明治時代に女性で初の伝統工芸士に指定を受けた大叔母から3代続く京刺繡の匠である。針の音で目覚め母の刺繡台の前に座って仕事を眺める子ども時代を過ごし、12歳から独自のデザインを刺し始めた。注文を受け、細部までできあがりを想像しながら染めや図案を決める。600色ある絹糸から100色ほど選んで注文主のイメージを頭に描きながら自分の手で一針ずつ刺していくことが、稲垣の限りない喜びである。

　Michiko INAGAKI, an embroidery artist and a descendant of the first female to ever be designated a traditional artisan in Japan, kneels before her low frame, sewing incredible pictures with silk thread. With an image of the wearer in mind she has the kimono dyed to her instructions and then embroiders it, selecting 100 shades of silk thread from the 600 in the drawer.

　造園家、岩本俊男は、20世紀前半に活躍した日本庭園作庭の第一人者、重森三玲の最後の弟子としてその教えを受け、全国各地で畳2畳ほどの小さな内庭から神社仏閣の広大な庭園までさまざまな空間での作庭を手がけてきた。見えないところ、奥に隠されたものの違いは必ず表面にも現れ、人の心に訴えかけてくる。妥協を許さない信念で理想の空間を求め続ける、それが岩本俊男の庭づくりなのだ。

From small personal gardens measuring as small as two Japanese tatami mats to the vast ones seen in shrines or temples, Toshio IWAMOTO has designed many gardens as the last remaining student of Mirei Shigemori, a notable modern Japanese landscape architect. Meticulous attention to the smallest details, some which may not even be visible, is essential for him in order to try and express the ideal space of a Japanese garden.

漆器作家、大蔵信一は、伝統的な和食のための器以外にも、洋食器も手がける。漆特有の黒や朱に留まらず、緑や金銀灰などの色も彼は自在に操り、気が向けば、溢れ出るイメージをそのまま筆に託して絵付けをする。「楽しい気持ちで日々の美しい器をつくりたい」。料理研究家である妻がつくる料理を引き立てるためのさまざまな器をつくりながら、彼は常に高みを目指す。

    Shinichi OHKURA designs both traditional Japanese and western tableware in various shapes and colors. Other than the traditional lacquer colors of red and black he also uses colors which he creates himself. "I want to produce beautiful tableware and be happy as I work." As he designs, he pictures the kind of elaborate traditional Japanese dishes that his wife, a professional *kaiseki* chef prepares, which are presented on his tableware.

　着物作家、園部月美の強みは、デザインから生地の選定・引き染めによる染色まですべて1人でできることである。園部は注文主と直接対話しながら作品のイメージを膨らませ、それを細部まで忠実に再現していくことで、着る人の個性を引き立てる着物を目指す。でき上がった着物を注文主が着た時、その笑顔とともに彼女の「作品」は初めて完成する。

　Tsukimi SONOBE first chooses the fabric, designs the pattern, draws on the pure white silk, then dyes it using a technique called *hikizome* (pull dye). This "start-to-finish" process is quite rare in the kimono industry. It is only when the kimono is excitedly put on by her customer that Sonobe can experience satisfaction and sheer joy as she then sees the kimono as her completed "work".

陶

　備前焼作家、小出尚永は土の魅力に惹きつけられてこの世界に入った。釉薬を一切使わない「無釉焼き締め」の独特の風合い、土そのものの魅力を、彼は自らの手で引き出したいのだ。土が自然の恩恵であることを忘れず、土と出会える喜びに常に感謝し、自然に委ねることで創造していくのが、小出の作陶スタイルである。彼にとっての会心作とは、炎に激しくさらされ、エネルギーが凝縮された土の魅力の詰まった作品だ。

　Naoe KOIDE is fascinated by the raw material he works with. As the clay is left unglazed, a unique texture appears when they are fired in the extremely high temperatures of a kiln. The minerals and impurities in the clay burst forth in completely unexpected ways on the surface of the pottery called *yakishime*. What Koide wants to express on his finished work is the raw attractiveness of the earth.

　染織家、鈴木一弘は、名物裂を親子三代に渡り蒐集し、技法の研究、復原と再現、創作を行っている。金襴や緞子などさまざまな名物裂の中でも鈴木が最も得意とするのは、「竹屋町」である。薄く透き通った紗生地に金糸と色糸で刺繍を施した、上品で繊細な味わいをもつ裂地だ。生地を織るところから刺繍まですべての工程を1人で手がけられるのは、今や世界で鈴木ただ1人となった。

　Kazuhiro SUZUKI's specialty is *Takeyamachi* (brick style weaving). The cloth used is the finest, transparent silk gauze and is embroidered with gold-lacquered paper and colored thread to create a refined and delicate fabric. Suzuki is the only and likely to be the last person in Japan capable of completing all of the processes from weaving to embroidery.

筆

　筆管師の家に生まれた萬谷歓峰にとって、幼い時分から筆づくりは生活の一部だった。筆だけでなく、矢立や硯箱のような書道用品から香合や塗香入れまで、幅広い木竹工芸品を手がけ、素材の個性を活かした独創的な作品を次々と生み出していく。萬谷が生み出す作品は、どれも作家と素材の個性が詰まった至極の芸術品なのである。

　Born into a *hikkan-shi*（calligraphy brush handle maker）family, Kanpo MANTANI started making *fude*（Japanese writing brushes）as soon as he was old enough. Along with a variety of *fude*, he makes other stationery or tea utensils, utilizing the characteristics of different types of wood. New, extraordinary, and truly one of a kind. This describes the artwork Mantani creates.

　谷村丹後は、500年を超える歴史をもつ奈良・高山茶筅の伝統の技を伝え続ける茶筅師である。20代目谷村丹後を襲名した時に彼が感じたのは、歴史の重み、そして先人たちへの感謝の念だった。職人として、竹のあらゆる部分を無駄にすることなく使い、茶杓、柄杓や花入れなど、日本の心でもある茶会の一端を担う重要な道具を今日も彼はつくり続ける。

　Tango TANIMURA, the 20th generation *chasen* (bamboo tea whisk) artisan, is carrying on his family's 500-year-old tradition of making bamboo Japanese tea ceremony utensils in Takayama, Nara Prefecture. Tanimura initially felt this history weigh heavily on him then became grateful for the dedication of his forebears. His primary concern is that the utensils he makes are practical and contribute to a wonderful experience for all who take part in a Japanese tea ceremony.

　七宝作家、土田善太郎は「七宝」という言葉から日本人がイメージする、仰々しく床の間に飾ってある高級品の置物のようなものはつくらない。「七宝とは、金属の上にガラス（釉薬）で絵を描くもの。自由な発想で好きなものをたくさんつくりたい。たくさんの人に愛用してもらえるようなものを」。土田はそう考えている。

　Zentaro TSUCHIDA designed simple abstracts in the beginning, then as he became more skilled he started making a greater variety of objects. Tsuchida sees his artwork as closer to the French Cloisonne style of enameling an object, as opposed to the traditional Japanese *shippo* style. His definition of *shippo* means applying an enamel paste on a copper plate and letting his imagination flow freely.

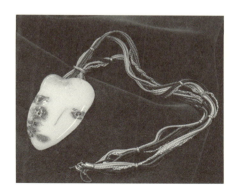

参考文献

【書籍】（※執筆者名50音順）

秋田裕毅『下駄：神のはきもの』ものと人間の文化史104、法政大学出版局、2002
浅井虎夫著/所京子改訂『女官通解』新訂、講談社、1985
朝日新聞社編『織りの事典：しなやかな手仕事』朝日新聞社編、1985
アレックス・カー『もうひとつの京都』世界文化社、2016
池上良太『図解日本の装束』新紀元社、2008
池坊専永『池坊専永の花を生かすいけばな』講談社、1996
市川寛明監修『衣服と日本人』再発見！くらしのなかの伝統文化1、ポプラ社、2015
伊藤佐智子『きものTHE KIMONO』パイインターナショナル、2011
井上光貞、関晃、土田直鎮、青木和夫校注『律令』日本思想体系3、岩波書店、1976
ヴィットインターナショナル企画室編集『書道にかかわる仕事：マンガ』知りたい！なりたい！職業ガイド、ほるぷ出版、2006
宇野雪村『硯・墨』文房清玩・上、平凡社、1986
永　六輔『職人』岩波新書、岩波書店、1996
NHK「美の壺」制作班編『切子』NHK美の壺、NHK出版、2007
NHK「美の壺」制作班編『藍染め』NHK美の壺、NHK出版、2007
奥山清行『伝統の逆襲：日本の技が世界ブランドになる日』祥伝社、2007
小野寺啓治『手仕事のデザイン：伝統工芸の再認識』新装版、同朋舎出版、1991
小山直子『フロックコートと羽織袴：礼装規範の形成と近代日本』勁草書房、2016
小和田哲男監修『一冊でわかる芸術・美術・建築からわかる日本史』成美堂出版、2011
金沢悦隆『江戸服飾史』青蛙房、2016
金丸峯雄編『菓子満ほか著『金工』技術シリーズ、朝倉書店、1985
紙の博物館監修『世界にほこる日本の和紙：「和紙」とその文化的背景を考えよう！』世界遺産になった和紙1、新日本出版社、2015
紙の博物館監修『紙の発明と日本の和紙：和紙の起源と世界の紙の歴史を調べよう！』世界遺産になった和紙2、新日本出版社、2015
川勝平太『文化力：日本の底力』ウエッジ、2006
河上繁樹、藤井健三『織りと染めの歴史：日本編』昭和堂、1999
神崎宣武『図説日本のうつわ：食事の文化を探る』ふくろうの本、河出書房新社、1998
神崎宣武、白幡洋三郎、井上章一編『日本文化事典』丸善出版、2015
菊池昌治『七宝の魅力：よみがえる伝統工芸の美を求めて』ショトル・ミュージアム、小学館、2000
切畑健『歌舞伎衣裳』日本の染織10、京都書院、1994
久野恵一監修/萩原健太郎著『染めと織り』民藝の教科書2、グラフィック社、2012
久保田章市『百年企業、生き残るヒント』角川SSC新書、角川SSコミュニケーションズ、2010
久米康生『産地別すぐわかる和紙の見わけ方』東京美術、2003
黒田宗光『茶道具鑑賞便利帳』淡交社、1989
小泉和子『台所道具いまむかし』平凡社、1994
小泉和子文/田村祥男写真『昭和のくらし博物館』らんぷの本、河出書房新社、2000
神津朝夫『茶の湯と日本文化：飲食・道具・空間・思想から』淡交社、2012
江　弘毅『有次と庖丁』新潮社、2014
神山典士文/杉　全泰写真『図説日本の職人』ふくろうの本、河出書房新社、2007
小島喜和『和の台所道具おいしい料理帖：使って覚える活用術』日東書院本社、2015
小関智弘『ものづくりに生きる』岩波ジュニア新書、岩波書店、1999

参 考 文 献

小関智弘『職人学』日経ビジネス人文庫、日本経済出版社、2012
児玉絵里子『図説琉球の染めと織り』ふくろうの本、河出書房新社、2005
小林真理編著／梶原祥造撮影『漆芸の見かた：日本伝統の名品がひと目でわかる』誠文堂新光社、2017
榊　莫山『文房四宝 墨の話』角川選書、角川書店、1998
榊　莫山『文房四宝 硯の話』角川選書、角川書店、1998
佐藤智恵『ハーバードで、いちばん人気の国・日本：なぜ世界最高の知性はこの国に魅了されるのか』PHP研究所、2016
サミュエル・ハンチントン（鈴木主税訳）『文明の衝突と21世紀の日本』集英社新書、集英社、2000
信田圭造『包丁：和食文化をささえる伝統の技と心』シリーズニッポン再発見7、ミネルヴァ書房、2017
司馬遼太郎、ドナルド・キーン『日本人と日本文化：対談』中央公論社、1984
主婦の友社編『台所道具の本：プロに教わる選び方・つきあい方のいろは』主婦の友社、2012
職人男子編集部編『職人男子：伝統に生きる僕たち』辰巳出版、2015
白洲正子『日本のたくみ』新潮社、1981
白洲正子著／青柳恵介編『なんでもないもの』白洲正子エッセイ集〈骨董〉、KADOKAWA、2015
鈴木榮子『いけばなにみる日本文化：明かされた花の歴史』思文閣出版、2011
成美堂出版編集部編『世界一のモノを生み出す日本の会社』成美堂出版、2012
関　保雄『江戸指物：下町職人の粋と意気』淡交社、1996
全日本きもの振興会編『きものの基本』3訂版、きもの文化検定公式教本Ⅰ、アシェット婦人画報社、2008
全日本きもの振興会監修『帯の基礎知識：ひと目でわかる！保存版』特選実用ブックス、世界文化社、2010
太陽編集部編『染と織のある暮らし』コロナ・ブックス57、平凡社、1999
滝沢静江『着物の織りと染めがわかる事典』日本実業出版社、2007
田中英道『日本の文化：本当は何がすごいのか』育鵬社、2013
田中英道『日本の歴史：本当は何がすごいのか』育鵬社、2015
田中敦子編著／渞忠之写真『更紗：美しいテキスタイルデザインとその染色技法』誠文堂新光社、2015
田中日佐夫『すぐわかる日本の美術：絵画・仏像・やきもの＆暮らしと美術』東京美術、1999
谷端昭夫『よくわかる茶道の歴史』淡交社、2007
『楽しくわかる職人図鑑』制作委員会著／野村宗弘作画『楽しくわかる職人図鑑：日本の技術を支える人たち』日本能率協会マネジメントセンター、2015
淡交社編集局編『茶道具ハンドブック』淡交社、2012
東京国立近代美術館工芸課編『工芸の見かた・感じかた：感動を呼ぶ、近現代の作家と作品』淡交社、2010
道明三保子監修『すぐわかるきものの美：髪飾りからはきものまで』東京美術、2005
ドナルド・キーン『日本人の美意識』中央公論社、1999
長崎巖『きものと裂のことば案内』小学館、2005
中村修也監修『茶道・華道・香道と水墨画：室町時代』よくわかる伝統文化の歴史2、淡交社、2006
日本工芸会編『日本伝統工芸鑑賞の手引き』芸艸堂、2006
日本工芸会東日本支部編『伝統工芸ってなに？：見る・知る・楽しむガイドブック』芸艸堂、2013
日本文化いろは事典プロジェクトスタッフ『日本の伝統文化・芸能事典』汐文社、2006
野村　進『千年、働いてきました：老舗企業大国ニッポン』角川oneテーマ21、角川書店、

2006
福井貞子『絣』ものと人間の文化史 105、法政大学出版局、2002
藤木正次編『硯の辞典』秋山叢書、秋山書店、1984
藤田 優『京都・有次の庖丁案内』小学館、2016
マイナビ編著『くらしのやきもの事典 決定版:昭和の名品と全国の窯場』マイナビ、2015
増田美子編『日本衣服史』吉川弘文館、2010
増田美子編『日本服飾史』東京堂出版、2013
松浦弥太郎『残したい日本の手仕事:手仕事フォーラム久野恵一が選んだ永遠に残したい民藝のかたち』梺出版社、2016
松田権六『うるしの話』岩波文庫、岩波書店、2001
松藤 司『先生も生徒も驚く「日本の伝統・文化」再発見』学芸みらい社、2012
丸山伸彦監修『産地別すぐわかる染め・織りの見わけ方』東京美術、2002
丸山伸彦編著『江戸のきものと衣生活』日本ビジュアル生活史、小学館、2007
三谷一馬『江戸職人図聚』中公文庫、中央公論社、2001
南 邦男、柳橋 眞、大滝幹夫監修『人間国宝事典:重要無形文化財認定者総覧』工芸技術編／増補最新版、芸艸堂、2006
三宅和歌子『日本の伝統的織りもの、染めもの』日東書院本社、2013
村田理如『幕末・明治の工芸:世界を魅了した日本の技と美』淡交社、2006
萌樹舍編／川島春雄著『織物:西陣織』シリーズ日本の伝統工芸 8、リブリオ出版、1990
萌樹舍編／大峰敏男著『竹工品:都城和弓・駿河竹千筋細工』シリーズ日本の伝統工芸 10、リブリオ出版、1990
萌樹舍編／福井藤兵衛ほか著『その他の工芸品:京扇子・江戸切子ほか』シリーズ日本の伝統工芸 12、リブリオ出版、1986
森 孝一監修『器の教科書 完全版』TJMOOK、宝島社、2017
森 有貴子著／喜多剛士写真『江戸な日用品』平凡社、2013
柳 宗悦『手仕事の日本』岩波文庫、岩波書店、1985
柳 宗悦『工藝文化』岩波文庫、岩波書店、1985
柳 宗悦著／水尾比呂志編『柳宗悦随筆集』岩波文庫、岩波書店、1996
柳 宗悦『茶と美』講談社学術文庫、講談社、2000
柳 宗悦『民藝とは何か』講談社学術文庫、講談社、2006
山口百々男『和英:日本の文化・観光・歴史辞典』改訂版、三修社、2014
山下裕二監修『明治の細密工芸:驚異の超絶技巧!』別冊太陽、平凡社、2014
横浜能楽堂編『能の匠たち:その技と名品』能楽入門 2、小学館、1999
吉田光邦『日本の職人』講談社学術文庫、講談社、2013
和田京子編著『古と今 比べてわかるニッポン美術入門』平凡社、2010
ワルデマール・アベグ、ボリス・マルタン(岡崎 秀訳)『一〇〇年前の世界一周:ある青年が撮った日本と世界』日経ナショナルジオグラフィック社、2009

【HP】（※ 50音順、最終閲覧 2018 年 4 月）

池坊 いけばなの根源 HP
伊勢形紙協同組合 HP
伊勢伝統工芸保存協会 HP
印傳屋 上原勇七 HP
越前打ち刃物協同組合 HP
小千谷織物同業協同組合 HP
香川県うちわ協同組合連合会 HP
鎌倉彫資料館 HP
加茂箪笥協同組合 HP
官制大観 HP
京都金属工芸協同組合 HP
京都市観光協会 HP
京都府 HP（京くみひも）
京都府建築工業協同組合 HP
京屋染物店 HP
宮内庁 HP
国産材住宅推進協会 HP
佐賀県立九州陶磁文化館 HP
佐賀錦振興協議会 HP
島津薩摩切子 HP
神社本庁 HP
全日本かるた協会 HP
全国障子紙工業会 HP
全国陶器瓦工業組合連合会 HP
全国表具経師内装組合連合会 HP
全国邦楽器商工業組合連合会 HP
仙臺平 HP
全日本瓦工事業連盟 HP
全日本弓道連盟 HP
全日本宗教用具協同組合 HP
全日本畳事業協同組合 HP
高岡銅器協同組合 HP
高田装束研究所 HP
種子島火縄銃保存会 HP
伝統的工芸品産業振興協会 HP
東京文化財研究所 HP

陶磁器お役立ち情報 とうろじ HP
徳島県観光情報サイト HP
土佐刃物流通センター HP
西野神社 HP
日本煙火協会 HP
日本甲冑武具研究会 HP
日本壁装協会 HP
日本かるた協会 HP
日本棋院 HP
日本弓道連盟 HP
日本建築家協会 HP
日本建築美術工芸協会 HP
日本剣道連盟 HP
日本工芸会 HP
日本三曲協会 HP
日本漆工協会 HP
日本室内装飾事業協同組合連合会 HP
日本将棋連盟 HP
日本城郭協会 HP
日本職人名工会 HP
日本太鼓協会 HP
日本薫物線香工業会 HP
日本伝統工芸士会 HP
日本陶磁協会 HP
日本内装材連合会 HP
日本俳優協会 HP
日本美術刀剣保存協会 HP
日本襖振興会 HP
日本舞踊協会 HP
日本和楽器普及協会 HP
能楽協会 HP
箱根物産連合会 HP
文楽協会 HP
三重県組紐協同組合 HP
宮古織物事業協同組合 HP
山梨県の郷土伝統工芸品 HP

和文索引

あ 行

藍染め……………………………23
囲碁石……………………………146
伊勢型紙…………………………19
色絵………………………………160
囲炉裏……………………………124
印鑑………………………………212
浮世絵……………………………216
薄茶器……………………………229
団扇………………………………211
江戸小物細工……………………204
江戸小紋…………………………18
江戸鼈甲…………………………203
絵馬………………………………272
小千谷縮…………………………37
帯…………………………………54
帯揚げ……………………………57
帯締め……………………………57
帯留め……………………………57
お札………………………………290
お守り……………………………289
織物による分類…………………28

か 行

絵画………………………………213
懐剣………………………………247
鏡餅………………………………287
花器………………………………222
掛物………………………………235
鍛冶………………………………240
菓子器……………………………236
絣織………………………………30
型染め……………………………17
楽器………………………………138
甲冑………………………………249
華道………………………………222
門松………………………………286
歌舞伎……………………………132
歌舞伎衣装………………………53
被り物……………………………58
鎌倉彫……………………………172
神棚………………………………264
茅葺屋根…………………………111
硝子………………………………194
かるた……………………………151
瓦…………………………………112
急須………………………………87
弓道具……………………………256
狂言………………………………133
狂言装束…………………………52
裃…………………………………200
截金………………………………201
桐箪笥……………………………114

金工………………………………176
組紐………………………………207
剣物………………………………182
久留米絣…………………………31
剣山………………………………223
建築物……………………………96
剣道具……………………………254
香合………………………………233
甲州印伝…………………………205
講談………………………………137
小刀………………………………243
拵え………………………………252
小鼓………………………………145
箏（琴）…………………………138
碁盤………………………………148
独楽………………………………153
狛犬………………………………271

さ 行

賽銭箱……………………………273
佐賀錦……………………………36
指物………………………………181
茶道………………………………225
作務衣……………………………42
皿…………………………………81
更紗………………………………24
三方………………………………288
山門………………………………109
寺院………………………………96
刺繍………………………………208
漆芸………………………………168
(漆芸の) 産地による分類……173
七宝………………………………196
仕覆………………………………230
絞り………………………………25
注連縄……………………………280
笏…………………………………279
蛇皮線……………………………143
三味線……………………………142
宗教用衣服………………………48
重箱………………………………92
酒器………………………………89
数珠………………………………275
手裏剣……………………………248
書院造……………………………105
笙…………………………………140
城郭………………………………99
将棋駒……………………………147
将棋盤……………………………148
障子………………………………117
鐘楼………………………………268
女性用留袖………………………46
食器類……………………………79

書道	219
神社	98
神職の装束	48
寝殿造	103
神道絵画	215
数寄屋造	106
硯	219
墨	221
青白磁	161
石仏	267
線香	278
扇子	210
僧衣（法衣）	50
象嵌	162
象牙	202
染付	159
染め物による分類	16

た 行

太鼓	144
大黒柱	115
竹工芸	186
凧	150
山車	292
畳	122
鍛金	178
男性用紋付	44
違い棚	119
茶入	230
茶釜	225
茶室	108
茶杓	227
茶筅	228
茶碗	226
鋳金	176
彫金	179
彫漆	170
調理器具	67
沈金	170
土壁（京壁）	120
綴織	38
紬織り	32
庭園	96
鉄絵	158
鉄瓶	86
鉄砲	246
伝統芸能衣装	51
陶芸	158
刀剣	240
灯籠	269
床の間	116
土瓶	87
鳥居	110

な 行

薙刀	245
なごや帯	56
鍋	67

仁王像	270
西陣織	29
日常生活衣服	42
日本画	213
日本庭園	101
日本刀	242
日本舞踊	134
人形	188
根付	206
練上手	163
能	133
能装束	51
熨斗袋	285

は 行

羽織	44
博多織	39
袴	44
履物	60
羽子板	149
箸	88
芭蕉布	40
鉢	85
法被	42
花入	234
花鋏	224
花火	283
花札	152
羽	149
半纏（半天）	42
挽物	184
柄杓	228
桧風呂	125
火鉢	123
平文	170
琵琶	141
桧皮葺	113
紅型	22
笛	139
袋帯	54
武家造	104
舞台芸術	130
仏画	214
仏具	274
仏像	266
仏壇	265
筆	220
振袖	46
文楽	135
弁当箱	93
包丁	71
訪問着	46
盆	91

ま 行

蒔絵	168
曲物	183
枡	293

町屋造	107
丸帯	54
神輿	291
水引	284
宮古上布	41
木・竹製品	75
木工	181

や 行

矢	257
(やきものの) 産地による分類	164
矢筒	259
槍	244
遊戯具	146
友禅	16
有職織物	28
楪	258

弓	256
寄木細工	185

ら 行

落語	136
螺鈿	169
欄間	118
鈴	276
礼装用衣服	44
蝋燭	277

わ 行

和傘	209
和紙	198
和式住宅	100
わん（椀、碗）	79

英文索引

Alcove	116
Amulets	289
Apparel	15
Archer's glove	258
Architecture	96
Archway to a *shinto* shrine	110
Arrow	257
Bamboo craft	186
Banana-fiber (abaca) cloth	40
Bashofu	40
Battledore	149
Bell towers	268
Belts	54
Bento lunch boxes	93
Bingata	22
Biwa	141
Blacksmithing	240
Bluish white porcelain	161
Bow	256
Bowls	79
Braided cord	207
Brazier	123
Brush	220
Buddhist altar	265
Buddhist altar fittings	274
Buddhist figures	266
Buddhist painting	214
Buddhist rosary	275
Buddhist temples	96
Buke-zukuri	104
Bunraku	135
Cabinet work	181
Caddy for thin tea powder	229
Calligraphy	218, 219
Candles	277

Cast iron kettles	86
Castles	99
Central pillar of a house	115
Ceramics	158
Chagama	225
Chinkin gold inlay	170
Chokin metal engraving	179
Chopsticks	88
Choshitsu carved lacquerware	170
Circular boxes	183
Comic story telling	136
Cooking pots	67
Crockery	79
Daggers	247
Daily wear	42
Damascening	162
Dashi	292
Decorative paper strings	284
Decorative precious metal	201
Decorative transom	118
Deep bowls	85
Dobin teapots	87
Dolls	188
Drum	144
Dyeing	16
Edo miniatures	204
Edo tortoiseshell	203
Edobekko	203
Edo-dyed pattern	18
Edokomon	18
Embroidery	208
Entertainment	129
Festival floats	292
Festivals	282
Firearms	246

Fireworks	283
Floral playing cards	152
Florist's scissors	224
Flower arrangement	218, 222
Flower vase	222
Folding fan	210
Food	66
Footwear	60
Formal wear	44
Fue	139
Fukuro-obi	54
Gardens	96
Gates	109
Gift envelopes	285
Glass	194
Go boards	148
Go stones	146
Gold lacquer	168
Guardian dogs	271
Gyoku	200
Hakama	44
Hakata fabric	39
Hanabasami	224
Hanafuda	152
Hand drum	145
Hanging scroll	235
Hanten	42
Haori jacket	44
Happi	42
Headwear	58
Helmet and armor	249
Hibachi	123
Hinoki bark thatch	113
Hinoki cypress baths	125
Hollowing	182
Housing	95
Hyomon applique	170
Incense container	233
Incense sticks	278
Indigo dye	23
Inkstick	221
Inkstone	219
Instruments	138
Iron underglaze	158
Ise katagami	19
Ivory	202
Jabisen	143
Japanese archery equipment	256
Japanese chintz	24
Japanese dance	134
Japanese flute or piccolo	139
Japanese gardens	101
Japanese halberd	245
Japanese harp	138
Japanese houses	100
Japanese lute	141
Japanese paper	198
Japanese reed instrument	140
Japanese stacked food boxes	92

Japanese sword	242
Japanese umbrella	209
Japanese-style painting	213
Kabuki	132
Kabuki costumes	53
Kadomatsu	286
Kagamimochi	287
Kamakurabori carving	172
Kamidana	264
Karuta playing cards	151
Kasuri-ori	30
Kendo equipment	254
Kenzan	223
Kirikane	201
Kites	150
Knives	71
Koshu-inden	205
Koto	138
Kotsuzumi	145
Koudan	137
Kurimono	182
Kurume-kasuri fabric	31
Kyogen costumes	52
Kyogen noh comedy	133
Kyusu	87
Lacquer	168
Lacquered deerskin	205
Ladle	228
Lanterns	269
Machiya-zukuri	107
Marbling technique	163
Martial arts	239
Maru-obi	54
Masu	293
Measuring cups	293
Men's formal *kimono*	44
Metal casting	176
Metal working	176
Mikoshi	291
Mirror-shaped rice cakes	287
Miyakojima hemp fabric	41
Mizuhiki	284
Monk's robes	50
Monks working robes	42
Mud walls	120
Nagoya-obi belts	56
Neriagede	163
Netsuke	206
New year pine decorations	286
Nihon-buyo	134
Nishijin-ori weaving	29
Noh costumes	51
Noh drama	133
Obi cord	57
Obi sash	57
Offertory boxes	273
Ofuda	290
Ojiya crepe	37
Omamori	289

Over-glazed enamels ············ 160
Palatial architecture ············ 103
Paper talismans ···················· 290
Parquetry ···························· 185
Paste-resist fabric dyeing method
   ·· 16
Paulownia chest of drawers ······ 114
Performing arts costume ·········· 51
Pictorial arts ························ 213
Pinholder ···························· 223
Plates ·································· 81
Portable shrines ···················· 291
Puppet show ······················· 135
Quiver ································ 259
Raden inlay ·························· 169
Rakugo ······························· 136
Ranma ······························· 118
Religion ······························ 263
Religious wear ······················· 48
Resist-dyed fabric ··················· 22
Round fan ··························· 211
Saga-nishiki brocade ················ 36
Sake utensils ························· 89
Sambo ································ 288
Samurai house-style ·············· 104
Sanshin ····························· 143
Sash clip ······························ 57
Seals ·································· 212
Semi-precious stones ············· 200
Shamisen ··························· 142
Shibori ································ 25
Shinden-zukuri ···················· 103
Shinto home altar ················ 264
Shinto painting ···················· 215
Shinto priest robes ················· 48
Shinto shrines ······················ 98
Shippo cloisonné ·················· 196
Shogi boards ······················· 148
Shogi piece, man ·················· 147
Shoin-zukuri style ················ 105
Shoji screen ························ 117
Short sword ························· 243
Shou ································· 140
Shuttlecock ························· 149
Sliding paper door ················ 117
Small offering stands ············· 288
Sometsuke blue and white ceramics
   ······································ 159
Spears ································ 244
Spinning top ························ 153
Splashed pattern cloth ············· 30
Stage arts ···························· 130
Stage performance ················ 131

Staggered alcove shelves ········ 119
Standing bells ······················ 276
Stencil dyeing ························ 17
Stencil paper for *kimono* ·········· 19
Stone buddhist images ············ 267
Straw matting ······················ 122
Straw talismans ···················· 280
Sukiya-style house ················ 106
Sunken hearth ····················· 124
Sweet dish ··························· 236
Sword ································ 240
Sword fittings ······················ 252
Taiko ································· 144
Tankin metalwork ················ 178
Tapestry ······························ 38
Tatami mat ························· 122
Tea bag ······························· 230
Tea bowl ····························· 226
Tea caddy ··························· 230
Tea house ··························· 108
Tea kettle ··························· 225
Tea room ···························· 108
Tea scoop ··························· 227
Tea whisk ··························· 228
Tetsu-e ······························ 158
Thatched roofs ····················· 111
The way of tea ·············· 218, 225
Throwing stars ····················· 248
Tie-dyeing ···························· 25
Tiles ·································· 112
Tokonoma ·························· 116
Torii ································· 110
Townhouse style ··················· 107
Toys and games ···················· 146
Traditional japanese arts ········ 157
Traditional storytelling ··········· 137
Trays ·································· 91
Tsumugi ····························· 32
Turnery ······························ 184
Two deva kings ···················· 270
Ukiyoe ······························ 216
Utensils ······························· 67
Vase ·································· 234
Washi ······························· 198
Weaving ······························ 28
Women's *kimono* ···················· 46
Wood and bamboo items ········· 75
Wooden scepters ··················· 279
Wooden votive tablets ············ 272
Woodworking ······················· 181
Woven raw silk pongee fabric ····· 32
Yusoku fabric ······················· 28
Zouge ······························· 202

日本伝統文化の英語表現事典

平成 30 年 6 月 30 日　発　　　行
平成 30 年 12 月 30 日　第 2 刷発行

著作者　亀　田　尚　己
　　　　三　宮　優　子
　　　　中　道　キャサリン

発行者　池　田　和　博

発行所　丸善出版株式会社
〒101-0051　東京都千代田区神田神保町二丁目 17 番
編集：電話(03)3512-3264／FAX(03)3512-3272
営業：電話(03)3512-3256／FAX(03)3512-3270
https://www.maruzen-publishing.co.jp

© Naoki Kameda, Yuko Sangu, Catherine Nakamichi, 2018

組版印刷・株式会社 日本制作センター／製本・株式会社 星共社

ISBN 978-4-621-30297-2　C 0582　　　Printed in Japan

JCOPY〈(社)出版者著作権管理機構 委託出版物〉
本書の無断複写は著作権法上での例外を除き禁じられています．複写
される場合は，そのつど事前に，(社)出版者著作権管理機構(電話
03-3513-6969，FAX03-3513-6979，e-mail：info@jcopy.or.jp)の
許諾を得てください．